总 主 编：苏文菁
副总主编：许 通　陈 幸　曹宛红　李道振　谢小燕

闽商发展史
·漳州卷

郑　镛　主编

厦门大学出版社　国家一级出版社
XIAMEN UNIVERSITY PRESS　全国百佳图书出版单位

图书在版编目(CIP)数据

闽商发展史.漳州卷/郑镛主编.—厦门:厦门大学出版社,2016.6
ISBN 978-7-5615-6082-2

Ⅰ.①闽… Ⅱ.①郑… Ⅲ.①商业史-福建省②商业史-漳州市 Ⅳ.①F729

中国版本图书馆CIP数据核字(2016)第128957号

出 版 人	蒋东明
责任编辑	薛鹏志　章木良
装帧设计	李夏凌　张雨秋
责任印制	朱　楷

出版发行　*厦门大手出版社*

社　　址　厦门市软件园二期望海路39号
邮政编码　361008
总 编 办　0592-2182177　0592-2181253(传真)
营销中心　0592-2184458　0592-2181365
网　　址　http://www.xmupress.com
邮　　箱　xmupress@126.com
印　　刷　厦门集大印刷厂

开本　889mm×1194mm　1/16
印张　17.25
插页　4
字数　380千字
印数　1~2000册
版次　2016年6月第1版
印次　2016年6月第1次印刷
定价　70.00元

本书如有印装质量问题请直接寄承印厂调换

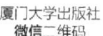
厦门大学出版社
微信二维码

厦门大学出版社
微博二维码

《闽商发展史》
编纂委员会成员名单

编委会主任：雷春美　张燮飞　王光远　李祖可
编委会副主任：翁　卡　臧杰斌　王　玲　张剑珍　陈永正
编委会成员：

陈爱钦	陈春玖	陈　飞	陈国平	陈建强	陈鉴明	陈景河	陈其春
陈秋平	陈少平	陈祥健	陈小平	邓菊芳	冯潮华	冯志农	傅光明
郭锡文	洪　杰	洪仕建	胡　钢	黄海英	黄健平	黄　菱	黄如论
黄　涛	黄信熀	黄忠勇	黄子曦	江尔雄	江荣全	景　浓	柯希平
雷成才	李海波	李家荣	李建发	李建南	李　韧	李新炎	连　锋
林国耀	林积灿	林荣滨	林素钦	林腾蛟	林　云	林志进	刘登健
刘用辉	欧阳建	阮开森	苏文菁	王亚君	王炎平	翁祖根	吴国盛
吴华新	吴辉体	吴泉水	徐启源	许连捷	许明金	杨　辉	杨仁慧
姚佑波	姚志胜	游婉玲	张琳光	张轩松	张祯锦	张志猛	郑玉琳
周少雄	周永伟	庄奕贤	庄振生				

专家指导组成员：

苏文菁　徐晓望　王日根　唐文基　王连茂　洪卜仁　郑有国　罗肇前
黄家骅

总　主　编：苏文菁
副总主编：许　通　陈　幸　曹宛红　李道振　谢小燕

闽商发展史·漳州卷
编委会

主　任：游婉玲　张祯锦　洪仕建　张琳光　庄振生

副主任：林五四　林　青　陈群霞

委　员：蔡　建　曾黄河　张少伟　黄文龙　张镇山　李瑞明
　　　　苏艺峰　郭达璐　林百荣　李　晖　刘达文　张炯辉
　　　　沈一彬　蔡力颙　蔡丽璇　李涌华　王文智　曾阿生
　　　　赖建辉　王建坤　邱清裕　陈展平　林国强　林绍坤
　　　　陈振魁　林启明　王胜专　叶小清　杨龙辉　郭义龙
　　　　郑　镛

主　编：郑　镛

撰　稿：刘　云　翁　频　黄友泉　覃寿伟　郑　榕　苏惠苹
　　　　郑美华　何　池　郑　镛

总　序

　　闽商是孕育于八闽大地并对福建、中国乃至世界都具有巨大贡献和影响的商人群体，是活跃于国际商界的劲旅，是福建进步和发展的重要力量。千百年来，为了开拓新天地，闽商奔走四方，闯荡大江南北；漂洋过海，足迹遍及五大洲，是海上丝绸之路最重要的参与者与见证者。他们以其吃苦耐劳的秉性，超人的胆略，纵横打拼于商海，展示了"善观时变、顺势有为，敢冒风险、爱拼会赢，合群团结、豪爽义气，恋祖爱乡、回馈桑梓"的闽商精神，赢得了世人的尊敬。

　　盛世修史，以史为鉴，利在当下，功在千秋。为了不断丰富闽商文化内涵，更好地打造闽文化品牌形象，持续提升"世界闽商大会"品牌价值，凝聚人心、汇聚力量，推进福建科学发展、跨越发展，我们把《闽商发展史》研究编纂工作作为闽商文化研究的重大工程，并于2010年8月正式启动。《闽商发展史》全书十五卷，除"总论卷"之外，还包含福建省九个设区市，港、澳、台、海外以及国内异地商会分卷，时间上从福建目前可追溯的文明史开始。2013年6月，我们在第四届世界闽商大会召开前夕出版了《闽商发展史·总论卷》，并以此作为献给大会的贺仪。今天，呈现在各位读者面前、还带着淡淡的油墨芳香的是《闽商发展史》各分卷。《闽商发展史·总论卷》和《闽商发展史》各分卷都是《闽商发展史》的重要组成部分。《闽商发展史·总论卷》的总论注重闽商发展历史的普遍性和统一性；设区市卷和港、澳、台、海外、国内异地商会卷侧重展示闽商发展历史的特殊性和多样性，以丰富的史料与鲜活的案例，为福建的21世纪"海上丝绸之路"核心区文化建设增添了厚实的基础，为中国海洋文化、商业文化建设提供了本土的文化基因。

　　欣逢伟大的时代，是我们每个八闽儿女的幸运；实现伟大的梦想，是我们每个八闽儿女的责任。今后，我们仍将一如既往地深入开展闽商文化研究，以闽商文化研究的优秀成果激励广大闽商，引领弘扬闽商精神，让广大闽商更加积极主动地把爱国热情、创业激情和自身优势转化成实际行动，融入"再上新台阶、建设新福建"的伟大实践中，为全面建成小康社会、实现中华民族伟大复兴的中国梦做出更大贡献！

中共福建省委常委
省委统战部部长

雷春美

序

漳州是一座拥有1300多年历史的文化名城，是著名的"鱼米花果"之乡，素有"海滨邹鲁"之称，有着经略海洋的悠久历史和深厚的工商文化，涌现出一代又一代的商业巨子，为漳州发展做出了不可替代的重要贡献。

明朝中后期，漳州月港作为我国唯一合法的海上丝绸之路始发港，是当时中国最大的对外贸易港口，与47个国家和地区通商贸易，拥有16条通往东西洋的贸易航线。特别是从月港经吕宋（马尼拉）至拉丁美洲和欧洲的航线前后持续了两个半世纪，是世界大帆船航海史上维持最久的一条全球化贸易航线，开创了中国以白银为结算货币交易的时代，在海上丝绸之路的历史长河中，留下了浓墨重彩的篇章。月港的兴盛，造就了漳州海商的崛起，他们过台湾、下南洋、通非欧，闯荡海外、万里行商，创造了许多财富传奇。"市镇繁华甲一方，古称月港小苏杭。"丝绸、瓷器、茶叶等商品从东南各地汇集漳州，与本地所产漳瓷、天鹅绒等物品通过月港源源不断地输往海外，番薯、花生、烟草等海外农作物也在万历年间经月港传入，并渐次扩种到全国各地，对我国农业生产影响深远。"东接诸倭国，南连百粤疆。货物通行旅，资财聚富商。雕镂犀角巧，磨洗象牙光。棕卖夷邦竹，檀烧异域香。燕窝如雪白，蜂蜡胜花黄。处处园栽橘，家家蔗煮糖……"这是明代闽县诗人徐𤊹游历月港后的有感而发、状物抒情，给后人留下无限想象空间。

帆影苍茫，舟楫相望；勇者无惧，迎风破浪。千百年来，这条海上丝绸之路航线，把漳州与世界紧密相连。建设21世纪海上丝绸之路的宏伟构想，赋予了古老的海上丝绸之路以崭新的时代内涵。漳州作为海上丝绸之路的重点节点，积极融入国家"一带一路"建设的战略重点，传承月港历史辉煌，立足海洋特色优势，突出基础设施互联互通、经贸合作和人文交流，全力打造海上丝绸之路先行示范区，为实现国家战略和福建发展发挥更大作用。

2012年10月，漳州与北海、广州、泉州、福州、宁波、南京、扬州、蓬莱等9个城市一起被纳入《中国世界文化遗产预备名单》，海丝"申遗"向前迈进了一大步。为了配合中共福建省委统战部编纂《闽商发展史》的整体规划，更全面、系统地挖掘漳州海丝史料，弘扬漳州海洋文化精神，我们组织了《闽商发展史·漳州卷》编委会，经数年努力，完成了本书稿。我们希望能通过本卷的出版，从丰厚的历史积淀中吸取营养，主动顺应时代发展要求,全方位推进与海丝沿线国家的交流合作,以期再现昔日月港的辉煌,抒写今天的锦绣篇章。是为序。

中共漳州市委常委、统战部长　张琳光

2016年3月

前　言

在浩瀚的历史长河中，海洋与人类的经济生活息息相关。福建南部远古时期为百越之区，孕育出早期的海洋文化。《越绝书》载"越人谓船为须虑，习之于夷。夷，海也"。越人"山行水处，以船为车，以楫为马，往各飘然，去则难从"。1987年考古工作者在东山发现了晚期智人化石——"东山人"右肱骨化石和更新世时期的水牛、斑鹿、水鹿、中国犀、山羊、熊等哺乳动物化石，为研究闽台民族远古祖先的血缘关系、海峡地区的海陆变迁和古闽台半岛的形成与消失，提供了新线索。位于东山岛南端，年代为距今5000—4300年的大帽山贝丘遗址出土了大量的海洋动物遗骸，海贝种类丰富，具有强烈的海洋经济特征。所出石锛原材料绝大部分来自澎湖群岛，陶器与澎湖群岛和台湾本岛的很多遗址的陶器相似。大约距今5000年，东南沿海先民开始向南太平洋、印度洋传播文化。东山大帽山、云霄尖子山贝丘遗址的发现表明，新石器时代的漳州先民已掌握了较高的制作贝器、石器、陶器和造船技术。为了生存，他们以舟楫不断向海洋拓展，具有深厚的海洋传统与特质。

战国时期，越人已以循岸梯航的形式沿海岸线到达东南亚进行海上贸易，楚国曾从百越那里得到珠玑、犀象、犀角、象齿等物产。入汉，闽越人仍是以"习于水斗，便于用舟"著称，南抵越南，北达江淮，奔驰海上，为日后闽南海外交通的发展奠定了基础。

继汉六朝的东冶港、唐五代的甘棠港之后，宋元时期的刺桐港发展成为东方著名大港，福建的海外交通进入了一个新阶段。

唐初建置的漳州经唐五代以及北宋初的开发建设，经济社会初具规模，商品经济有所发展，海外贸易也渐露头角，沿海的新兴市镇应运而生，漳州海商已经活跃于海外贸易领域，北抵高丽、日本，南达"南蕃"交趾、占城、真腊、三佛齐诸国，私贩香料、犀角、象牙。至南宋，史料出现唯一的海商姓名——黄琼，"商贩南蕃"而"空舟来归"。此时漳州输出的商品以丝绸、茶叶、瓷器、铜钱为主，输入则以香药、珠宝为多。至元代，漳州海外贸易持续发展，蕃舶大多在泉州市舶司抽解后到达龙溪海口镇和漳浦敦照镇。同时，在两宋造船业初具规模的基础上，元代漳州的造船业也有长足的进步，沿海居民世代相承的航海技术更臻于成熟。

进入明代以后，由于受到元末战乱的影响，加上明朝统治者推行海禁和朝贡贸易政策，曾经名扬中外的泉州港海外贸易江河日下，大不如昔。成化十年（1474年），福建市舶司移置福州更使泉州港雪上加霜，迅速走向没落，而明初盛极一时的福州港在明中叶之后，伴随着朝贡贸易的衰微也越来越不景气。与此同时，福建沿海一批港口却因走私贸易的兴盛得以迅速崛起。

明代从事海上走私的商人,为躲避官府的剿捕,在海上漂泊不定,活动范围很广,流动性很大。他们顺风汛航行,当南风汛时,由广东至福建、浙江,而直达江洋;北风汛时,或上岸剽掠,亦寇亦商。因此一些港汊曲折,封建政府难以驾驭的港湾岛屿就成为他们活动的据点,在这里造船置货,纠党入番。回航后与来自各地的商人贸易番货,沿海百姓也为重利所诱,"人首(皆)竞趋之",接济走私商人,"反取柴米酒肉以馈之,打造枪、刀铅铳以助之,收买货物以盗之,饰送娼优戏子以悦之"。每当窥知官兵的剿围动静,则星夜驰往报警,若官府令他们哨探,却推避不从,"宁杀可爱之身,而不忍背不可附之贼"。即使是"三尺童子,亦视海贼如衣食父母,视军门如世代仇雠"。当时福建走私贸易港口如"漳之诏安有梅岭,龙溪海沧、月港,泉之晋江有安梅(海),福宁有铜山。各海澳避远,贼之窝响,船主、喇哈、火头、舵公皆出焉"。此时漳州的月港、梅岭港应是最有影响的走私港。

16世纪下叶,东亚海域形势发生了巨大变化,东来的欧洲殖民者为了开拓国际市场,在中国东南沿海一带展开了激烈竞争。西班牙殖民者为维持其在菲律宾的殖民统治,开辟了从马尼拉到墨西哥阿卡普尔科的"大帆船贸易航线";荷兰殖民者在巴达维亚建立大本营后,为了打开直接对华贸易的大门,不惜动用武力侵占我国的澎湖岛与台湾南部;葡萄牙殖民者则利用留居澳门的优势,经营着对日本、马尼拉和南亚的三角贸易。而此时在中国国内,明朝政府经过"嘉靖倭患"的沉重打击后,为了维护其封建统治,不得不考虑改变海外贸易政策,有限度地开放海禁,准许私人申请文引出海贸易。

隆庆元年(1567年)明政府部分取消海禁令,在月港开设"洋市",月港从此进入了全盛期。万历年间(1573—1620年),月港的繁荣达到了顶点,"四方异客,皆集月港",月港已是闻名遐迩的国际港口了。周起元在《东西洋考·序》中描绘道:"穆庙时,除贩夷之律,于是,五方之贾,熙熙水国,刳艅艎分市东西路,其捆载珍奇,故异物不足述,而所贸金钱,岁无虑数十万。公私并赖,其殆天子之南库也。"

与国际贸易相接轨的月港是16—17世纪我国东南地区海外交通贸易的中心,是这一时期我国对外贸易的主要港口,其历史地位相当重要。

一、首开我国民间海外贸易的先河

从隆庆元年(1567年)至崇祯五年(1632年),漳州月港至少维持了半个多世纪的繁盛。况且,是以合法的民间贸易港的身份跻身名港之列。所以,其历史地位不容忽视。它结束了明代前期维持近200年的朝贡贸易,使明代后期的私人海外贸易得以迅速地发展起来;它标志我国历史上持续1000多年的以官方垄断为主的海外贸易发生了根本性变化,使我国海外贸易史进入了一个崭新的时期。

就明代而言,官方朝贡贸易主要是为了在政治上"怀柔远人",建立宗主国的地位,而不是在经济上牟取利益。如《皇明名臣经济录》云:"我祖宗一统无外,万邦来庭,不过因而羁縻而已。非利其所有。"因此,贸易形式以朝贡赏赐方式进行,而非支付货款。对于来华朝贡人员,皆以使臣接待,礼遇甚厚。如琉球贡船到达后,福建市舶司设宴"款待夷官,赏稿夷众",贡使回还之日,鸿胪寺派员护送,携带的赏物和货物,沿途差派车夫搬运,然后,给予海上所用食米,护送出海,开洋回国。所以每次接待贡使,所费甚巨。如正统四年(1439年),因接待琉球贡使,福建市舶司花费一大笔钱,据福建监察御史成规奏报"琉球国往来使臣,俱于福州停住,馆款之需,所费不赀……及今未半年,已用铜钱七十九万六千九百有余"。因此,官方海上贸易,不仅无利可图,而且给国家财政,给人民造成很大的负累;而私人海上贸易却不同,他们经商目的,不是为了自己的消费,而是为着追求高额的商业利润,正如傅元初在《请开洋禁疏》中提出:"海滨之民,惟利是视,走死地如鹜,往往至岛外欧脱之地。"就与日本贸易而言,官方朝贡贸易,由于赏赐过多,接待过多,费用过大,每次都大亏本,但对日的私人海上贸易无不获利数倍,如丝在日本"每百斤值银五六百两,取去者其价十倍",丝绵"常因匮乏,每百斤价银二百两",铁锅"大者至为难得,每一锅价银一两"。正因为商业利润很高,出海贸易的月港海商,满载而归,由此致富。如月港海商洪迪珍"载日本富夷泊南沃得利,自是岁率一至,致富巨万"。

官方朝贡贸易主要输入各种"海外奇珍"的高级消费品,如安息香、龙涎香等高级香料,犀角、羚羊角等高级药材和孔雀、白鹿等珍禽异兽,以满足皇帝、贵族、大官僚、大地主奢侈生活的需要;而私人海外贸易的商品,除了一部分奢侈品外,更多的是各种手工业原料和手工业产品,如出口布、绢等纺织品;碗、壶等日用陶瓷;雨伞、草席等生活用品。进口夏布、白棉布等棉织品和木棉、吉贝等纺织原料,及木材、生漆等商品,是供一般地主及广大劳动人民的生活需要,为民营手工业提供原材料。

据《东西洋考》记载,万历年间,从月港进口各种货物115种,其中金银器皿、奇珍异兽等高级奢侈品基本断绝,而草席、番纸等日常生活用品大大增加,由从前5种增加到25种,占全部进口商品的20%。纺织品也由官方海上贸易的剪绒丝、杂色红花被面等高档商品变成粗丝布等低档商品,此外还新增加红花米、绿豆等农副产品。进出口商品构成的变化,使福建的海上贸易由入超变成出超,阻止了宋元以来铜、银大量流出的趋势,开始出现外国银圆大量流入的新局面,从而对福建经济乃至于全国的货币流通发生深远的影响。

二、首度参与国际贸易竞争

16世纪初,西方依靠海上势力崛起的大国东向扩张,进入印度洋和太平洋,逐鹿海上,浊浪滔天。在南亚,东南亚战略要地建立要塞,并视中国商船为强敌。葡人占领马六甲,"与华人酬酢,屡肆辀张,故贾船希往者。直诣苏门答剌,必道经彼国。佛郎机见华人不肯驻,辄迎击于海门,掠其货以归。数年以来,波路断绝。然彼与澳夷同种,片帆指香山,便与粤人为市,亦不甚藉商舶彼间也"。中国商船在麻六甲的处境相当艰难,这是前所未有的变局。面对凶险,谁与争锋?月港海商以大无畏的精神,为逐利而忘生死,依然以中小型海船扬帆远航,参与国际贸易竞争,其胆魄和能力对后人极具启发意义。

月港开放之初,并不限制出洋商船的数量。从万历十七年(1589年)开始,限定每年出洋商船的数量为88艘,后来增至110艘。万历二十五年(1597年),总数达到137艘。作为月港一港而言,每年有上百艘商船扬帆出洋,是甚为可观的。以每船约载300人计,每年从月港出洋经商者,至少有3.3万人。

月港海商以诚信为本,为东南亚经商地提供了大量物美价廉的商品,也为国内提供了大量的白银。1615年,荷印总督燕·彼得逊·昆就写信告诉十七人委员会:"到万丹贸易的中国船上的人们售卖的丝绸比我们的好,在市场上的卖价比我们货单上开的便宜三分之一,因为对他们来说,时间和需要就是法律。……由于我们和英国人今年都缺乏现钱,故中国人离开时手上还留下大量的丝绸,如果我们给予现钱,有可能比去年便宜一倍。"贩运到暹罗贸易的瓷器也是由于卖价太低,而使荷兰东印度公司的职员感到迷惑不解:"除了他们在中国买这些瓷器的确非常便宜,否则他们将无钱还本","我们不能想象,他们的利润是从哪里来的,除了他们懂得如何把回航货物在国内卖高价"(《瓷器与荷兰东印度公司》)。即使到马尼拉贸易的海商可赢得较高的利润,但这些利润并不是实际贩运货物所得的利润,而是依靠两国之间白银的差价。拉斐尔·伯纳尔在《马尼拉华人居留地》一文中就直接指出:"中国人在与马尼拉贸易中的赢利,并不取决于降低中国商品的价格,而取决于白银在中国的价格高。换言之,中国人不是以降低商品价格来与西班牙人、菲律宾人或墨西哥人竞争,他们按自己的价格售卖,而换回的是白银,白银在中国比在西班牙可获得较高的价格。"

以往中国的海外贸易,大都是外国人入市,中国商人为坐商。月港海商则为行商,扬帆出海分贩东西洋,经商范围十分广阔,东起日本、朝鲜,中经菲律宾群岛,直到南洋各国,到处都有他们活动的足迹。嘉靖年间,前往日本的福建海商,因遇台风,漂到朝鲜就有1000多人,如王乞乘坐的一条大船在朝鲜黄竹岛停泊,同船的福建海商共150多人。直接到日本经商的福建商人更多。"嘉靖甲辰,忽有漳通西洋番船为风飘至彼岛(指日本),回易得利,归告其党,转相传走",于是出现大量通倭现象,"今虽山居谷汲,闻风争至,田亩之夫,缀耒不耕,贵贷子母钱往市者,握筹而算,可坐致富也"。

到菲律宾群岛的福建海商也大量增加,尤其是隆庆、万历年间,部分开放海禁以后,去吕宋的闽南海商更多。何乔远指出"其地闽漳人多往焉,率居地曰涧内者,其久贾以数万"。在漳州的族谱中,也留下许多福建海商到吕宋贸易的记载。

南洋群岛与中南半岛各国是福建海商活动的又一重要地区。据闽南族谱记载,明末清初,龙溪许良辑等2人,海澄谢汝棋等28人"前往生理"。

17世纪闽南海商由月港出洋经商人数较多,分布较广,从而改变了长期以来外商来华贸易为主的倾向。所以张燮的《东西洋考》说:"市舶之设,始于唐宋,大率夷人入市中国,中国而商于夷,未有今日之伙也。"

三、首创民间海外贸易的管理机制

成、弘年间,月港的海外贸易迅速崛起,出现了"货物通行旅,资财聚富商,雕镂犀角巧,磨洗象牙光"的繁荣景象,成为闽南一大都会,享有"天下小苏杭"的盛誉,到正德、嘉靖之际,月港进入前期最繁盛的阶段,月港海商与海外各国的走私贸易以空前的规模和速度发展起来,"闽漳之人,与番舶夷商贩番物,往来络绎于海上",月港"豪民私造巨舶,扬帆外国,交易财利,因而诱寇内讧,法不能止"。

随着海外贸易的发展,明政府加强对海商的控制。嘉靖九年(1531年),根据巡抚都御史胡琏的建议,把巡海道移驻漳州,并在月港东北10多里的海沧澳建立安边馆,委各府通判一员驻扎,半年一易。嘉靖三十年(1551年),复于月港建立靖海馆,以"通判往来巡辑"。不久,海盗商人谢志占据月港,接着,海商张维等二十四将又"结巢盘踞",使政府完全失去控制,月港地区"殆同化外"。于是嘉靖四十二年(1563年),巡抚谭纶下令招抚,"仍请设海防同知,颛理海上事,更靖海馆为海防馆",由海防同知驻扎。隆庆、万历年间,为了征收商税,加强管理,才把海防馆改为督饷馆,馆址在"县治之右,即靖海馆旧基"。从明朝政府相继在月港设立安边馆→靖海馆→海防馆→督饷馆的过程,可以看出虽然督饷馆是从安边馆、靖海馆、海防馆发展过来的,但安边馆、靖海馆、海防馆主要是对月港海商的镇压机构,而督饷馆才真正是对月港海商的管理机构。

为了管理月港海外贸易,明朝政府不仅设置了专门的管理机构,而且制定了一些管理法令与条例。

商船进出港口的管理办法:月港海商出海贸易,首先要得到明政府的批准,由海防官发给船引后,才能起航,每张船引"征税有差,名曰补税"。每次请引以100张为率,每一张船引都要详细填写船商的姓名、年貌、户籍、住址、开向何处、回销日期,以及限定的器械、货物等商品名称,"商众务尽数填引,毋得遗漏",同时海防官及各州县要设置循环号簿2扇,照商引登录器械、货物、姓名、年龄、户籍、住址、向往何处、期限等,"按日登记。"如所报有差错,船没官;如货物斤数不同,货没官。

商船出港时,由督饷馆派人登船验引,防止夹带各种违禁品及兵器出口。出海商船经过盘验,果无夹带违禁货物出洋,方许封识开驾。

商船回航经过南澳、浯屿、铜山诸寨及岛尾濠门、海门各巡司时,先委官订封,逐程派舟师护送,名曰"以防寇掠",实际上是防止地方小艇,先出海外接载饷货。进港后,船商要立即抱引送院复查缴销。如有越贩回澳,弃船登岸,盗盘货物漏饷者,将人船擒获解治。此外,对商船往来程限也有规定,西洋遥远,则每年十一二月发行,严限次年六月回销。东洋稍近,多在春初驾往,严限5月内回销,在外压冬未回者,严拘家属监禁,即使没有通倭情弊,亦必罪以违限。

商税的征收办法:月港海商的税收制度由从前的抽份制改为饷银制。这种商税共分三种:一为水饷,也称"丈抽法"。类似近代的船钞,其定税率不以船的载重量,而以船的广狭为准,按照船只大小而征收船税,出之船商。二为陆饷,即商品的进口税。是按出口货物的多寡或价值的高低来计算的,征之于购买进口货物的铺商。三为加增饷,是专门征收从吕宋回来的商船税,一般由船主负担。

以上三种税都是货币税,从贡舶贸易抽分实物税到征收货币税,这是中国关税制度的重大变化,反映了明代对外贸易发生了根本性的变化,新的封建海关管理制度由此发轫并发挥长远的影响。

海外贸易的兴盛、漳州海商集团的形成也催生了一批有识有为的士人,他们为开放海禁鼓与呼,为航线畅通标和记,对月港盛况进行全景式纪实。其中最著名的代表是诏安的吴朴和龙溪的张燮。前者编撰了我国首部刻印的水路图录——《渡海方程》，后者著作《东西洋考》是当时海外贸易的"通商指南"，全面系统地介绍海外情状和月港商贸管理等规定以及航海、气象、地理等知识，为之后的海交史地书籍提供了编纂范例，特别是为后人保存了许多珍贵的海交史料。

清代漳州行政建制更为完备，交通网络四通八达，商品经济有了进一步的发展。但是，明末清初连绵不断的战乱，使漳州月港在兴盛了几十年后陷入衰退境地。郑成功领导的反清复明军事集团与清军拉锯式的战争持续了近40年，尤其是原郑成功部将后降清为海澄公的黄梧提出"平贼五策"被康熙采纳，其中包括长达20年的迁界，漳州沿海十室九空，百姓流离失所，正常的海上商贸通道被生生切断。康熙二十三年（1864年）清廷统一台湾后，在厦门设置"闽海关厦门衙署"，并规定厦门是与鹿耳门港对渡的唯一正口，一时商船云集，货积如山，而漳州则成为山海货物交易的中转仓储之地。但在经济运行的原动力驱使下，原有的海港仍有较小规模的海商出入，其中月港、石码港、铜山港、梅岭港以及五澳、浯屿、佛昙、旧镇、宫口、下寨等港是重要的私人海商贸易据点。

乾隆二十二年（1757年），清廷撤闽、浙、江三海关，规定外国番商"只许在广东收泊交易"，广州成为吸引商业资本的一大磁石。龙溪的潘振承创办了同文行，诏安的叶上林创办了义成行。乾隆二十五年（1760年）潘振承被清政府选任为广州十三行商总。

同时，一部分漳州商人前往南洋谋求发展，如诏安黄世钮兄弟到马来亚、漳浦戴文水往新加坡、漳浦杨士让到暹罗，均经商而致富。也有相当一部分漳州海商前往澳门，从事东西洋贸易。台湾纳入清版图后，漳台贸易十分活跃。龙溪角美的林平侯入台经商致富，嘉庆二十四年（1819年）回原乡建林氏义庄，历四代人，延116年持续赈济，遂成漳台血肉相连之佳话。史料表明，清代漳州海商还是拥有雄厚财力的。

民国时期，漳州的市场体系进一步发育、成熟，内陆港口不断兴起，山区圩场日臻完善，成为闽西南一大商业重镇。此时，漳州的金融组织也呈多元状况，银行、钱庄、保险、典当并存。光绪六年（1880年），龙溪县流传乡菲律宾华侨郭有品创办了漳州第一家民信局，后改名天一信汇总局，经营侨批、汇兑，是当时全国最大的民营跨国邮政、汇兑机构。

民国时期的漳州商人如林和坂、林秉祥、杨在田、郭春秧、林文庆、杨纯美、庄西言、吴学濂、郭美丞、张荣汀、张笃生、李荣生、萧佛成等均在南洋经商致富，成为著名的华商。他们大都心系故乡，反哺祖地，为漳州的革命事业、抗日御敌、社会发展贡献力量。

1949年9月，人民政府接管漳州，采取措施恢复发展经济，扶持手工业生产。当年10月1日成立漳州第一家国营商业企业——漳州贸易公司，对平抑物价起了一定作用。1953年起进入计划经济时期，开始实行第一个五年计划。对与国计民生关系重大的粮食、生猪、主要经济作物实行统购统销和派养派购等政策；对私营商业采取"利用、限制、改造"政策，并逐步改造成为公私合营商业。1958年后，经行业改造的个体手工业由合作社升级为厂，但效果不佳。1961年再进行调整，局面有所好转。漳州重工业起步于1949年冬，至1965年共有重工业24家。同时，轻工业也得到长足的发展，1952年8月，漳州贸易公司撤销，同时成立百货、粮食、土产三个国营专业公司。1957年成立漳州百货采购批发站,建立了以二级站为骨干、三级站为基础的国营百货商业网络体系。漳州地区生产的日用工业品,自1956年起由商业部门收购经销。1966—1976年"文化大革命"期间,工农业生产受到冲击,商业也呈凋敝状态,除个别从事少量农副产品零售的小商贩外,因打击"投机倒把",个私商人几乎绝迹。

结束十年浩劫,漳州与全国各地一样,翻开了改革开放的新一页。从1978年到2011年,立足实际、勇于探索、科学决策,在不同的历史时期探索并践行"大念山海经""工业立市"、"依港兴市"、"生态建市"等发展路径,各项事业迅猛发展,工商业取得前所未有的进步。

从20世纪80年代初至90年代中期,漳州重视经营"菜篮子"、"果盘子",开发水果、水产,形成"山上茶果竹,田里稻菜菇,海养鱼虾贝"种养模式,成为全国农业最发达的地区之一。同时,电力、水利、交通等基础建设成效显著。2000年后,漳州根据形势发展,加快了工业化进程,制定和实施了若干切合实际的措施,提升了全市工业总体素质,同时也奠定了依港立市的坚实基础。2006年,漳州市委、市政府制定了"依港立市、工业强市、开放活市、科教兴市"的发展战略。同时,注重环境整治和保护,着力建设"田园之都、生态之城",富美漳州一步步走近时代、走近百姓。30多年的改革开放取得了令人瞩目的巨大成就。

尤其值得一提的是1978年后,有着港口优势的漳州率先与台湾发展贸易往来,最先开展对台小额贸易。至1988年,全市累计对台小额贸易出口2.28亿美元,约占全省的25%。1979年龙溪地区设东山、石码2个口岸和6个起运点,直接经营外贸出口业务,改变了1956年以来由厦门粮油食品进出口公司包揽漳州外贸的局面。1990年后,漳州辖区内海关、商检、港务等机构日臻完备,东山、石码、宫口、古雷、旧镇等港口日趋繁荣,一些企业也开始走出国门,与世界接轨,商品运销四大洋、五大洲。

涛声越千年,风起再扬帆。漳州既有古代"海上丝绸之路"的辉煌,又拥有独特的区位,更具备与国际并轨的港口、产业、商贸、人文等基础,新一代的企业家正意气风发地融入21世纪"海上丝绸之路"建设,融入创造历史、影响未来的时代大潮中。

第一章 宋元时期漳州的商业与社会/1

第一节 宋代以前漳州的沿革与发展/1
一、宋代以前漳州地区的行政隶属变化/1
二、宋代以前漳州的经济开发/3
三、宋代以前漳州的商业/9

第二节 宋元时期漳州的地理交通与贸易路线/13
一、宋元时期漳州的地理交通/13
二、宋元时期漳州的贸易路线/22

第三节 宋元时期漳州商业的发展/23
一、宋元时期漳州的经济发展状况/23
二、宋元时期漳州的市场管理与政策/40
三、宋元时期漳州的市场体系/41
四、宋元时期漳州的物产与主要商品/41

第四节 宋元时期漳州的商业资本与商人/45
一、商业资本与经营方式/45
二、商人与贸易/46

第五节 宋元时期漳州的海洋经济与社会变迁/47
一、漳州的海港与潮汐/47
二、对外贸易的经营模式/50
三、海神信仰的精神生活/55

第二章 明代漳州海外贸易的兴盛/56

第一节 明代漳州商品经济的发展/56
一、农作物的多样化/56
二、手工业的进步/59
三、造船、航海技术的提高/61

第二节 海禁与走私贸易/64
一、明初的厉行海禁/65

二、走私贸易的悄然进行/66
三、倭寇的侵扰/68
四、葡萄牙人在漳州的活动/71

第三节 开海禁与置海澄/74
一、严禁与弛禁之争/74
二、海澄设县及意图/79
三、隆庆月港部分开禁/83

第四节 月港饷税征收的制度化/87
一、督饷馆的设置/87
二、饷税的征收/96
三、饷税征收的弊端/103

第五节 明代后期私人海外贸易的发展/107
一、私人海外贸易商及其经营方式/107
二、私人海外贸易对象及贸易网络/113
三、进出口商品/116
四、漳州民间海外贸易对经济发展的影响/120

第三章 清代漳州商业与商人/125

第一节 清代漳州商品经济发展/125
一、清代行政区划变动与海陆交通网络/125
二、农业生产的多样化和商品化/127
三、手工技术进步与手工产品的商品化/129
四、商业政策变迁与商业管理机构/131

第二节 清代漳州国内商业活动/134
一、清初市镇兴起与市场体系形成/134
二、商品流动与商人活动/135
三、以会馆为纽带的商业网络/137
四、商业资本与商业组织方式/141

第三节 清代漳州海外贸易状况/143
一、清初海禁与商业资本的转移/143
二、清代华南海商集团中的漳州商人/145
三、海外贸易网络与贸易结构/146
四、海外贸易与地方社会的影响/149

第四节 清代漳州与台湾两岸贸易/156
一、清代漳台两岸港口贸易网络/157
二、郊商与漳台两岸贸易/158
三、漳台两岸贸易结构/161

四、殖民渗透下的漳台贸易/162

第五节 清代漳州商人与社会变迁/163

  一、商人与海外移民/163

  二、商人与地方社会近代化/165

  三、商人、商业组织与社会公共事业/166

第六节 清代漳州商人的"过番"心路/169

  一、漳州讨海商人群体/169

  二、程逊我《噶喇吧纪略》记载之海商心路/170

  三、王大海《海岛逸志》与海商踪迹/171

第四章 民国时期的漳州商业社会(1911—1949年)/174

第一节 民国时期漳州商业网络与商品贸易/174

  一、商业集市网络的形成与中心城市的发展/174

  二、民国时期漳州的国内外商贸网络/182

第二节 民国漳州商人社会活动/186

  一、民国漳州商会组织、商人代表人物/186

  二、民国漳州商人与近代中国社会/193

  三、民国漳州商人与地方公益事业/200

  四、民国漳州商人的价值取向与人文精神/206

第五章 社会主义建设初期的漳州工商业(1949—1977年)/209

第一节 过渡时期的工商业改造(1949—1956年)/211

  一、手工业的社会主义改造/211

  二、个体商业的社会主义改造/215

  三、资本主义工商业的社会主义改造/215

  四、漳州市工商业联合会/217

第二节 计划时期的工商业(1957—1977年)/217

  一、工商业管理机构的成立/217

  二、国营工业企业的兴衰/219

  三、国营商业企业的兴衰/221

第六章 改革开放时期的漳州工商业(1978—2011年)/223

第一节 改革开放初期的工商业(1978—1991年)/225

  一、乡镇企业的产生与发展/225

  二、国营商业管理与经营机制改革及成效/226

  三、商品市场的放开/234

  四、个体商户的产生与发展/235

第二节　市场经济发展中的工商业(1992—2011年)/236

　　一、企业转换经营机制的改革及成效/236

　　二、企业集团化和产业集群化/243

　　三、大型股份企业的产生与发展 /244

　　四、主要行业及商品情况介绍/245

第三节　对台贸易/250

　　一、对台小额贸易的产生与发展/250

　　二、台资企业的引进与发展/253

　　三、台湾农业创业园成功创办/255

后　　记/257

第一章

宋元时期漳州的商业与社会

第一节 宋代以前漳州的沿革与发展

一、宋代以前漳州地区的行政隶属变化

漳州在先秦时期应属于扬州所辖之区域。据《万历重修漳州府志》记载,"扬州北至淮东,南至于海。漳州,东南远也,而又滨海,虽上古未通中国,亦当在要荒之服"①,即漳州在先秦时期不属于中原的夏、商、周政权直接管辖,而是属于东南蛮夷的要服之地。据现代学者考证,"要服"不仅要向周王室缴纳上等丝绸和土特产作为贡品,还要缴纳禾谷,定期为周王服徭役②。《山海经·海内南经》云:"海内东南陬以西者,瓯居海中,闽在海中。其西北有山,一曰闽中山,在海中,三天子鄣山在闽西海北,一曰在海中。"《周礼》亦云:"职方氏,掌天下之图,以掌天下之地,辨其邦国、都鄙、四夷、八蛮、七闽、九貉、五戎、六狄之人民。"③即七闽为西周的藩属。春秋时期仍为七闽之地,至战国时期,福建地区为"越人所居"④,闽越相互融合。

秦灭六国,平百越,统一天下,"以其地为闽中郡"⑤,设官有郡守、郡丞、监御史等。

---

① (明)罗青霄等:《万历重修漳州府志》卷之1《漳州府·舆地志》,万历元年(1573年)初刊,台北:学生书局,1965年影印本,第21页。

② 王晖:《西周蛮夷"要服"新证——兼论"要服"与"荒服"、"侯服"之别》,《民族研究》2003年第1期。

③ (清)孙诒让:《周礼正义》卷63《夏官司马·职方氏》,王文锦、陈玉霞点校,十三经清人注疏,北京:中华书局,1987年,第2636页。

④ (宋)欧阳忞:《舆地广记》卷第34《福建路·漳州》,李勇先、王小红校注,成都:四川大学出版社,2003年,第1066页。

⑤ (汉)司马迁:《史记》卷114《东越传》,北京:中华书局,1959年点校本,第9册,第2979页。

秦亡汉兴,刘邦大封异姓诸王,其中就有"佐汉灭楚"的闽越族首领、战国末期越王勾践之苗裔驺无诸被封为闽越王。至汉武帝时期,闽越国屡次叛乱,被西汉朝廷灭国,其大部分民众也被迁到江淮一带。东汉时期,漳州地区属于会稽郡冶县,后来部分闽民返回故地,东汉朝廷增设冶县南部校尉进行管辖。

至东汉末年献帝建安初年(公元196年),有大批北方民众因黄巾之变被迫南迁闽粤故地,曹操在冶县南部校尉辖区设立侯官、建安、南平、汉兴等五个县,而漳州此时属于侯官县管辖,初步奠定了今天福建省主要行政区之雏形。孙吴永安三年(公元260年),景帝孙休把会稽郡南部尉升格为建安郡①;西晋统一全国后,太康三年(公元282年),司马炎"分建安立晋安郡",下设原丰、新罗、宛平、同安、侯官、罗江、晋安、温麻八县②,漳州当时应属同安管辖;至南朝刘宋泰始四年(公元468年),明帝改晋安郡为晋平郡,不久又复旧;梁天监年间(公元502—519年),梁武帝萧衍析晋安郡设南安郡,大致包括今天的莆田、泉州、漳州三个地级市辖区;普通六年(公元525年),梁武帝把建安郡、晋安郡、南安郡划归东扬州管辖;陈朝永定初(公元557年),陈霸先升东扬州为闽州,仍然管辖建安、晋安、南安三郡;陈文帝天嘉六年(公元565年),陈朝廷又恢复旧州名,废帝陈伯宗光大元年(公元567年),又升为丰州。

隋文帝统一全国,至开皇九年(公元589年),隋朝廷将丰州改为泉州,同时降建安郡、南安郡为县,属泉州管辖。大业初年(公元605年),杨广登基,复改泉州为闽州,大业三年(公元607年),隋朝廷又把闽州改为建安郡,下辖闽、建安、南安、龙溪四县,龙溪县辖地即包括今天的漳州地区。

唐武德元年(公元618年),唐朝廷改建安郡为建州,武德四年(公元621年),唐朝廷把建州州治移到建安,"领绥城、吴兴、建阳、沙、将乐、邵武等县",武德五年(公元622年),唐朝廷"析南安为丰州","领南安、莆田二县",武德六年(公元623年),又"析闽县为泉州";贞观元年(公元626年),唐太宗撤销丰州,其原属县南安、莆田转属泉州管辖③。据上所述,在未正式建郡前,漳州"历代土地"基本上是"与长乐郡同"④。

垂拱二年(公元686年)十二月初九日,武则天下诏在泉州与潮州之间增设漳州,下辖怀恩、漳浦二县;天宝元年(公元742年),唐玄宗改漳州为漳浦郡,不久划归江东道管辖。龙溪县原属泉州,隋朝时划归武荣州,武荣州撤销后,又重隶泉州,开元二十九年(公元741年),划归漳州;龙岩县于开元二十四年(公元736年)设置,原属汀州,大历十二年

---

① (南朝梁)沈约:《宋书》卷36《州郡志二·江州》,北京:中华书局,1974年点校本,第4册,第1092页。
② (唐)房玄龄等:《晋书》卷15《地理志下·扬州》,北京:中华书局,1974年点校本,第2册,第459、462页。
③ (后晋)刘昫等:《旧唐书》卷40《地理志三·江南道》,北京:中华书局,1975年点校本,第5册,第1599页。
④ (宋)李昉等:《太平御览》卷170《州郡部十六·江南道上》引《十道志》,北京:中华书局,1960年影印本,第831页。

(公元777年),拨隶漳州。至此,漳州有龙溪县、漳浦县、龙岩县三个属县。州治治所方面,漳州的州治也先后迁移了三个地方。漳州建立之初,以漳浦县为漳州的州治,"开元四年(公元716年),徙治李澳川,乾元二年(公元759年),徙治龙溪"①。此后,州治一直驻龙溪县,至今不改。大顺年间(公元890—891年),王潮(846—897)占领福州、建州、泉州、漳州、潮州"闽、岭五州之地",被昭宗封为威武军节度使、福建管内观察使,其弟王审知(862—925)为观察副使②。光启三年(公元887年)十二月,王潮死,王审知接任,继续掌控上述五州。后唐同光元年(公元925年),王审知死后,王氏集团内部为争夺最高统治权进行激烈的争夺。其子王延翰(? —927)继任节度使不久,为弟王延钧(? —935)所杀。王延钧于后唐长兴三年(公元932年)称帝,"国号大闽,改元龙启"③。五代末期,漳州先后为留从效(906—962)、陈洪进(914—985)所控制。至宋太宗太平兴国三年(公元978年)夏四月,陈洪进向宋朝廷"上表献所管漳、泉二州"④。自此,漳州正式并入宋朝版图。

二、宋代以前漳州的经济开发

漳州自古以来就有人类活动,现代考古发现,在以天宝山山麓以东、九龙江西溪和北溪之间的隆起地带为中心的漳州市北郊台地,有113处旧石器时代人类活动的遗址;另外,平和县有3处、东山县有1处、华安县有1处。其中这些石器主要以燧石制成,杂以玄武岩、石英结晶体、脉石英、玉石、石英岩等⑤。20世纪90年代以来,漳州考古工作者分别在漳州市北郊台地与东山县发现了早期人类的化石⑥。漳州新石器时代遗址主要有芗城区覆船山、诏安县腊州山、大帽山、万宝山、漳浦县香山等贝丘遗址,从这些贝丘遗址中发现大量新石器时代的石器与陶器,其中陶器主要为釜、罐、碗(或钵)、盆、豆等生活用具,这些陶器的纹饰主要以绳纹为主,间以条纹、叶脉纹、水波纹等⑦。至1990年,漳州地区发现的商周时代遗址(含墓葬)274处,出土遗物主要有铜器、石器与陶器,在考古学上属于青铜时代。这一时期的遗址主要分布在河流两岸的山冈、台地与缓坡以及滨海

---

① (宋)欧阳修、宋祁:《新唐书》卷41《地理志五·江南道》,北京:中华书局,1975年点校本,第4册,第1066页。
② (宋)王钦若、杨亿等:《册府元龟(校订本)》卷219《僭伪部(一)·姓系》,周勋初等校订,南京:凤凰出版社,2006年,第3册,第2472页。
③ (宋)薛居正等:《旧五代史》卷134《僭伪列传第一·王审知传》,北京:中华书局,1976年点校本,第6册,第1792页。
④ (宋)李焘:《续资治通鉴长编》卷19,太宗太平兴国三年(公元978年)夏四月己卯,北京:中华书局,2004年,第426页。
⑤ 尤玉柱主编:《漳州史前文化》第四章,福州:福建人民出版社,1991年,第28、29页。
⑥ 尤玉柱主编:《漳州史前文化》第四章,福州:福建人民出版社,1991年,第61~64页。
⑦ 尤玉柱主编:《漳州史前文化》第六章,福州:福建人民出版社,1991年,第90~91页。

台地、小岛顶部与河流入海处的三角洲地区①。此时漳州的生产方式以采集和渔猎为主，如腊州山遗址出土了22种海生贝类，大帽山遗址出土了大量鱼的脊椎骨，万宝山遗址出土了大量牡蛎壳与少量螺壳，香山遗址也出土了6种海生贝类，这些贝类应为当地人的"重要的食物来源"。当然，狩猎业也为当时人们提供了重要的食物来源，如大帽山遗址发现了不少鹿、羊、猪等哺乳动物的肢骨和牙齿②。农业方面，长泰、南靖、平和、漳浦等地的遗址发掘了一批大型石锛，多是打磨过的，甚至"通体磨光"，当为新石器，且形式多样，单面刃，刃面扁长，刃长6~40厘米不等③；此外，还有石斧等农耕工具。除了石器农具，还有青铜农具，如漳浦祖妈林还出土了铜斧、铜锛各一件④，应为生产生活工具。这些出土农耕工具表明，漳州地区在此时已经有了一定规模的原始农业。手工业方面，以制陶业最为发达，陶器主要为生产工具和生活用具，其中生产工具有纺轮，生活用具主要为炊器和盛器，炊器有釜、罐等，盛器有豆、碗（或钵）、盘等⑤。既然有纺轮，说明当地也有纺织业，只是没有考古实物进行印证。从上看见，漳州地区在原始社会时期经济水平不高，生产工具多以石器为主，青铜器较少，农业不发达，渔猎业较发达，陶器生产水平一般，陶器种类分为生活用具与生产工具，手工业水平也不高。

至春秋战国、秦汉六朝时期，闽越族人是福建地区的主要居民，受中原政权的影响不大，各地还是主要由豪族、渠帅⑥控制，如陈霸先永定元年（公元557年），建安、晋安等郡的"闽中豪帅，往往立砦以自保"⑦。直到永嘉之乱后，始有北人入闽，不过其数量不会很多⑧。根据唐人欧阳詹（756—800）的记载，关右弘农杨氏"永嘉过江"，"处于闽越"⑨；荥阳郑氏"其先宅荥阳，永嘉之迁，自江上更徙于闽"⑩，即是从长江北岸逐渐辗转迁徙到福建的。还有福州长乐县太原王氏远祖"以永嘉丧乱，徙于闽隅"⑪。相对于中原地区来

---

① 尤玉柱主编：《漳州史前文化》第七章，福州：福建人民出版社，1991年，第99页。
② 尤玉柱主编：《漳州史前文化》第六章，福州：福建人民出版社，1991年，第70、81、88页。
③ 尤玉柱主编：《漳州史前文化》第六章，福州：福建人民出版社，1991年，第67~91页。
④ 曾凡：《福建光泽新石器时代遗址调查简报》，《考古通讯》1955年第5期。
⑤ 尤玉柱主编：《漳州史前文化》第六章，福州：福建人民出版社，1991年，第74页。
⑥ （西晋）陈寿：《三国志》卷57《吴书一二·虞翻传》提到山越渠帅（北京：中华书局，1964年点校本，第5册，第1318页），同书卷60《吴书一五·贺齐传》提及建安、汉兴、南平等县贼帅洪明、洪进、苑御、吴免、华当、吴五、邹临等（第5册，第1378页），他们应该都是可以聚集万户以上的闽中豪族。
⑦ （唐）姚思廉：《陈书》卷21《萧乾传》，北京：中华书局，1972年点校本，第2册，第278页。
⑧ 陈存洗、陈龙、杨琮：《福建通史·第1卷·远古至六朝》第四章《两汉六朝的闽中》，徐晓望主编，福州：福建人民出版社，2006年，第215页。
⑨ （唐）欧阳詹：《欧阳行周文集》卷第4《有唐故朝议郎、鄂州司仓参军杨公墓志铭并序》，四部丛刊初编本第707册，上海：商务印书馆，1919年，本卷第40页a。
⑩ （唐）欧阳詹：《欧阳行周文集》卷第4《有唐君子郑公墓志铭并序》，四部丛刊初编本第707册，上海：商务印书馆，1919年，本卷第42页b。
⑪ （清）董诰等：《全唐文》卷446，（唐）陈诩《唐洪州百丈山故怀海禅师塔铭》，北京：中华书局，1983年影印本，第4548页。

说,包括漳州在内的福建地区经济发展水平还是比较落后的,不过较之前还是有一定的发展。

农业方面,当时的漳州开发不足,不过土地比较肥沃。南朝人沈怀远在刘宋武帝刘骏大明年间(公元457—464年)曾经过闽中绥安(即漳浦),写有《次绥安》一诗,其中有"闽方信狭阻,兹地亦丰沃"①之句。在生产方式方面,农耕制度相对比较落后,粮食种植可能以水稻(秔稻)为主,当然也可能有种植小麦。司马迁指出,"楚、越之地地广人希,饭稻羹鱼,或火耕而水耨,果隋蠃蛤,不待贾而足,地势饶食,无饥馑之患,以故呰窳偷生,无积聚而多贫。是故江、淮以南,无冻饿之人,亦无千金之家"②。班固也有类似的看法:"江南地广,或火耕水耨。民食鱼稻,以渔猎山伐为业,果蓏蠃蛤,食物常足。故呰窳偷生,而亡积聚,饮食还给,不忧冻饿,亦亡千金之家。信巫鬼,重淫祀。"③对于这种"火耕水耨"方式,应劭解释说:"烧草,下水种稻,草与稻并生,高七八寸,因悉芟去,复下水灌之,草死,独稻长,所谓火耕水耨也。"④我们估计两汉时期闽中一带水稻种植还是一年一熟,至三国时期,一年两熟的水稻耕作制度相对比较成熟了,所以左太冲《吴都赋》有"国税再熟之稻"⑤一语。从水稻品种来看,此时的漳州当是以种植秔稻为主。前引沈怀远《次绥安》诗有"阴崖猿昼啸,阳畮秔先熟"⑥之句,此"秔"就是当地的主要粮食作物秔稻。除了水稻之外,漳州可能也有种植小麦。太兴元年(公元318年),东晋朝廷诏令:"徐、扬二州土宜三麦,可督令熯地,投秋下种,至夏而熟,继新故之交,于以周济,所益甚大。"⑦漳州地区所在的晋安郡隶属于扬州。"三麦"是大麦、小麦、元麦的合称。这也说明,当时包括漳州地区在内的扬州诸郡,已经开始出现稻麦轮作制,再加上水稻的一年两熟制,当时扬州境内百姓的粮食更加具有保障性了,"其后频年麦虽有旱蝗,而为益犹多"⑧。至刘宋文帝元嘉二十一年(公元444年)秋七月,刘宋朝廷又规定:"南徐、兖、豫及扬州浙江西属郡,自今悉督种麦,以助阙乏。"⑨从一些考古文物来看,当时福建的生产者发明并使

---

① (明)陈洪谟等:《(正德)大明漳州府志》卷之17《礼纪·古诗》,厦门:厦门大学出版社,2012年影印本,第1021页。

② (汉)司马迁:《史记》卷129《货殖列传》,第10册,第3270页。

③ (东汉)班固撰,(唐)颜师古注:《汉书》卷28下《地理志下》,北京:中华书局,1964年标点本,第6册,第1666页。

④ (汉)司马迁:《史记》卷30《平准书》,第4册,第1437页;(东汉)班固:《汉书》卷6《武帝本纪》,第1册,第183页。

⑤ (南朝齐)昭明太子编,(唐)李善注:《昭明文选》卷第5《赋丙·京都下·吴都赋》,上海:上海古籍出版社,1986年标点本,第215页。

⑥ (明)陈洪谟等:《(正德)大明漳州府志》卷之17《礼纪·古诗》,第1022页。

⑦ (唐)房玄龄等:《晋书》卷26《食货志》,北京:中华书局,1974年标点本,第3册,第791页。

⑧ (唐)房玄龄等:《晋书》卷26《食货志》,第3册,第791页。

⑨ (南朝梁)沈约:《宋书》卷5《文帝本纪》,北京:中华书局,1974年点校本,第1册,第92页。

用了相对先进的农业生产工具。如在1959年、1981—1982年武夷山崇安山城村闽越国城遗址的考古发掘中，锄、镢、锸、斧、锛、犁、镰、五齿耙、凿、削、锤、鎏、镌、锯、钩、钉、齿轮、铲等铁制生产工具大量出土①，这说明包括漳州在内的广大福建地区在农业开垦方面有了较大的进步。其中，锸即臿，"鍫也，所以开渠者也"②。鍫，即铁锹，是用来挖土或铲土的工具。同样，凿、鎏、镌、铲也具体有跟锸相似的功能。斧、锛、削为开辟之工具，锄、镢、犁、镰、五齿耙为耕作工具，锤、锯、钩、钉、齿轮等是必不可少的辅助性工具。粮食作物方面，当以种植水稻为主。耕作技术方面，此时福建的生产方式当以刀耕火种为主，可能已经出现了较前先进的耕作方式。有学者认为闽地的水耨"引入了中耕的方法"，福建崇安城村汉城遗址中铁锄、五齿铁耙等大量铁制农具的出土，"可证当时已有了较精细的耙田锄草的劳作"③。

从生态方面来看，当时福建的开发相对落后，所以生态环境的保持相对较好。当时，闽地"非有城邑里也，处溪谷之间，篁竹之中"，为"方外之地"④。换言之，当时福建地区的植被保持良好，尤其是竹子较多。东晋王彪之《闽中赋》云："竹则粉苞赤箬，缥箭斑弓；筼筜函人，桃枝育虫。缃箬素笋，彤竿绿筒"，"竹则缃箬素笋，彤竿绿筒；攒冈坻之苯䔿，漫原泽之翁蒙"⑤。南朝刘宋沈怀远《次绥安》五言诗云："闽方信阻狭，兹地亦丰沃。"绥安是漳浦的古名⑥。

手工业方面，学界对这一时期福建的金属冶炼业、建筑业、纺织业、制陶业、造船业等做了较详细的论述⑦。纺织业方面，此时的漳州当是以麻布、葛布为主。如前引沈怀远《次绥安》一诗有"稚子练葛布，樵人薜萝屋"⑧之句。战国秦汉时期闽南地区的资料较少，只有青铜器、陶器略有些资料。如虽然漳州境内没有出土关于青铜器文物，但是漳浦出土了新石器时代的青铜斧，至战国秦汉时期，漳州的青铜器制造技术至少还应有延续；长泰犁头山与石牛山、漳浦、平和等秦汉残墓出土了系列米字纹陶器⑨。造船业方面，包

---

① 参见福建省文物管理委员会：《福建崇安城村汉城遗址试掘》，《考古》1960年第10期；福建省博物馆：《崇安城村汉城探掘简报》，《文物》1985年第11期；杨琮：《崇安县城村汉城北岗遗址考古发掘的新收获》，《福建文博》1988年第1期。

② （东汉）班固：《汉书》卷29《沟洫志》颜师古注，第6册，第1686页。

③ 陈存洗、陈龙、杨琮：《福建通史·第1卷·远古至六朝》第三章《秦汉之际的闽越国》，徐晓望主编，福州：福建人民出版社，2006年，第145页。

④ （东汉）班固：《汉书》卷64上《严助传》，第9册，第2778、2777页。

⑤ （唐）徐坚等：《初学记》卷28《果木部·竹第十八》，北京：中华书局，1962年点校本，第694页。

⑥ （清）陈梦雷编：《古今图书集成·方舆汇编·职方典》卷1106《漳州府部·艺文二》，上海：中华书局，1934年影印雍正铜活字本，第147册，本卷第14页b。

⑦ 陈存洗、陈龙、杨琮：《福建通史·第1卷·远古至六朝》第三章《秦汉之际的闽越国》，第150～156页。

⑧ （明）陈洪谟等：《（正德）大明漳州府志》卷之17《礼纪·古诗》，第1022页。

⑨ 吴春明：《福建史前文化的综合研究》，厦门大学硕士学位论文，1990年，第56页。

括漳州在内的福建人用船较多,其技术当有自己的独到之处。汉人严助说,闽地除了靠海之外,内陆"处溪谷之间,篁竹之中","地深昧而多水险",因而其民"习于水斗,便于用舟"①。既然"用舟"较多,想必造船业也是比较发达。三国时期的吴国名义上掌控了闽中大地,左思(约250—305)《吴都赋》云:"戈船掩乎江湖","泛舟航于彭蠡,浑万艘而既同。弘舸连舳,巨槛接舻。飞云盖海,制非常模","篙工楫师,选自闽禺"②。这是说吴国的造船业比较发达,水军实力强大,而且水手很多来自闽中和南粤,闽中的情况可与严助所说"习于水斗,便于用舟"的情况相印证。而且闽中的造船业也是比较发达的,造船材料丰富,造船技术先进,所以孙吴在闽中的建安设立典船校尉,温麻(今福建霞浦)设有温麻船屯,至西晋太康三年(公元282年),"省建安典船校尉",设立原丰县,太康四年(公元283年)"以温麻船屯"设置温麻县③。在灭吴之前,西晋朝廷建立了规模较大的水军,有各种功能不同的战舰。《晋令》云:"水战,飞云船相去五十步,苍隼船相去四十步,金船相去三十步,小儿先登,飞鸟船相去五十步。"④即西晋水军的战舰有飞云船、苍隼船、金船、飞鸟船等。这些船也有不少是在建安郡制造的。此时漳州地区的造船业与建安相似,或者要落后于建安。此时的福州为当时主要的外贸港口之一。史书记载云:"旧交阯七郡贡献转运,皆从东冶泛海而至,风波艰阻,沉溺相系。"原注曰:"东冶,县,属会稽郡。《太康地理志》云汉武帝名为东冶,后改为东侯官,今泉州闽县是也。"⑤

此外,包括漳州在内的福建地区也有一定规模的畜牧业。唐人韩愈(768—824)曾提到,"闽中,南朝放牧之地,畜羊马可孳息",其所牧养的牲畜主要有羊、马等,其中马有数千匹之多⑥。

进入隋唐五代时期,漳州在唐前期正式成为一个地方行政区域,漳州的开发也进入了一个新阶段,整个闽南社会也发生了较大的变化。漳州于唐垂拱二年(公元686年)设立,陈元光为第一任州刺史,率领僚属"剪荆棘,开邨落,收散亡,营农积粟,兴贩陶冶"⑦,即所谓"通商贾,积财谷"⑧,漳州的经济开始发展。自南北朝以来,加上安史之乱、黄巢

---

① (东汉)班固:《汉书》卷64上《严助传》,第9册,第2778页。
② (南朝齐)昭明太子编,(唐)李善注:《昭明文选》卷第5《赋丙·京都下·吴都赋》,第221、226~227页。
③ (南朝梁)沈约:《宋书》卷36《州郡志二·江州》,北京:中华书局,1974年,第4册,第1093页。
④ (宋)李昉等:《太平御览》卷769《舟部二·叙舟中》引《晋令》,北京:中华书局,1960年影宋本,第3409页。
⑤ (南朝宋)范晔撰,(唐)李贤等注:《后汉书》卷33《郑弘传》,北京:中华书局,1973年点校本,第4册,第1156页。
⑥ (唐)韩愈:《韩昌黎文集校注》文外集下卷《顺宗实录卷三》,马其昶校注、马茂元整理,上海:上海古籍出版社,1986年,第707页。
⑦ (明)何乔远:《闽书》卷之41《君长志·陈元光传》,福州:福建人民出版社,1994年点校本,第1012页。
⑧ (明)何乔远:《闽书》卷之41《君长志·陈珦传》,第1013页。

之乱,不少北人逐渐迁徙入福建,乃至漳州,给漳州带来了源源不断的劳动力生力军、先进的生产技术以及淳厚的文化传统、多彩的民间习俗。王审知统治福建期间,"选任良吏,省刑惜费,轻徭薄敛,与民休息。三十年间,一境晏然"①。同时,漳州的人口也随之增长,唐开元年间(公元713—741年)为1690户②,天宝年间(公元742—756年)漳浦郡(即漳州)人口有5846户、17940口③。安史之乱后,唐朝廷对地方的控制力大大削弱,地方政府瞒报、少报户口的现象比较严重。如建中年间(公元780—783年),漳浦郡人口有2633户、6536口,元和年间(公元806—820年)为1343户④。

农业方面,漳州主要还是种植水稻、小麦、秫、大豆等粮食作物。正如《隋书·地理志》云:"江南之俗,火耕水耨,食鱼与稻","小人勤耕稼"⑤。还有一种粮食作物是秫,可以用来酿酒,唐代陈政、陈元光父子的得力助手、漳州首任别驾丁儒(647—710)《归闲诗二十韵》有"秫酒味温醇"⑥之语。耕作制度方面,漳州已经是以水稻一年两熟制为主,如唐丁儒《归闲诗二十韵》有"嘉禾两度新"⑦之句。在土地利用方面,漳州也有所发展,利用沙田进行种植,唐吕温(771—811)《送僧归漳州》有"溪寺黄橙熟,沙田紫芋肥"⑧之语。另外,漳州等福建地区的水果种植也是比较出名的。漳州本地盛产荔枝、龙眼、芭蕉、柑等水果,唐丁儒《归闲诗二十韵》有比较详细生动的描写⑨:

  漳北遥开郡,泉南久罢屯。归寻初旅寓,喜作旧乡邻。
  好鸟鸣簷竹,村黎爱幕臣。土音今听惯,民俗始知纯。
  烽火无传警,江山已绝尘。天开一岁暖,花发四时春。
  杂卉三冬绿,嘉禾两度新。俚歌声靡曼,秫酒味温醇。
  锦苑来丹荔,清波出素鳞。芭蕉金剖润,龙眼玉生津。
  蜜取花间液,柑藏树上珍。醉宜诸蔗沥,睡稳木棉温。

---

① (宋)薛居正等:《旧五代史》卷134《僭伪列传第一·王审知传》,第6册,第1792页。
② (唐)李吉甫:《元和郡县图志》卷第29《江南道五·漳州》,北京:中华书局1983年点校本,第721页。
③ (宋)欧阳修、宋祁:《新唐书》卷41《地理志五·江南东道》,北京:中华书局,第4册,第1066页。
④ (唐)李吉甫:《元和郡县图志》卷第29《江南道五·漳州》,第721页。
⑤ (唐)魏徵等:《隋书》卷31《地理志二·扬州》,北京:中华书局,1982年标点本,第3册,第886、887页。
⑥ (清)陈梦雷编:《古今图书集成·方舆汇编·职方典》卷1106《漳州府部·艺文二》,上海:中华书局,1934年影印雍正铜活字本,第147册,本卷第14页b。
⑦ (清)陈梦雷编:《古今图书集成·方舆汇编·职方典》卷1106《漳州府部·艺文二》,上海:中华书局,1934年影印雍正铜活字本,第147册,本卷第14页b。
⑧ (清)陈梦雷编:《古今图书集成·方舆汇编·职方典》卷1106《漳州府部·艺文二》,上海:中华书局,1934年影印雍正铜活字本,第147册,本卷第14页b。
⑨ (清)陈梦雷编:《古今图书集成·方舆汇编·职方典》卷1106《漳州府部·艺文二》,上海:中华书局,1934年影印雍正铜活字本,第147册,本卷第14页b。

> 茉莉香篱落，榕荫浃里闾。雪霜偏僻地，风景独推闽。

据此，我们还可以看到漳州荔枝以丹红为贵。漳州还种植了甘蔗，种类也不少，称"诸蔗"。其中，漳州的橄榄、荔枝、龙眼等水果也成为唐皇室的贡品。据《旧唐书》记载：

> 唐哀帝天祐二年(905年)六月丙申，敕："福建每年进橄榄子，比因阉竖出自闽中，牵于嗜好之间，遂成贡奉之典。虽嘉忠荩，伏恐烦劳。今后只供进蜡面茶，其进橄榄子宜停。"①

从这段材料可以看出，福建进贡橄榄，固然是受到皇宫太监的影响，因为唐朝宫廷有不少太监来自福建，从小喜欢吃橄榄，进入宫廷之后，难忘以前的嗜好，遂借土贡之名把橄榄成为皇室贡品。另外，福建的蜡面茶也成为皇室贡品，且受到皇室成员以及士大夫的喜爱。

手工业方面，包括漳州在内的福建造船业、海运业发达，制瓷业、冶铸业等也有相当程度的发展，酿酒业、织棉业也有一定的发展。建安郡的造船业、海运业沿袭了魏晋六朝以来的传统，继续发展。此时的福州是隋唐五代的重要外贸港口之一。漳州此时也有酿酒业，原料是秫和甘蔗。上文提到的唐丁儒《归闲诗二十韵》有"秫酒味温醇"②之语，秫是一种黏性高粱，可以酿造高粱酒。漳州也有酿造甘蔗酒，丁儒前诗有"醉宜诸蔗沥"之句。漳州有木棉树，也有类似于吉贝的木棉织品，是以丁儒前诗亦有"睡稳木棉温"之句。宋人亦云：

> 闽广多种木绵，树高七八尺，叶如柞，结实如大菱而色青，秋深即开，露白绵茸然。土人摘取去壳，以铁杖杆尽黑子，徐以小弓弹令纷起，然后纺绩为布，名曰吉贝。今所货木绵，特其细紧者尔。当以花多为胜，横数之得一百二十花，此最上品。海南蛮人织为巾，上出细字，杂花卉，尤工巧，即古所谓白叠巾。李琮诗有"腥味鱼中墨，衣成木上绵"之句。③

漳州的渔猎业也发达。《隋书·地理志》云，"江南之俗，火耕水耨，食鱼与稻，以渔猎为业"④。韩愈(768—824)亦云，"闽越地肥衍，有山泉禽鱼之乐"⑤，即渔猎业也是当时漳州的支柱产业之一。

三、宋代以前漳州的商业

漳州地处于闽粤之间，虽然早就有人类活动，但是开发相对较晚。在新石器时代至

---

① (后晋)刘昫等：《旧唐书》卷20下《哀帝本纪》，第3册，第797页。
② (清)陈梦雷编：《古今图书集成·方舆汇编·职方典》卷1106《漳州府部·艺文二》，上海：中华书局，1934年影印雍正铜活字本，第147册，本卷第14页b。
③ (宋)方勺：《泊宅编》卷第3，许沛藻、杨立扬点校，北京：中华书局，1997年，第16页。
④ (唐)魏徵等：《隋书》卷31《地理志二·扬州》，第3册，第886、887页。
⑤ (唐)韩愈：《韩昌黎文集校注》第5卷《欧阳生哀辞》，第301页。

秦汉时期,有学者通过分析考古资料和传统文献,认为"汉代闽越国的商品经济是不发达的,货币可能还没有进入他们的商品交换和流通领域"①。前引司马迁的记载,"楚、越之地地广人希,饭稻羹鱼,或火耕而水耨,果隋蠃蛤,不待贾而足,地势饶食,无饥馑之患,以故呰窳偷生,无积聚而多贫。是故江、淮以南,无冻饿之人,亦无千金之家"②。"不待贾而足"一句说明当时包括漳州在内的福建地区商品交换比较少,自给自足是当时漳州社会主要的经济方式。

至三国时期,孙吴政权控制了闽中诸郡县,闽中地区与长江流域的经济交往也逐渐增多,漳州等地的商业经济开始发展。隋唐以来,随着社会稳定,经济恢复,整个唐朝的经济活力逐渐显现,商业贸易活跃,"梯航陆海"③。根据唐律规定,一般州县都有官府设立的市。漳州为下州,其市设有"市令一人,佐、史各一人,帅二人,仓督一人",其中市令的职责是"掌市廛交易、禁斥非违之事"④。漳州所属的龙溪、漳浦、龙岩三县皆为中下县⑤,各县之市设有市令1人、市佐1人、市史1人、市帅1人⑥。长安三年(公元703年),凤阁舍人兼修国史崔融(653—706)上奏说:

  且如天下诸津,舟航所聚,旁通巴、汉,前指闽、越,七泽十薮,三江五湖,控引河洛,兼包淮海。弘舸巨舰,千轴万艘,交贸往还,昧旦永日⑦。

这说明唐前期水运贸易发达的情况,其中福建水运贸易也有"弘舸巨舰,千轴万艘,交贸往还,昧旦永日"的景象,其繁盛程度可见一斑。

同时,东南沿海的贸易也比较兴盛。罗隐(833—909)《杭州罗城记》云,杭州"东眄巨浸,辏闽粤之舟橹。北倚郭邑,通商旅之宝货"⑧。后梁相国于兢《琅琊忠懿王德政碑》亦载,"闽越之境,江海通津,帆樯荡漾以随波,篙楫崩腾而激水"⑨。即包括漳州在内的福建地区在海外贸易和海运业方面有天然的优势,即所谓"闽有负海之饶"⑩,福建的内陆贸易与海外贸易都比较发达。内陆贸易方面,闽商经常"北舟向利",通过水路运输货物,如元和年间(公元806—820年),"估人"刘承"载与往来襄、闽、楚、越之间,常之闽纳货于

---

① 陈存洗、陈龙、杨琮:《福建通史·第1卷·远古至六朝》第三章《秦汉之际的闽越国》,第157页。
② (汉)司马迁:《史记》卷129《货殖列传》,第10册,第3270页。
③ (清)董诰等:《全唐文》卷823,(唐)黄滔《卢员外浔启》,第8675页。
④ (后晋)刘昫等:《旧唐书》卷44《职官志三·州县官员》,第6册,第1918~1919页。
⑤ (宋)欧阳修、宋祁:《新唐书》卷41《地理志五·江南东道》,第4册,第1066页。
⑥ (后晋)刘昫等:《旧唐书》卷44《职官志三·州县官员》,第6册,第1921页。
⑦ (后晋)刘昫等:《旧唐书》卷94《崔融传》,第9册,第2998页。
⑧ (清)董诰等:《全唐文》卷895,(唐)罗隐《杭州罗城记》,第9346~9347页。
⑨ (清)董诰等:《全唐文》卷841,(后梁)于兢《琅琊忠懿王德政碑》,第8847页。
⑩ (唐)刘禹锡:《刘禹锡全集》卷第3《唐故福建等州都团练观察处置使福州刺史兼御史中丞赠左散骑常侍薛公神道碑》,北京:中华书局,1990年点校本,第34页。

息客崔氏",居于闽市中①。沈亚之《杭州场壁记》亦载"南派巨流,走闽禺瓯越之宾货,而盐鱼大贾,所来交汇"②。也有商人从福州把各种货物"转估于饶"③,"饶"即饶州。海外贸易方面,福州"颇通商外夷",市场有不少"波斯、安息之货"④。薛能《送福建李大夫》诗亦云,"秋来海有幽都雁,船到城添外国人"⑤。这也证明前面沈亚之的记载是正确的。作为唐朝重要的对外贸易港口之一,福州有不少外国商人乘船载货而来。不过在安史之乱后,唐朝廷及各地政府为了应付军费开支,大量增加额外税收,导致全国经济恢复发展遭到阻碍,福建的外贸也遭受打击,一度衰落。据于兢记载,"爰自天宝艰难之后,经费日繁。聚敛之臣,名额兹广。即山鸠利,任土庀材。峻设防堤,颇闻赒赡。洎经烽燧,仍患崎岖。三司之职务空存,四海之轮蹄鲜至。……佛齐诸国,虽同照临,靡袭冠裳,舟车罕通,琛赆罔至,亦踰沧海,来集鸿胪。……凡列土疆,悉重征税。商旅以之而壅滞,工贾以之而殚贫"⑥。乾宁四年(公元897年),王潮(846—897)卒,王审知(862—925)继任为福建观察使。他"既统藩垣,励精为理","桉其程课,命以权衡。尽叶旧规,犹彰宏业"⑦,实行"轻徭薄敛、与民休息"⑧的政策,所以福建的经济很快得以恢复发展,"故得污莱尽辟,鸡犬相闻。时和年丰,家给人足。版图既倍,井赋孔殷"⑨,"三十年间,一境晏然"⑩。就漳州的海外贸易而言,最迟至唐代前期,漳州未建郡之前,就有蕃商来漳州地分进行中转贸易了。有漳州《图经》云:"唐嗣圣间(公元684年),贾胡经此。"此地即为漳浦县之温源溪⑪,此"贾胡"即是来自外国的蕃商。唐代中后期,福建的海外贸易比较活跃,漳州海外贸易逐渐兴盛,漳州海商也开始放洋兴贩。而且,福建境内也出现了不少商人。独孤及(725—777)《福州都督府新学碑铭并序》云:"闽粤旧风,机巧剽轻,资货产利,与巴蜀埒富,犹有无诸、馀善之遗俗。"⑫

当然,隋唐时期漳州的商品经济发展水平不宜估计过高,时人云:"闽川以南,地虽设险,人尚争雄。或因饥馑荐臻,或以刻剥为苦。萑苻易聚,巢穴难探。"不过晚唐时期王审知控制福建地区后,他开始大力教化当地百姓,"感之以恩,绥之以德","示以宽仁,俾之

---

① (清)董诰等:《全唐文》卷738,(唐)沈亚之《喜子传》,第7623页。
② (清)董诰等:《全唐文》卷736,(唐)沈亚之《杭州场壁记》,第7604页。
③ (清)董诰等:《全唐文》卷738,(唐)沈亚之《表医者郭常》,第7624页。
④ (清)董诰等:《全唐文》卷738,(唐)沈亚之《表医者郭常》,第7624页。
⑤ (清)彭定求等:《全唐诗(增订本)》卷559,(唐)薛能《送福州李大夫》,中华书局编辑部点校,北京:中华书局,1999年,第9册,第6542页。
⑥ (清)董诰等:《全唐文》卷841,(后梁)于兢《琅琊忠懿王德政碑》,第8847页。
⑦ (清)董诰等:《全唐文》卷841,(后梁)于兢《琅琊忠懿王德政碑》,第8847页。
⑧ (宋)王钦若等:《册府元龟(校订本)》卷229《僭伪部(十一)·政治》,第3册,第2563页。
⑨ (清)董诰等:《全唐文》卷841,(后梁)于兢《琅琊忠懿王德政碑》,第8847页。
⑩ (宋)王钦若等:《册府元龟(校订本)》卷229《僭伪部(十一)·政治》,第3册,第2563页。
⑪ (明)何乔远:《闽书》卷之28《方域志·漳州府漳浦县》,第685页。
⑫ (清)董诰等:《全唐文》卷390,(后梁)于兢《琅琊忠懿王德政碑》,第8847页。

柔服。遂使数十年之氛祲,遽致廓清。一千里之封疆,旋观昭泰"①,其中也有开发福建地区的经济。

五代十国时期,各地军阀割据,纷纷大力发展海外贸易,疏浚海港,招徕番商,大量获取海外香药以自用和进贡。如王审知在乾宁年间(公元894—898年)曾疏浚甘棠港,变"舟楫之梗"、"舟楫之害"成"舟楫之利","甚便行旅","便于泛涉"②。后唐庄宗同光二年(公元924年)二月,"福建节度使王审知遣使奉贡",十月,"福建节度使王审知进万寿节并贺皇太后到京金银、象牙、犀珠、香药、金装宝带、锦文织成菩萨幡等";后唐明宗天成二年(公元927年)"十一月,福建节度使王延钧进犀牙、香药、海味等";天成四年(公元929年)"十月戊戌,福建王延钧进谢恩银器六千五百两、金器一百两、锦绮罗共三千疋,并犀牙、玳瑁、真珠、龙脑、笏扇、白氎、红氎、香药等,又进谢恩进封母为鲁国太夫人银四千五百两、茶蕉、海蛤、通杆箭等";长兴元年(公元930年)"十月,福建王延钧进贺郊礼毕银七千两及蕉牙、香药、金器百两";后晋高祖天福三年(公元938年)十月"乙亥,福建节度使王继恭进奉天和节并贺冬、端午银共五十两","是月,王继恭又进金器六事二百两,金花细缕银器三千两,真珠二十斤,犀三十株,银装交床五十副,牙二十株,又进大茶八十斤,香药一万斤,朱笴银缠枪二百条,通节箭笴三万茎,又进五色桐皮扇子、海蛤、麖靴、细蕉药、木瓜等物";天福六年(公元941年)十月"壬子,福州王延羲遣使进银四千两,象牙二十株,葛五十疋,干姜、蕉、乳香、沉香、玳瑁诸物谢恩,加端午节银一千两,细葛二十疋,海蛤、靴裁、扇子等物,又进茶五千斤。福建两浙隔阂,淮南陆道不通,岁以海船来往,风涛无常,故凡节度申贡,或先时,或不及时也","癸丑,福建进度支、户部商税葛八千八百八十疋";后晋少帝于天福七年(公元942年)七月即皇帝位,"十二月,福建王延羲遣使进铤银二千两,花鼓六面,谢降恩命,又进象牙十株,红蕉二百疋,蝉纱二百疋,饼香、沉香、煎香共六百斤,胡椒六百斤,肉豆蔻三百斤,箭干二万只,谢赐国信。又进铤银四千两,贡蕉二十疋,海蛤十斤,扇子靴裁具等充端午、天和节、正冬献贺。又直进铤银一千两,葛一万疋,细蕉二百疋,粉姜五千斤,象牙十株,蜡面茶二百斤,大茶五千斤。又进盐铁、度支、户部三司葛[布]一万六千六百疋及诸口味等"③。这里面的贡品至少有一部分来自漳州。漳州的海外贸易也在此过程中得到相当程度的发展,有不少番商带来香药、象牙、珠宝等。如南唐保大十一年(公元953年),来自南蕃三佛齐的李姓镇国将军"以香货诣本州卖钱"④,本州即漳州,这说明漳州在南唐统治时期也是一大海外贸易港口,且从"镇国将军"的封号来看,这个三佛齐商人可能不止一次来到中国,估计是来中国进行香药贸易的

---

① (清)董诰等:《全唐文》卷841,(后梁)于兢《琅琊忠懿王德政碑》,第8847页。
② (五代)孙光宪:《北梦琐言》卷第2《高骈开海路附王审知开海》,贾二强点校,北京:中华书局,2002年,第36~37页;同书卷第7《玄德感》,第169~170页。
③ 以上并见(宋)王钦若等:《册府元龟(校订本)》卷169《帝王部·纳贡献》,第2册,第1878~1883页。
④ (清)陈梦雷编:《古今图书集成·方舆汇编·职方典》卷1105《漳州府部汇考·漳州府古迹考》,线装本第147册,上海:中华书局,1934年影印雍正铜活字本,本卷第7页后C。

次数较多,香药数量较大,所以才被封赏。随后,留从效(906—962)、陈洪进(914—985)相继掌控泉州、漳州,主要通过海路向中原朝廷进奉,正如留从效《上周世宗表》云:"窃以闽岭五州,古来一镇。僻陋虽居于遐服,梯航长奉于上京。"①乾德元年(公元963年)十二月己亥,"泉州陈洪进遣使贡白金千两,乳香、茶药皆万计"②;开宝九年(公元976年),宋朝平定江南,陈洪进派遣其子文颢向宋朝廷"入贡乳香万斤、象牙三千斤、龙脑香五斤"③。虽然泉州是著名的外贸大港,但漳泉毗邻,漳州的对外贸易也得到相应的发展,留从效、陈洪进贡献给中原朝廷的上述各种香药至少有部分来自漳州。

总之,经过千百年的发展,尤其是漳州建郡后,由中原朝廷直接派员管辖,施行与中央及其他郡县一体的制度,加上北人南下入闽,带来劳动力生力军、先进的生产技术与生产工具、先进的文化,漳州地方社会也不断发展。所以唐代大儒韩愈云:"逾瓯闽而南,皆百越之地……是维岛居卉服之民,风气之殊,著自古昔。唐之有天下,号令之所加,无异于远近。民俗既迁,风气亦随,雪霜时降,疠疫不兴,濒海之饶,固加于初。"④"濒海之饶,固加于初"一句说明漳州建郡后,闽南的海外贸易发展较快。

第二节 宋元时期漳州的地理交通与贸易路线

漳州地处福建南端,即如宋人《登科记》所云"居闽会之极南"⑤,东南朝海,南与广东潮州交界,西部以博平岭为界与龙岩相邻,北部与南剑州接壤,所谓有山、有海、有江、有平原。自从唐代陈元光(657—711)于垂拱二年(公元686年)建郡漳州,随后漳州地区不断被开发,人口逐渐增多,手工业、商业也逐渐兴盛,成为宋代经济发展的新兴之地。

一、宋元时期漳州的地理交通

(一)宋元时期漳州及各县的疆域

1. 宋代漳州的疆域。据《宋史》卷八十九《地理志》记载,漳州在宋代为下州,郡名为漳浦郡,属于军事州,下辖四县,即龙溪、漳浦、龙岩、长泰⑥。其中,龙溪、漳浦、龙岩三县

---

① (清)董诰等:《全唐文》卷871,第9114页。
② (元)脱脱等:《宋史》卷1《太祖本纪一》,北京:中华书局,1977年点校本,第1册,第16页。
③ (元)脱脱等:《宋史》卷483《世家六·漳泉陈氏》,第40册,第13961页。
④ (唐)韩愈:《韩昌黎文集校注》第4卷《送窦从事序》,第237、238页。
⑤ (宋)祝穆撰,祝洙增订:《方舆胜览》卷之13《漳州》,施和金点校,北京:中华书局,2003年,第224页。
⑥ (元)脱脱等:《宋史》卷89《地理志五·福建路》,第7册,第2209页。

在唐中后期已属于漳州,"太平兴国五年(公元980年),以泉州长泰县来属"①,即漳州辖有四县之地。漳州州境范围,据宋人乐史(930—1007)主编的《太平寰宇记》载:漳州州境东西距离400里,南北距离400里②。

　　漳州的地理位置,也就是宋人所说的"四至八到"。《太平寰宇记》载:漳州西北至西京洛阳的距离为6985里,漳州西北至东京开封的距离是6570里,漳州西北至长安的距离是7045里;漳州东边至大海的距离为150里,漳州南边至大海的距离是162里,漳州西边至大海的距离是280里,漳州西边至潮州的距离为560里,漳州西北至汀州距离是900里,漳州北边至建州的距离是2400里,漳州东南至黄如江的距离是100里,漳州西南至废怀恩县界的距离是100里,漳州西南至潮州的距离是480里,漳州西北至召塍溪的距离是150里,漳州东北至泉州的距离是600里③。这里的"四至八到"是个概数。四至主要是说明漳州的近距离交通网络,体现了漳州三面环海的地势,东面、南面以及西面都临海;"八到"是说明漳州距离当时全国的政治中心东京、文化中心洛阳以及西北边境重镇长安的距离,西京是指洛阳,东京是京师开封,反映了漳州在北宋太平兴国年间与政治中心、文化中心的地域距离,其后则说明漳州与周围的陆路交通,及其地方行政中心、与周围水路交通路线的地域距离。北宋神宗元丰年间王存(1023—1101)编撰的《元丰九域志》也有记载:至东京4460里,东至本州界81里,自界首至泉州214里,即漳州东至泉州295里;西至本州界365里,自界首至汀州275里,即漳州西至汀州640里;南至本州界325里,自界首至潮州65里,即漳州南至潮州390里;北至本州界120里,自界首至泉州185里,即漳州北至泉州305里;漳州东南至海169里;西南至本州界325里,自界首至潮州65里,即西南至潮州390里;东北至本州界100里,至界首至泉州200里,即东北至泉州300里;西北至本州界400里,自界首至南剑州335里,即西北至南剑州735里④。

　　各县的疆域状况。龙溪县是漳州州治、龙溪县县治所在地,在全国属于望县;漳浦县,也是望县,南距漳州110里;龙岩县,望县,西距漳州270里;长泰,望县,北距漳州37里⑤。

　　2.元代的漳州地理。元代漳州的"四至、八到"跟宋神宗元丰时期的距离里程相近。元世祖至元十六年(1279年),元朝廷升漳州为漳州路,隶属于福建行中书省,领有录事司一个,仍辖倚郭县龙溪县以及漳浦县、龙岩县、长泰县四县⑥;英宗至治年间(1321—

---

① (宋)李攸:《宋朝事实》卷19《升降州县二·福建路》,万有文库国学基本丛书本,上海:商务印书馆,1935年,第307页。
② (宋)乐史:《太平寰宇记》卷102《江南东道十四·漳州》,王文楚等点校,北京:中华书局,2007年,第2033页。
③ (宋)乐史:《太平寰宇记》卷102《江南东道十四·漳州》,第2033页。
④ (宋)王存:《元丰九域志》卷第9《福建路·漳州》,王文楚、魏嵩山点校,北京:中华书局,1984年,第405页。
⑤ (宋)王存:《元丰九域志》卷第9《福建路·漳州》,第405页。
⑥ (明)宋濂等:《元史》卷62《地理志五·江浙等处行中书省》,北京:中华书局,1976年点校本,第5册,第1507页。

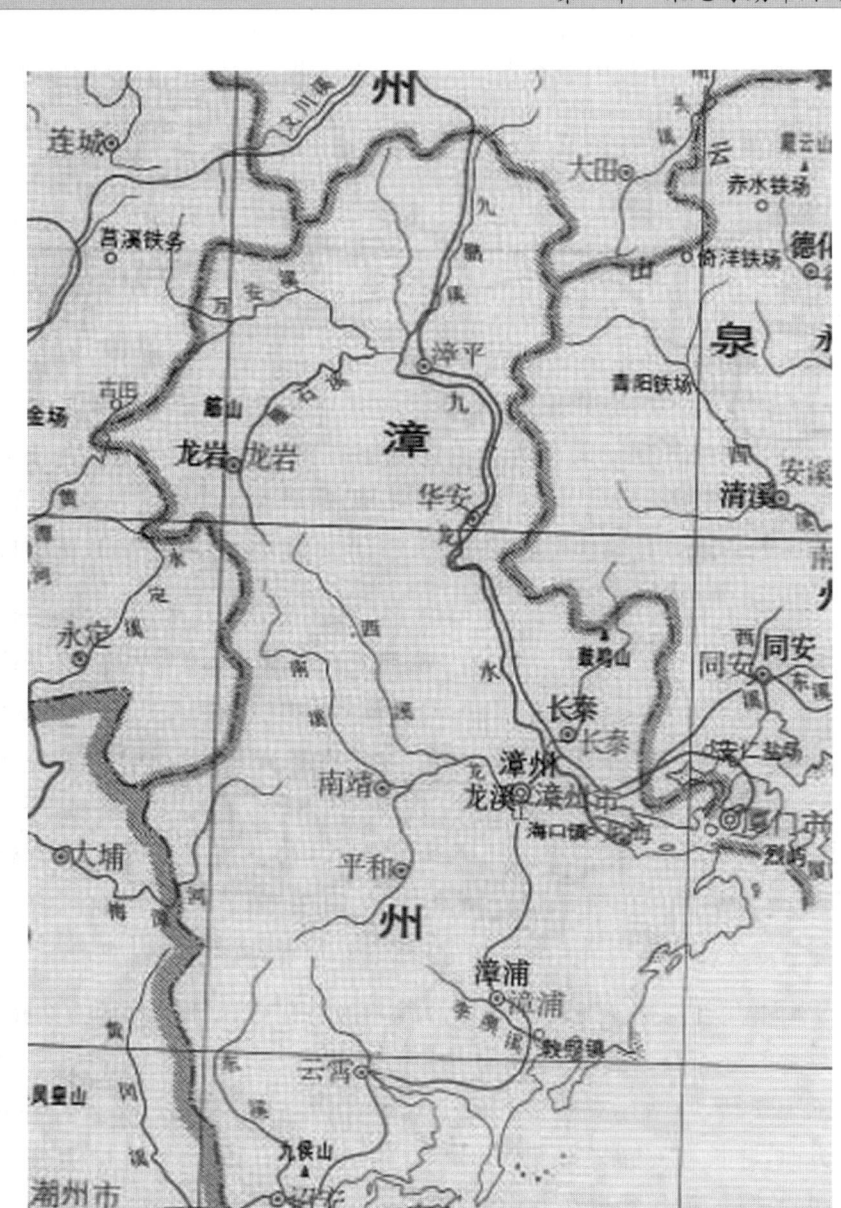

图 1-1　北宋漳州地图

资料来源：谭其骧主编：《中国历史地图集》第 6 册《宋、辽、金时期》，北京：中国地图出版社，1996 年，第 32~33 页。

1323 年），元朝廷把龙溪、龙岩、漳浦三县部分地方分出来，新建成南胜县，随后改名南靖，隶属漳州路。至此，漳州路领有一个录事司、五个县①。相比之下，元代漳州比宋朝多一个县。元世祖至元二十年（1284 年）三月丁巳，元朝廷"并泉州行省入福建行省"，同月壬午，"罢福建道宣慰司，复立行中书省于漳州，以中书右丞张惠为平章政事，御史中丞

---

① （明）陈洪谟等：《（正德）大明漳州府志》卷之 1《吏纪·序》，第 47 页。

也先帖木儿为中书左丞,并行中书省事"①。即漳州一度成为福建行省的驻地。

(二)宋元时期漳州的水陆交通

一般而言,古代的交通设施主要由官府来修建,也只有官府才有足够的能力来调动数量庞大的人力和物力。古代福建大规模兴建交通设施始于秦朝时期。秦始皇在此设立闽中郡②,也相应有修筑驿道与驰道。

至唐宋时期,官府的主要交通设施为馆驿、官道等。唐朝廷规定,在官方通途大道上,每三十里设立一所驿站,但如果"地势险阻及须依水草,不必三十里",根据实际需要设置。驿站是由尚书兵部驾部司主管。唐朝全国一共设有1639所驿站,其中水驿260所,陆驿1297所,水陆相兼驿站86所,"水驿置舟,陆驿置马"③,水陆相兼者则舟、马具备。在全国驿站的管理以及马匹配置等方面,唐朝廷也拟定了相应的具体规则:

> 凡三十里一驿,天下凡一千六百三十有九所。二百六十所水驿,一千二百九十七所陆驿,八十六所水陆相兼。若地势险阻及须依水草,不必三十里。每驿皆置驿长一人,量驿之闲要以定其马数:都亭七十五匹,诸道之第一等减都亭之十五,第二、第三皆以十五为差,第四减十二,第五减六,第六减四,其马官给。有山阪险峻之处及江南、岭南暑湿不宜大马处,兼置蜀马。凡水驿亦量事闲要以置船,事繁者每驿四只,闲者三只,更闲者二只。凡马三名给丁一人,船一给丁三人。凡驿皆给钱以资之,什物并皆为市。凡乘驿者,在京于门下给券,在外于留守及诸军、州给券。若乘驿经留守及五军都督府过者,长官押暑;若不应给者,随即停之。④

驿站属于尚书兵部驾部司所属的职能部门。这条法令详细说明了驿站驿长的设立、驿马与驿船数量的分布及其人员配备、驿站物资的采买、驿券的给付与管理等问题,可谓详细备至。除了驿马,驿站还有驿驴。唐令规定,"驿马驴一给以后,死即驿长陪填"⑤。在管理人员方面,驿长亦称驿将⑥。除了驿长,驿站还设有驿丞、驿兵(卒)等。

唐代漳州建郡后,唐朝廷也在此设有馆驿。如有漳浦驿。李德裕(787—849)于大中二年(公元848年)"自洛阳水路经江、淮赴潮州"⑦,期间有路过漳州,写有《次漳浦驿》⑧

---

① (明)宋濂等:《元史》卷12《世祖本纪九》,第1册,第251、252页。

② 对于闽中郡,唐人颜师古(581—645)注云:"即今之泉州建安是也。"(东汉)班固:《汉书》卷95《闽粤王传》,第11册,第3859页。

③ (明)陈洪谟等:《(正德)大明漳州府志》卷之30《兵纪·驿传》,第1844页。

④ (唐)李林甫等:《唐六典》卷5《尚书兵部》,陈仲夫点校,北京:中华书局,1992年,第163页。

⑤ (唐)长孙无忌等:《唐律疏议》卷第15《厩库律》,刘俊文点校,北京:中华书局,1983年,第28页。

⑥ (唐)张鷟:《朝野佥载》卷5,赵守俨点校,北京:中华书局,1997年,第111~112页。

⑦ (后晋)刘昫等:《旧唐书》卷174《李德裕传》,第14册,第4528页。

⑧ (明)黄仲昭:《(弘治)八闽通志》卷之83《词翰·漳州府》,台北:学生书局,1987年影印明弘治四年(1491年)刊本,第4600页。

一诗,诗云:

> 嵩少心期杳莫攀,好山聊复一开颜。明朝便是南荒路,更上层楼望故关。

漳浦驿在漳浦县盘陀岭,位于漳浦县西南三十里梁山之西,地势险要,是闽地入潮粤的必经关隘,所以漳浦驿亦称盘陀岭驿,《全唐诗》记载这首诗名为《盘陀岭驿楼》①。杨发、常衮亦有应和②。

除了驿站之外,还设有馆。"非通途大道则有馆。馆者,次舍也。"③如唐代刘禹锡(772—842)《题寿安甘棠馆二首》④云:

> 公馆似仙家,池清竹径斜。山禽忽惊起,冲落半岩花。
>
> 门前洛阳道,门里桃花路。尘土与烟霞,其间十余步。

寿安县当时隶属于洛阳,今为河南省宜阳县。在这首诗中,刘禹锡称甘棠馆为公馆,这就说明甘棠馆的官方性质,而且它是设于山中。

宋代的驿铺制度基本上是沿袭了唐五代的馆驿制度。关于宋代漳州的驿站制度,正德《大明漳州府志》有比较详细的记载:

> 宋在城旧有迎恩驿,久废。其东路朝天门外有迎春驿,又东行四十五里有通源驿。南路一百里至漳浦县有仙云驿,又南行一百九十里,有临水驿。路远驿疏,行人无所依托,当时守郡君子往往酌量道里之中,随铺立庵,命僧主之,以待过客,且置田以赡僧,俾守庵焉。于是,南路十有三庵,曰木绵铺庵,曰甘棠铺庵,曰横章铺庵,曰仙云铺庵,曰梅林庵,曰无象庵,曰黄土庵,曰云霄庵,曰径心庵(扁曰善护庵),曰大悲铺庵,曰半砂铺庵,曰临水庵,曰竹林庵,皆淳熙末郡守傅伯寿创,嘉定间伯寿侄壅嗣为守重修。其东路第二铺曰鹤鸣庵,郡守黄朴创始,且置田以赡过客及廪僧焉(原注:南路庵但置田以给僧,此则并及过客);第三铺有通源庵,郡守方淙置,亦赡以田;第五铺有龙江庵。又东出漳境为泉州同安界,有鱼孚庵,黄守朴重复修理,并拨本州废寺田以赡。黄守创始者,东曰鹤鸣庵,更新者南曰半砂,曰云霄,曰仙云,余皆复其旧观,且申省部,乞诸庵僧皆以甲乙住管,以图不朽。省部劄付本州,从所申事理施行。西路至龙岩县,有驻车驿、登龙驿,有仁会亭。北路至长泰县,有武安馆、使星馆。当时未闻设庵,非要道也。⑤

这里实际上说明了宋代漳州交通制度的变迁,即从北宋以来的驿馆制变为南宋的驿

---

① (清)彭定求等:《全唐诗(增订本)》卷475,第5449页。

② (宋)王象之:《舆地纪胜》卷131《福建路·漳州》,北京:中华书局,2003年影印本,第3770页。

③ (明)陈洪谟等:《(正德)大明漳州府志》卷之30《兵纪·驿传》,第1844页。

④ (唐)刘禹锡:《刘禹锡集》卷第25《杂体三十九首》,《刘禹锡集》整理组点校、卞孝萱校订,北京:中华书局,1990年,第333页。

⑤ (明)陈洪谟等:《(正德)大明漳州府志》卷之30《兵纪·驿传》,第1845～1847页。

馆铺庵制。实际上,宋代漳州城内还有其他驿站上文未详的,如城西有耕园驿①,城东有丹霞驿②,等等。

除了驿站,宋朝还有铺。递铺也是承自唐制,也是为官府传送公文、官物等,甚至是权要之私物。如李德裕为相时,"常饮常州惠山井泉,自毗陵至京,致递铺"③。铺实际上是宋代的主要邮传系统,其主要功能是传递公文与官府物资;邮传的种类主要有马递、步递、急递等。驿铺由尚书兵部掌管。宋朝尚书省兵部之驾部郎中、员外郎"掌舆辇、车马、驿置、厩牧之事",其具体职责之一就是"官文书则量其迟速以附步马急递"④。宋代漳州递铺的设置如下:

> 东路为铺五:朝天门外为第一铺,二十五里至第二铺,又一十五里至第三铺,又一十五里至第四铺,又一十五里至第五铺,第五铺之东五里有龙江亭,由亭以东二里至泉州界。

> 西路为铺十有四:安丰门外为第一铺,二十五里至第二京元铺,又一十五里至第三越岭铺,又一十八里至第四硿头铺,又三十里至第五雍口铺,又二十五里至第六李塘铺,又二十五里至第七新岭铺,又三十里至第八南岭铺,又二十五里至第九石罗铺,又二十五里至第十大梁铺,又二十五里至第十一龙岩县南门铺,又一十五里至第十二龙门铺,又二十五里至第十三小池铺,又二十五里至第十四大池铺,由大池铺五里至长汀界。

> 南路为铺十:南门外为第一铺,二十五里至第二木绵铺,又二十五里至第三甘棠铺,又二十五里至第四横章铺,又二十五里至第五北亭铺,又二十五里至第六产山铺,又三十五里至第七火田铺,又三十里至第八白泉铺,又四十里至第九大悲铺,又三十里至第十半沙铺,由半沙五十五里至潮州界。⑤

宋朝铺制规定,每铺各有铺卒,即所谓的铺军;漳州有铺军7名,包括节级、供申、军头、知粮、急递等⑥,人数各不相同。当然,官府可以根据各地实际情况进行调整。如北宋前期漳州有铺马45匹,作为递铺的主要交通工具。仁宗至和二年(1055年),漳州知州章柬之认为,漳州"山径险僻,递送转见迟回",马匹作为递铺的主要交通工具不太适

---

① (宋)蔡襄:《宋端明殿学士蔡忠惠公文集》卷5《耕园驿佛桑花》、《耕园驿》,宋集珍本丛刊第7册,北京:线装书局,2004年,第780、784页。

② (宋)王象之:《舆地纪胜》卷131《福建路·漳州》,北京:中华书局,2003年影印本,第3770页。

③ (宋)李昉等:《太平广记》卷399《井·李德裕》引《芝田录》,北京:中华书局,1986年第三次印刷1961年点校本,第3208页。

④ (元)脱脱等:《宋史》卷163《职官志三·兵部》,第12册,第3856页。

⑤ (明)陈洪谟等:《(正德)大明漳州府志》之30《兵纪·铺志》,第1858~1860页。

⑥ (明)林魁:《嘉靖龙溪县志》卷之2《公署·铺舍》,天一阁藏明代方志选刊第32册,上海:上海古籍书店,1981年影印本,本卷第6页b。

合，于是向朝廷上奏"乞抽收官马，差急脚兵士"。章束之的奏请得到朝廷的批准①，并在福建路各州军推广。但至嘉祐二年（1057年），建州知州薛纶认为"急脚兵士止传递递角使命，经过州县，临时借马于人户，不无搔扰。乞每铺量置马二匹"，所以宋朝廷随即"复罢急脚"②。孝宗隆兴二年（1164年），宋朝廷"乃尽罢"急脚士兵③。由于驿铺的设立，使得宋朝廷在福建路境内"车旌之所，宿会文檄之所，往来求其安便迅驶，而无阻绝沉滞之忧"④。对于马递的铺卒，宋朝廷一开始规定"三年一易"，即每三年轮替一次，但是"福建路自泉至漳州、汀州，皆涉瘴烟"，按照上述轮替制度执行的话，则这些马递铺卒"死亡大半，亦有全家死者"，"深可伤悯"，所以至熙宁九年（1076年）夏四月，神宗皇帝把上述规定修改为"瘴烟地马递铺卒，一年一替"⑤。

宋代漳州还保留有馆。如水云馆，在漳州州治东南隅，"俯瞰大溪，群山环列拱揖，盖一郡胜处也"，在北宋时期就设置了，南宋知州傅伯成、章大任先后"因旧重修"⑥。

元朝廷设置的交通机构习惯称为站赤。"元制：站赤者，驿传之译名也"，即实际上还是汉语"驿站"之蒙古语发音。元朝廷规定了站赤的职责以及管理制度："凡站，陆则以马以牛，或以驴，或以车，而水则以舟。其给驿传玺书，谓之铺马圣旨。遇军务之急，则又以金字圆符为信，银字者次之；内则掌之天府，外则国人之为长官者主之。其官有驿令，有提领，又置脱脱禾孙于关会之地，以司辨诘，皆总之于通政院及中书兵部。"⑦这条法令规定了元朝站赤水陆传递朝廷政令的交通方式、管理体系，即通政院和中书省兵部主管全国的站赤，各站赤设置提领和驿令具体管理，"关会之地"则由脱脱禾孙掌管。另外，中书

---

① （宋）梁克家等：《淳熙三山志》卷第5《地理类五·驿铺》，文渊阁四库全书第484册，台北：台湾商务印书馆，1986年，第155页。《宋元方志丛刊》本《淳熙三山志》同卷同条载此时间为"至和四年"，但考仁宗至和年号只有3年（1054—1056年），当误〔（宋）梁克家等：《淳熙三山志》卷第5《地理类五·驿铺》，宋元方志丛刊第8册，北京：中华书局，1990年影印本，第7828页〕。且据《（正德）大明漳州府志》卷之3《吏纪·历官上》推断，章束之应是至和元年到任漳州，至和三年（或嘉祐元年，1056年）离任；但《（正德）大明漳州府志》卷之3《吏纪·历官上》把章束之记为"章东之"（第99页），亦误。

② （宋）梁克家等：《淳熙三山志》卷第5《地理类五·驿铺》，文渊阁四库全书第484册，第155页。

③ （宋）梁克家等：《淳熙三山志》卷第5《地理类五·驿铺》，文渊阁四库全书第484册，第155页。《宋元方志丛刊》本《淳熙三山志》同卷载此时间为隆兴三年〔（宋）梁克家等：《淳熙三山志》卷第5《地理类五·驿铺》，宋元方志丛刊第8册，第7828页）〕，而隆兴年号只有两年（1063—1064年），当误。

④ （宋）梁克家等：《淳熙三山志》卷第5《地理类五·驿铺》，文渊阁四库全书第484册，第155页。

⑤ （宋）李焘：《续资治通鉴长编》卷274，神宗熙宁九年（1076年）夏四月辛卯，第6705页。

⑥ （明）林魁：《嘉靖龙溪县志》卷之2《公署·古迹》，天一阁藏明代方志选刊第32册，本卷第16页b。

⑦ （明）宋濂等：《元史》卷101《兵志四·站赤》，第9册，第2583页。

省右司兵房设立的铺马科和站赤科也有相应的管辖权力①。在统一全国的过程中,元朝廷十分重视政令信息的传递与沟通,参照金、宋驿铺制度,大举兴建交通设施。其设立的驿铺体系覆盖地跨欧亚的蒙元帝国,规模亦远远胜过前代。元朝文士刘诜(1268—1350)曾指出:"成周之制:凡国野之道,有庐室候馆以为朝聘往来之宿食。其后为置邮,为亭传,为驿递,所由来尚矣。至国朝,尤以为重。盖使九州四海之广大,穿边辅邑之远近,文书期会,络绎周流,如人之血脉贯通于一身,诚有国者之要务也。"②刘诜深刻认识到,这些站赤所进行的传递政令文书等事务是"国者之要务"。曾在至正元年至三年(1341—1343年)担任中书左丞的许有壬(1286—1364)亦认为:"圣朝既平宋,经画遐迩,大都小邑,枝疏脉贯,际天所覆,犹身焉。政令之宣布、商旅之通迁,水浮路驰,舟格梁济,荒陬僻壤,无远不达。"③许有壬则增加说明了站赤在"商旅之通迁"方面的重要性。

　　元朝的漳州也的确实行了站赤制度。据《永乐大典》卷之一万九千四百二十二所引用的元朝《经世大典》所载,元朝漳州路境内所辖的站赤共有五处,其中马站四处,有马共六十二匹,轿站一处,有轿子五乘。先看四处马站:在城站,有马20匹,其中正马10匹,贴马10匹;彰浦站,有马14匹,其中正马7匹,贴马7匹;云霄站,有马14匹,其中正马7匹,贴马7匹;甫诏站有马14匹,其中正马7匹,贴马7匹。轿站一处,即在城站,有轿子5乘,正户5户,贴户5户④。据此可知,元朝漳州路的站赤不多,只有漳州路司录司城内、漳浦县、云霄、甫诏四地,其中以马为主要交通工具,在城还有轿站。这说明,作为一种便利、舒适的新型交通工具,轿子已经被元朝廷列为官方正式的交通工具,并在全国予以推广。

　　元朝廷统一全国后,极力对外扩张。因而福建成为南向征服南洋诸番国的前线,在站赤驿券方面也得到元朝廷的增赐。如元世祖至元"十九年(1282年)四月,诏给各处行省铺马圣旨,扬州行省、鄂州行省、泉州行省、隆兴行省、占城行省、安西行省、四川行省、西夏行省、甘州行省,每省五道",同年十月,增给泉州行省铺马圣旨十道;至元二十年(1283年)"十二月,增各省及转运司、宣慰司铺马圣旨三十五道",其中"福建行省十道";世祖至元二十一年(1284年)"二月,增给各处铺马劄子",其中"福建行省所辖路分七处,每处二道";世祖至元"二十三年(1286年)四月,福建、东京两行省各给圆牌二面";世祖至元二十五年(1288年)"十一月,福建行省元给铺马圣旨二十四道,增给劄子六道";世

---

① (明)宋濂等:《元史》卷85《百官志一》,第7册,第2123页。
② (元)刘诜:《桂隐先生文集》卷1《螺川重修马驿记》,元人文集珍本丛刊第5册,台北:新文丰出版公司,1985年影印本,第19页。
③ (元)许有壬:《圭塘小稿》卷7《彰德路创建鲸背桥记》,文渊阁四库全书第1211册,台北:台湾商务印书馆,1986年,第625页。
④ (明)解缙等:《永乐大典》卷19422《二十二勘·站站赤六》,北京:中华书局,1986年影印本,第8册,第7249页。

祖至元"三十一年（1293年）六月，给福建运司铺马圣旨起马五匹"①。另外，元朝廷还规定，给去福建、云南行省赴任、卸任代还官员及其家属提供相应的驿券，享受相应的待遇：

> 成宗元贞二年（1296年）六月丞相完泽、左丞相吉丁等奏：云南、福建行省言，赴任之官，虽准给驿，然得代而还，则自备鞍马，且殁故者妻子不能得出，诚可矜悯。臣等议得，任回庶官在陆途则乘己马，及至水路，官给驿舟送之。奉旨准。②

但是，相对于已经高度发达的中原、江南地区来说，福建的开发毕竟还是落后较多，尤其是汀州路、漳州路等地。所以，元朝廷中书省各部到福建宣读圣旨的各级使者喜欢去福州、泉州等能够得到大量好处的"舶货所聚之地"，而不愿去汀州、漳州等"烟瘴幽僻之方"。成宗时期，福建闽海道肃政廉访司向朝廷报告这种不良行为，元朝廷也做了相应的要求：

> 成宗元贞二年（1296年）七月二日，中书兵部准吏礼部关、奉中书省割付御史台呈福建闽海道肃政廉访副使商中顺言：福建行省所辖八路，每遇朝廷遣使颁降圣旨诏条前来本省，必须经由建宁、南剑二路，亦有就开读者。次至福州行省，其兴化漳泉汀州等路，不系使臣经由去处，例从行省差人开读。今体闻差来使臣每，每自福州亲至兴化、泉州开读。方回赴江西者经过邵武，亦就开读。汀漳二路，未尝亲去。且众至漳，系是邻境，相离四站，驿程不及三百，舍而不往者，盖有其由。泉南，乃舶货所聚之地，不无希望。汀漳系烟瘴幽僻之方，遂惮其行。漳在正南，汀居西北。行省差人，必须各别。去漳州者，又复经过兴化、泉州，不惟铺马首思重并，抑亦有失奉使大体。今后如遇使臣颁降诏旨福建开读者，除经由处得许就开，其余不系经过路分，合从行中书省，钦依选官前往随路开读。来使不应往而往者，理宜禁止，若本宗事必合亲赴泉州开读者，不拘此限。都省准呈，遍行依上施行。③

由此诏令可见，元朝廷规定了宣读诏旨的使者的行进路线，以及行省的辅助措施，并提出了相应的禁令。成宗大德元年（1297年）六月，元朝廷对回任官员享受驿券人马数量做了具体规定，即《任回官员站船例》："都省今验任回官员品级，议定人马数，内三品以上，正从不过五人、马五疋；四品、五品正从不过四人、马四疋；六品至九品正从不过三人、马三疋；令译史、通事、宣使人等正从不过二人、马二疋。今后回任官员，就便出给文引，开写见授品级、人马数目、起程经过路分，每起应副正分例一名，余者粥饭，长行马疋，亦仰依例应付草料。"如果是走水路的，"一品、二品，船三只。三品至五品，船二只。六品至

---

① 以上并见（明）宋濂等：《元史》卷101《兵志四·站赤》，第9册，第2586、2587、2589页。参考党宝海：《蒙元驿站交通研究》第五章《元朝的乘驿牌符与文书》，北京：昆仑出版社，2006年，第212~216页。

② （明）解缙等：《永乐大典》卷19419《二十二勘·站站赤四》，北京：中华书局，1986年影印本，第8册，第7217页。

③ （明）解缙等：《永乐大典》卷19419《二十二勘·站站赤四》，北京：中华书局，1986年影印本，第8册，第7217页。

九品,令译(通)史、[通事、]宣使等,船一只"①。

二、宋元时期漳州的贸易路线

根据上述宋代驿馆铺庵制,我们可以大致勾勒出宋代漳州的陆路交通路线:东路,从朝天门迎春驿与第一铺、丹霞驿、第二铺鹤鸣庵、通源驿②与第三铺通源庵、第四铺、第五铺龙江庵、龙江亭、鱼孚庵,总67里至泉州同安县界;南路南门外第一铺、第二木绵铺、第三甘棠铺、第四横章铺、仙云驿与第五北亭铺、第六产山铺、第七火田铺、第八白泉铺、第九大悲铺、第十半沙铺、临水驿,由半沙五十五里向西南经过盘陀岭,进入潮州界,共315里;西路经过驻车驿与第一铺、第二京元铺、第三越岭铺、登龙驿、第四硿头铺、第五雍口铺、第六李塘铺、第七新岭铺、第八南岭铺、第九石罗铺、第十大梁铺、仁会亭到达第十一龙岩县南门铺,即从漳州西行243里到达龙岩县,再西过第十二龙门铺、第十三小池铺、第十四大池铺,由大池铺五里至长汀界,即自龙岩县西行70里到长汀界,长汀再西行进入江西路境内;北路经过武安馆、使星馆,到达长泰县,再北向亦可达泉州安溪县。

元代福建地区先后隶属福建行省、江浙行省,江浙行省驿道可以说四通八达。而福州本身是福建行省时期的省治,也是江浙行省时期的南部重镇。这不仅有从省治杭州到福州的主要驿道,而福建各地也有分支驿道。如福州至漳州的驿道是:从福州经梁山、太平、蒜岭(今福清县西南)、兴化(今蒲田北)、抚亭(今仙游县东南)、惠安(今泉州惠安)、泉州(今泉州)、康店(今南安县康龙农场)、同安(今同安)、深青(今厦门市集美区)到漳州,再由漳州西南行陀岭驿与潮州驿道相接③,进入广东境内。

水路方面,宋元时期漳州的水运可以分为内河航运与海运两类。其境内河流主要有:龙溪县的南门溪、南溪、西溪、九龙江(即北溪)、月溪、柳营江、双溪、雁云溪等,漳浦县的李澳溪、绥安溪、鹿溪等,长泰县有龙津前溪,龙岩县有龙川、曹溪、小溪、罗溪等。如雁云溪"自龙岩境以上发源,至雁石通舟,合于漳溪",另有漳平上溪向东有"诸川所聚深潭大湍,通舟至华葑,水石巉险,十余里又为小溪洪流达于海"④。且这些河流大多东流入海,与海潮相通。而漳州沿海港口"舟船要到城下","各有海口小港,约近百里至七十

---

① 陈高华、张帆、刘晓、党宝海点校:《元典章》三十六《兵部》卷之三《驿站·船篙》,北京、天津:中华书局、天津古籍出版社,2011年,第1286、1287页。其中"[通事、]"原文缺,笔者据上文补。

② (宋)蔡襄:《宋端明殿学士蔡忠惠公文集》卷8《通源驿别颜茂才》,宋集珍本丛刊第7册,北京:线装书局,2004年,第809页。

③ 参见党宝海:《蒙元驿站交通研究》第7章《元朝的驿站建设》,第313页。按,党宝海专著中把"深青"写成"泾青",当误。参见(明)解缙等:《永乐大典》卷19422《二十二勘·站站赤七》,北京:中华书局,1986年影印本,第8册,第7249页

④ (明)罗青霄等:《万历重修漳州府志》卷之27《漳平县·舆地志·山川》,第555页。

里"①;同时,漳州在海畔,"四向舟船可至闽中"②。

元世祖忽必烈在位期间,为了把江南与东南的财政物资顺利运送到大都,开展了数项重大交通设施建设,尤其是开辟了从东南沿海到天津直沽的海运路线,形成外海、内河以及陆运三位一体的交通运输体系,其中有一条重要交通路线是从市舶主港泉州出发,经福州、建宁越武夷山,循信江至鄱阳湖入长江,至真州,再沿新开通的大运河北上,水陆兼运到达大都。于是"海外诸蕃土贡、粮运、商旅、懋迁,毕达京师"③。而且,元朝廷开设了福建诸港口到天津直沽的海上航路,作为福建运输航线的重要分支。这一举措,使包括漳州在内闽南地区与北方政治中心——大都之间有了畅达的通道相联系。元代邵武人黄镇成(1287—1362)亦云直沽的商人"顺风半月到闽海,只与七州通卖买"④,大大缩短了包括闽南在内的广大福建地区与北方政治经济重心的海上航程。

第三节　宋元时期漳州商业的发展

一、宋元时期漳州的经济发展状况

宋元时期漳州的经济发展处于上升时期。北方不少移民不断进入漳州,漳州的土著畲民也不断与汉人相互融合,人口持续增加,土地不断得到开垦,经济物品不断增多,同时,新兴市镇也不断增多,商业经济也得到一定程度的发展,海上贸易也逐渐发达。但宋元时期漳州的经济发展水平在全国还是处于中下游水平。

(一)宋元时期漳州的农业

宋人云:"七闽地狭瘠,而水源浅远,其人虽至勤俭,而所以为生之具,比他处终无有甚富者。垦山垄为田,层起如阶级,然每援引溪谷水以灌溉,中涂必为之碓,不唯碓米,亦能播精。"并引用哲宗时曾任泉州知州朱服(1048—?)诗云"水无涓滴不为用,山到崔嵬犹力耕",认为这是"纪实"之言。原文还注云:"播精谓去其糠秕,以水运之,正如人为,其机巧如此。"⑤就实际情况而言,漳州的耕地面积较大。建炎四年(1130年),漳州知州綦崇

---

① (宋)蔡襄:《宋端明殿学士蔡忠惠公文集》卷17《奏议·乞相度沿海防备盗贼》,宋集珍本丛刊第8册,北京:线装书局,2004年,第82页。
② (宋)蔡襄:《宋端明殿学士蔡忠惠公文集》卷17《奏议·乞相度开修城池》,宋集珍本丛刊第8册,北京:线装书局,2004年,第81页。
③ (元)苏天爵:《元朝名臣事略》卷第2《丞相淮安忠武王事略》,姚景安点校,北京:中华书局,1996年,第20页。
④ (元)黄镇成:《秋声集》卷1《歌·直沽客》,文渊阁四库全书第1212册,台北:台湾商务印书馆,1986年,第527页。
⑤ (宋)方勺:《泊宅编》(三卷本)卷中,第81页。

礼(1083—1142)指出,漳州"境独多田"①;绍兴九年(1139年)漳州知州李弥逊(1085—1153)云,"漳居山陬,负贩者不至,食齿之众,仰耕以给"②;绍兴十六年至十九年(1146—1149年)间,刘才邵(?—1155)知漳州时③的通判傅自得(1116—1183)作《道院记》云,漳州"地旷土沃"④。这也说明漳州的土地较多,宋代漳州及其属县,历任官员大多比较重视民生问题,鼓励并指导农民从事农业生产,为漳州的开发做出了有益贡献。如泉州晋江人吕璹"为漳浦令。县处山林蔽翳间,民病瘴雾蛇虎之害,璹教民焚燎而耕,害为衰止"⑤。当时漳州的生态与植被相对保存还算良好,除了猛虎,山林还有大象。宋人记云:"漳州漳浦县地连潮阳,素多象,往往十数为群,然不为害,惟独象遇之,逐人蹂践,至肉骨糜碎,乃去,盖独象乃众象中最犷悍者,不为群象所容,故遇之则蹂而害人。"⑥为了消除这个民患,神宗熙宁七年(1074年)春正月,"福建路转运司言,漳州漳浦县濒海,接潮州,山有群象为民患,乞依捕虎赏格,许人捕杀,卖牙入官。从之"⑦。至南宋绍熙元年(1190年)四月朱熹知漳州时,漳州还有象群,"象兽有踏食之患,是致人户不敢开垦",影响当地百姓的生产,所以他"出榜劝谕人户,陷杀象兽,约束官司,不得追取牙齿蹄角。今更别立赏钱三十贯,如有人户杀得象者,前来请赏,即时支给,庶几去除灾害,民乐耕耘"⑧。

在耕作方式上,宋代漳州已经大量使用牛耕了。耕牛作为主要的生产工具,中国历代朝廷都比较重视,严禁屠杀耕牛。朱熹知漳州时,向农户强调,"耘犁之功,全借牛力。切须照管,及时餧饲,不得辄行宰杀,致妨农务,如有违戾,准敕科决,脊杖二十,每头追赏五十贯文,锢身监纳,的无轻恕"⑨。南宋初年,营田司缺少耕牛,朝廷要求福州、兴化军、泉州、漳州四州军官员措置,相关的官员还得到朝廷的嘉奖。《宋会要辑稿》记云:

> 绍兴六年(1136年)四月十五日,诏:"泉州签判曹绅、福州节推龚涛各与减二年磨勘,漳州知州马鹭、[通]判赵不弃、兴化军判官赵不疑各与减一年磨勘,内选人比类施行。"以措置依限买发耕牛故也。⑩

---

① (宋)綦崇礼:《北海集》卷31《启·漳州到任谢两府启》、《启·漳州到任谢本路监司启》,文渊阁四库全书第1134册,台北:台湾商务印书馆,1986年,第718页。

② (宋)李弥逊:《筠溪集》卷21《杂著九首·祈雨祝文》,文渊阁四库全书第1130册,台北:台湾商务印书馆,1986年,第788页。

③ (宋)朱熹:《朱熹集》卷98《朝奉大夫直秘阁主管建宁府武夷山冲佑观傅公行状》,郭齐、尹波点校,成都:四川教育出版社,1996年,第5011页。

④ (宋)祝穆撰,祝洙增订:《方舆胜览》卷之13《漳州》,第224页。

⑤ (元)脱脱等:《宋史》卷471《奸臣传一·吕惠卿传》,第39册,第13705页。

⑥ (宋)彭乘:《墨客挥犀》卷3《潮阳象》,孔凡礼点校,北京:中华书局,2002年,第306页。

⑦ (宋)李焘:《续资治通鉴长编》卷249,神宗熙宁七年(1074年)春正月庚申,第6071页。

⑧ (宋)朱熹:《朱熹集》卷100《劝农文》,第5106~5107页。

⑨ (宋)朱熹:《朱熹集》卷100《劝农文》,第5105页。

⑩ 刘琳等点校:《宋会要辑稿》食货63之103—104,上海:上海古籍出版社,2014年,第7666页。

绍兴六年十月十一日,诏钟时聘与减四年磨勘,以押漳州收买营田司牛三纲,并无失陷故也。①

一般50头牛为一纲,三纲即有150头。这也说明漳州的耕牛较多,而且有一定的剩余,所以能够满足营田司开垦屯田的需求。

宋元战争造成许多荒芜的土地,其中包括原豪强和寺院所占田地。全国统一后,大批原私有土地成为国有的官田和荒地。这使土地过于集中的漳州地区的土地占有状况有所改变。元朝政府为恢复经济生产,采取一些新的土地政策。最见成效的是募民垦荒和军队屯田②。元世祖忽必烈多次下诏募民垦荒和收回被豪强霸占的土地。至元二十三年(1286年)七月,元朝廷"以江南隶官之田多为强豪所据,立营田总管府,其所据田仍覆亩计之"③;十一月,中书省发布文书:"江南系官公围沙荡营屯诸色田粮,诸路俱有,荒芜田土,并合招募农民开垦耕种。"④同年,元朝政府颁行法令:"应有荒地,除军马营盘草地已经上司拨定边界者并公田外,其余投下、探马赤、官豪势要之家自行冒占年深荒闲地土,从本处官司勘当得实,打量见数,给付附近无地之家耕种为主。先给贫民,次及余户,如有争差,申覆上司定夺。"⑤至元二十八年(1291年)五月,元朝廷颁布《至元新格》,其中有条文规定:"诸应系官荒地,贫民欲愿开种者,许赴所在官司入状请射,每丁给田百亩。"⑥同年七月,"募民耕江南旷土,户不过五顷,官授之券,俾为永业,三年后征租"⑦。元朝政府有关屯田垦荒政策,使漳州经济得到了恢复和发展。据《元史·地理志》载:元代漳州有"屯田二百五十顷"⑧。这个数字还只是早期的屯田数,与募民开荒的实际数字要少得多。据统计:元代汀州路、漳州路民屯3038户,屯田亩数为475顷⑨。这个数据也不是元代汀州路、漳州路所有的屯田数量。关于元代漳州军屯情况,《元史·成宗纪》有一则资料:大德二年(1298年)二月,"以新附军三千屯田漳州"⑩。这说明,从元世祖灭南宋统一中国,直到元成宗时期,元朝还不断在漳州地区进行军屯。

从用途来看,其土地主要可以分为耕地、园地、山地数种,而耕地一般种粮食。宋元时期漳州的粮食作物主要有稻、麦、荳、黍、粟等。水稻有粳米和糯米两大类。粳米包括

---

① 刘琳等点校:《宋会要辑稿》食货63之107,第7668页。
② 参见陈高华、史卫民:《中国经济通史·元代经济卷》第五章《农业政策与管理》,北京:经济日报出版社,2000年,第195页。
③ (明)宋濂等:《元史》卷14《世祖纪十一》,第2册,第290页。
④ 陈高华、张帆、刘晓、党宝海点校:《元典章》十九《户部》卷之五《田宅·荒田》,第679页。
⑤ (元)至正中奉敕撰:《大元通制条格》卷16《田令·农桑》,台北:华文书局有限公司,1980年影印本,第477~478页。
⑥ 陈高华、张帆、刘晓、党宝海点校:《元典章》《户部》卷之五《田宅·荒田》,第679页。
⑦ (明)宋濂等:《元史》卷16《世祖纪十三》,第2册,第349页。
⑧ (明)宋濂等:《元史》卷62《地理志五·江浙等处行中书省》,第5册,第1507页;另见同书卷100《兵志三·屯田》,第9册,第2570页。
⑨ 李幹:《元代社会经济史稿》第2章,武汉:湖北人民出版社,1985年,第93页。
⑩ (明)宋濂等:《元史》卷19《成宗纪二》,第2册,第409页。

早稻、晚稻和大冬稻。水稻的耕作依然主要以一年两熟为主,此即所谓"田稻春秋种"①。早稻一般是三月插秧、六月收割,晚稻则六月插秧、十月收获,大冬稻则"春种冬熟"。这些粳米有红、白两色,一般是用来做饭的。而糯米则为秫,有早秫、晚秫和大冬秫,耕种方式与粳稻相同,主要用来酿酒②。麦则有大麦、小麦③,王祎《临漳杂诗十首》有"麦收正月尽"之句④,这指的是春小麦。荳有黑荳、白荳和绿荳。朱熹亦云,种植水稻"固是本业,然粟、豆、麻、麦、菜、蔬、茄、芋之属,亦是可食之物,若能种植,青黄未交,得以接济,不为无补"⑤。

园地、山地则一般种诸如荔枝、龙眼等果树或茶树之类。而蚕桑、吉贝与麻苎也是跟百姓生活息息相关的经济作物,官府也是比较重视。朱熹《(漳州)劝农文》云:"蚕桑之务,亦是本业。而本州从来不宜桑柘,盖缘民间种不得法。今仰人户常于冬月多往外路,买置桑栽,相地之宜,逐根相去一二丈,间深开窠窟,多用粪壤,试行栽种,待其稍长,即与削去细碎拳曲枝条,数年之后,必见其利。如未能然,更加多种吉贝、麻苎,亦可供备衣着,免被寒冻。"⑥这说明,宋代漳州没有种桑养蚕的风气,朱熹这一次的劝谕,为漳州种桑养蚕、缫丝为绸的丝织业发展起到了很大的引导作用。

(二)宋元时期漳州的矿产与手工业

矿产方面,宋代漳州的矿产包括银、铜、铅、铁、矾、水晶和盐等。银场方面,漳州及其各属县有兴善场、毗婆场、大济场、宝兴场等银场,其中漳州的兴善场、毗婆场在宋初就设立了,龙岩县大济场于宝元二年(1039年)设置,宝兴场于熙宁六年(1073年)设置⑦。铜场主要有兴善场、岩洞场,都是在宋初设立的⑧。铅场则主要有毗婆场、大济场,与前面银场、铜场同时设置⑨,因为这几个是银铜铅伴生矿,所以银场与铜场、铅场在一起。至

---

① (明)王祎:《王忠文集》卷2《五言律诗·临漳杂诗十首》,文渊阁四库全书第1226册,台北:台湾商务印书馆,1986年,第41~42页。而(明)黄仲昭编撰的《(弘治)八闽通志》卷之八十三《词翰·漳州府》题名为《咏漳南俗》,且只有前面七首,后三首付阙(台北:学生书局,1987年影印弘治四年刊本,第4599~4600页);而(明)陈洪谟等:《(正德)大明漳州府志》卷之十七《礼纪·律诗》则记为《清漳十咏》,十首俱全(厦门:厦门大学出版社,2012年影印本,第1031~1035页)。
② (明)陈洪谟:《(正德)大明漳州府志》卷之10《户纪·物产·穀部》,第595~596页。
③ (明)陈洪谟:《(正德)大明漳州府志》卷之10《户纪·物产·穀部》,第596页。
④ (明)王祎:《王忠文集》卷2《五言律诗·临漳杂诗十首》,文渊阁四库全书第1226册,第42页。而(明)黄仲昭编撰的《(弘治)八闽通志》卷之八十三《词翰·漳州府》题名为《咏漳南俗》,且只有前面七首,后三首付阙(台北:学生书局,1987年影印弘治四年刊本,第4599~4600页);而(明)陈洪谟等:《(正德)大明漳州府志》卷之十七《礼纪·律诗》则记为《清漳十咏》,十首俱全(第1031~1035页)。
⑤ (宋)朱熹:《朱熹集》卷100《劝农文》,第5106页。
⑥ (宋)朱熹:《朱熹集》卷100《劝农文》,第5106页。
⑦ 刘琳等点校:《宋会要辑稿》食货33之2,第11册,第6718页。
⑧ 刘琳等点校:《宋会要辑稿》食货33之3,第11册,第6719页。
⑨ 刘琳等点校:《宋会要辑稿》食货33之4,第11册,第6719页。

于铁矿,宋代的文献没有记载漳州的铁矿产地在何处,幸好《(正德)大明漳州府志》有记载:"考《宋志》,龙溪、漳浦、龙岩三县皆产铁。"①漳州也出产矾。《宋史》载云:"惟漳州之东,去海甚迩,大山深阻,虽有采矾之利,而潮、梅、汀、赣四州之奸民聚焉,其魁杰者号大洞主、小洞主,土著与负贩者,皆盗贼也。"②此"漳州之东"与"潮、梅、汀、赣四州"之地相连,应在漳州之西,当属漳浦县境内,但《宋史》编纂者没有进一步说明更具体的地点。明人记载宋代的矾产地相对清晰。《(正德)大明漳州府志》云,漳州矾产于"南靖南九十里,有山曰五牙,产矾。宋时,诸亡命窜名提点坑冶司而专其利。今不属于官司,而民商贩如故"③。结合两条材料,我们可以推知,宋代漳州的矾产于漳浦县南靖五牙山,以民户商贩为主要经营方式,但是其产量与税收不详。元朝漳州的矿产记载较少,有铁、水晶等。《元史》载漳州有铁矿④。漳州漳浦县大梁山产水晶,大德元年(1297年)闰十二月,福建行省平章政事高兴曾向朝廷建议,划拨100户民户进行开采,贡献给皇室,被成宗以"劳民"为由拒绝⑤。至于盐,宋代漳州的盐场主要分布在龙溪县和漳浦县。龙溪县有吴惯(今厦门海沧区鳌冠村)、木渎、中栅三大盐场,漳浦县有敦照(今漳州市漳浦县旧镇港)盐场⑥、黄墩(今属漳州市云霄县东厦镇佳洲村)盐场⑦。这些盐场或称盐团。

元代的造船业比较发达。世祖至元十六年(1279年)二月"甲申,敕江淮、湖南、江西、福建造战船六百艘以征日本";漳州龙溪县蔡广瑞家有船,盗贼作乱龙溪县时,他与女婿陈端才坐船得以逃脱⑧。

宋朝时期,漳州附近村民有的"以负薪为业"⑨,卖柴草给城市人户。

宋代漳州的渔猎业也是比较发达的。南宋朝廷清楚地知道,"漳、泉、福、兴化四郡濒海细民以渔为业"⑩。

(三)宋元时期漳州的人口

漳州于唐垂拱二年(公元686年)设立,陈元光为第一任州刺史,率领僚属"剪荆棘,开邨落,收散亡,营农积粟,兴贩陶冶"⑪,即所谓"通商贾,积财谷"⑫,漳州的经济开始发展。同时,漳州的人口也随之增长,唐开元年间(公元713—741年)为1690户,元和年间

---

① (明)陈洪谟:《(正德)大明漳州府志》卷之10《户纪·物产·布货部》,第612页。
② (元)脱脱等:《宋史》卷185《食货志下七·矾》,第13册,第4573页。
③ (明)陈洪谟:《(正德)大明漳州府志》卷之10《户纪·物产·布货部》,第613页。
④ (明)宋濂等:《元史》卷94《食货志二·岁课》,第8册,第2387页。
⑤ (明)宋濂等:《元史》卷19《成宗本纪二》,第2册,第416页。
⑥ (宋)洪迈:《夷坚甲志》卷17《海大鱼》,何卓点校,北京:中华书局,1981年,第62页。
⑦ (元)脱脱等:《宋史》卷89《地理志五·福建路》,第7册,第2209页。
⑧ (明)宋濂等:《元史》卷200《列女传一·蔡三玉传》,第15册,第4497~4498页。
⑨ (宋)洪迈:《夷坚甲志》卷14《漳民娶山鬼》,第119页。
⑩ 刘琳等点校:《宋会要辑稿》刑法2之144,第14册,第8372页。
⑪ (明)何乔远:《闽书》卷之41《君长志·陈元光传》,第1012页。
⑫ (明)何乔远:《闽书》卷之41《君长志·陈珦传》,第1013页。

（公元806—820年）为1343户①，至宋代太平兴国年间（公元976—984年）增至"主19730户，客4277户"，合计23963户②，元丰年间（1078—1085年），主户户数达到35920户，客户户数达到64549户③，共计100469户，即在北宋前100年间，漳州的户口数就增长了近5倍，相应地，漳州的经济总量也有较大的增长。尤其是靖康兵燹之后，大量北人南奔，漳州自"中兴以来，生齿日繁，漳之事物，益非昔比"④。漳浦县在宋朝为望县，嘉定年间本县民户有43383户，丁口为52163口⑤，这恰好印证了前面黄桂说的"中兴以来，生齿日繁"之论断。龙岩县的户口数有南宋时期的三组数据：

宋淳熙间，龙岩县主客户二万八千二十五，口四万八百二十九；

嘉定间，主客户一万一千八百，口一万三千九百七十八；

淳祐间，主户六千九百九十三，口未详。（以上俱县志）⑥

长泰县的户口数跟龙岩县一样，也有南宋时期的三组数据：

宋淳熙间，长泰县户八千一百九十二，口一万一百八十五；

嘉定间，户九千一百四十，口一万一百八十九；

淳祐间，户八千八百九十三，口一万一百六十。⑦

上述材料中，漳州所属四县，除了倚郭县龙溪县没有具体户口数据外，其他龙岩县、漳浦县、长泰县都至少有一组户口数据。不过，龙溪县为漳州州治之地，其经济发展程度是四县中最高的，所以其户口数也是相应最多的。漳州在南宋的户口数会超过北宋元丰年间的数量。

在宋朝漳州的人口结构中，不得不提一下畲民。有学者认为，南宋末期，福建路与江西路、广东路交界处的漳州、汀州、虔州（今江西赣州）、梅州、潮州五轴毗邻区已经成为畲民的主要居住地；畲民的族源包括百越后裔、南迁的武陵蛮与入畲被畲化的汉人⑧。笔者以为，宋代漳州人口主要为畲民（今畲族先民）、闽越人和汉人，其中闽越人几乎与汉人完全融合了。如南宋初期，朱熹从建阳出发南下，"早发招贤里，夜宿白芒畲"⑨，此"白芒畲"属于闽西北畲民的一支。这些畲民主要住在山区，"茆苇极目，林菁深阻"，有自己独

---

① （唐）李吉甫：《元和郡县图志》卷第29《江南道五·漳州》，第721页。
② （宋）乐史：《太平寰宇记》卷102《江南东道十四·漳州》，第2033页。
③ （宋）王存等：《元丰九域志》卷第9《福建路·漳州》，第405页。
④ （明）罗青霄等：《万历重修漳州府志·序》引宋推官黄桂《嘉定清漳志序》，第4页。
⑤ （明）罗青霄等：《万历重修漳州府志》卷之19《漳浦县·赋役志》引宋代《嘉定清漳志》，第377页；另见（清）陈汝咸原本、（清）施锡卫再纂修：《光绪漳浦县志》卷七《赋役志上》引《嘉靖漳浦县志》，上海：上海书店，2000年影印民国二十五年（1936年）朱熙铅印本，第57页。
⑥ （明）罗青霄等：《万历重修漳州府志》卷之21《龙岩县·赋役志·户口》，第437页。
⑦ （明）罗青霄等：《万历重修漳州府志》卷之23《长泰县·赋役志·户口》，第489页。
⑧ 谢重光：《宋代畲族史的几个关键问题——关于刘克庄〈漳州谕畲〉新解》，《福建师范大学学报（哲学社会科学版）》2006年第4期。
⑨ （宋）朱熹：《朱熹集》卷1《诗·宿白芒畲》，第20页。

特的生产、生活方式与文化,宋朝廷对这些畲民采用羁縻政策,即让畲民自治,畲民不用纳税,也不用服差役。南宋末年,宋朝廷以及各级官府政治黑暗、吏治腐败,一些官员开始压迫畲民,使得畲民不断反抗,南宋朝廷采用剿抚并用的政策。对此,景定四年(1263年),刘克庄(1187—1269)《漳州谕畲记》说得比较清楚:

> 自国家定鼎吴会,而闽号近里,漳尤闽之近里,民淳而事简,乐土也。然炎绍以来,常驻军于是,岂非以其壤接溪峒,茆苇极目,林菁深阻,省民、山越,往往错居。先朝思患预防之意远矣。凡溪峒种类不一:曰蛮、曰猺、曰黎、曰蜑。在漳者曰畲。西畲隶龙溪,犹是龙溪人也;南畲隶漳浦,其地西通潮、梅,北通汀、赣,奸人亡命之所窟穴。番长技止于机毒矣,汀、赣贼入畲者,教以短兵接战,故南畲之祸尤烈。二畲皆刀耕火耘,崖栖谷汲,如猱升鼠伏,有国者以不治治之。畲民不悦(役),畲田不税,其来久矣。厥后贵家辟产,稍侵其疆;豪干诛货,稍笼其利;官吏又征求土物蜜蜡、虎革、猿皮之类。畲人不堪,愬于郡,弗省,遂枯众据险,剽略省地。壬戌(理宗景定三年,1262年)腊也,前牧恩泽侯有以激其始,无以淑其后;明年秋解去,二倅迭摄郡。寇益深,距城仅二十里,郡岌岌甚矣。帅调诸寨卒及左翼军统领陈鉴、泉州左翼军正将谢和,各以所部兵会合剿捕,仅得二捷。寇暂退,然出没自若,至数百里无行人。事闻朝家,调守,而著作郎兼左曹郎官卓侯首膺妙选。诏下,或曰:侯擢科甲有雅望,宰岩邑有去思。责之排难解纷,可乎?侯慨然曰:君命焉所避!至则梧然一城,红巾满野。久戍不解,智勇俱困。侯榜山前曰:畲民亦吾民也。前事勿问,许其自新。其中有知书及土人陷畲者如能挺身来归,当为区处,俾安土著;或畲长能帅众归顺,亦补常资。如或不,当调大军,尽鉏巢穴乃止。命陈鉴入金招谕。令下五日,畲长李德纳款。德最反复杰酷者。于是西九畲首长相继受招。西定,乃并力于南,命统制官彭之才剿捕,龙岩主簿龚镗说谕,且捕且招。彭三捷,龚挺身深入。又选进士张杰、卓度、张椿叟、刘口等与俱。南畲三十余所,首长各籍户口三十余家,愿为版籍民。二畲既定,漳民始知有土之乐。余读诸畲款状,有自称盘护孙者。彼曷尝读《范史》,知其鼻祖之为盘护者?殆受教于华人耳。此亦溪峒禁防懈而然欤。侯参佐褒畲事巅末二,锓梓示余。昔汉武帝患盗贼群起,命御史大夫衣绣持斧以戚之,曾不少戢。龚遂一郡守尔,既至郡,前日之盗皆解刀剑而持钩鉏。侯初剖符,固欲用昔人治渤海之策,竟践其言。夫致盗必有由。余前所谓贵豪辟产诛货、官吏征求土物是也。侯语余曰:每祸事必有所激,非其本心。呜呼! 反本之论,固余之所服欤! 侯素廉俭,山前调度,需如猬毛起。专以苦节,不至乏绝。自奉如穷书生,吏议享、宾客清谈,不过文字,饮数行,未尝卜夜。时例卷多削去。其清苦有李公韶、徐公复二牧之风。昔张奂为安定都尉,羌帅有感恩遗奂马及金者。奂[却]其物,威化盛行。史谓羌性贪而贵吏清。呜呼! 清白之吏,固畲之所贵欤! 侯功成而无德色,惟为佐僚属士友论功于朝,曰:不赏后无以使人。顷余亡友虚斋赵公为漳,民免丁钱。余尝大书于石。今卓侯夷难之功不下虚斋,乃本谕蜀之义,作谕畲记,使漳人刻石,与前碑角

立。侯名德庆,字善夫,莆阳人。①

据上可知,宋代漳州的畲民主要可以分为西畲与南畲两支。这篇谕文说明了景定三年(1262年)南宋朝廷如何把叛乱的化外之民变为编户之民的过程。

元军灭宋进入漳州等地后,对畲民也是采取剿抚并用的政策。至元十六年(1279年)五月,元世祖忽必烈"诏谕漳州、泉、汀、邵武等处暨八十四畲民,若能举众来降,官吏例加迁赏,军民安堵如故"②。这"八十四畲民"有哪些呢?《国朝文类》记载:"至元十六年(1279年)五月,降旨招闽地八十四畲未降者。十七年(1280年)八月,陈桂龙父子反漳州,据山砦。桂龙在九层际畲,陈吊眼在漳浦峰山砦,陈三官水篆畲,罗半天梅泷长窖,陈大妇客寮畲,余不尽录。"③这里提到了九层际畲、漳浦峰山砦、水篆畲、梅泷长窖、客寮畲5个畲寨。同时,宋末元初,福建久经兵燹,元朝廷采取减免租税的休养生息政策。于是,漳州等州县的经济秩序与社会秩序逐渐恢复正常,人户也逐渐安居。世祖至元二十七年(1290年)漳州登记的户口数额为"户二万一千六百九十五,口一十万一千三百六"④,平均每户约为5口人。元代漳州社会人员民族构成很繁杂,不仅有畲民等土著,而且有大量的外来移民。闽南特殊的地理位置和名扬中外的声誉,使四方"蛮商夷贾"、传教士、旅行家、使节、僧侣、道士、少数民族等纷沓而来。许多人及其后代,遂定居于此。在漳州上流社会的官员、士绅、商人、学官中,也有相当一部分是外来户。这些外来户,民族成分很复杂。虽然这部分人的数量并不很大,但是他们对当地社会所产生的影响却不小。从以上的家族和官宦来看,涉及的民族成分,有汉、蒙古、回回、女真、突厥、畏兀儿等多种民族。总之,元代漳州是一个多民族的聚居地⑤。

(四)宋元时期漳州的赋役

1. 宋代漳州的赋役

宋朝漳州的赋税包括夏秋两税、上供钱物、商税、坑冶、盐钱、经总制钱、身丁钱米等,而差役则包括职役、夫役等。其中宋代福建路两税、盐钱的征收标准是根据产钱的多寡来确定税收的高低。在确定产钱的时候,官府需要综合税户的土地多少及其肥瘠程度、房宅的大小与其他财产等方面分等级来确定,即"随九等高下定计产钱"⑥。其具体的计算方式,绍熙元年(1190年)漳州知州朱熹说过:"闽郡多山田,素无亩角可计,乡例率计

---

① (宋)刘克庄:《后村先生大全集》卷93《漳州谕畲记》,四部丛刊初编本第1311册,上海:中华书局,1919年,本卷第6页a—第8页a。
② (明)宋濂等:《元史》卷10《世祖本纪七》,第1册,第211页。
③ (元)苏天爵编:《国朝文类》卷41《政典总序·招捕》,四部丛刊初编本第2027册,上海:中华书局,1919年,本卷第54页b—55页a。
④ (明)宋濂等:《元史》卷62《地理志五·江浙等处行中书省》,第5册,第1507页。
⑤ 韩志远:《元代的漳州》,《蒙古史研究》第9辑,呼和浩特:内蒙古大学出版社,2007年。
⑥ (宋)朱熹:《朱熹集》卷19《奏状·条奏经界状》,第784页。

种子,或斗,或升,每一斗种,大率系产钱十余文。"①即宋代漳州的产钱计算方式是以民间乡例播种数量来折算的。宋代漳州的产钱数量不太明确,史书只有笼统的记载,神宗元丰八年(1085年)七月,殿中侍御史黄降给朝廷的奏议中提到,"泉漳州、兴化军一十四县,[产钱]共六万余贯"②。

夏秋两税。一般也称为夏税、秋税(或秋料),其主要科目"有官民田产赤白米,有常平仓赤白米,有夏税纽麦钱,有高荒俵寄钱"等,其中夏税纽麦钱反映了宋代税制中常见的纽折法,即"宋税有纽折法,务在致多"③。宋代漳州的耕地分为上、中、下三等,园地亦分为上、中、下三等。根据宋朝廷的规定,漳州的上等耕地每亩输税9斗,中等耕地、上等园地每亩输税6斗,下等耕地、中等园地每亩输税4斗5升④。关于宋代漳州的两税收入,目前可以看到的资料仅有南宋嘉定(1208—1224年)、淳祐年间(1241—1252年)的数据。兹抄录如下:

> 宋嘉定间,产、绀、铜等钱共三万五千六百二十七贯六百一十一文,夏秋麦、豆、谷、官田赤米等米七万五千二百八十五石六斗五升五合。(《嘉定志》)

> 淳祐间,高荒俵寄、职田、夏秋[麦]等钱一十三万三千三十二贯六百六十四文,官产、豆、谷、赤米等米四万四千四百八十二石八斗五升五合。(《淳祐志》)⑤

据此可见,宋代漳州的两税在南宋时期是有变化的。嘉定年间(1208—1224年)漳州夏税有产钱、绀、铜等钱与麦子等,其中绀、铜是属于折纳为钱,秋税以纳粮为主,除了小麦,还有豆、谷、赤米等,似乎是征收实物更多,货币化的赋税相对少些。不过,到了淳祐年间(1241—1252年),这种情况发生了变化。夏税中除了原来的税收继续纳钱外,还增加了高荒俵寄田产的收入与官田中的职田收入,赋税中货币的数量增加了约10万贯,而实物税收的数量减少了3万石。宋代漳浦县的两税收入情况跟上面比较相似,也载《万历重修漳州府志》:

> 宋嘉定间,夏秋纽麦、米、谷,共一万九千四百五十四石二斗七升五合;铜纽等钱,共七千六百八十三贯七百九十八文。

> 淳祐间,本色常平、赤白等米,共二千七百五十七石三斗二升二合;小米、职田等钱,凡五万五千四百三十八贯一百一十三文。(俱县志)⑥

宋代龙岩县的两税收入也是如此,只是稍微详细些:

> 宋龙岩县岁赋,产钱二千零八贯七十三文,夏小麦五百二十五石九斗;

---

① (宋)朱熹:《朱熹集》卷21《申请·经界申诸司状》,第869页。
② (宋)李焘:《续资治通鉴长编》卷358,神宗元丰八年秋七月庚戌,第8568页。
③ (明)罗青霄等:《万历漳州府志》卷之5《漳州府赋役志·财赋》,第93~94页。
④ (宋)梁克家:《淳熙三山志》卷11《版籍类二·官庄田》,文渊阁四库全书第484册,第213页。
⑤ (明)罗青霄等:《万历漳州府志》卷之5《漳州府·赋役志·财赋》,第94页。
⑥ (明)罗青霄等:《万历漳州府志》卷之19《漳浦县·赋役志·财赋》,第379页。

> 嘉定间，产、纽麦等钱一万一千二百七十九贯五百二十四文，秋赤白米三千五百石六斗七升；
>
> 淳祐间，纽麦等钱九千零三十三贯七百三十七文，常平义仓赤白米二百八十九石五斗九升；
>
> 元夏税折钞（每石米折钞二百文），秋粮米二千七百余石，职田米七百石①。

上面龙岩县第一组两税数据很可能淳熙年间（1174—1189年）的。宋代长泰县也有三组两税收入资料：

> 宋淳熙间，长泰县苗、产、麦、地等钱四百六十一贯九百三十六文，夏税麦、穀、官田赤白等米二十一万七千九百四十九石二斗四升；
>
> 嘉定间，产、地、夏税钱二十万二千五百九十三贯五百五十四文，麦、穀、官田赤白米二十一万四千一百六十七石三斗二升；
>
> 淳祐间，职田、浮盐、产等钱二十一万一千九百七十八贯二百七十五文，官田、赤白米二十万九千四百六十三石三斗二升九合。（以上俱县志）②

长泰县这三组数据有些问题，尤其是嘉定、淳祐的两税收入与淳熙两税收入。嘉定与淳祐年间，长泰县的人口与淳熙年间变化不大，而嘉定与淳祐年间税钱比淳熙年间增加了20万贯之多，当是抄录之失漏。

上供钱物主要有上供银、折茶钱、罢科龙眼荔枝干钱、抱认建宁府丰国监铸不足铅本钱、大礼银等。其中上供银5000两，费钱17000余贯，折茶钱7000贯，罢科龙眼荔枝干钱4000贯，抱认建宁府丰国监铸不足铅本钱16000贯，共44000余贯，外加每三年一次的大礼银1000两，费钱3500余贯，年均约1200余贯。即漳州每年上供钱物总计为45000余贯③。

商税。宋代漳州在城以及各属县都设有税务。在城的商税务称为都税务，漳州各属县"初建后罢，丞、簿兼掌之。其税目有遗利钱、陪纲钱、增税一五分钱、增税二五分钱、靡费头钱等名"④。在北宋熙宁十年（1077年）之前，漳州设有漳州在城、漳浦县、龙岩县、长泰县、清远、敦照、耕园、习德、岩洞、峡里十个商税务，每年的商税总额为11657贯⑤。熙宁十年（1077年）开始，漳州各地的税务机构有所调整。除了漳州以及各个属县在城税务、耕园务、清远务、习德务、敦照务八个税务保留之外，岩洞、峡里两务被撤销，增设大济场、海口务两个税务。据明代何乔远（1558—1631）所记，熙宁十年（1077年）以前，漳州

---

① （明）罗青霄等：《万历重修漳州府志》卷之21《龙岩县·赋役志·税粮》，第438页。
② （明）罗青霄等：《万历重修漳州府志》卷之23《长泰县·赋役志·税粮》，第491页。
③ （宋）朱熹：《朱熹集》卷19《奏状·乞蠲减漳州上供经总制额等钱状》，第775页。
④ （明）何乔远：《闽书》卷之39《版籍志·杂课》，第973页。
⑤ 刘琳等点校：《宋会要辑稿》食货16之21—22，第11册，第6341～6342页；（清）徐松辑：《宋会要辑稿补编》，陈智超整理，北京：全国图书馆缩微文献复制中心，1988年，第518页。其中火济场在《元丰九域志》中为"大济场"，见《元丰九域志》卷第9《福建路·漳州》，第405页。

有10个商税务,这些税务机构的年税收额在1万~3万贯之间①。但是,《宋会要辑稿》的记载却与何乔远的记载大相径庭。如下所见,宋代漳州10个商税务的岁额分别如下:

> 熙宁十年(1077年),在城:六千一百一十贯七百五十六文;漳浦县:三千一百九十五贯九百六十二文;龙岩县:一千九百八十六贯八百二十三文;长泰县:一千四十贯八百四十四文;(火)[大]济场:三百四十六贯八百七十五文;耕园务:一百一十七贯四百八十三文;清远务:一百三十六贯九百三十一文;峡里务:五百一十四贯五百九十九文;习德务:八十五贯三百七十一文;敦照务:六十二贯九百三十七文;海口务:一千三百九十一贯五百三十九文。②

根据上述数据统计,熙宁十年(1077年)漳州每年的税务总额为14990贯12文,比此前的商税总额每年增加3333贯。但是,漳州10个商税务没有一个岁额在1万贯以上。也有漳州官员为了谋求朝廷的奖赏,擅自设立税场。如"隆兴二年(1164年)通判赵不敌者,妄意希赏,创立北溪税场,于数十里外,远收竹木之税"③。至于元代漳州商税,估计这十个商税务都还保留,只是其每年的税额应该在500锭以下,所以史籍没有相关记载④。

坑冶收入包括银、铜、铅、铁等收入。银的征榷收入,龙岩县宝兴场在熙宁六年(1073年)正式设立后,"元额五百五十两,[元丰]元年(1078年)收九百一十五两"⑤;铜的征榷收入,宝兴场与大济场"元额四万六千八百四十九斤,[元丰]元年(1078年)收四万九百三十六斤"⑥;铅的征榷收入,只有宝兴场的数据,"元额二千七百八十二斤,[元丰]元年(1078年)收一十五万七千四百四十九斤"⑦。而宋代漳州榷铁收入数量不明。至于元代漳州的坑冶收入,现有史籍没有明确记载。

盐钱。宋代漳州盐钱主要有产盐钱、契盐钱、僧道口食盐钱、船户浮盐钱等。产盐钱主要是"随产敷盐"⑧,即马端临(1254—1323)所指的"产盐法",又进一步解释说,这就是"随税纳盐"⑨。其实施的方式在《宋会要辑稿》中有记载:

---

① (明)何乔远:《闽书》卷之39《版籍志·杂课》,第973页。
② 刘琳等点校:《宋会要辑稿》食货16之21—22,第11册,第6341~6342页;(清)徐松辑:《宋会要辑稿补编》,陈智超整理,北京:全国图书馆缩微文献复制中心,1988年,第518页。其中火济场在《元丰九域志》中为"大济场",见《元丰九域志》卷第九《福建路·漳州》,第405页。
③ (宋)朱熹:《朱熹集》卷19《奏状·乞蠲减漳州上供经总制额等钱状》,第777页。
④ 刘云:《中国财政通史》第五卷《宋辽西夏金元财政史》(下册)第四章《元朝财政史》,长沙:湖南人民出版社,2013年,第602~607页。
⑤ 刘琳等点校:《宋会要辑稿》食货33之10,第11册,第6722页。
⑥ 刘琳等点校:《宋会要辑稿》食货33之12,第11册,第6723页。
⑦ 刘琳等点校:《宋会要辑稿》食货33之15,第11册,第6724页。
⑧ 刘琳等点校:《宋会要辑稿》食货28之52—53,第11册,第6631页。
⑨ (元)马端临:《文献通考》卷16《征榷考三·盐铁》,北京:中华书局,1986年重印万有文库十通本,第165页上栏。

嘉定七年(1214年)三月九日,臣僚言:"福建濒海诸郡,盐不论钱,曩时使民计产纳钱,官给之盐以供口食,盖防盗贩之弊。其后遂为常赋,而民不得复请盐矣。自产一文以上至二十文,各纳盐五斤,每斤为钱二十一文足,总计钱一百五文足,官司所入止此,而胥吏交纳,所得数乃倍之。自二十文产以上,每产一文,加纳三斤,累千百。析户每产一文,又纳盐钱一斤,其多者固不论,而下户之产一文而至二十文者,皆五斤也。或原产二十文以下,(折)[析]而为三四户者,又皆五斤也。(外此)[此外],如僧寺有口食盐,船户有浮盐,交关田宅有契盐,名色不一,而诸县例以产盐库子兼充宅库,意(?)盖可见此弊法也。乞下转运司明示牓文,备坐今降指挥,将福之下四军州凡二十文产以下合纳盐五斤之家,尽行蠲免,其析户产钱仅及二十文者,不得(料)[科]纳盐钱。"从之。①

据此记载,宋代漳州"随产敷盐"制度是以产钱多少与是否分家析户为实施标准:第一,产钱20文是一个分界点,产钱20文以及20以下的下户,一律缴纳5斤盐钱,每斤盐钱21文足,共纳105文钱;产钱20文以上的中上户,除了缴纳基数5斤(即105文)盐钱之外,每多1文产钱,便要多纳3斤(即63文)盐钱。第二,是否分家析户。原来产钱在20文以及20以下的下户,分析为3、4户的,依旧每户纳5斤(即105文)盐钱,而产钱在20文以上的中上户分为2户以上的,每户除了缴纳基数5斤(即105文)盐钱之外,每1文产钱,必须增纳1斤(即21文)盐钱。但是,在实际执行过程中,漳州的盐吏却实行"随产鬻盐"的做法。对此,朱熹入室弟子陈淳(1159—1223)有比较详细的论述:

始者十八铺,后旋广而数倍之,遍及乡村外邑。铺有监胥一人,走卒十数辈,擅将人户编排为甲,私置簿籍,抄括姓名,分其主客,限以斤数,或父子一门而并配,或兄弟同居而均及,虽深山穷谷,无有遗漏;虽单丁孀户,无获逃免。每季客户勒买九斤,斤十七文,该钱一百五十三足,通一岁,计六百一十二足;主户勒加三斤,为十二斤,该钱二百单四足,通一岁计八百一十六足。又有加至六斤,为十五斤,该钱二百五十五足,通一岁,计一贯二十足。成数一定,列在私籍,更不容脱。至其俵盐,则非复有元斤数之给,但一升半合姑以为名云耳。而盐又非复官仓故物,杂以灰泥,黫污不可食。人户多有宁空输钱而不愿受盐者,其或与校斤秤、诘美恶,则以不肯买盐,率众甲而罪祸立至;继者懔然,更无谁何。强弱贤愚,一喋听命,间有偶他出户闭者,则撮少盐于屋檐之瓦沟,或门限上,或户外有败瓦器倾之而去。其姓名已挂私籍,及季将终,踵门索钱,急于星火,往往鬻妻质子、卖牛解屋以偿者,亦有聚落僻处,绝无升合俵散,但持空籍,按月索钱,如数取足,稍有稽迟,则呵詈棰楚,系缚拘囚,亦有被杖殴毙者,或欠零金数十余,其农器即径携去,更不问所直若干,农民遇有钱欲以就赎,则季终替去,无可从得矣。②

---

① 刘琳等点校:《宋会要辑稿》食货28之57—58,第11册,第6633页。
② (宋)陈淳:《北溪大全集》卷44《劄·上庄大卿论鬻盐》,文渊阁四库全书第1168册,台北:台湾商务印书馆,1986年,第856页。

这种盐政显然已成为扰民之政,所以当时漳州民间谚语云:"官与盐一合,恐我饭无夹,不知我无饭饥来不可呷;官与盐一瓱,恐我肉食淡,不知我无肉瘦来不可啖。"①至于僧道寺观的口食盐钱,则是根据人头征收的,并非"随产敷盐",因为寺观产钱多少与僧道数量没有必然关系。

据《乾道会要》记载,宋代漳州的盐产量为"七十三万五千五百五十斤"②,每年榷盐收入如下:

> 漳州在城:一万二千一十七贯二百二十文;漳浦县:一千九百三十五贯二百六十六文;龙岩县:一千二百五十三贯五百四十五文;长泰县:二千六百五十八贯九百一十一文;大济场:八百八十八贯八百八十六文。③

由此可知,宋代漳州每年的榷盐收入为18753贯828文。

南宋灭亡后,随着福建路被元朝廷接管,福建的盐课也成为元朝廷诸色课程之一,漳州的盐课也就此并入。福建盐课从世祖至元十三年(1276年)开始征收,"为盐六千五十五引";至元十四年(1277年),世祖"立市舶司,兼办盐课";至元二十年(1283年),元朝廷把福建盐钞"增至五万四千二百引"④;至元二十二年(1285年),世祖"并福建市舶司入盐运司,改曰都转运司,领福建漳、泉盐货市舶"⑤;"[至元]二十四年(1287年),改立福建等处转运盐使司,岁办盐六万引;[至元]二十九年(1292年),罢福建盐运司及盐使司,改立福建盐课提举司,增盐为七万引。大德四年(1300年),复立盐运司;[大德]九年(1305年),又罢之,并入本道宣慰司;[大德]十年(1306年),又立盐课都提举司,增盐至十万引。至大元年(1308年),又增至十三万引;[至大]四年(1311年),改立福建盐运司。至顺元年(1330年),实办课三十八万七千七百八十三锭。其工本钞,煎盐每引递增至二十贯,晒盐每引至一十七贯四钱。所隶之场有七"⑥。不过,元代漳州的盐课收入则不见史书记载。

漳州的经总制钱包括经制钱、总制钱和无额经总制钱。漳州的经制钱于绍兴二十三年(1153年)定额为24651贯,总制钱于绍兴二十八年(1158年)定额为55607贯,无额经总制钱在绍兴后期立额为5312贯,隆兴二年(1164年)增至10066贯⑦。所以绍兴后期,漳州的经总制钱每年定额为85570贯,隆兴二年后为90324贯。经制钱、总制钱的征收依据主要"出于仓库出纳、田宅契券之所收者",而无额钱则"元无一定窠名可以桩办,其

---

① (宋)陈淳:《北溪大全集》卷44《劄·上庄大卿论鬻盐》,文渊阁四库全书第1168册,第857页。
② 刘琳等点校:《宋会要辑稿》食货23之17,第11册,第6497页。
③ 刘琳等点校:《宋会要辑稿》食货22之29,第11册,第6480页。
④ (明)宋濂等:《元史》卷94《食货志二·盐法》,第8册,第2391页。
⑤ (明)宋濂等:《元史》卷94《食货志二·市舶》,第8册,第2402页。
⑥ (明)宋濂等:《元史》卷94《食货志二·盐法》,第8册,第2392页。
⑦ (宋)朱熹:《朱熹集》卷19《奏状·乞蠲减漳州上供经总制额等钱状》,第777页。

多少不可得而预知,故其创立之初,直以无额名之"①。漳州为下州,经济不甚发达。漳州每年要起发如此巨额的经总制钱,这难免会成为其郡计的沉重负担,多数情况下都不能足额送纳。朱熹在绍熙元年(1190年)任漳州知州,他"到任之初,刷具本州逐年起发经总制及无额钱数实收之数,极多不过七万五千贯"②。以漳浦县为例。嘉定七年(1214年),"漳(州)浦县经、总制钱年额二万一千二百三十七贯九十九文省,每年除正收外,有所谓亏下钱,常是补纳不足"③。除了前述的情况,从绍兴年间定额开始,漳浦县的经总制钱基本上征收不足,从史料的记载来看,至开禧三年(1207年)始更甚。《宋会要辑稿》纪云:"开禧三年分正收钱一万五百三十四贯五百七十八文省,亏钱一万七百二贯五百二十一文省,所亏为最多,补纳钱七千六百二十一贯三百二文省;嘉定二年(1209年)分正收钱一万二千五百九十贯七百六十文省,亏钱八千六百四十贯三百三十九文省,所亏为最少,补纳钱六千二百五十六贯二百七文省;嘉定三年(1210年)分正收钱一万一千六百二十三贯三百三十八文省,亏钱六千六百一十三贯七百六十一文,所亏最为适中,补纳钱六千一百九十二贯五百五十九文省。"④所以漳州官员经常上奏朝廷与尚书户部,请求减免经总制钱数额,有时候也会得到批准。如淳熙十六年(1189年)十一月光宗《登极赦》规定,漳州经、总制钱各减一千贯⑤。但是,终南宋一朝,经总制钱始终是漳州郡计的主要负担。

身丁钱米。在王氏、南唐以及留从效、陈洪进统治时期,福建"诸州各有丁钱",但是漳泉州、兴化军折米缴纳,"惟漳、泉等州折变作米五斗","计丁出米甚重","至陈洪进纳疆土之后,以官斗校量,得七斗五升,每年送纳价钱",漳州的身丁钱米标准是:"纳八豆八升八合","年二十至六十免放","真宗皇帝哀怜百姓困穷之弊,祥符中特降御劄,蠲除两浙、福建六路身丁钱四十五万贯,其时漳、泉三州亦是丁钱折变作米,无人论奏,因依科纳,遂至先朝大惠,不及三郡"⑥。经蔡襄的陈请,仁宗于皇祐三年(1051年)十一月辛亥下诏:"漳州纳八斗八升八合者,主户减三斗八升八合、客户减五斗八升八合,为定制。"⑦此后,漳州的身丁钱米变为主户每丁每年纳米5斗,比原来减少44%,客户减至3斗,较原来减少66%。

役钱。这是神宗熙宁变法以后才有的。神宗熙宁十年(1077年)四月,福建路大部

---

① (宋)朱熹:《朱熹集》卷19《奏状·乞蠲减漳州上供经总制额等钱状》,第777页。
② (宋)朱熹:《朱熹集》卷19《奏状·乞蠲减漳州上供经总制额等钱状》,第779页。
③ 刘琳等点校:《宋会要辑稿》食货64之109—110,第13册,第7792～7793页。
④ 刘琳等点校:《宋会要辑稿》食货64之110,第13册,第7793页。
⑤ 刘琳等点校:《宋会要辑稿》食货64之107,第13册,第7790页。
⑥ (宋)蔡襄:《宋端明殿学士蔡忠惠公文集》卷26《劄子·乞减放漳泉州兴化军人户身丁米劄子》,宋集珍本丛刊第8册,北京:线装书局,2004年,第182页。
⑦ 刘琳等点校:《宋会要辑稿》食货70之165—166,第13册,第8199页;(宋)李焘:《续资治通鉴长编》卷171,仁宗皇祐三年(1051年)十一月辛亥,第4117页;另参考(宋)佚名:《宋大诏令集》卷186《政事三十九·蠲复下·减漳泉州兴化军丁米诏》,北京:中华书局,1962年,第678页。

分州县受灾,北宋朝廷"诏福泉漳州、兴化军诸县第四等以下、灾伤五分以上户,去年秋料、役钱并放"①。

杂税。如湖塘卖莲荷钱。宋初,漳州有"湖塘卖莲荷钱",当是沿袭自五代十国时期,于真宗咸平二年(公元999年)废除②。如鱼课。据明代罗青霄《万历重修漳州府志》追述,"五代闽中,凡江湖陂塘产鱼之处皆收其课,乃听民采取。宋至道间除之,然州县尚有採捕舟船之税"③。绍兴年间(1131—1162年),有"渔师"在敦照盐场附近海域捕鱼,并把鱼卖给当地驻军④。

宋代漳州的差役。《嘉靖龙溪县志》云:"宋以衙前主管官物,以里正、户长、乡书手督赋税,以耆长、弓手、壮丁捕盗贼,以承符、人手、散从官给使令,又有曹司、押录、虞侯、拣搯,以乡户等定差。元保里与宋同,里有正,有主首,在邑居者为坊正。"⑤实际上,宋代的职役在神宗熙宁改革以后发生了变化,里正、户长等逐渐被保正、保长、甲头等取代。北宋真宗大中祥符九年(1016年),前秦州司马张从政被黥配为"漳州衙前"⑥。保正、保长在神宗熙宁变法之后逐渐取代里正、户长,成为新的乡村头目。漳州知州朱熹在准备经界时,就曾经提到,在乡村丈量土地时,需要保正、保长"画图为'甲'、'乙'、'壬'、'癸'等字号而总计之"⑦。力役有馆夫等。在五代时期,漳州有"馆夫"之役。《续资治通鉴长编》记载:

> 先是,陈洪进发漳、泉丁男为馆夫,给负担之役。洪进既献地,转运使犹计佣取直,凡为铜钱二千一百五十贯,铁钱三万一千五百三十贯。民诉其事,[太宗太平兴国八年(公元983年)夏四月]壬辰,诏除之。⑧

"馆夫"在陈洪进时期主要"给负担之役",是为官府驿馆提供力役的服务。而陈洪进献地后,北宋沿袭了当地的赋役制度,仍然"计佣取直",漳泉百姓向朝廷申诉之后,宋太宗才下诏废除了这个制度。

2. 元代漳州的赋役

元朝漳州的赋役制度包括税粮、科差、差役、盐课等诸色课程等。漳州路先后隶属于福建行省、江浙行省。先看税粮。江南平定之后,元朝廷在福建实行秋税、夏税之法。至

---

① (宋)李焘:《续资治通鉴长编》卷281,神宗熙宁十年(1077年)四月丙申,第6892页。
② 刘琳等点校:《宋会要辑稿》食货70之159,第13册,第8195页;(宋)李焘:《续资治通鉴长编》卷45,真宗咸平二年(公元999年)冬十月乙卯,第966页。
③ (明)罗青霄等:《万历漳州府志》卷之5《漳州府·财赋志》,第99页。
④ (宋)洪迈:《夷坚甲志》卷第7《海大鱼》,第62页。
⑤ (明)林魁:《嘉靖龙溪县志》卷之4《田赋·徭役》,天一阁藏明代方志选刊第32册,本卷17页a。
⑥ (宋)李焘:《续资治通鉴长编》卷88,大中祥符九年冬十月庚寅,第2024页。
⑦ (宋)朱熹:《朱熹集》卷21《申请·经界申诸司状》,第869页。
⑧ (宋)李焘:《续资治通鉴长编》卷24,太宗太平兴国八年(公元983年)夏四月壬辰,第542~543页。

元十九年(1279年),"用姚元之请,命江南税粮依宋旧例,折输绵绢杂物",同年二月,根据行省耿左丞的建议,"令输米三之一,余并入钞以折焉。以七百万锭为率,岁得羡钞十四万锭。其输米者,止用宋斗斛"。成宗元贞二年(1296年),元朝廷开始"定征江南夏税之制。于是秋税止命输租,夏税则输以木绵布绢丝绵等物。其所输之数,视粮以为差。粮一石或输钞三贯、二贯、一贯,或一贯五百文、一贯七百文。输三贯者,若江浙省婺州等路、江西省龙兴等路是已。输二贯者,若福建省泉州等五路是已。输一贯五百文者,若江浙省绍兴路、福建省漳州等五路是已。皆因其地利之宜,人民之众,酌其中数而取之。其折输之物,各随时估之高下以为直"①。现有史料文献并没有记载江南两税的具体细则,《元典章》载有延祐七年(1320年)"科添二分税粮"诏令,其中提到南方的秋税是"田亩有高低,纳粮底则例有三二十等"②,这才是南方秋税的则例。元朝福建地区也是夏税秋粮,《万历重修漳州府志》载云:"元亦行两税法。秋税输粮,夏税折收木绵、布、绢、丝、绵等。其后又查照地方折收钞。"③如漳州路龙岩县每年缴纳"秋粮米二千七百余石,职田米七百石",夏税折钞,"每石米折钞二百文"④,折算为钞则每石为中统钞一贯钱,似乎与上述福建漳州每征粮一石纳钞"一贯五百文"的规定不符。不久,江南税制又有了变化。成宗元贞二年(1296年),元朝廷决定恢复江南地区的夏税制度,其《起征夏税》诏令云:"江南百姓每的差税,亡宋时秋夏税两遍纳有……如今江浙省所管江东、浙江这两处城子里,依著亡宋例纳有,除那的外,别个城子里依例纳秋税,不曾纳夏税。……两广这几年……百姓失散了有,那百姓每根底要呵,不宜也者。浙东、福建、湖广百姓夏税,依亡宋体例交纳呵,怎生,奏呵。奉圣旨:那般者,钦此。都省咨请委官追寻亡宋旧有科征夏税板籍志书一切文凭,除文思院斛抵数准纳省斛及已科夏税外,但有未科去处,自元贞三年(1297年)为始,照依旧例比数定夺科征。"⑤换言之,除两广之外,南方地区于元贞三年(1297年)全面恢复完整的夏、秋两税制。不过,元朝漳州路的夏秋税额不多,至延祐元年(1314年),福建"八路秋粮,每岁止二十七万八千九百余石,夏税不过一万一千五百余锭"⑥,每路年均秋粮约为3万多石,各路年均夏税还不到1500锭。

其次看科差。在平定江南之后,元朝的科差制度也迅速在广大江南地区得到实施。元朝江南科差制度分为户钞与包银。江南户钞在福建的福州路宁德县与福安县、邵武路光泽县、泉州路南安县、汀州有实施,而漳州的情况不见文献记载,估计是没有。

从现有文献看,江南包银的征收最早出现于延祐七年(1320年)四月,元朝廷下令

---

① (明)宋濂等:《元史》卷93《食货志·税粮》,第8册,第2359页。
② 陈高华、张帆、刘晓、党宝海点校:《元典章》二十四《户部》卷之十《租税·纳税》,第950页。
③ (明)罗青霄等:《万历漳州府志》卷之5《漳州府·财赋志》,第93~94页。
④ (明)罗青霄等:《万历漳州府志》卷之21《龙岩县志·财赋》,第438页。
⑤ 陈高华、张帆、刘晓、党宝海点校:《元典章》二十四《户部》卷之十《租税》,第948页。
⑥ (明)宋濂等:《元史》卷97《食货志五·盐法》,第8册,第2500页。

"课回回散居郡县者,户岁输包银二两"①。这里似乎只是针对散居各郡县的回回户,每户每年输纳包银二两。而《元典章》记载了两条相关的法令,扩大了输纳包银的户计种类。兹录文如下:

【江南无田地人户包银】延祐七年六月□日,江浙行省准中书省咨:延祐七年四月二十一日奏:腹里汉儿百姓无田地的,每一丁纳两石粮,更纳包银、丝线。有江南无田地人户是甚差发不当,各投下合得的阿哈探马儿,官司代支,也不曾百姓身上科要,好生偏负一般。俺众人商量来,便待依著大体例,丁粮、包银、丝线全科呵,莫不陡峻么。如今除与人作佃、庸作、赁房居住日趁生理单身贫下小户不科外,但是开张解库、铺蓆、行船、做买卖、有营运殷实户计,依腹里百姓在前科著包银例,每一户额纳包银二两,折至元钞一十贯。本处官司验各家物力高下,品答均科呵。怎生?奏呵。奉圣旨:依著恁众人商量来的行者。钦此!又奏:这勾当行的其间,行省官提调著,休交动扰御史台监察御史、肃政廉访司,添力成就者,若路府州县官吏人等作弊,放富差贫,取要钱物,交百姓生受的,有呵要了罪过,罢了他每勾当,交监察廉访司体察呵。怎生?奏呵。奉圣旨:那般者。钦此!除已劄付御史台钦依施行外,都省咨请钦依施行,仍委本省官、首领官提调科徵,每岁五月十五日为始,开库收受,八月中纳足,通行起解。②

【回回当差纳包银】江西行省准中书省咨:延祐七年四月二十一日

奏:诸色户计都有当的差发,有回回人每并他放良通事人等不当军站差役,依体例合交,当差发的多人言说,台官每也几遍动文书。教商量者,么道。有圣旨来:如今俺商量来,回回、也里可温、竹忽、答失蛮,除看守著寺院住坐念经祝寿的,依著在前圣旨体例休当者,其余的每,并放良、通事等户,在那州县里住呵,本处官司抄数了,立定文册,有田的交纳地税,做买卖纳商税,更每户额定包银二两,折至元钞一十贯,验著各家物力高下,品答均科呵。怎生?奏呵。奉圣旨:依著恁众人商量来的行者。钦此!都省除已劄付御史台钦依施行外,咨请钦依施行。③

这两条诏令说明,江南包银制度在延祐七年(1320年)四月开始正式实施。前一条《江南无田地人户包银》诏令的时间是在延祐七年(1320年)四月二十一日,其内容主要是元朝廷以南北赋税不平为借口,增加江南地区包银,江南包银户主要是"开张解库、铺蓆、行船、做买卖、有营运殷实户计",其中解库即当铺、质库,即是高利贷者,铺蓆一作"铺席",是指各种商铺,这些都是"殷实户计",即江南包银户主要是殷实之商人,所以他们每户每年必须输纳包银2两,折合至元钞10贯,而且还规定了包银输纳的期限,每年五月

---

① (明)宋濂等:《元史》卷27《英宗本纪一》,第3册,第601页。
② 陈高华、张帆、刘晓、党宝海点校:《大元圣政典章新集至治条例大全·户部·赋役·差发》,第2111页;另参考陈高华、张帆、刘晓、党宝海点校:《元典章》二十一《户部》卷之七《钱粮·收》,第762~763页。两者文字还是有一些差别。
③ 陈高华、张帆、刘晓、党宝海点校:《大元圣政典章新集至治条例大全·户部·赋役·差发》,第2112~2113页。

十五日开始开库受纳,八月十五日纳足;第二条《回回当差纳包银》诏令颁布时间与第一条是同一天,其征收包银的对象是"回回、也里可温、竹忽、答失蛮"诸色户计,在地税与商税之外,"验著各家物力高下,品答均科",即根据诸色户计财产的高低,每年缴纳与江南"无田地人户"相同的包银。实际上,第二条诏令是第一条诏令的扩展,本质上都是向各种殷实的商户和无田富民征收包银。江南包银令下达之后,各行省路州县也根据朝廷的要求,制定了相应的实施细则。

由于地方官的性格与操守不同,各地包银的实施情况也大不一样。福建诸州县"包银令下,有田者不征,而闽无无田之富民,郡以一切应命,仪之(即时任邵武府光泽县尹周天凤,仪之为其字)力争不可,则请分豁有田无田者,定为式。以上,从之。果报罢其不应征者为钞九万缗有奇,邵武所征止万缗,光泽才六百缗。在官七年……选建宁路建阳县尹,初建阳包银岁输六万一千一百五十缗,仪之累牍援邵武例且为过,使客力言:'福建濒海依山,近年经理,与两广俱免,今包银两广免而福建独重,民将不堪,变起不测。'会平章于公至,仪之言之尤力,公还朝,为江南悉罢之"①。即由于地方官的态度不同,导致了包银制的实施出现了不同的情况。

二、宋元时期漳州的市场管理与政策

宋代漳州在城及其所辖各县商业活动比较密集的地方基本上都设有税务机构,称为商税务。这几个税场(或税务)中,至少敦照、海口是海港市镇,有固定的税额就说明这些地方的海上贸易比较频繁,有一定的贸易规模,所以官府才会设置税务。耕园务在漳州城西,因为城西有耕园驿,可能两者相邻。大济场是设立在龙岩县大济银铜铅场的税务机构。

宋朝廷在漳州盐场设有盐税征收机构,如程瑀(1087—1152)在北宋末年为"添监漳州盐税"②。南宋初年,朝廷在漳州设立福建路提举茶盐司分司。《宋会要辑稿》记云:

> 建炎四年(1130年)二月五日,诏:"福建路提举茶盐司干办公事陈麟令于漳州(直)[置]司,依所乞改铸新印,及量添吏额二人。旧盐亭户纳盐每斤支四文五分,于旧价上增二文五分,通计七文。应受纳盐货、亭户合支盐本,并限当日支还。"③

而且在北宋前期,漳州的土贡有海舶、香药④,说明漳州的造船业发达,当地应当有一定数量的海商,而且有蕃商来这里进行数量可观的香药贸易,所以香药变为漳州的土产了。

---

① (元)刘岳申:《申斋集》卷11《奉议大夫泉州路总管府推官周君墓志铭》,文渊阁四库全书第1204册,台北:台湾商务印书馆,1986年,第318~319页。
② (元)脱脱等:《宋史》卷381《程瑀传》,第34册,第11743页。
③ 刘琳等点校:《宋会要辑稿》食货25之35,第11册,第6553页。
④ (宋)乐史:《太平寰宇记》卷102《江南东道十四·漳州》,第2033页。

虽然《元史》《元典章》等传统文献没有记载漳州的税务机构,但是漳州还是存在这些管理市场的税务机构,只不过是这些税务机构是年征收额在500锭以下。漳州还是存在不少市,如"漳州陈吊眼聚党数万,劫掠汀、漳诸路,七年未平",至元十九年(1282年)三月,完者都(1239—1298)率军"追陈吊眼至千壁岭,擒之,斩首漳州市"①。

三、宋元时期漳州的市场体系

宋元时期的市场体系大致可以分为都市与府州市、县市、村市与市镇。就福建而言,福州是福建路境内的中心城市;就漳州而言,漳州是为其所属四县的中心城市。各县为各自县域的中心城市,然后有村市、镇市作为补充。如北宋漳州在城(即龙溪县)的市有北桥市、南市、西市和东铺市、天宝市,其中天宝市设置于北宋熙宁年间(1068—1077年)②。漳浦县在城有西街市、东门市,以及云霄东门市,渡山寻市,佛坛桥市,赤湖市③。龙岩县在城有县前市、东门市、南门市和西门市④。长泰县有县前市、巷头市、凉棚头市、东门市⑤。新兴的市镇主要集中在交通要道、矿场,即属于交通发达型和资源型,如龙溪县的海口镇(即月港镇)、清远市、峡里市以及吴惯、沐犊、中栅三盐团,漳浦县的敦照镇(太平兴国四年设置)⑥、南诏场⑦以及黄敦盐团,龙岩县的大济、宝兴二银场⑧,岩里场也成为新兴市镇。

四、宋元时期漳州的物产与主要商品

宋元时期漳州的主要商品有荔枝、龙眼等水果,铁制品,日用消费品,纺织品,茶叶,海盐,畲酒等。

宋代漳州荔枝的品种较多,产量也较大。北宋曾巩(1019—1083)《荔枝录》云,福建路"荔枝三十四种,或言姓氏,或言州郡,或皆识其所出,或不言姓氏州郡,则福、泉、漳州、兴化军盖皆有也"。据此,我们可知宋代漳州的荔枝品种有这些:"琉黄,以色类琉黄","蒲桃荔枝,穗生,一穗之实至三百,然其品殊下。蚶壳,以状名之","密荔枝,以甘为名,然过于甘。丁香荔枝,核小如丁香","双髻小荔枝,每朵数十,皆并蒂双实。真珠荔枝,圆

---

① (明)宋濂等:《元史》卷131《完者都传》,第11册,第3193～3194页。
② (明)罗青霄等:《万历重修漳州府志》卷之13《龙溪县·规制志》,第237页。
③ (明)罗青霄等:《万历重修漳州府志》卷之19《漳浦县·规制志》,第362页。
④ (明)罗青霄等:《万历重修漳州府志》卷之21《龙岩县·规制志》,第424页。
⑤ (明)罗青霄等:《万历重修漳州府志》卷之23《长泰县·规制志》,第474页。
⑥ 刘琳等点校:《宋会要辑稿》方域12之17,第16册,第9527页。原书"敦照镇"作"教照镇",误。另参考(宋)洪迈:《夷坚甲志》卷第7《海大鱼》,第62页。
⑦ (明)罗青霄等:《万历重修漳州府志》卷之二十九《诏安县·规制志》,第604页。
⑧ (宋)王存等:《元丰九域志》卷第9《福建路·漳州》,第405页;另参考(元)脱脱等:《宋史》卷89《地理志五·福建路》,第7册,第2209页。

白如珠,无核,荔枝之最小者","钗头颗荔枝,颗红而小,可施钗头。粉红荔枝,荔枝多深红,而此以色浅为异。中元红,实时最晚,因以得名。火山荔枝,本出南越,四月熟,穗生,味甘酸,肉薄,闽中近年有之"。而史籍明确记载漳州比较出名的荔枝为"何家红,出漳州何氏"①。漳州盛产荔枝,其荔枝的外销比较普遍。据元人王祯《农书》记载:荔枝产于"岭南、巴中、泉、福、漳、兴、嘉、蜀、渝、涪及二广",以闽产为上品,次为蜀地,再次为岭南。"今闽中荔枝初著花时,商人计林断之以立券。一岁之出,不知几千万亿,水浮路转,贩鬻南北,外而西夏、新罗、日本、琉球、大食之属,莫不爱好,重利以酬之"②。元代全国交通运输网的形成和采用全国统一的纸钞货币,及减轻商税的政策,都为商品的流通创造了极为有利的条件。元代闽南成为中外商品的集散地,源源不断的各种货物在这里装上装下,行销全国各地和海外诸国。

宋代漳州出产土茶。《(正德)大明漳州府志》云,漳州"有天宝山茶、梁山茶","《宋志》谓:'土茶味永,他州不及焉。'"③这些茶叶有的是在上元节之前采摘,所以王祯《临漳杂诗十首》有"茶摘上元前"之句。此外,漳州所产的木棉、海盐、铁、茶、龙眼、粮食等也行销各地。尤其是泉州港成为元朝最重要的对外贸易港口后,使近邻漳州的地缘优势得到较大的发挥,而成为商业贸易较为活跃的地区。如月港在宋元时期应已经初具规模,宋朝廷在这里常设税务机构——海口务即是明证。

宋代漳州市场流通有不少铁制品。漳州的铁制品不仅供给漳州本地市场,还通过商人经海路运到江浙一带销售。《淳熙三山志》记云:

> 其品有三:初炼去矿、用以铸锡器物者为工铁;再三销拍、又以作金□某者为鑐铁,亦谓之熟铁;以生柔相杂和、用以作刀剑锋刃者为刚铁。商贾通贩于浙间,皆生铁也。庆历三年(1043年),发运使杨告乞下福建严行禁法,除民间打造农器、锅、釜等外,不许私贩下海。两浙运司奏:当路州军自来不产铁,并漳、泉、福等州转海兴贩,逐年商税课利不少,及官中抽纳、折税收买,打造军器,乞下福建运司晓示,许有物力客人兴贩。乃召保,出给长引,只得诣浙路去处贩卖,本州今出给公据。④

此即说明,上述铁制品包括各种农器、锅、釜等,即包括铁犁、铁锄、铁耙等生产工具,以及铁锅、菜刀、铁釜、香炉等生活用具。

日常消费用品有纸扇、凉席等。北宋时期,蔡襄为漳州军事判官,曾经一次性为白莲院僧人题诗10把纸扇。诗云:

---

① (宋)曾巩:《曾巩集》卷35《奏状三首·福州拟贡荔枝状并荔枝录》,陈杏珍、晁继周点校,中国古典文学基本丛书,北京:中华书局,1998年重印本,第498~499页。
② (元)王祯:《东鲁王氏农书译注》之《百谷谱集七·果属》,廖启愉译注,上海:上海古籍出版社,1994年,第560~561页。
③ (明)陈洪谟:《(正德)大明漳州府志》卷之10《户纪·物产·布货部》,第614页。
④ (宋)梁克家等:《淳熙三山志》卷41《土俗类·物产》,文渊阁四库全书第484册,第586页。

山僧遗我白纸扇,入手轻快清风多。物无大小贵适用,何必吴绫与蜀罗?
野老寻山蓺白云,欲将清吹助南薰。不堪便面张京兆,恰称能书王右军。
径标尺圆比雪霜,昔人何事恨秋凉。珍藏箧笥未为失,更有明年夏日长。
武侯白羽麾三军,帐前甲马生风云。怜君才地亦疏薄,相过书林至夜分。
薄似蒲葵质更圆,忽疑明月落尊前。南堂暑气生圆浊,一座清凉直几钱?
浣白新笺卷线棱,刮青纤竹缠红藤。可怜子夜书帷下,一片圆光得未曾。
堂阴壁罅蚊蚋都,指麾西向先驱除。山翁一夜稳眠睡,若或论功谁胜渠。
老去将携只要轻,况临炎暑遗风清。儿童爱把承檐溜,未识山家质素情。
不掩歌唇向画堂,不须名笔作花房。直应携去林泉好,转觉林泉兴味长。
虚堂永昼来风长,石枕竹簟寒生光。文园肺渴厌烦热,更要夫君在侧傍。①

纸扇可以扇风清凉、驱赶蚊蚋,是宋人生活必需品之一,在夏天即使是僧人也是要经常使用的。

纺织品。宋代漳州的纺织品主要有布、绵、丝。布主要有䌷布、蕉布、吉布等。先看䌷布。这一时期漳州的䌷布不仅要满足本州、本路以及上供的需要,还要供给其他路分。《宋会要辑稿》记云:

> [仁宗天圣]八年(1030年)十月,三司言:"江南西路转运使苗稹言:'检会辖下一十州军每春冬衣赐数内三衣布,除兴国军支遣得足外,余洪、虔等九州年支布五万匹,自来并从福建路州军收买,转般应副。睹其䌷布,全然粗疏,不堪装着,军人请到,货卖价少。自来于福、泉、漳州、兴化军四处置场收买,每匹价钱并津般往回官钱三百四十九文,军人出卖,得钱三百一十一文省,亦有只得百五十六文足钱去处。以此比仿,实两亏损。今欲酌中取洪州定支布价每匹三百二十文省,令洪、虔等九州依例给见钱。所是元支破买布价钱,仍乞令本司勘会,酌实贯(伯)[佰],每年发送,赴当路交纳,应副春冬支给布价。'省司勘会:洪、虔等九州军分折各情愿,乞依洪州例请领衣布价钱,乞令福建路转运司将每买布价钱般运赴江南西路州军下卸,应副支给军人布价。又缘见钱脚重,陆路难以津般,今更不行外,仍乞下福建转运司,今后更不科买绵、丝、布,将每年合买卖钱于出产银货州军收买铤银,计纲上京送纳。"从之。②

这段材料提到,天圣八年(1030年)十月之前,江西路每年要从福建路福州、兴化军、泉州、漳州四州军置场收买5万匹布,来给洪州、虔州等州军的驻军支放春冬衣。而这些州军中,北宋的䌷布数量没有史料记载,现有史料可见福州在淳熙九年(1182年)收䌷布

---

① (宋)蔡襄:《宋端明殿学士蔡忠惠公文集》卷5《漳州白莲僧宗要见遗纸扇每扇各书一首》,宋集珍本丛刊第7册,第782页。

② 刘琳等点校:《宋会要辑稿》食货64之21—22,第13册,第7744页。

1万匹①。但是由于这些福建的"裨布"质量较差,"全然粗疏,不堪装着",发给江西路驻军士兵后,他们也是拿到市场上卖,官府送到江西路的价格是每匹349文,而士兵拿到市场上卖的价格是每匹311文省,实际得钱只有156文足,所以当时江南西路转运使苗稹认为这"实两亏损",所以他建议福建路转运司把钱运到江西路各州军,根据每匹320文省的价格支付给士兵。

其次看蕉布、吉布。南宋时期,漳州市场流通大量的蕉布、吉布,一般以"每以十匹为束"②。《(正德)大明漳州府志》云:"□□二种,一种结实,一种开花而不结实者,剥取其皮,以灰水沤之,可绩为布,性硬而脆,染红极鲜明可爱。"③吉布亦称木绵布,"即吉贝布也。吉贝,木名,《旧志》谓传自林邑诸国,树高七八尺,今本地生者只有三四尺,春种,夏秋开花结蒲,蒲中有茸,细如鹅毛。茸弹碎之,纺以为布。其布多品,《宋志》引白氎谓即吉贝布。按:白氎,细毛布页,以为吉贝布,非"。④

再次,丝或即是丝布。据明人陈洪谟的记载,"按《宋志》谓土人缉白苎杂丝为细布,价过黄金,盖极言其佳也"。⑤

关于元代的物产,现有的史料相关的内容不多。元末明初著名的儒家学者王祎(1321—1372)在朱元璋称帝前一年(1367年)任职漳州通判一职,写有《临漳杂诗十首》,对元末明初漳州的经济状况描写相对全面。兹胪列如下:

漳水南边郡,闽乡到此穷。地偏冬少雪,海近夜多风。
百粤山川属,三吴景物同。昔贤遗化在,千载紫阳翁。
此地多烟瘴,时清喜渐除。阻山犹盗贼,并海尽盐鱼。
田稻春秋种,园姜伏腊需。不才叨郡倅,廪禄颇赢余。
奢兢仍民俗,纤华亦土功。杯盘箫鼓里,灯火绮罗中。
茉莉头围白,槟榔口抹红。良宵上元节,纨扇已摇风。
近岁兵戎后,民风亦渐衰。番船收港少,畲酒入城迟。
绿暗桄榔树,青悬橄榄枝。熏风荔子熟,旧数老杨妃。
可是闽南徼,阳多气候先。麦收正月尽,茶摘上元前。
绿笋供春馔,黄蕉入夏筵。南风吾所适,久住亦相便。
文物如邹鲁,斯言信不虚。科名唐进士,道学宋先儒。
祠宇依山曲,遗书布海隅。风流今孰继?林子亦其徒。
是处方言别,漳南觉更强。儿童皆唤囝,男女总称侬。

---

① (宋)梁克家:《淳熙三山志》卷第17《财赋类·岁收》,文渊阁四库全书第484册,第260页。

② (宋)陈淳:《北溪大全集》卷46《劄·上傅寺丞论学粮》,文渊阁四库全书第1168册,第867页。

③ (明)陈洪谟:《(正德)大明漳州府志》卷之10《户纪·物产·布货部》,第612~613页。

④ (明)陈洪谟:《(正德)大明漳州府志》卷之10《户纪·物产·布货部》,第612页。

⑤ (明)陈洪谟:《(正德)大明漳州府志》卷之10《户纪·物产·布货部》,第612页。

不雨犹穿屐，因暄尽佩香。人人牙子紫，都为嚼槟榔。
山秀英灵聚，溪清爽气开。水晶凝石髓，月彩曜珠胎。
珉紫裁为砚，犀花解作杯。最怜沙上草，颜色在根荄。
试上南楼望，羁愁觉易消。两溪遥合港，大海暗通潮。
白露垂青野，丹霞映碧霄。梦神曾献吉，日莫不堪招。
郡署经年久，吾来为一新。重门森画戟，别驾俨朱轮。
榕叶轩阴晚，梅花阁气春。祗怜去国远，为政愧能循。①

据这组诗，我们可以看出，元代漳州的水果有橄榄、荔枝、香蕉、槟榔、柑橘、笋、茶叶、姜、畲酒等。

元代漳州的纺织品主要有缎、衲服等。大德元年（1297年）二月，元朝廷下令"减福建提举司岁织段三千匹，其所织者加文绣，增其岁输衲服二百"②。此"段"就是缎，漳缎应是其中之一。

第四节 宋元时期漳州的商业资本与商人

宋代福建人有比较浓厚的商业气息，漳州也不例外。正如两宋之交的綦崇礼（1083—1142）所言："七闽之俗逐末。"③刘一止（1078—1161）《李弥逊除徽猷阁直学士知漳州》制书更是明确指出，漳州为"瓯闽一方，被山带海，其地狭隘险阻，其俗趋利剽轻"④。

一、商业资本与经营方式

（一）商业资本

官营资本。绍兴五年（1135年），南宋朝廷"有诏差纲措置分委官于沿海产米州县随

---

① （明）王祎：《王忠文集》卷2《五言律诗》，文渊阁四库全书第1226册，第41~42页。而（明）黄仲昭编撰的《（弘治）八闽通志》卷之八十三《词翰·漳州府》题名为《咏漳南俗》，且只有前面七首，后三首付阙（台北：学生书局，1987年影印弘治四年刊本，第4599~4600页）；而（明）陈洪谟等：《（正德）大明漳州府志》卷之十七《礼纪·律诗》则记为《清漳十咏》，十首俱全（厦门：厦门大学出版社影印本，2012年，第1031~1035页）。

② （明）宋濂等：《元史》卷19《成宗本纪二》，第2册，第409页。

③ （宋）綦崇礼：《北海集》卷31《启·漳州到任谢两府启》，文渊阁四库全书第1134册，第718页。

④ （宋）刘一止：《苕溪集》卷37《外制·李弥逊除徽猷阁直学士知漳州》，文渊阁四库全书第1132册，台北：台湾商务印书馆，1986年，第184页。

市价收籴粮斛一十五万石,逐旋差雇舟船,由海道般运至福、泉、漳州交割,如能依期籴买,起发数足,不致搔扰,当议优与推恩"。同年六月二十九日,福建路转运判官章杰向朝廷上奏说:"其米一十五万石并各已收籴了足,分纲差官管押赴行在下卸,别无搔扰,及无陈腐湿恶。"①

私人资本。这是宋元时期漳州商业资本中最多的部分。民户自己出资造船或买舶,自行经商贩运。当然也有私人之间"连本纽财"合伙经营的情况。如后文提到的四个海商相互借贷、互为担保的现象。

(二)经营方式

官营资本的经营方式。宋代漳州官营资本的经营,一般是由朝廷或者地方政府指定专人进行打理。他们一般购买生产工具、战略物资、粮食等。如前述南宋都督府营田司在漳州、泉州等地购买耕牛,南宋朝廷派官员去沿海产米州县以市场价购买粮食。一般以官员考核方式进行鼓励,如果官员按时完成任务,没有什么损坏,朝廷就可以让他们减少磨勘年限来提振士气。

私人资本的经营范围则比官营资本宽得多。无论生活用品、生产工具还是各种奢侈品都进行贩卖。如私盐贩卖,官府设有专门的私盐贩卖监管机构,盐商购买盐引后,可以到盐场亲自取货,然后在贩运到汀州、赣州等地销售。

二、商人与贸易

一般贸易。宋元时期漳州正常贸易比较发达。北至登州、杭州,南至广州、海南岛等,都有漳州商人的身影。

宋代漳州也存在走私贸易。宋朝初年,东南沿海就存在不少海盗,他们亦盗亦商,进行走私,也进行抢劫,甚至还掳掠人口。太平兴国年间(公元976—984年),广南路提举市舶使杨允恭(944—999)"集水军,造轻舠",大力扫荡这些海盗,"抵漳、泉贼所止处,尽夺先所劫男女六十余口还其家"②。孝宗淳熙九年(1182年)十一月,枢密院向皇帝上奏说:"近年多有兴化、漳、泉等州逋逃之人聚集其处,易置大船,创造兵器,般贩私盐,剽劫商旅。""其处"乃是广南东路的大奚山,即今天香港的大屿山。于是,南宋朝廷向广东经略司下诏说,广东经略司必须"晓谕大奚山民户,各依元降指挥,只许用八尺面船采捕为生,不得增置大船。仍递相结甲,不得停着他处逃亡人。如有逃亡人,令澳长民户收捉,申解经略司,重与支赏"③。

---

① 刘琳等点校:《宋会要辑稿》食货40之20第12册,第6888页。
② (元)脱脱等:《宋史》卷309《杨允恭传》,第29册,第10160页。
③ 刘琳等点校:《宋会要辑稿》刑法2之121,第14册,第8349页。

第五节　宋元时期漳州的海洋经济与社会变迁

一、漳州的海港与潮汐

宋代福建路海岸线较长,所谓"东南富山水"、"一一渡海舶"①。靠海的州军称为下四州,即福州、兴化军、泉州、漳州。漳州在福建最南端,与广南东路的潮州交界,所谓"八闽惟漳极南,枕山襟海"②,或如宋人云,漳州为福建路"控带山海"之地,其"东南薄海,联络上下数百里","风帆浪舶,往来冲集要害之处"③。至淳熙十年(1183年),漳州漳浦县还设有沿海、中栅巡检二寨④。

北宋仁宗皇祐四年(1052年),枢密直学士、礼部郎中、知福州蔡襄指出,"福州、泉州、漳州、兴化军尽是边海,若是舟船要到城下,逐州各有海口小港,约近百里至七十里。其海口旧时各有镇寨把扼海路,后来无事,兵士渐次减少,今来见作点检商税"⑤。

再以漳浦县为例,进一步说明宋代漳州的海洋经济发展状况。时人认为,漳浦"俗厚讼稀,赋入饶羡,故为邑不劳而民富,旧以金名焉。士习趋下,贪夫狥财"⑥,即有"金漳浦"⑦之誉。南宋傅希龙《印石记》⑧云:"漳浦之为邑,濒海枕山,居民富庶,虽号僻远,诚为乐土","开河以潮","流于溪而归于海","关成而路聚为一市,有亭可观,有桥可步,舟车之往来,商贾之出入,井烟繁阜,有无贸迁,万口同音"。这反映出漳浦县开河通潮后,交通便利、市场繁荣的景象,来自全国各地以及蕃国的商人聚散于此,这说明漳浦县已经具备了作为一个外贸港口的条件。

另外,由于海上贸易的频繁,容易产生治安问题,所以宋朝廷在一些沿海"控扼要害

---

① (宋)苏辙:《栾城集》卷之4《次韵子瞻游甘露寺》,曾枣庄、马德富点校,上海:上海古籍出版社,1987年,第80页。
② 参见(明)罗青霄等:《万历重修漳州府志》卷之26《南靖县志·文翰志》引明人龙遂《南靖县重修城池记(节文)》,第547页。
③ (宋)梁克家等:《淳熙三山志》卷第19《兵防类二·诸寨土军》,文渊阁四库全书第484册,第278页。
④ 刘琳等点校:《宋会要辑稿》食货50之29,第12册,第7136页。
⑤ (宋)蔡襄:《宋端明殿学士蔡忠惠公文集》卷21《奏议·乞相度沿海防备盗贼》,宋集珍本丛刊第8册,第182页。
⑥ (清)陈汝咸原本、(清)施锡卫再续纂修:《光绪漳浦县志》卷17《艺文志上》引宋代卓遵《请蠲经总制钱记》,上海:上海书店,2000年影印民国二十五年(1936年)朱熙铅印本,第186页。
⑦ (明)何乔远:《闽书》卷之38《风俗志》引谚语云"金漳浦,银同安",第946页。
⑧ (清)陈汝咸原本、(清)施锡卫再续纂修:《光绪漳浦县志》卷17《艺文志上》,第184页。

及地分阔远处"①设置了巡检,是以南宋李纶《淳熙清漳志序》载当时"濒海有戍,始为盗设"②。

宋代漳州的海岸线主要集中在龙溪县的海口镇(月港镇)、清远镇、峡里镇及吴惯、沐犊、中栅、漳浦县的黄敦、敦照、南诏场等。这些地方都有较好的海港条件。《嘉靖龙溪县志》记载了宋代龙溪县的港湾情况,指出大海在漳州州治东南,"其潮汐分三派,一自濠门海沧达于诸港,入于柳营江;一自泥仔乌礁许茂经通津门,止于西溪,分于浦头,至于东湖小港"③。濠门海沧,即今厦门海沧区,是指今天龙海市漳州港一带,柳营江应在今江东桥附近。龙溪县的港口主要在海口镇(即今海澄),"本龙溪八九都地,旧名月港,唐宋以来为海滨一大聚落"④,这说明月港在唐宋以来就是一大海外贸易基地。海口镇为漳州东部咽喉之地,"圭屿在海中央,锁钥最重"⑤;其海口镇,"外通海潮,内接淡水,其形如月,番舶凑焉"⑥,这虽然说的是明朝的情况,但是其地形应大致不变。其岛屿有这些:浯屿,估计在宋元时期置有水寨;荆屿、梁屿两岛在宋朝时应有人居住;嵩屿,三面临海,岛上有居民,宋朝少主赵昺南逃时曾在此憩息,至明朝万历时仍有遗址留存;长屿则三面环海,岛上有居民居住;丹霞屿亦名圭屿,在"海口中央",所以其地位很重要,称为月港之锁钥,其名称来自宋人晏殊《类要》:"海上有石,朝色如丹,暮色如霞,即圭屿也。"⑦青礁有颜、苏二姓居住,也是一大聚落,宋代时"此乡科第最盛"⑧;其他岛屿诸如钱屿、木屿、东镇屿、南镇屿、浮沉屿等。

再看南诏场的海港条件。《万历漳州府志》所载的《诏安县志》中提及诏安县在宋朝称为南诏场,当时设有"临水驿","又为沿边巡检寨"⑨,说明这个地方是属于沿海"控扼要害及地分阔远处"⑩,并引《前志》载其风俗云,"土瘠民劳,俗厌浮丽,商船浮海酿利,著姓耻于服贾"⑪。南诏场入海口附近的岛屿有虎仔、南村、崎屿等⑫。南诏场的潮汐情况,有一些不同的记载。根据明代《万历漳州府志》所属之《诏安县志》⑬云:

大海在县南二十里,其潮汐分二派,一自铜山大京门入于五都,一自赤石湾玄钟

---

① (元)脱脱等:《宋史》卷167《职官志七·巡检司》,第12册,第3982页。
② (明)罗青霄等:《万历重修漳州府志·序》,第4页。
③ (明)罗青霄等:《万历重修漳州府志》卷之12《龙溪县志·舆地志》,第226页。
④ (清)李畴:《乾隆海澄县志》卷之1《舆地志》,第403页。
⑤ (清)李畴:《乾隆海澄县志·凡例》,第401页。
⑥ (明)何乔远:《闽书》卷之30《方域志·漳州府海澄县》,第721页。
⑦ (明)何乔远:《闽书》卷之30《方域志·漳州府海澄县》,第720~721页。
⑧ (清)李畴:《乾隆海澄县志》卷之1《舆地志》,上海:上海书店出版社,2000年影印清乾隆二十七年刻本,第408页。
⑨ (明)罗青霄:《万历重修漳州府志》卷之29《诏安县志·规制志》,第604页。
⑩ (元)脱脱等:《宋史》卷167《职官志·七巡检司》,第12册,第3982页。
⑪ (明)罗青霄:《万历重修漳州府志》卷之29《诏安县志·舆地志》,第602页。
⑫ (明)何乔远:《闽书》卷之29《方域志·漳州府诏安县》,第713页。
⑬ (明)罗青霄:《万历重修漳州府志》卷之29《诏安县志·规制志》,第604页。

门入于三四都。

这里提到诏安县的潮汐分为两派,即诏安县只有两处港湾,但是宋朝的南诏场与铜山都是直属于漳浦县的,因而实际上宋代的南诏场只有赤石湾玄钟门一处两派的潮汐。而清代《康熙诏安县志》所引的《旧志》云:

> 《山海经》独称"闽在海中"为岐海,漳海为天之东南隅,而诏安尤漳海之尽处也。诏之海有三派,一繇铜山所之大京门入于百浦走马溪止,一繇悬钟所北门港入经渐山汇于梅州上湖止,一繇悬钟南港入经卸石湾绕县治至甲洲止。①

悬钟即是玄钟,后者只是把玄钟这一派的潮汐分析得更详细,实际上跟上文基本上是一致的。

对于沿海贸易港口来说,潮汐是海商们最需要掌握的水文情况之一,正如时人云:"驾舟洋海,虽凭风力,亦视潮信以定。"②《嘉靖龙溪志》对此有较为详细的记载:

> 候潮之法,以太阴每日所躔天盘子、午、卯、酉之位而定其消长。月临于午则为长之极,历未及申、酉则极消;消极复长,以至于子,又为长之极;自是至卯而消,复至于午而极盛。此其大较也。然月顺天右行,积三十日,始周天,每日临子、午、卯、酉四位时有先后,故潮因之亦有昼夜、蚤暮之不同云。
>
> 初一、初二、十六、十七,潮至在巳、亥二时;初三、初四、初五、十八、十九、二十,潮至在子、午二时;初六、二十一,潮至在未、丑二时;初七、初八、初九、初十、二十二、二十三、二十四、二十五,潮至在甲、寅二时;十一、十二、二十六、二十七,潮至在卯、酉二时;十三、十四、十五、二十八、二十九、三十,潮至在潮至在辰、戌二时。(以上俱《龙溪志》)③

这段文字比较详细地说明了龙溪县潮汐的测算方法以及测算后潮汐的具体时间。这里虽然说的是龙溪县的情况,不过这个潮汐水文规律应该可以适用于整个漳州沿海地区;而且此虽为明代嘉靖年间所记,应与宋朝的潮汐水文大致相当。这种潮汐的水文情况对于宋代漳州海商等航海者来说无疑是至关重要的。

上文所说的《康熙诏安县志》还提及其《旧志》详细记载了漳州海洋潮汐的一些基本情况:

> ……潮汐者,长为潮,退为汐,匪朝至夕至谓也。……月临于午则为长之极,历未及申、酉则极消;月临于子则为长之极,历丑及寅、卯则极消。此以太阴之天盘论也。若每日之子午亦有潮退,每日之卯酉亦有潮至,至于八时皆然。……若昼潮大

---

① (清)秦炯:《康熙诏安县志》卷之3《方舆志·附潮汐》,上海:上海书店出版社,2000年影印清同治十三年(1874年)刻本,第431页。
② (清)秦炯:《康熙诏安县志》卷之3《方舆志·附潮汐》,第431页。
③ (明)罗青霄:《万历重修漳州府志》卷之1《漳州府志·舆地志》,第27页。此《龙溪县志》应该是《嘉靖龙溪县志》,保留了较多的宋朝史实。

于春夏（原注：夜潮），大于秋冬潮之极，涨常在春秋之中，涛之极大则在朔望之复，则天地之常数，通四海皆然者。漳人之候潮也，夜则以月，昼则以时，于指掌中从日起时顺数三位，"长半满，退半尽"，以六字操之，无毫发爽。海上渔者于海啸则知风、海动则知雨，潮退则出，潮长则归。其方言云："初一、十五，潮满正午；初八、二十三，满在早晚；初十、二十五，日暮潮平。"又云："月上水翻流，月斜水伴月。"落水汐尽，潮则呼曰南流，上汐则呼曰北流落。至于驾舟洋海，虽凭风力，亦视潮信以定。向往或晦夜无月，惟瞻北斗以为度。至于口外之潮已平，而内溪犹长，则气盛而未收，俗所云"港尾水"，又云"回流水"是也，海口以潮平为度。其穿达支流仍以百里而缓三刻，不可以此而分迟速焉。大率潮之消长，每日而移一时，潮之大小八日而经一变。每岁则卯酉二月皆大，而辰戌二月为尤大。漳海之潮，与省会（即福州）、兴、泉不异。……①

这段文字所记载的内容说明了中国古代的海洋潮汐理论以及漳州海洋潮汐的实际情况与一些计算潮汐的简便方法。

总而言之，有了良好的港口条件、发达的市场经济和熟悉的潮汐水文知识，宋代漳州海商②就可以扬帆出海，进行海内外贸易了。

二、对外贸易的经营模式

漳州的海上贸易路线可以分为国内贸易和国外贸易。国内贸易，漳州的海商一般可以北上本路的泉州、兴化军、福州，以及两浙路的温州、明州、杭州等地，甚至北达京东路的密州一带，南至广州一带，如明州象山县"海环三垂，东南皆大洋，北则巨港，东曰钱仓，南曰大睦，西南曰东门，皆蕃舶、闽船之所经"③；密州板桥镇"自来广南、福建、淮、浙商旅乘海船贩到香药诸杂税物，乃至京东、河北、河东等路商客般运见钱、丝绵、绫绢往来交

---

① （清）秦炯：《康熙诏安县志》卷之三《方舆志·附潮汐》，第431~432页。

② 福建海商研究，最早开始于日本学界。森克己《日宋贸易の研究》（勉诚出版社，1986年）、斯波义信《宋代商业史研究》（风间书房，1968年，中译本台北稻乡出版社，1997年）分析了包括泉州海商在内的福建海商贸易路线与贸易商品种类、方式，土肥祐子《宋代的漳州商人——黄琼与林照庆》（《西北史地》1994年第3期）略述了宋代漳州海商与寺院关系密切的特色以及南外宗正司与海外贸易的关系；至20世纪80年代，我国学者也开始重视海商研究，陈高华《北宋时期前往高丽贸易的泉州舶商》（《海交史研究》1980年第2期）以郑麟趾编纂《高丽史》记载为依据，分析了北宋时期泉州舶商在高丽的贸易情况，廖大珂《福建海外交通史》第三章第四节"福建海商的崛起及其经营形态"（福建人民出版社，2002年）论及宋元时期漳州海商的构成及经营状况，刘文波《宋代福建海商崛起之地理因素》（《中国历史地理论丛》2006年第1期）从陆路交通、海路交通技术以及区域港口地位上升三方面分析了海商崛起之原因，但是这些成果没有全面分析宋代漳州海商的发展状况。

③ （宋）罗浚等：《宝庆四明志》卷第21《象山县志·水》，宋元方志丛刊第5册，北京：中华书局，1990年影印本，第5265页。

易,买卖极为繁盛"①,包括漳州海商在内的福建海商不在少数。仁宗嘉祐四年(1059年),欧阳修(1007—1072)《有美堂记》云,杭州湾有"闽商海贾,风帆浪舶,出入于江涛浩渺、烟云杳霭之间,可谓盛矣"②,其中"闽商海贾"应不乏漳州海商。出于统治者自身的需求,南宋初年,宋朝廷要求两浙路、福建路、广南路诸提举市舶司要招诱闽、广舶船至镇江府、江宁府抽解,以便于朝廷筹集经费。《宋会要辑稿》记云:

> [建炎]三年(1129)三月四日,臣僚言:"自来闽、广客船并海南蕃船,转海至镇江府买卖至多,昨缘西兵作过,并张遇徒党劫掠,商贾畏惧不来。今沿江防拓严谨,别无他虞,远方不知。欲下两浙、福建、广南提举市船司,招诱兴贩至江宁府岸下者,抽解收税量减分数,非惟商贾盛集,百货阜通,而巨舰衔尾,亦足为防守之势。"从之。③

南宋朝廷试图通过减少"抽解分数"来招徕客商,达到"商贾盛集,百货阜通"的目的,甚至"巨舰衔尾,亦足为防守之势",似乎还有军事用途,作为行在杭州的水上藩障。

海外贸易,漳州海商的贸易路线一般有两条,北上高丽、日本,南达东南亚、南洋一带。最迟至唐代前期,就有蕃商来漳州进行中转贸易了。有漳州《图经》云:"唐嗣圣间(公元684年),贾胡经此。"④此地即为漳浦县之温源溪,"贾胡"就是来自外国的蕃商,即未建郡之前,漳州的港口优势已经得到部分蕃商的青睐。唐代中后期,福建的海外贸易也比较活跃,漳州海外贸易逐渐兴盛,漳州海商也开始放洋兴贩。五代十国时期,各地军阀割据,南唐保大十一年(公元953年),来自南蕃三佛齐的李姓镇国将军"以香货诣本州卖钱"⑤,说明漳州在南唐统治时期也是东南沿海的一大海外贸易港口。

至北宋前期,漳州海商已经比较活跃于海外贸易领域,如雍熙四年(公元987年)六月诏令就提到,"两浙、漳、泉等州自来贩舶商旅藏隐违禁香、药、犀、牙"⑥。这些包括漳州商人在内的海商北抵高丽、日本,如元丰元年(1078年),神宗皇帝就指出,"福建、两浙有旧贩高丽海商"⑦,南达"南蕃",南蕃诸国有交趾国、占城国、宝瞳龙国、真腊国、登流眉国、蒲甘国、三佛齐国等,如南宋前期漳州海商黄琼父子就曾经"客贩南蕃"⑧。

福建海商另外一个依托就是造船业。而且在北宋前期,漳州的土贡有海舶、香药⑨,说明漳州的造船业发达,当地应当有一定数量的海商。南宋高宗时期丞相吕颐浩

---

① (宋)李焘:《续资治通鉴长编》卷409,哲宗元祐三年(1088年)三月乙丑条,第9956页。
② (宋)欧阳修:《欧阳修全集》卷40,《居士集》卷40,李逸安点校,北京:中华书局,2001年,第584~585页。
③ 刘琳等点校:《宋会要辑稿》食货50之11,第12册,第7126页。
④ (明)何乔远:《闽书》卷之28《方域志·漳州府漳浦县》,福建人民出版社1994年点校本,第685页。
⑤ (清)陈梦雷编:《古今图书集成·方舆汇编·职方典》卷1105《漳州府部汇考·漳州府古迹考》,线装本第147册,上海:中华书局,1934年影印雍正铜活字本,本卷第7页后C。
⑥ 刘琳等点校:《宋会要辑稿》食货36之2,第11册,第6788页。
⑦ (宋)李焘:《续资治通鉴长编》卷289,神宗元丰元年(1078年)五月甲申,第7076页。
⑧ 刘琳等点校:《宋会要辑稿》职官20之30,第2835页。
⑨ (宋)乐史:《太平寰宇记》卷102《江南东道十四·漳州》,第2033页。

(1071—1139)曾指出:"海舟以福建为上。"①福建所造尖底船设计较为先进,"每面阔三丈、底阔三尺,约载二千料",适合于当地"海道深阔"的航海水文状况②。宋朝官僚们也知道,"漳、泉、福、兴化,凡滨海之民所造舟船,乃自备财力兴贩牟利而已"③,换言之,只要是船户都有可能是海商。至南宋绍兴前期,出于抵抗女真族入侵的需要,朝廷要求船户入官籍,统一管理,必须"轮流差使"④,服役时,船户当然不能出海了,否则,将遭到严厉处罚。其具体的规定如下:

> [绍兴二年,1132年]八月十一日,侍御史江跻言:"福建路海船,频年召募把隘,多有损坏,又拘縻岁月,不得商贩,缘此民家以有船为累,或低价出卖与官户,或往海外不远,甚者至自沉毁,急(?)可悯念。乞令本路沿海州县籍定海船自面阔一丈二尺以上,不拘只数,每县各分三番应募把隘,分管三年,周而复始。过当把隘年分,不得出他路商贩,使有船人户三年之间,得二年逐便经纪,不失本业,公私俱济。其当番年分辄出他路,及往海外不肯归回之人,重坐其罪,仍没船入官。如本州县纲运,即轮差不及一丈二尺海船,其系籍把隘船户,本州县纲并不得差使。"诏权令官户并同编民,仍委帅臣、监司自绍兴三年,将本路海船轮定番次,其当番年分辄出他路,并从杖一百科罪,其船仍没官。所有今年募到人,与理充一次。⑤

目前所见的史料中,有具体名字的漳州海商仅见一人,即黄琼,土肥祐子文中提及的林照庆是泉州海商,并非漳州海商。黄琼在绍兴三十年(1160年)左右与父亲一道"商贩南蕃",估计黄琼的父亲为都纲,黄琼为纲首,但是他们这一趟买卖不太顺利,可能在跟蕃人贸易时发生比较严重的冲突,其父死于异国他乡,船上所载货物被没收,黄琼"空舟来归",未能给市舶司带来收益,债台高筑,根据法令,其海船必须变卖抵债⑥。

从黄琼负债购货贩卖南蕃来看,漳州海商在资本不足时,必须靠借贷来满足自己资金的需求。当然,也有海商之间相互联合资本进行投资贸易。如南宋秦九韶(1208—1261)《数学九章》记载一个例题就是关于海商四人分别用金、银、盐、盐钞、度牒作为资本,"合本博易"且"互借为同本",进行海外贸易。原文如下:

> 问:海舶赴务抽毕,除纳主家货物外,有沉香五千八十八两、胡椒一万四百三十包(原注:包四十觔)、象牙二百一十二合(原注:以大小为合觔两俱等),系甲、乙、丙、丁四人合本博到。缘昨来凑本,互有假借,甲分到官供称:甲本金二百两、盐四袋、钞一十道,乙本银八百两、盐三袋、钞八十八道,丙本银一千六百七十两、度牒一十五

---

① (宋)徐梦莘:《三朝北盟会编》卷176《炎兴下帙七十六》,上海:上海古籍出版社,1987年影印本,第1278页。
② 刘琳等点校:《宋会要辑稿》食货50之18,第12册,第7130页。
③ 刘琳等点校:《宋会要辑稿》刑法2之137,第14册,第8365页。
④ (宋)李心传:《建炎以来系年要录》卷151,绍兴十四年(1144年)二月己丑条,文渊阁四库全书第327册,台北:台湾商务印书馆,1986年,第103页。
⑤ 刘琳等点校:《宋会要辑稿》食货50之13—14,第12册,第7128页。
⑥ 刘琳等点校:《宋会要辑稿》职官20之30,第6册,第3579页。

道,丁本度牒五十二道、金五十八两八铢,已上共估值四十二万四千贯,甲借乙钞,乙借丙银,丙借丁度牒,丁借甲金。今合拨各借物归原主名下,为率均分上件货物。欲知金、银、袋盐、度牒原价及四人各合得香、椒、牙几何?

按:题意谓甲金、乙盐、丙银、丁牒,原本不同,互借为同本,买得香、椒、牙三色。今有互借各物及同本贯数,求原本以分所买之物。盖方程而廉衰分之法也。甲、乙二条,内盐、钞二色寔即一色,先言盐袋数,乃一钞之数,以钞数乘之,始为盐数。是钞数既赘,又不明言其故,皆故为隐晦也。

答曰:甲金每两四百八十贯文,本一十二万四十贯文,合得沉香一千四百八十八两、胡椒三千五十包一十一觔五两五十三分两之七、象牙六十二合;

乙盐每袋二百五十贯文,本七万六千贯文,合得沉香九百一十二两、胡椒一千八百六十九包二十一觔二两五十三分两之六、象牙三十八合;

丙银每两五十贯文,本一十二万三千五百贯文,合得沉香一千四百八十二两、胡椒三千三十七包三十九觔五两五十三分两之二十三、象牙六十一合四分合之三;

丁度牒每道一千五百贯文,本一十万五百贯文,合得沉香一千二百六两、胡椒二千四百七十二包八觔三两五十三分两之十七、象牙五十合分合之一。①

这个例子反映出海商实际上经过了两次商业合作。第一次是四人各自出资合本,其中海商甲以金、盐、钞为本金,海商乙以银、盐、钞为本金,海商丙以银、度牒为本金,海商丁以度牒、金为本金,四人本金估值共42万4000贯;第二次是四人相互借贷,"甲借乙钞,乙借丙银,丙借丁度牒,丁借甲金",应是要利益共享、风险同担。海舶到了市舶司抽解之后,再"纳主家货物"后,四人便根据本金估值的多少,来分割这些舶货,最后由自己处理。

招徕番商是诸路市舶司的主要职责之一。南宋嘉定十五年(1222年),有臣僚向朝廷上奏时就提到:

国家置舶官于泉、广,招徕岛夷,阜通货贿。彼之所阙者如瓷器、茗、醯之属,皆所愿得,故以吾无用之物易彼有用之货,犹未见其害也。今积习玩熟,来往频繁,金银、铜钱、铜器之类,皆以充斥外国。顷年泉州尉官尝捕铜锭千余斤,光烂如金,皆精铜所造,若非销钱,何以得此?颇闻舶司拘于岁课,每冬津遣富商请验以往,其有不愿者,照籍点发。夫既驱之而行,虽有禁物,人不敢告,官不暇问。铜日以耗,职此之由。臣愚谓宜戒饬舶司,俾之从长措置,至冬不必遣船,只如初制,听其自至。彼既习用中国之物,一岁不通,必至乏用,势不容不求(求)市于我。吾以客主之势坐制其出入,讥察其违犯,较夫津遣豪民卖物求售、坐视其弊而莫之禁者,得失有间矣。乞亟赐行下,是亦禁戢铜钱、称提官会之一助也。

---

① (宋)秦九韶:《数书九章》卷17《均货推本》,上海:商务印书馆,1936年,第421~423页。

嗣后，南宋朝廷也赞同这个观点①，催促福建路、广东路市舶司执行。

宋代漳州海外贸易的产品，输出产品以丝绸、茶叶、瓷器、铜钱为主，输入产品以香药、珠宝等奢侈品为主。

输出产品中，漳州本身也生产丝绸，龙溪、漳浦等地也有陶瓷生产，以黑瓷和白瓷为主。铜钱则属于走私品，宋朝周围高丽、日本以及南洋诸国大都通用中国铜钱，因而需求量比较大，宋朝廷一直把打击走私铜钱作为一项长期国策。如绍兴十一年（1141年），尚书刑部立新市舶法云：

> 诸舶船起发，贩蕃及外蕃进奉人使回蕃船同。所属先报转运司，差不干碍官一员躬亲点检，不得夹带铜钱出中国界。仍差通判一员谓不干预市舶职事者，差独员或差委清强官。覆视。候其船放洋，方得回归。诸舶船起发，贩蕃及外蕃进奉人使回蕃船同。所委点检官覆视官同。容纵夹带铜钱出中国界首者，依知情引领、停藏、负载人法，失觉察者减三等。即覆视官不候其船放洋而辄回者徒一年。

宋朝廷随即批准②。刑部法令规定，宋朝出国船只与外国蕃船离开宋朝市舶司港口放洋时，必须经过本路转运司"不干碍官员一员躬亲点检"，确定没有走私铜钱之后，才能放行，如有违法，将受到法律处罚，但是处罚的力度不大，因而其实际效果不佳，铜钱走私仍然不绝。

输入产品中，主要是以香药为主，如南宋陆游（1125—1210）诗云："海舶初通有药材。"③宋朝廷规定了禁榷香药与非禁榷香药的种类：

> 凡禁榷物八种：璑珇、牙、犀、宾铁、鼊皮、珊瑚、玛瑙、乳香。放通行药物三十七种：木香、槟榔、石脂、硫黄、大腹、龙脑、沉香、檀香、丁香、丁香皮、桂、胡椒、阿魏、荜萝、荜澄茄、诃子、破故纸、荳蔻花、白荳蔻、鹏沙、紫矿、胡芦芭、芦会、荜拨、益智子、海桐皮、缩砂、高良姜、草荳蔻、桂心苗、没药、煎香、安息香、黄熟香、乌樠木、降真香、琥珀。后紫矿亦禁榷。④

上述被宋朝廷禁榷的八种物品中，也有记为"珠贝、璑珇、犀牙、宾铁、鼊皮、珊瑚、玛瑙、乳香"⑤，这八种禁榷物品主要是珠宝、象牙犀角、珍贵香料等奢侈品。放行交易的37种香药，主要是宋廷出于民间需求药物的考量。是以这些香药种类繁多，需求量较大，商人获利较多，官府也能获得不菲的税收。

至元代，漳州的海外贸易持续发展，不少蕃舶可能直接抵达或者在泉州市舶司抽解后到达月港和敦照镇。如1367年任漳州通判的王祎在《临漳杂咏十首》提到，"近岁兵戎

---

① 刘琳等点校：《宋会要辑稿》刑法2之144，第14册，第8372页。
② 刘琳等点校：《宋会要辑稿》职官44之23，第7册，第4215页。
③ （宋）陆游：《陆游集·剑南诗稿》卷78《书喜》，北京：中华书局，1976年点校本，第1828页。
④ 刘琳等点校：《宋会要辑稿》职官44之2，第7册，第4203页。
⑤ 刘琳等点校：《宋会要辑稿》职官44之1，第7册，第4203页。

后,民风亦渐衰。番船收港少,畲酒入城迟"①。这几句诗反过来理解,就是承平时期,漳州收港的番船较多,有很多番商来漳州港口进行交易,这表明漳州的海外贸易正在崛起,或许走私贸易也在不同程度上存在。

三、海神信仰的精神生活

闽南人民间信仰的热情比较高,其形式也丰富多样,一般被儒家学者视为"淫祠"。南宋漳州人陈淳(1159—1223)就提到,"南人好尚淫祀,而此邦之俗为尤甚。自城邑至村墟,淫鬼之名号者至不一,而所以为庙宇者,亦何啻数百?"在宋代,妈祖信仰开始得到官府的认可,并随着航海贸易的兴盛,逐渐在福建路境内乃至东南沿海传播,妈祖被视为海上保护神。漳州自然也不例外,除了内陆,沿海港口与岛屿也有不少天妃庙。作为理学家,陈淳认为"所谓圣妃者,莆鬼也,于此邦乎何关?"但是民间还是很热衷于信奉圣妃,"有迎神之礼,随月送为迎神之会。自入春首,便措置排办迎神财物事例","被以衣裳冠帔","且黄其伞,龙其辇,黼其座,又装御直班以导于前,僭拟逾越,恬不为怪。四境闻风鼓动,复为优戏队,相胜以应之人,各全身新制罗帛金翠,务以悦神"②。

虽然宋元时期漳州的商业经济不是很发达,海外贸易也不是很繁盛,正如陈淳所言,"漳民无大经商,衣食甚艰,十室而九匮,非如温陵市舶连甍富饶之地"③,或曰"盖南漳僻在一隅,无番舶来往,民无大经商,所谓富室上户者,亦无甚区力,中产之家则仅足以自遣,谓之下户者,大率皆贫窭者而已耳"。但是漳州的民间经济力量还是不可小视,也有一些经济实力之群体,如"富室上户自产钱七千而上,巨商贾户自铺前积货七百缗以上,质库户若不在产户之家者以簿历有典百缗以上,僧户以产钱二十千而上"④。

通过以上论述,我们可以看出,宋代漳州经济有了较大发展,市场发达,加上港口条件较好,人们已经掌握了较多的潮汐知识与航海技术,所以出现了不少专门经营海内外贸易为生的海商,贩运丝绸、瓷器、茶叶到高丽、日本与南洋诸蕃国,也从南蕃贩入各种香药,是宋代漳州商业经济的重要组成部分。但是,这一时期漳州海商人数不多,资本规模不大,尚处于发展阶段。

---

① (明)王祎:《王忠文集》卷2《五言律诗》,文渊阁四库全书第1226册,第41~42页。
② 以上(宋)陈淳:《北溪大全集》卷43《劄·上赵寺丞论淫祀》,文渊阁四库全书第1168册,第851~853页。
③ 以上并见(宋)陈淳:《北溪大全集》卷47《劄·上傅寺丞论民间利病六条》,文渊阁四库全书第1168册,第874页。
④ 以上并见(宋)陈淳:《北溪大全集》卷44《劄·上赵寺丞论秤提会》,文渊阁四库全书第1168册,第853~855页。

第二章

明代漳州海外贸易的兴盛

第一节　明代漳州商品经济的发展

有明一代，基于种植性农业及经济作物性农业的大发展，漳州乃至福建的海外贸易成为明代海外贸易的一个重要内容。明代漳州种植性农业的发展主要表现为农作物种植的多样化，除水稻外，也广植黍、稷、粱、粟以及番薯等杂粮。除此之外，商业性农业也获得了大发展，如水果种植业、经济作物种植、海洋渔业等在有明一代也都有较大的发展。这些均为明代漳州海外贸易尤其是以月港为代表的民间私人海上贸易的兴盛奠定了坚实的基础，同时海外贸易的兴盛提供了广阔的海外及国内市场，进一步刺激了明代漳州商品经济的发展。

明代漳州商品经济的发展主要表现在农作物种植的多样化、官营及民间手工业的进步以及作为海外贸易兴盛的前提条件造船、航海技术的提高上。

一、农作物的多样化

明代漳州的农作物种植可分为两大类：一为粮食作物种植，一为经济性作物种植。就粮食作物而言，水稻是明代漳州居首位的粮食作物。万历《漳州府志》称"稻有早稻，春种夏收，有粳有糯，粳为常食，糯可酿酒。有晚稻，秋种冬收，有芒多赤，近赤亦有白者，亦有糯，谓之小糯……有大冬，夏种冬收，亦分粳糯……有寄种，与早稻同种，与晚稻同收，水田多有之。有占稻……有香稻……"[①] 从种类上看来，水稻的分类因种植季节及习性的不同已呈多样化之势，粗略而言就有早稻、晚稻、大冬稻、寄种稻、占城稻、香稻之分。而双季稻的种植亦已呈普遍化之势。如漳州南靖县"其地气候多燠，田一岁两熟"[②]，漳

[①] 万历《漳州府志》，中国史学丛书·初编(15)，《明代方志选》(三)，台北：学生书局据万历元年(1573年)刻本影印，1965年，第228页。

[②] （明）黄仲昭等：弘治《八闽通志》卷之3《地理》，福州：福建人民出版社，1990年，第46页。

平县"早稻熟于六月,晚稻熟于九月"①。康熙《漳州府志》更是称"国税再熟之稻,在闽以南独多。早稻春种夏收,晚稻则早稻既获再插至十月收者。"②可见,在水稻的耕作制度上,明代的漳州已实现了复种制,这必须意味着水稻的种植能充分利用生长季节,提高土地利用率。同时有学者认为明代漳州也存在着三熟制,但同时承认一岁三收的投入过高,一般人家无法种三季稻③。

除水稻外,明代漳州的粮食作物还包括番薯、麦子及黍、稷、梁、粟等杂粮,种类颇多。番薯初即为明代漳州人引入福建,明《惠安县续志》称"是种出自外国,前此五六年间在,不知何人从海外带来?初种在漳州,今侵蔓诸郡,且遍闽矣"④。《漳州府志》亦称"漳人初得此种,虑人之多种之也。诒曰:食之多病。近年以来,其种遂盛。荒年赖此救饥者众"⑤。番薯种植不择田地,于沿海含盐高的沙土也能种植,其抗旱、耐涝且高产,"省力而获多,贫者赖以疗饥"⑥。明代番薯在漳州的引入及大量种植,显然对于缓解粮食压力从而为进一步促进商品经济发展奠定了坚实的基础。

漳州种植麦子的历史悠久,《漳州市志》引唐丁儒之《冬日到泉郡次九龙江与诸公唱和诗》⑦证明早在唐代漳州已有麦子种植。万历《漳州府志》称麦"有大麦,海田多种之,十一月种,二月收;有小麦,山园种之,八月种,三月收"⑧。因此稻麦可以构成复种,农民在收获一季水稻后,还有充裕的时间种一季麦子。甚至漳州沿海在气候条件好的季节还可以形成稻—稻—麦的三熟制。如龙溪县:"麦有大麦、小麦,海方多莳大麦,早者仲春即熟。大抵冬稻不登,春多艰食,故预种早麦以济之;谓岁获三稔者,冬治田种早麦,仲春又种早稻,秋又种冬稻,粪多力勤,亦可无饥。其颇足之家,多种小麦。"⑨因而大、小麦成为明代漳州仅次于水稻、番薯的重要粮食作物。此外,黍、稷、梁、粟以及豆、麻在明代漳州作为主要食粮的补充也广泛种植。

就经济作物种植而言,明代漳州主要集中在水果、茶叶、甘蔗(蔗糖)、烟草等作物上。明代漳州即为国内主要果品输出地之一,其输出的水果种类多、品质佳,源源不断地输往国内、海外市场。据万历《漳州府志》,明代漳州的主要水果品种有柑、橘、橙、柚、香缘、荔枝、龙眼、梅、桃、李、梨、柿、枣、栗椎、杨梅、枇杷、黄弹、橄榄、余甘、葡萄、石榴、菩提、丹

---

① (明)曾汝檀:嘉靖《漳平县志》卷4《物产》,漳平图书馆,1985年重刊本,第6页。
② (清)蔡世远等:康熙《漳州府志》卷27《物产》,康熙五十三年(1714年)刊本。
③ 徐晓望:《福建通史》第4卷,福州:福建人民出版社,2006年,第201页。
④ (明)黄士绅:万历《惠安县续志》卷1《物产续纂》,万历四十年(1612年)刊本,第30页。
⑤ (明)袁业泗:万历《漳州府志》卷27《风土下·物产》,明万历四十一年(1613年)刻本,第11页。
⑥ (明)邓一麃:崇祯《尤溪县志》卷4《物产》,崇祯九年(1636年)刊本,北京:书目文献出版社,1990年影印本,第596页。
⑦ (唐)丁儒《冬日到泉郡次九龙江与诸公唱和诗》内中称:"……天涯寒不至,地角气偏融。……麦陇披蓝远,榕庄拔翠雄。……"载《全唐诗补编》第2编卷之1,北京:中华书局,1992年。
⑧ 万历《漳州府志》,中国史学丛书·初编(15),《明代方志选》(三),第228页。
⑨ (明)刘天授:嘉靖《龙溪县志》卷1《物产》,上海:上海古籍书店,1963年,第29～30页。

果、甘樜、菱角、芭蕉、倒黏子等,其中尤以荔枝、柑橘为要。关于荔枝,何乔远在《闽书》中称"今闽中四郡所出特奇,而种类仅至三十余品,肌肉甚厚,甘香莹白……"①这四郡就包括明代的漳州府。明代漳州柑橘中的乳柑是福建的贡品,《八闽通志》称"乳柑,兴福间亦有之,而漳地尤宜"②。何乔远也说"近时天下之柑,以浙之衢州、闽之漳州为最"③。

漳州茶史悠久,自有行政设置始即有茶叶种植、制作的历史。黄艺辉在其《漳州茶业发展简史》中认为,明代漳州茶农生产的茶叶不仅供民间自饮,而且被列入贡品。明代的《漳州府志》、《南靖县志》、《长泰县志》、《龙溪县志》中也均有进贡茶叶的记载。如龙溪县,"旧有天宝山茶、梁山茶,近有南山茶,龙山茶,俱佳。及各处俱有土产,多于清明时采之"④。除了山区之外,漳州沿海地区也种植成片茶园。当时茶叶贸易也逐渐兴盛起来,漳州商人往返于武夷山、安溪购茶。据《海澄县志》载,明中叶从海澄月港出口的茶叶年销售上百吨,最多一年达300吨,居全省之冠。另外,明末清初,龙溪县龙山、平和大峰山、南靖圭洋乡上洋茶远销缅甸,平和的奇兰茶、海澄太武山茶、漳浦玳瑁山茶、龙溪北门茶叶行业也陆续兴起⑤。

甘蔗是漳州最主要的经济作物,是仅次于水稻的主要作物,俗称"一粮二蔗"。漳州是全国著名的蔗糖产区之一。《闽大记》称"糖产诸郡,泉漳为盛"⑥。可见明代漳州种植甘蔗及制糖之盛。就糖的种类而言,可谓繁多。"采樜浆煮之为黑砂糖,又以黑砂糖再煮之为白砂糖,其响糖、冰糖、牛皮糖,皆煮白砂糖为之"⑦,单就制作方法上来看,已有黑砂糖、白砂糖及响糖、冰糖、牛皮糖之分。明代月港崛起后,外贸活跃,"稻利薄,蔗利厚",农家竞种甘蔗煮糖外销。

烟草原为美洲植物,于明代由在吕宋从事贸易的漳泉人传入中国,称为"淡芭菰"。迄至明末,福建沿海的漳州、泉州、兴化都有的烟草的种植,且发展迅速。闽烟市场很大,烟草遂成为漳州乃至福建重要输出商品之一⑧。

除去水果、茶叶、甘蔗、烟草外,明代漳州的经济性作物种植还包括樟木及蓝靛,樟木可制樟脑,是一项重要的外销品;蓝靛则是印染的原料,"用以染青,有二种,叶大高者为马蓝,小者为槐蓝,本处槐蓝为多,霜降后割取浸巨桶中,除去滓梗,以灰搅之即成靛"⑨。

总的看来,明代漳州的农作物,无论是粮食作物还是经济性作物,均呈现多样化发展趋势,这种多样化一方面弥补民食,使得商品性农业得以发展;另一方面基于市场商品的

---

① (明)何乔远:《闽书》卷之150《南产志》,福州:福建人民出版社,1995年,第4441页。
② (明)黄仲昭:弘治《八闽通志》卷2,第545页。
③ (明)何乔远:《闽书》卷之150《南产志》,第4448页。
④ 万历《漳州府志》,中国史学丛书·初编(15),《明代方志选》(三),第233页。
⑤ 黄艺辉:《漳州茶业发展简史》,《茶叶科学技术》2007年第2期。
⑥ (明)王应山:《闽大记》卷11《食货考》,北京:中国社会科学出版社,2005年。
⑦ 万历《漳州府志》,中国史学丛书·初编(15),《明代方志选》(三),第233页。
⑧ 徐晓望:《福建通史》第4卷,第241~242页。
⑨ 万历《漳州府志》,中国史学丛书·初编(15),《明代方志选》(三),第233页。

多样化,也使得农业商品经济进一步兴盛。

二、手工业的进步

明代,漳州手工业的进步主要体现在生产技术和生产工艺方面改进,主要表现为:制盐技术的重大改变、丝织技术的进步、制糖技术的改进、以漳州窑为代表的青花瓷业的技术改进等。

(一)制盐技术的重大改变

明代福建盐场分为上三场与下四场,漳州并无官营盐场。但民间存在有民众私自设立的私人盐场,制盐贩卖。随着漳州人口的增长,民营盐场也随之增多,逐渐引起官府的注意,明嘉靖三十七年(1558年),漳州所属的漳浦、诏安二县开始设场征税,称为南路盐[1]。自宋代至明末,福建制盐技术经历了三个发展阶段,即煎盐、晒盐及埕坎晒盐。其中,煎盐是福建传统的制盐技术,在宋元以前福建各大盐场均采用煎盐法制盐。"其煎法月以二信候潮卤,潮退,卤沁土中,遇烈日结生白花,聚之以实于卤丘,复取咸水淋之。卤丘者,穴土为窟,其下为溜池,有窍以相通,用芦管引之,水渍卤丘,循管注池中,投鸡子桃仁,以浮为节,则卤可用。乃泻卤于灶旁之土斛,以管引注盘上煎之……大盘日夜煎二百斤,小盘半之。"[2]煎盐的工具主要是以竹编成的盘,上涂蛎灰,其煎煮方法操作复杂,先要准备含适当卤量的卤水,再利用火力将卤水煎制成盐,前后需五六道工序,要大量的人力备柴薪和煎卤水,因此生产效率较低,大盘日夜仅能煎200斤,因此成本较高。而晒盐法的最大特点是免去煎煮卤水这一复杂操作过程,让卤水经太阳曝晒,在自然力的作用下自然结晶成盐。"其晒法亦聚卤地之尤咸者,晒曝令极干,实于漏丘,涌入溜池,复取池中水浇之,如是者再,则卤可用矣。晒卤之盘,石砌极坚密,为风约水,故广狭无过数尺。一夫之力,一日亦可得二百斤。宋时盐价斤为钱十,贵倍之。今日价极高不过钱二文,以晒法无柴薪费故也。"[3]晒盐法制盐成本虽然降低,但制作中仍需事先准备卤水,这道工序仍相当繁重。明万历年间福建制盐技术又发生了一次重要变革,即埕坎制盐法。此种方法制盐,省去准备卤水的工序,只在海滨"砌埕坎,潮入晒之。潮再至,几成盐矣"。埕坎又称"坵盘",以"瓦片平铺"。海水在埕坎内经日光曝晒,自然结晶成盐,盐工从埕底将盐刮而聚之,全部工作宣告完成[4]。埕坎晒盐法所需劳力较少,所以它的成本更低。漳州的民间盐场在明代也迅速推广了埕坎制盐法,单个劳动力日成盐约300斤,比明初的煎盐法日产已多出1/2。

---

[1] 徐晓望:《福建通史》第4卷,第223~224页。
[2] (明)顾炎武:《天下郡国利病书》第26册,《福建·泉州卫屯田》,《续修四库全书》,上海:上海古籍出版社,2009年,第66页。
[3] (明)顾炎武:《天下郡国利病书》第26册,《福建·泉州卫屯田》,第67页。
[4] 曾玲:《福建手工业发展史》,厦门:厦门大学出版社,1995年,第147页。

(二)丝织技术的进步

福建的丝织业经过唐宋的发展,到明朝已进入一个重要的阶段。丝织机器工业产生以前,中国古代社会所能生产丝织品种,如纱、绢、绮、锦、罗、绫、缎等,福建均有生产,漳州在明代甚至成为国内著名的丝绸产地之一。万历《漳州府志》称本地产"绢、纱、罗、丝布,四者皆用湖丝织成者,非用土丝,漳人巧善织,故名于天下"①。除了丝织品的种类繁多外,明代漳州的织机和工艺方面也均有明显进步。漳州府学习吴中丝织技术以织漳纱,还仿制山西潞绸,几与真品无异。另外还有天鹅绒,"本出外国,今漳人以绒织之。置铁线其中,织成割出,机制云蒸,殆夺天巧"②。16世纪70年代,漳州的天鹅绒制造业尚未兴起。20年后,中国仿制的天鹅绒产品已在东南亚的万丹市场出现。据荷兰人的记载,当时万丹中国人的店铺里贩卖下列商品:各种生丝、缎子、天鹅绒、繻子、金丝、磁器等。明代漳州地区的天鹅绒生产技术仿自国外,显然已成为当地丝织技术进步的一个明证③。

(三)制糖技术的改进

明代福建是国内主要的糖产区之一,漳州是福建的主要糖产区。《闽大记》载"糖产诸郡,泉漳为盛。有红白及冰糖商贩四方货卖"④。明代中后期,包括漳州在内的福建制糖技术不断革新。第一,制白糖时的沙糖脱色技术。采用的是蛋液澄清除去杂质法:"白糖,每岁正月炼沙糖为之,取干好沙糖置大釜中烹炼,用鸭卵连清黄搅之,使渣上浮,用铁笊篱撇取干净。"⑤经过这道工序,糖质更为纯净。除此之外,沙糖脱色的另一项技术是黄泥脱色法。这一方法相传由元代福建南安一黄姓长者所发明:"初,人莫知有盖泥法,元时南安有黄长者为宅煮糖,宅垣忽坏,压于漏端,色白异常,遂获厚货,后遂效之。"⑥第二,冰糖制法改进。明代福建直接用白糖炼制冰糖。第三,引进蔗车榨汁。用蔗车榨糖是明末才出现的新技术。蔗车是一种以牛为动力、拉动辊筒榨蔗的机械,它的使用不仅提高了榨汁功效,而且还使榨糖手工业形成流水作业,它的出现是制糖技术上的一次革命⑦。

(四)制瓷业的改进

明代漳州的瓷器以青花瓷为主要代表,并形成了文化史和考古史上的"漳州窑"。从

---

① 万历《漳州府志》,中国史学丛书·初编(15),《明代方志选》(三),第233页。
② (明)袁业泗:万历《漳州府志》卷27《风土下·物产》,第2页。
③ 曾玲:《福建手工业发展史》,第148~151页。
④ (明)王应山:《闽大记》卷11《食货志》,第5页。
⑤ (明)何乔远:《闽书》卷之150《南产志》,第4456页。
⑥ (明)何乔远:《闽书》卷之150《南产志》,第4456页。
⑦ 徐晓望:《福建古代制糖术与制糖业》,《海交史研究》1992年第1期。

文化史上,"漳州窑"是指明代晚期以来景德镇官窑青花瓷在技术转移、海洋性成长过程中,在闽粤沿海落地生根的一个瓷业成果。从考古学上说,"漳州窑"最初是指考古学者在九龙江流域的平和、南靖、漳浦、华安等地调查、发掘的一系列明清时期的青花窑址。这些都从侧面证明了明代漳州瓷器业的发展。从技术改进的角度来看,第一,明代漳州青花瓷烧制采用了"二元配方法",即在瓷石中加入一定量的高岭土混合料制胎,其作用是扩大烧成温度范围和减少变形,其胎质洁白细腻,透明度高。第二,借用和转换装烧工艺。漳州窑的瓷器装烧工艺仍然是以匣钵装烧为主,但其匣钵主要是宋元时期福建沿海窑址大量使用的 M 形匣钵。第三,缩减施釉工艺。第四,窑炉结构的变化。考古发现的漳州窑窑炉类型主要有横室阶级窑和阶级龙窑两类,以横室阶级窑为主。窑炉通常依山坡而建,前低后高,呈阶级状。阶级龙窑的外形如传统的斜坡式龙窑,窑室一通到底,但窑底不是斜坡而是阶级式的。横室阶级窑和阶级龙窑都是在南方龙窑的基础上发展起来的,其中横室阶级窑可能是结合了南方龙窑和北方馒头窑各自的优点产生的。就是说,漳州窑青花瓷业,在窑炉结构上较多的是利用东南沿海唐宋以来传统龙窑基础上发展起来的横室阶级窑来仿烧景德镇青花瓷,因此其核心技术仍然是本地的①。

这一时期漳州瓷器业的发展还表现在窑址的大量增加上。据《漳州文化志》记载,主要有扶摇窑、赤草铺窑、山兜窑、南胜窑、东溪窑等。扶摇窑位于龙海郭坑扶摇村瑶山东西向的半山腰上,始建于明代万历至天启年间,产品以日用陶器为主,其中尤以瓮闻名漳州。明清时期漳州土特产"天宝菜脯"远销省外,装运时均选瑶山陶瓮。明崇祯年间制作的"鲤鱼吐珠"细陶茶罐,更是闻名全国。赤草铺窑位于平和下坪村赤草铺左侧,主要产品有瓮、缸、砂锅、灯盏、釜、烟筒、酒漏等。山兜窑位于平和文峰南霞山兜村后,主要产品有青花碗、盘,纹饰多绘水草、花卉、飞禽走兽等。南胜窑主要集中在平和南胜、五寨,主要产品以青花盘为代表,也生产碗、碟、瓶、杯、炉、罐等。纹饰多绘水草、鱼藻、飞禽走兽等,有的器物上还题写吉祥文字。釉以青花为主,少数为五彩、素三彩、蓝釉、白釉、青釉、酱色釉。南胜窑生产的青花生活用瓷大部分专供出口外销。东溪窑位于华安高安三洋村东溪头,主要产品有碗、盒、炉、盘、杯、盏、匙、勺、花瓶、笔筒、笔架、鼻烟壶、瓷像、小件象生瓷等,釉色以青花为主,也有青白、青、白、酱、米黄,另有少量三彩、五彩等②。

三、造船、航海技术的提高

福建历来以福船制造闻名,福船属尖底船系统,与广船、沙船并称我国航海木帆船的三大船型。明初实行海禁,传统民间造船业受到很大打击,但沿海地方豪强仍有制造海船下海的,至明代海禁缓解后,福建沿海造船业就更加发达了,海外贸易最盛的漳州尤为

---

① 王新天、吴春明:《论明清青花瓷业海洋性的成长——以"漳州窑"的兴起为例》,《厦门大学学报(哲学社会科学版)》2006 年第 6 期。
② 漳州市文化局:《漳州文化志》,漳州市文化局编印,1999 年,第 334~338 页。

如此。所谓"富商巨贾,捐亿万,驾艨艟,植参天之高桅,悬迷日之大蓬,约千寻之修缆"①正是对漳州所造之大船的真实写照。在经历了宋元福建造船业的发展后,明代为适应海外贸易尤其是远洋贸易的发展,福船的制造技术更为成熟,各项技术特征均已成型。

首先,为适应东南海域海阔水深多岛屿的地理特征,福船一般为尖底且有龙骨。据《明实录》记载,永乐元年至三年(1403—1405年),福建都司所造的228只海船,均为尖底且有龙骨的福船。万历七年(1579年)所造的出使琉球册封舟,因船体大,为使船舶坚固,均采用船舱多用龙骨的办法②。船体设计也更加符合海上航行的特点。江河上的"座船上下适均,八窗玲珑,明爽开溪",而海船的设计与此不同,因"海中风涛甚巨,舰高则冲,低则避也",故舱口要与船面平,"高不过二尺,深至船底,上下以梯",虽然海船比江河座船"艰于出入",但由于船的重心下降,就更平衡安全。此外,为了防御海浪的冲击,在"舱外前后,俱护以遮波板,高四尺许,虽不雅于观美,实可以济险"。船内的设备也很齐全,舵"设四具,用其一,而置其三,以防不虞",橹三十六支,"备急用也"。"大铁锚四,约重千斤",其中以看家锚最大,重500斤左右,在风大浪高,十分危急时,可抛下家锚,以稳住船身。又有大棕索八条,"每条围尺许,长百丈,惟舟大,故运舟者不可得而小也"。还有"小䑸舡二只","不用载以行,用则借以登岸也",船上设水斗四柜,因"海中惟甘泉为难得,勺水不以惠人,多备以防久泊也"③。

其次,各项造船工艺基本完善。在造材和用料方面,工匠选择木质轻重不同的木料,以符合船体各部件的不同要求。如船体的龙首、大桅、头桅等50个部件,需要来自福州、漳州、台湾淡水等地所产的大吉木、中吉木、浮溪木、高洋木、松杆、松板、柯梨木、杂木、苓木、松桐木、小杉木、樟木、赤皮木、连栓木等。在船板舱缝技术上,继续采用宋代泉州海船上所使用的先进方法,即船板平接,再用铁钉斜打进去。为克服铁钉生锈问题,用桐油、石灰、麻丛、竹茹混合捣匀作为塞缝隙的材料,来进行覆盖和密封④。《天工开物》也记载"温、台、闽、广,即用砺灰"。船上牵篷帆的绳索,"以火麻秸绚绞粗成,径寸以外者,即系万钧不绝"。系锚的缆索"则斫析青篾为之,其篾线入釜煮熟,然后纠校",因"竹性直,篾一线千钧"⑤,所以很牢固耐用。由于造船工艺的进步,明代福建的造船工业处于世界领先地位。当时日本的海船,"其底平,不能破浪;其布帆悬于桅之正中,不似中国偏桅;机常活,不似中国之定,惟使顺风,若遇无风、冷子管风,皆倒桅荡橹不能转戗",故"倭舡过洋,非月余不可"。而航行东南沿海的中国商船"其船只底尖能破浪不畏横风",能"斗风行驶便易,数日即至也"⑥。此外,还在下风处安装板架,减轻逆风行驶阻力,大大

---

① (明)郑怀魁:《海赋》,康熙《海澄县志》卷16《艺言语》,清康熙刊本,第1页。
② 曾玲:《福建手工业发展史》,第153页。
③ (明)陈侃:《使琉球录》,载严从简:《殊域周咨录》卷4。
④ 李国清:《泉州湾宋代船的舱料使用》,《海交史研究》1986年第2期。
⑤ (明)宋应星:《天工开物》卷中《舟》。
⑥ (明)胡宗宪:《筹海图编》卷2《倭国事略》,《中国兵书集成》第15~16册,北京:解放军出版社、沈阳:辽沈书社联合出版,1990年,第260页。

提高船速。可见中国商船灵活,顺风、逆风均可行驶,航速也比日本船快得多。

再次,福船的载重量进一步提升。明代包括漳州在内的福建所造福船一般船体都较大,有相当的载重量。海船采用侧舷弯曲、横梁宽大的方法,尽量省出甲板,扩大舱位,从而扩大了海船的使用面积,使海船的装载量大为增加。明嘉靖十三年(1534年),陈侃出使琉球所使用的海船造自福建,"长一十五丈,阔二丈六尺,深一丈三尺,分为二十三舱,前后竖以五桅,大桅长七丈二尺,围六尺五寸,余者以次而短"①,因船体太大,在福州南台造好后,无法直接出海,"必潮平而后行"。当时私人海上贸易的商船比官方出使的船舶更为雄伟,海船船体的加大、载重量的增加,是福建当时造船技术进步的一个重要标志。

最后,船舶类型大为增加。明代中叶以后,浙、闽、广地区私营造船业发展更快,分布更广。即使在海禁严厉时期,"湖海大姓私造舰,岁出诸番市易",如漳州"龙溪、嵩屿等处,地险民犷,素以航海通番为生,其间豪右之家,往往藏匿无赖,私造巨舟,接济器食,相依为利"②。明人冯璋也说:"又况泉漳风俗,嗜利通番,今虽重以充军、处死之条,尚犹结党成风,造舡出海,私相贸易,恬无畏忌。"③这些民间私造船只不仅数量多,而且还能根据各条航线的不同情况,设计制造各种各样的船舶,民用海船有钓槽大船、盐船、渔船、牛船、剥船、白艚船、乌艚船等多种样式,河船有清流船、梢篷船等。总的看来,和宋元时期相比,明代包括漳州在内的福建船业仍位于国内前列,造船技术也更为成熟。

除造船技术外,开展海上贸易还需要有丰富的航海经验。只有以指南针为导引,以日月星辰确定船位,依靠丰富的航海经验,才能定方向,避暗礁,顺利安全地抵达目的地。明代漳州沿海人民在长期的航海活动中,已积累了相当丰富的经验,在航海技术上也取得了长足的进步。

首先,在积累了大量的航速和海深数据的基础上,明代漳州因海外贸易的兴盛,编绘出东西二洋各条航线的详细针路。如西洋针路,船从漳州月港出发,出大担门,半更,船过镇海卫太武山,四更取大小柑。船从外过,内打水十五托,外二十五托,用坤未针,三更,取南澳坪。用坤申针,十五更取大星关。再用坤申针,七更,过东姜山,对开,打水四十五托,其前为弓鞋山。对开,打水四十九托,内外俱可过船,其前为南亭门。用单坤,五更,取乌猪山,用单申针,十三更,取七州山。海船在此分路,若往交趾东京,用单申针,取黎母山。用庚酉针,十五更,取海宝山。用单亥针及乾亥,由涂山海口,五更取鸡唱门,直抵交趾东京。如果要去广南,从七州洋用坤未针,三更,取铜鼓山。坤未针,四更,取独珠山。打水六十五托,用坤未针,十更,取交趾洋。打水七十托,用坤未针,取占笔罗山,到广南港口。交趾洋是又一个船舶分路地方,一路用未申针,三更,取望瀛海口,入清华港;一路用坤未针,十一更,取外罗山,再经过马陵桥、交杯山、羊屿、烟筒山、灵山、加南貌山

---

① (明)陈侃:《使琉球录》,载严从简:《殊域周咨录》卷4。
② 乾隆《福建通志》卷三十四,《艺文》。
③ (明)冯璋:《通番舶议》,《明经世文编》卷280《冯养虚集》,北京:中华书局,1962年,第2967页。

到占城国。从占城国继续往西航行,经过赤坎山、鹤顶山、柯任山、毛蟹山,可到达柬埔寨、暹罗、大泥、柔佛国、龙门门、麻六甲等地①。

其次,指南针使用的技术的普及度大为提高。《东西洋考》云:"海门以出,洄沫粘天,奔涛接汉,无复峙涘可寻,村落可誌,驿程可计也。长年三老,鼓柂扬帆,截流横波,独恃指南针为导引,或单用,或指两间,凭其所向,荡舟以行。"②研究者认为这里提到的"指两间",是指南针使用的新技术,可以减少船体摆动对指南针的影响,及时纠正指向的偏差,求出更确切的方位③。

再次,天文航海技术的提高。古代航海家早已知道通过观看天象来辨明方向。到了明代,随着海外贸易的开展,我国航海天文技术已进入新的发展阶段,不仅熟练掌握了"牵星术",观日月出没辨航行方向,测量星斗高低定船舶位置,而且研制出能观测天体高度的仪器牵星板。

最后,船海气象的观测。明代沿海人民对海洋季风的认识又进了一步。郑和七次下西洋时,起程时间总是在冬季和春初的东北风季节,而回国总是在夏季和秋初的西南风季节。除季风外,明代闽南人对台风的认识也进一步深化,将航海与风象做结合,编成易记的谚语:"风雨潮相攻,飓风难将避,初三须有飓,初四还可惧,望日二十三,飓风君可畏,七八必有风,汛头有风至,春雪百二旬,有风君须记。"又有"三月十八雨,四月十八至,风雨带来潮,傍船人难避,端午汛头风,二九君还记,西北风大狂,回南必乱地,六月十一二,彭祖连天忌,七月上旬来,争秋莫船开,八月半旬时,随潮不可移"④。对于台风发生的时间、破坏力和应回避的注意事项都做了正确而生动的记述。此外,福建沿海人民也有航海要"防有大雾"的认识,并把海雾的变化规律也编成歌谣:"虹下雨雷,晴明可期,断虹晚现,不明天变。断风早挂,有风不怕。晓雾即收,晴天可求。雾起不收,细雨不止。三日雾蒙,必起狂风。"⑤由上可知,明代福建沿海人民对于海洋气象与航行安全的关系已有了科学的认识。

第二节 海禁与走私贸易

明代的海禁政策给福建沿海人民带来了严重的危害,由于沿海地区如漳州的社会经济的发展高度依赖海洋交通,在有明一代面向海洋的退缩政策下,产生了一系列社会问题:民间私人走私贸易兴盛、倭寇滋扰、西人东来参与本就存在的民间贸易等。就逻辑和

---

① (明)张燮:《东西洋考》(2),卷九《西洋针路》,第118~121页,王云五主编:《丛书集成初编》,上海:商务印书馆,1936年。
② (明)张燮:《东西洋考》(2),卷九《舟师考》,第117页。
③ 林仁川:《明末清初私人海上贸易》,上海:华东师范大学出版社,1987年,第28页。
④ (明)张燮:《东西洋考》(2),卷九《占验》,第127页。
⑤ (明)张燮:《东西洋考》(2),卷九《占验》,第128页。

根源上来看,海禁政策促生了民间走私贸易以及倭寇的滋生,同时也导致明政府在面对新生西方海上势力时没有能力做出积极的反应,是为有明一代中国历史的最大遗憾。

一、明初的厉行海禁

明朝建立后,出于稳定新生政权的考虑,在着力北防蒙元残余的同时,对南方实行安抚与严厉海禁并行的政策。一方面同海外诸国和平共处,实行人不犯我、我不犯人的原则,以造就一个比较安定的国际环境,保证国内社会经济的恢复和发展。洪武四年(1371年)九月,告谕省府台臣,言"海外蛮夷之国,有为患于中国者,不可不讨;不为中国患者,不可辄自兴兵……朕以诸蛮夷小国,阻山越海,僻在一隅,彼不为中国患者,朕决不伐之"①。把朝鲜、日本、大小琉球、安南、真腊、暹罗、占城、苏门答剌、西洋、爪哇、彭亨、百花、三佛齐、渤泥等十五国列为不征之国,并载入祖训,以供后世子孙遵行。另一方面,于明初(洪武至建文)实行严厉的海禁政策,规定片板不许入海,以防御倭寇的侵扰,防止海外和内地的反抗势力联合起来危及刚建立的明政权。

明太祖即位后不久,曾多次颁布禁海命令,洪武四年(1371年)十二月,"诏吴王左相靖海侯吴桢,籍方国珍所部温、台、庆元三府军士及兰秀山无田粮之民尝充船户者,凡一十一万一千七百三十人,隶各卫为军。仍禁滨海民不得私出海";这里说"仍禁",可见以前已经开始实行"海禁政策"了。自此而后,这一政策更加严格。洪武十七年(1384年),命信国公汤和巡视浙江、福建沿海城池,"禁民人入海捕鱼,以防倭故也";洪武二十七年(1394年)正月,朱元璋又以海外诸夷邦多诡诈,除琉球、真腊、暹罗诸国准许入贡外,其余断绝其往来,并以"缘海之人往往私下诸番,贸易香货,因诱蛮夷为盗,命礼部严禁绝之,敢有私下诸番互市者,必置之重法。凡番香、番货,皆不许贩鬻,其见有者,限以三月销尽。民间祷祀,只有松柏、枫桃诸香,违者罪之"。②《大明律》还规定了对违禁者严酷的处罚办法:"若奸豪势要及军民人等,擅造三桅以上违式大船,将带违禁货物下海,前往番国买卖,潜通海贼,同谋结聚,及为向导劫掠良民者,正犯比照己行律处斩,仍枭首示众,全家发边卫充军。其打造前项海船,卖与夷人图利者,比照将应禁军器下海者,因而走泄军情律,为首者处斩,为从者发边充军。"海禁政策在明初不但是一般的法令,而且是最严格最重要的法令,所以明代文献中常有"明初定制,片板不准下海"的语句。

除上述禁止民众下海的政策外,朱元璋更运用"虚地徙民"的措施来对付倭寇。"虚地徙民"顾名思义便是将居住在该地的居民强迫迁移到它处,让该地净空以便有效掌控之意。通过强制手段迁移原本居住在沿海、岛屿上的居民,来剪除元末残余党盗势力,不仅可断绝其声息外援,也可借此彻底摧毁沿海倭寇赖以藏身的基地、巢穴。以福建而言,被强制迁移的岛屿,较出名的有福宁府的嵛山、兴化的湄州岛、泉州的大小嶝岛和中左所

---

① 《明实录·太祖实录》卷68,洪武四年(1371年)九月辛未,第1257页,上海:上海古籍出版社,1983年。

② (清)阮元:《广东通志》卷187《前事略·明》,同治三年(1864年)刻本,第8页。

的鼓浪屿,甚至包括孤悬海外的澎湖岛。漳州的海门岛,由于居民"往往涉海为盗","不可胜诛",于是乃迁全岛居民入内地而尽虚其地,以使势家贩海屏迹①。

在明初严厉的海禁政策下,宋元以来福建沿海地区繁荣的海外贸易受到沉重打击。这一时期中国海外贸易的主要内容为海禁政策范围内的贸易活动,即朝贡贸易。《明史·食货志》市舶条载:"明初……海外诸国入贡,许附载方物,与中国贸易,因设市舶司,置提举官以领之。……洪武初设于太仓、黄渡,寻罢,复设于宁波、泉州、广州。"②明政权允许贡使及其随员得以携带物品与中国交易。进行贸易的地点,一是在指定的港口,如宁波、泉州、广州等地。贡船进入指定的港口之后,市舶司便会同其他的地方官员加以检验。首先检验勘合,以调查他们是否有伪冒滥充的情形;其次是检验贡品,并加以封识,以待起运入京;再次就是检验附带的货物,将最好的东西抽出一部分,留供官府之用,称为抽分或抽解,其余的货物可以另行销售。不过首先归官家收买,余下的货物方归私人收买。私人收买也是在地方官吏的监督之下进行的,否则便认为是私通外番。贡使也可收买中国货物,但同样必须在地方官吏监督之下进行。二是在京都的会同馆。朝贡使节到了北京之后,一概居留于会同馆之内,也得在会同馆进行贸易活动。这样的活动,也是在严格监督之下进行的。朱明王朝不仅控制着朝贡,也控制着与朝贡俱来的商业活动③。

严格说来,有明一代政府都在执行海禁政策,只是有紧有弛而已,与此相对应的是民间私人贸易的兴盛与衰落。在海禁政策下,沿海地区民众的生活受到严重影响,因此伴随着海禁政策的实施,明代的民间海上走私贸易就开始出现了,这一点,显然是明初统治者始料未及的。

二、走私贸易的悄然进行

明初,政府虽有"片板不许入海"的严厉禁令,但实际上,民间私人海上贸易还是存在的。谢杰在《虔台倭纂》里记载了这种与当时政策相违背的社会经济现象,"片板不许下海,艨艟巨舰反蔽江而来;寸货不许入番,子女玉帛恒满载而去"④。这显然与东南沿海一带的地理条件以及海外贸易的巨额利润有着密切的关系。随着明初海禁政策的逐渐松弛,福建的海上私人贸易开始逐渐兴盛,根据徐晓望的研究,这一时期,最早的私人海外贸易中心即是在漳州,其主要贸易对象为东南亚国家以及琉球⑤。

这种愈禁愈盛的走私贸易,在明代前期的表现形式多样。一些福建商人成为海外诸

---

① (明)梁兆阳:崇祯《海澄县志》卷20《丛谈志》,《日本藏中国罕见地方志丛刊》,北京:书目文献出版社,1992年,第539页。
② 《明史》卷81《食货志》5,"市舶"条。
③ 张维华:《明代海外贸易简论》,上海:上海人民出版社,1956年,第21~22页。
④ (明)谢杰:《虔台倭纂》,上,《倭原》,《玄览堂丛书续集》本,第7页。
⑤ 徐晓望:《福建通史》第4卷,第90页。

国的使者，向明朝进贡。明英宗正统三年（1438年），"爪哇国使臣亚烈、马用良，通事良殷、南文旦奏，臣等本皆福建漳州府龙溪县人，因渔于海，飘堕其国。今殷欲与家属同来者还其乡，用良、文旦欲归祭祖造祠堂，仍回本国。上命殷还乡，冠带闲住。用良、文旦但许祭祖，有司给口粮、脚力"①。

一些商人则冒充明朝的使者，如明成化七年（1472年），"福建龙溪民丘弘敏，与其党泛海通番，至满刺加及各国贸易，复至暹罗国，诈称朝使，谒见番王，并令其妻冯氏竟见番王夫人，受珍宝等物"②。

当然更多的商人是赴远洋从事走私贸易。他们直接到日本、朝鲜、琉球及东南亚各国从事长途贩运，一般人数较多，经常是几十艘船结队同行。如嘉靖二十一年（1542年），有福建漳州人陈贵等7人连年率领26艘船载运货物到琉球贸易③。明景泰三年（1452）六月，鉴于福建龙溪县民私往琉球参与走私贸易之多，朝廷"命刑部出榜禁约福建沿海居民，毋得收贩中国货物，置造军器，驾海（船）交通琉球国，招引为寇"④，成化十四年（1478年）又有人说："琉球国……其使臣多系福建逋逃之徒……亦欲贸中国之货，以专外夷之利。"⑤

此外，民间私人海上贸易也得到了沿海守御官军的参与。往往是守卫军官私自派遣人或役使军士，利用所督的海船到国外从事走私贸易，以图私利。如早在洪武四年（1317年），福建兴化卫指挥李兴、李春私遣人出海行贾；宣德九年（1428年）又有漳州卫指挥覃庸等私到国外贸易，甚至连巡海都指挥张翥、都司都指挥金瑛、署都指挥金事陶旺及左布政使周光敬等人均接受其走私货物的贿赂；正统五年（1440年）福建永宁卫指挥金事高畴尝利用所督的海船出海贸易，致使军士溺水死亡。

自明宣德、正统之际，月港作为福建私人海外贸易的中心已开始兴起⑥。月港地处漳州平原，腹地开阔，东南濒临大海，西北向闽西山区延伸，通过九龙江的北溪由华安直至闽西的漳平、龙岩、宁洋等地，舍舟陆行，一路可从龙岩直抵汀州，另一路从"宁洋北有坑源道出永安"，由永安逆溪而上，经清流到宁化，再由宁化向南陆行，也可抵汀州。漳州平原东北与泉州平原接壤，西南和广东潮汕地区毗邻，顾炎武在《天下郡国利病书》中称："漳南负山枕海，介于闽粤间一都会也。"⑦这些优越条件构成了月港赖以发展的良好地理环境。就月港的海域而言，它隔海与台湾琉球对峙，附近海域是中国与东西二洋诸国进行海上贸易的传统航道。商船从月港出发，一潮可抵中左所，在此略作休整，可分航至

---

① 《明英宗实录》卷43，第2页。
② 《明宪宗实录》卷97，第7页。
③ （明）严嵩：《琉球国解送通番人犯疏》，载《明经世文编》卷219《南宫奏议》，北京：中华书局，1987年，第2301页。
④ 《明英宗实录》卷217，第5页。
⑤ 《明宪宗实录》卷177，第6页。
⑥ 此处采用林仁川教授的看法，见林仁川：《明末清初的私人海上贸易》，第147页。
⑦ （明）顾炎武：《天下郡国利病书》第26册，《福建》，第119页。

东西二洋各个国家和地区。此外,月港还有一个有利的自然地理条件,它所处的九流江流域,其上流山区盛产木材,可给造船修舶提供有力的支持。明隆庆元年(1567年)之前,月港所处尚未设县,使得它处于一个相对偏僻的位置,再加上月港附近港汊曲折,港外又有众多的岛屿便于海商活动,如海门岛、浯屿等,遂使得月港具备了在明代海禁时期成为福建民间私人海外贸易中心港口的一切条件。

在明隆庆之前,月港贸易的主要形式是从事违禁走私贸易。漳州人民不断地"揽造违式大船","载货通番",进行海上走私贸易活动。对海外前来的"私舶",沿海居民亦"公然放船出洋,名为接济,内外合为一家"。中外民间贸易接触极为频繁。除此之外,在陆上无法立足的亡命者,亦多"跳海聚众为舶主,往来行贾闽浙之间"。这一时期的月港,中外私舶聚集,不仅在此吞吐装卸货物,甚至将船舶出水公然修理;娶亲入赘,联姻通婚,建造戏台,唱戏宴乐。明政府采取了极为严厉的海禁措施,遂造成了武装海商走私集团的出现①。

明代漳州私人海上走私贸易的另一项主要内容是"通倭"。前文提及,嘉靖二十一年(1542年),有漳州陈贵等7人率由26艘船组成的船队到琉球贸易,可见了当时漳州人与琉球贸易的规模之大。随着贸易的发展,漳州商人不再满足于琉球的中介贸易,而开始希望开拓与日本的直接贸易。嘉靖二十三年(1544年),"忽有漳通西洋番舶为风飘至彼岛(日本),回易得利,归告其党。转相传语。于是,漳泉始通倭。异时贩西洋恶少无赖,不事产业,今虽富家子及良民靡不奔走;异时惟漳缘海居民,习奸阑出物,虽往仅什二三得返,犹几幸少利,今虽山居谷汲,闻风争至;农亩之夫,辍耒不耕,贲贷子母钱,往市者,握筹而算,可坐至富也。于是中国有倭银,人摇倭奴之扇,市习倭奴之语,甚豪者佩倭奴之刀"②。遂引发了福建漳州的"通倭"浪潮。与此同时,中日私人海上贸易也发展到漳州的海上武装勾引日本人到闽浙沿海贸易。到了这个时期,闽浙沿海事实上已陷入了一种无秩序的状态,这种无秩序是政府对现行秩序维护的无力以及民间反现行秩序交织的结果,是为嘉靖倭乱大起的历史背景。

三、倭寇的侵扰

在以往学术界的流行观点中,倭寇一词,是对侵掠中国沿海的日本海盗集团的称谓。最初它主要由日本的浪人、武士及奸商等组成。但普遍认为活跃于14—15世纪的倭寇与16世纪中国沿海的倭寇有所区别。明朝建立之初就有倭患存在,明初的海禁政策的目标之一即在于绝倭患。但此类倭寇的构成相对单一,以日本人为主,其发生的原因局限于劫掠财物。明世宗嘉靖年间(1522—1566年)的倭寇除了日本的海盗商人外,还包

---

① 林仁川:《明末清初的私人海上贸易》,第148~149页。
② (明)洪朝选:《芳洲先生文集》,《瓶台潭侯平寇碑》,香港:华星出版社,2002年,第262~263页。

括了葡萄牙人以及中国海商,甚至许多中国东南沿海的居民也参与其中①。而"嘉靖大倭寇"猖獗一时,除了由于明政府实行严厉的海禁政策外,还受到明中期政治日益腐化、军备松弛,社会矛盾加剧,流民转为海寇,以及葡萄牙人东来、日本国内混战等诸多内外因素的影响。

福建沿海,北自福鼎,南至诏安,海岸线绵长曲折达2000里,有众多港湾及沿海重镇,福宁州与福州、兴化、泉州、漳州等府均成为倭寇窜犯的目标。从《明实录》等相关资料的记载中可以发现,从明代建立伊始,倭患就几乎没有停息过,其中有不少发生在福建。

洪武二年(1369年),倭寇侵福宁县境,开明代福建倭患之始②,此后,倭寇侵扰及与其相关事件的记录不下数十条。洪武三年(1370年)六月,倭夷寇山东,转掠温、台、明州傍海之民,遂寇福建沿海郡县③。洪武五年(1372年)倭寇侵福宁县,前后杀掠居民350余人,焚烧庐舍千余家,劫取官粮250石④。永乐八年(1410年),有一次较大规模的入寇情形,倭寇2000余人犯莆田,又攻破大金、定海二千户所、福州罗源等县,杀伤军民,劫掠人口及军器粮储,乘势围攻平海卫城池。平海卫指挥同知王茂于平海东门外,击退倭寇⑤。宣德至成化年间也有几次倭寇登岸围攻城池,杀伤百姓和官军的事件,但总体而言明初福建的倭患相对沉寂,只有较为零散的记录。

直至嘉靖九年(1530年),李光头、许栋等越狱出逃,在闽浙沿海建立海盗基地,尤其嘉靖十九年(1540年)他们引众据浙江双屿港为根据地,分掠福建、浙江,从此海上多事,倭患日炽⑥。从嘉靖二十四年到嘉靖三十六年(1545—1557年),倭寇先后流劫福建之福宁、福州、兴化、泉州、漳州等地。如嘉靖三十四年(1555年)十一月,倭寇侵犯兴化、泉州等地。福清海口"室庐荡尽",军民被杀无数。其间,镇东卫、平海卫、南日旧寨和小埕寨、黄崎等澳也都先后遭倭寇袭掠,官军击之,几名千户俱战死⑦。

此后,从嘉靖三十七年(1558年)开始,福建沿海倭患进入高潮。据《筹海图编》的《福建倭变记》所记载,原本被明军围困于浙江海岛上的倭寇突破包围,贼首洪泽珍将其引入旧浯屿,盘踞为巢。自此倭寇侵犯的重点由浙江转到了福建。新倭大举攻闽,福建沿海各地普遭倭寇侵扰,成为全国倭患的重灾区。嘉靖三十八年(1559年)闽海全线告警。倭先攻福宁州,经旬不克,乃移攻福安县,破之。又在连江、罗源等处流劫,集于怀安、闽县各乡镇,遂合众攻福州府城⑧。犯泉州,焚掠同安、惠安等县,继至福州,攻毁福

---

① 参见樊树志论文《"倭寇"新论——以"嘉靖大倭寇"为中心》,其中对明代倭寇的性质、倭患发生的原因等做了详尽的总结。
② 《福建省志·大事记》。
③ 《明太祖实录》卷52。
④ 《明太祖实录》卷75,"八月丙申"。
⑤ 《福建省志·大事记》。
⑥ 《福建省志·大事记》。
⑦ 《明世宗实录》卷428,"十一月乙未、庚申"。
⑧ 《明世宗实录》卷471,"四月丙午、甲寅"。

清、永安等。贼既而蔓延于兴化,突走于漳州,分投流劫,民受荼毒①。这是福建倭患最为严重的一年。

嘉靖三十九年(1560年),四五月间,新倭与濂澳、月港等处旧寇合踪劫掠②。倭寇大掠连江县,进而围攻福州城。嗣后,倭寇又多次袭掠晋江城乡,陷崇武所,入永春,屯安溪,攻泉州府城③。嘉靖四十年(1561年),福、兴、漳、泉残倭四出剽掠,自建宁以北,福宁以南,无处不为盗薮④。长乐、福清乡村被掠多次,兴化3次被攻,村镇屠戮殆尽,居民大都被杀害,宁德县城于八月被屠城,闽南的漳浦、诏安、长泰等处亦遭袭掠⑤。嘉靖四十一年(1562年),二月至四月期间倭寇两次突袭永宁卫,大掠数日。十月,福建新倭大至,突犯福清、福宁、政和等处。自浙江温州来者,与福宁、连江登岸海贼,攻陷寿宁、政和、宁德等县,自广东南澳来者,则与福清、长乐登岸海贼,攻陷玄钟所,蔓延于龙岩、松溪、大田、古田等境。十一月,新倭复至,从浙江来的倭寇4000余人分掠闽东沿海。十一月二十九日,兴化府城陷落。之前虽然有许多县城、卫城、所城沦陷,但这还是福建第一次有府城被倭寇攻克,足见倭患的日益猖獗。倭寇据城长达3个月,"全城焚毁殆尽",死者逾万。同期,政和、寿宁、宁德等县城也被倭寇攻破⑥。嘉靖四十二年(1563年)二月,福建福宁倭寇,自政和等县袭攻宁德,当时宁德城已经第四次沦陷⑦。嘉靖四十三年(1564年)二月,福建总兵戚继光追击仙游县残倭,大破之。这时闽中的旧倭略平,余党复纠新倭万余攻仙游县城,围之三月。继光引兵大败城下,贼趋同安,追之王仓泙,斩首数百级。余众数千奔漳浦县之蔡丕岭,擒斩又数百人,于是闽寇悉平。其残寇得脱者,流入广东界,掠鱼舟入海。自此,长达15年的福建倭患才基本平息⑧。

漳州境内的倭寇自嘉靖三十六年(1557年)渐渐猖獗。该年六月,海寇许老、谢策部突袭月港,焚掠千余家。次年三月,倭寇自潮州突至漳州诏安,劫掠三都、五都等地,并进入漳浦县境内。十月,倭寇突至铜山,围攻水寨。十一月,海寇许老、谢策勾引倭寇2000余人,航海至泉漳海面的浯屿,闽南倭寇进入高涨期。嘉靖三十七年(1558年),江浙倭寇在胡宗宪的围剿下,窜至福建,盘踞于旧浯屿。次年"正月,倭寇由岛尾渡浮宫直抵月港,夺舡动八九都珠浦及官屿等处,复归浯屿。二月倭寇数千自潮州掠诏安、云霄、漳浦;三月,由厝岭抵月港八九都,转石码福浒东洲水头,夺流劫。随至攻泰善化里。四月,薄县城,知县萧廷率众御却之。八月,由龙溪天宝市入南靖,九月,屯永丰竹员,所过各县焚

---

① 《明世宗实录》卷476,"九月甲申"。
② 《明世宗实录》卷490,"十一月癸亥朔"。
③ 《福建省志·大事记》。
④ 《明世宗实录》卷499。
⑤ 《福建省志·大事记》。
⑥ 《福建省志·大事记》、《世宗实录》卷506"二月乙卯朔"、卷509"五月甲申朔"、卷514"十月壬子朔"、卷515"十一月己酉"。
⑦ 《明世宗实录》卷518,"二月戊寅"。
⑧ 《福建省志·大事记》、《明世宗实录》卷530,"二月甲辰朔"。

劫杀掠,不计。既而,至平和县清宁里,知县王之泽率兵御之"①。

从宏观上来看,明代的海禁政策下产生的沿海地区人民违禁下海,从事私人海上贸易的行为与明代嘉靖年间的大倭患有着直接或间接的关系。当政府制定的政策与民间社会经济发展的要求发生冲突时,往往会产生铤而走险式的群体,明代福建沿海地区民众中此类现象比比皆是,月港的兴起即是一个明证。但不能据此认定是民间私人海上贸易引发了倭寇之乱,实际上明代海禁政策的另一面像是无视正常的海洋贸易,放弃了作为一个政府应尽的维持正常社会、经济运行次序的责任,而采用单一的强制政策来压制民间的需求。徐晓望据此认为:明代的海禁政策是下策中的下策,它不但约束了中国的海外利益,也使它自己在东南的统治基础受到削弱。明朝的政策堵塞了东南人民最大的利益合法实现的可能性,使许多人为了实现自己的利益不得不走上反抗现行秩序的道路,这是明朝最大的失策。因此,明代海禁政策之下的民间私人海上贸易、海商武装集团均可称为海滨反秩序力量,在被海外势力利用之后,构成了单纯以劫掠财富为目标的倭寇之乱。它的产生是朝廷错误政策导致的;它被剿灭,是东南人民的心愿,是有秩序力量的成功②。

四、葡萄牙人在漳州的活动

在明代福建沿海地区商品经济发展、民间私人海上贸易兴盛以及倭乱的历史场景中,西方殖民势力也在其间扮演了一个重要角色。由于明代前期福建沿海地区已然兴起了民间私人海上贸易,所以西人东来之后最首先打交道的群体之一就是福建商人,尤其是明代漳州海商。葡萄牙人是最早来到东方的西方殖民主义者,明武宗正德十二年(1517年),他们来到中国沿海,由于葡萄牙人并非明朝政府认定的朝贡国,所以他们来到东方后参与的即是沿海地区的走私贸易。据梁方仲的研究,葡萄牙人曾于1517年派出马喀兰夏从广东的上川岛船航行至福建沿海,从事走私贸易。《南明行纪》记载这支分舰队的原定目标是琉球,但他们只到达福建的漳州沿海,在那里"进行了极为有利的贸易",然后返回广东与主舰队会合③。葡萄牙人最初在中国的经营重心是广东上川岛,他们一方面要求进贡明朝,另一方面依仗船坚炮利,在广东沿海干着掠卖人口等非法勾当。在遭到明政府的打击后,葡萄牙人转到福建沿海,从而与明代漳州的民间海商群体产生了密切联系。"安南、满剌加诸番舶,有司尽行阻绝,皆往福建漳州府海面地方,私自行商,于是,利尽归于闽,而广之市井皆萧然也。"④但据廖大珂的研究,葡萄牙人从广东转移到福建沿海,也有经济方面的原因,主要是企图逃避明政府的征税。如明兵部尚书张

---

① (清)蔡世远:康熙《漳州府志》卷33《灾祥》,康熙五十三年(1714年)刊本,第24页。
② 徐晓望:《福建通史》第4卷,第133页。
③ (葡)伯来拉、克路士等著:《南明行纪》,何高济等译,北京:中国工人出版社,2000年,第5页。
④ (明)严从简:《殊域周知录》卷9《佛郎机》,北京:中华书局,1993年,第323页。

时彻就曾说:"商舶乃西洋原贡诸夷载货,舶广东之私澳,官税而贸易之,既而欲避抽税,省陆运,福人导之改举措不当海沧、月港;浙人又导之改泊双屿。"①俞大猷也说葡萄牙人"前至浙江之双屿港等处买卖,逃免广东市舶之税"②。

这样一来,葡萄牙人在中国沿海的主要贸易港口就变成了浙江宁波的双屿港以及漳州附近的浯屿和月港。杨国桢的研究证实了这一点。他指出,葡萄牙文献所记载的Chincheo是漳州的闽南话记音,正德十三年(1518年)葡萄牙人乔治·马斯卡尼亚斯(Jorge Maoscanrenhas)在广东屯门雇请中国舵手,驾船北上,到Chincheo时,由于错过了季风,改变计划,在Chincheo的"海岸城市""做了极有利的贸易"。有学者认为这座海岸城市是泉州,也有人认为是漳州,但杨国桢据帆船时代航海的决定性因素季风与海流指出,葡萄牙人不太可能在西南季侯风过了之后,逆风驶往泉州湾,更何况这泉州府城并不属于开放贸易的城市。而在漳州当地贸易,只有顺风经大担门入厦门湾,所到的河口就是漳州河口。"海岸城市"的位置在河口之内,最大的可能只能是月港了。而此时的月港已因海上走私贸易发展起来了,"十方巨贾,竞鹜争驰,真是繁华地界",以至有"小苏杭"之称,同时也具备了"海岸城市"的景观③。

在漳州月港成为葡萄牙人与中国贸易的定点港口后,16世纪上半叶,其商人和航海探险家在漳州持续进行隐藏式贸易长达30年之久,形成了在澳门之前葡萄牙人在中国的贸易居留地。关于这一居留地是何处,学术界争议也较大。杨国桢教授在同一篇文章中也明确指出:"葡萄牙人在Chincheo的停泊贸易地要发展成为有五六百人暂居的居留地,还是有条件的。一是要隐蔽,地方偏僻,与外界隔绝,久住而不易被发现,才有可能贿通官员默许;二要处于主航道旁,漳泉两个方向的私商均能方便前来交易。浯屿位于同安极南,东北距大担屿5.5公里,西距漳州陆地岛尾2.8公里,是一座长2.25公里、宽0.48公里、面积1.08平方公里的小岛。屿首尾两门,船皆可行。浯屿澳在浯屿西,港湾平稳,是天然避风港地,周围水深,上下不受潮汐限制。明初在浯屿上设浯屿水寨,明正统八年(1443年)焦宏巡视福建时,建议将水寨移至嘉禾屿(厦门)中左所,仍称浯屿水寨,故此后人们俗称浯屿为'旧浯屿'和'外浯屿'。浯屿海道四通,又与沿海陆地和附近海岛隔开,因撤防而无官员监管,隐蔽性高,本是漳泉走私海商和海盗的据点。葡萄牙人选择它为居留地,条件完全符合。"④

葡萄牙人居于漳州沿海,建立贸易居留地这一事实同样见于史料记载,万历《漳州府志》记载:"有佛郎机船载货泊浯屿。漳龙溪八九都民及泉之贾人往贸易焉。巡海道至发兵攻夷船而不可止。"⑤这引起了福建官场的舆论大哗。有人主张发兵攻打,有人反对,

---

① (明)胡宗宪:《筹海图编》卷12《经略二·开互市》,第1187页。
② (明)俞大猷:《呈总督军门在庵杨公揭一首·论海势宜知海防宜密》,《正气堂集》卷7,1991年据清道光木刻本重印。
③ 杨国桢:《葡萄牙人Chincheo贸易居留地探寻》,《中国社会经济史研究》2004年第1期。
④ 杨国桢:《葡萄牙人Chincheo贸易居留地探寻》,《中国社会经济史研究》2004年第1期。
⑤ (明)袁业泗等:万历《漳州府志》卷9《洋税考》,第1~2页。

其理由是葡萄牙人在福建从事的是和平的贸易活动,与当地居民基本是友好相处,关系尚称和谐。但随之明朝政府再度收紧了对外贸易,厉行海禁,遂致使中葡之间发生了大规模的武装冲突,葡萄牙人在漳州的活动也宣告终结。

嘉靖二十六年(1547年),明政府派闽海道巡抚朱纨主管沿海事宜。朱纨在闽浙沿海厉行海禁,采取了一系列过激措施,残酷镇压沿海人民及走私商人,同时也打击了葡萄牙人的走私贸易。同时,一部分葡萄牙人与倭寇合流,在浙江沿海进行劫掠活动,这也是中葡矛盾尖锐化的另一原因。在双方军事冲突愈演愈烈的情况下,嘉靖二十八年(1549年)二月,葡萄牙人与中国"海寇"放弃浯屿,撤往诏安,在走马溪中了明军埋伏,几乎全部覆没,是为走马溪之战。

关于这场战役,中葡双方文献均有记载,据朱纨的奏报葡萄牙人与中国"海寇"共损失239人,指的是被俘和被斩首的人数,其他溺水失踪者未计;葡萄牙文献记载则为400人,可能包括了在战斗中溺死和失踪者。另据《弇州史料》载:朱纨"最后悉平佛郎机黑白番舶,虏其酋并余众四百余",与平托的记载相合,因此葡萄牙人与中国"海寇"的损失当以400多人较为可信。其中大约有30名葡萄牙人当了俘虏。

关于明代葡萄牙人在漳州的活动及其终结,廖大珂有这样的一段评价,可以为这段中西交往的历史做出总结:"走马溪之战后,葡萄牙人重新退回到广东沿海,结束了在福建的活动。尽管葡萄牙与福建的接触并未完全断绝,但是双方的直接交往却为之一时中断。然而,早期葡萄牙人在福建的活动对于后来福建乃至中国的对外关系的发展都产生了深远的影响。它不仅改变了福建的对外交通和贸易的态势,把福建同正在形成的世界市场逐渐联系在一起;而且使福建认识了西方,西方也认识了福建,极大地促进了世界对中国的了解,从而在日后很长的一个历史时期内影响着中国与欧洲的交往。"①

---

① 廖大珂:《早期葡萄牙人在福建的通商与冲突》,《东南学术》2000年第4期。

第三节　开海禁与置海澄

一、严禁与弛禁之争

嘉靖以降,朝野要求开放海禁的呼声日渐高涨。同样,主张继续持禁的也大有人在。即使是在隆庆初年月港部分开放海禁后,严禁与弛禁之争并未平息。每当海疆不靖,严禁与弛禁之争便起,严禁派常常搬出祖训,引经据典,主张厉禁以绝盗迹,用靖海疆。弛禁派则以开禁弭盗为由,主张开禁以消祸本。两派各持己见,甚至针锋相对,看似不可调和。实际上,无论是严禁派或是弛禁派,其出发点和落脚点都在于明代的海疆安全。

主张弛禁的代表人物有唐枢、林富、谭纶、郑若曾、许孚远、陈子贞等人,其主张大致包括了如下几个方面:

首先,弛禁派基本都能看到海禁政策与边海商民间剧烈矛盾冲突,并主张从沿海实际出发,因势利导,开通海禁。如,福建巡抚谭纶就指出:"闽人滨海而居者不知其凡几也,大抵非为生于海则不得食……今岂惟外夷,即本处鱼虾之利与广东贩米之商,漳州白糖诸货皆一切尽罢,则有无何所以相通,衣食何所从出,如之何不相率而勾引为盗也?"①实际上,谭纶在任闽抚期间就准许福建商民出近海生理,但仍严禁潜通日本。同样地,嘉靖三十年(1551年),浙江巡按御史董威、宿应参先后呈请开放近海,让边海商民出海捕鱼、贸易,并获得明廷的批准②。在广东,都御史林富在疏请开通因佛郎机之乱而关闭的海禁时,更是罗列了开禁的四大好处:"番舶朝贡之外,抽解俱有则例,足供御用,此其利之大者一也;除抽解外,节充军饷,今两广用兵连年,库藏日耗,借此可以充幕而备不虞,此其利之大者二也;广西一省,全仰给于广东,今小有征发,即措办不前,虽折俸折米,久已缺乏,科扰于民,计所不免。查得旧番舶通时,公私饶给,在库番货,旬月可得银数万两,此其为利之大者三也;贸易旧例,有司择其良者加价给之,其次贫民买卖,故小民持一钱之货,即得握椒,辗转交易,于以自肥。广东旧称富裕,良以此耳,此其为利之大者四也。"③而万历二十年(1592年)因日本侵略朝鲜,明廷再次申严闽省海禁,时任福建巡抚许孚远上疏请开海禁,"看得东南边海之地,以贩海为生,其来久已,而闽为甚。闽之福兴

---

① (明)谭纶:《谭襄敏奏议》卷2《条陈善后未尽事宜以备远略以图治安疏》,载《景印文渊阁四库全书》第429册,台北:台湾商务印书馆,1986年,第632页。
② (清)谷应泰:《明史纪事本末》卷55《沿海倭乱》,北京:中华书局,1977年,第847页。
③ (明)严从简著,余思黎点校:《殊域周咨录》卷9《佛郎机》,北京:中华书局,2000年,第323页。

泉漳,襟山带海,田不足耕,非市舶无以助衣食,其民恬波涛而轻生死,亦其习使然,而漳为甚"①。许氏主张开通海禁让边海商民仍旧出洋贸易,免生后患。同样的,后任福建巡抚陈子贞亦指出:"闽省土窄人稠,五谷稀少,故边海之民皆以船为家,以海为田,以贩番为命。"②主张顺应民情,准许边海商民出海谋生。

其次,弛禁派大都能够看到"有无相迁"、民情趋利的客观经济规律,认为一味地禁绝不仅无济于事,反而会因断绝商民生计,引发寇乱问题。如,唐枢就认为,"华夷同体,有无相通,实理势之所必然。中国之夷各擅土产,故贸易难绝。利之所在,人比趋之"③。而张瀚则认为海外贸易与国内贸易一样,其本质都在于互通有无,"东南诸夷,利我中国之货,犹中国利彼夷之货,以所有易所无,即中国交易之意也"④。同样地,徐光启也认为有无相迁,势所必然,无法禁绝,"盖彼中所用货物有必资于我者,势不能绝也。自是以来,其文物渐繁,资用亦广,三年一贡,限其人船,所易货物,岂能供一国之用? 于是多有先期入贡,人船逾数者,我又禁止之,则有私通市舶者"⑤。而许孚远则阐述了民情趋利,难以禁绝的道理,"民情趋利,如水赴壑,决之甚易,塞之甚难"⑥。同时,弛禁派亦认为海禁并不能解决通番、勾引的问题。所谓:"片板不许下海,艨艟巨舰反蔽江而来;寸货不许入番,子女玉帛恒满载而去。"⑦而一味地严禁只会激生盗寇。对此,谭纶就指出,"海上之国方千里者不知凡几也,无中国绫锦枲之物则不可以为国。禁之愈严则其值愈厚,而趋之者众,私通不得即攘夺随之"⑧。而唐枢更是直截了当地指出:"寇与商同是人也,市通则寇转而为商,市禁则商转而为寇,始之禁禁商,后之禁禁寇。"⑨并且以嘉靖间故事说明,"商道不通,商人失其生理,于是转而为寇,嘉靖二十年后,海禁愈严,贼伙愈盛"⑩。同样地,许孚远认为严禁之后,"远近豪黠潜住海滨,日夜思逞,佣夫贩子,千百为群,谋生

---

① (明)许孚远:《疏通海禁疏》,载《明经世文编》卷400,北京:中华书局,1962年,第4333页。

② 《明神宗实录》卷262,万历二十一年(1593年)七月乙亥条,第4864页。

③ (明)唐枢:《复胡梅林论处王直》,载《明经世文编》卷270,北京:中华书局,1962年,第2850页。

④ (明)张瀚:《松窗梦语》卷4《商贾纪》,载《元明史料笔记丛刊》,北京:中华书局,1985年,第86页。

⑤ (明)徐光启:《徐光启集》上册,卷1《论说策议》,上海:上海古籍出版社,1984年,第37页。

⑥ (明)许孚远:《疏通海禁疏》,载《明经世文编》卷400,北京:中华书局,1962年,第4333页。

⑦ (明)谢杰:《虔台倭纂》卷上"倭原",载《玄览堂丛书续集》,国立中央图书馆影印,1947年,第61页。

⑧ (明)谭纶:《谭襄敏奏议》卷2《条陈善后未尽事宜以备远略以图治安疏》,第632页。

⑨ (明)郑若曾撰,李致忠点校:《筹海图编》卷11《经略一·叙寇原》,"主事唐枢云"条,北京:中华书局,2007年,第671页。

⑩ (明)唐枢:《复胡梅林论处王直》,载《明经世文编》卷270,北京:中华书局,1962年,第2850页。

无路,滃滃訛訛,其势将有所叵测,而又有压冬未回之船,有越贩惧罪之夫,其在吕宋诸番者不可以数计,岂能永弃骨肉没身岛夷,一旦内外勾连,煽乱海上,萧墙之忧,真有不可胜言者"。并引证前代厉禁的结果指出:"急之则盗兴,盗兴则倭入。"①这应该说是对因禁致盗情况的准确描述。同样,陈子贞亦指出,"自一旦禁之,则利源阻塞,生计萧条,情困计穷,势必啸聚。况压冬者不得回,日切故乡之想,佣贩者不得去,徒兴望洋之悲。万一乘风揭竿,扬帆海外,无从追捕,死党一成,勾连入寇,孔子谓:谋动干戈,不在颛臾也"②。也认为一味地严禁只会激化沿海地区的官民矛盾,由此引发盗寇问题。

最后,弛禁派所主张的开禁并非完全地放任自流,而是必须加以区别对待,并予以一定的限制。如上述林富在呈请开通广东海禁时就指出:"夫佛郎机素不通中国,驱而绝之,宜也。《祖训》、《会典》所载诸国素恭顺,与中国通者也。朝贡、贸易尽阻绝之,则是因噎而废食也。"③主张对前来朝贡、贸易的番舶区别对待,只要不为患中国的与之互市,只要有为患中国的则驱而绝之。而即使是在开通近海的问题上,弛禁派亦主张在开禁的同时要对商民严加控制。如福建巡抚谭纶在开通闽省近海海禁时,就只准许单桅船出海生理,并辅之以保甲制度。同样地,浙江在请开近海时,也是先行保甲,然后才准其外出。"渔船各立一甲头管束,仍量船大小纳税,给与由帖,方许买盐,于海捕鱼。所得盐税以十分为率,五分起解运司,五分存留该府,听候支用。"④此外,尽管弛禁派极力主张开通海禁,但是他们中的多数人仍主张继续对日本持禁。如,福建巡抚陈子贞疏请恢复月港贸易时就指出,"东西洋照旧通市,而日本仍禁如初。严其限引,验其货物,一有夹带硝黄等项,必加显戮"⑤。可见,弛禁派所主张的开禁并非无条件的放任自流,而是要在开禁的过程中继续对商民进行控制。"凡走东西二洋者,制其船只之多寡,严其往来之程限,定其贸易之货物,峻其夹带之典刑,重官兵之督责,行保甲之连坐,慎出海之盘诘,禁番夷之留止,厚举首之赏格,蠲反诬之罪累。"其实质就在"于通之之中,申禁之之法"⑥。同时,弛禁派亦认为只要方法得当,制御有方,即便是开禁的背景下,同样能够有效地预防寇乱的发生。如,福建巡抚陈子贞就认为,"彼商民固有父母、妻子、坟墓之思者,方以生理为快,又何敢接济勾引,自蹈不赦哉!"⑦

主张严禁的代表人物有屠仲律、冯璋、王忬、董应举、归有光等,其持禁主张大体包括了如下几个方面:

---

① (明)许孚远:《疏通海禁疏》,载《明经世文编》卷400,北京:中华书局,1962年,第4333页。
② 《明神宗实录》卷262,万历二十一年(1593年)七月乙亥条,第4865页。
③ (明)顾炎武:《天下郡国利病书》(不分卷),《交阯西南夷》,载《四库全书存目丛书·史部》第172册,济南:齐鲁书社,1996年,第765页。
④ (明)顾炎武:《天下郡国利病书》(不分卷)《浙江下》,第224页。
⑤ 《明神宗实录》卷262,万历二十一年(1593年)七月乙亥条,第4865页。
⑥ (明)许孚远:《疏通海禁疏》,载《明经世文编》卷400,北京:中华书局,1962年,第4334页。
⑦ 《明神宗实录》卷262,万历二十一年(1593年)七月乙亥条,第4865页。

首先,严禁派无一例外地以祖宗成法为依据,主张重申禁令,严加禁绝。同时,引经据典,阐述严闭华夷之限的必要。严禁派经常搬出《大明律》、《皇明祖训》等成宪来作为其立论的根据。如,慈溪人冯璋在《通番舶议》中就多次引述律典,重申祖制,"明刑敕法,禁谕森严,亦无非所以虑后患未然也"。认为一旦开禁,华夷往来,将后患无穷,"今若贪顾目前,一旦开税,华夷无限,山海路通,此往彼来,略无禁阻,番人狡狯,凶悍难测,万一乘机生事,扰乱地方,与祖宗建制军卫,颁示律条,杜患防微之意,甚不相同"①。在此,冯璋不仅认为开禁与祖制不符,更认为其与祖宗设军立卫的"深意"背道而驰,开通海禁不仅有害无利,而且会引发番人的窥视,纵容奸民为乱,不如一意禁绝。除了祖训、成法,历代经典中关于华夷之限的论述亦成为严禁派立论的重要根据。如王忬就说,"臣惟《春秋》之义,每于华夷之限,而祖宗之制尤重于倭寇之防"②。似乎严华夷之限便是国泰民安的不二良方,只要申严海禁,海疆自然风平浪静,这种自我封闭的观点显然不切实际。同样的,归有光在阐述御倭方略时亦强调严华夷之限,以绝番夷窥视之心。"截夷夏之防,贼无所生其心矣。"③似乎只要严华夷之限,倭寇、番贼便不再入寇。

其次,严禁派一致认为倭寇、番贼皆由沿海奸民勾引而来,一旦弛禁,内外勾结,必将酿成无穷祸患。如,王忬就认为海上寇盗皆为内地奸民勾引而来,"迩来漳泉等处奸民,倚结势族,私造双桅大船,广带违禁军器,收买奇货,诱博诸夷,日引月滋,倭舟联集,而彭亨、佛郎机诸国相继煽其凶威,入港则伴言贸易,登岸则杀掳男妇,驱逐则公行拒敌,出洋则劫掠商财,而我内地奸豪,偃然自以为得计……非独有损国体,而将来之祸,更有不可言者"④。而归有光更是斥弛禁之论为"悖谬",其云:"议者又谓宜开互市,弛通番之禁,此尤悖谬甚者。"并且质问到,"百年之寇无端而至,谁实召之?"⑤认为外患实由沿海奸民招诱而至,主张严海禁以绝勾引、接济。同样地,张时彻也认为倭寇是沿海奸民勾引而来,"且前此入寇之频,盖以通番下海,勾引向导者多也"。同时认为一旦弛禁将不可收拾,"当商舶未至,而绝之为易,贸易既通,而一或不得其所,将穷凶以逞,则将何以御之矣"⑥。同样地,冯璋也认为一旦废除祖制,开通海禁,势必带来无穷的后患,其云:"穷山绝岛之夷,闻风远来,致生他变,不可阻遏。废先朝世守之规,恐其一坏而难复,生后人无穷之衅,恐其既开而难塞。"⑦主张继续持禁,断绝勾引。

最后,严禁派认为沿海的动乱都是持禁不力的结果,沿海奸民乃是祸乱之源,并将严

---

① (明)冯璋:《通番舶议》,载《明经世文编》卷280,北京:中华书局,1962年,第2966页。
② (明)王忬:《条陈海防事宜仰祈速赐施行疏》,载《明经世文编》卷283,北京:中华书局,1962年,第2993页。
③ (明)归有光:《论御倭书》,载《明经世文编》卷295,北京:中华书局,1962年,第3110页。
④ (明)王忬:《条陈海防事宜仰祈速赐施行疏》,载《明经世文编》卷433,北京:中华书局,1962年,第2993页。
⑤ (明)归有光:《论御倭书》,载《明经世文编》卷295,北京:中华书局,1962年,第3110页。
⑥ (明)郑若曾撰,李致忠点校:《筹海图编》卷12下《经略四·开互市》,"兵部尚书张时彻云"条,第851页。
⑦ (明)冯璋:《通番舶议》,载《明经世文编》,卷280,北京:中华书局,1962年,第2967页。

海禁作为"弭盗之本"。如,万表就认为海上的祸乱就是因为海禁不严,以致奸民通番不绝,倡盗为乱。"向来海上渔船出近洋打鱼樵柴,无敢过海通番。近因海禁渐驰,勾引番船,纷然往来海上,各认所主,承揽货物装载,或五十艘,或百余艘,或群各党,分泊各港,又各用三板草撇脚船,不可胜计。在于沿海,兼行劫掠,乱斯生矣。自后日本、暹罗诸国,无处不至,又哄带日本各岛穷苦倭奴,借其强悍,以为羽翼,亦有纠合富贵倭奴,出本附搭买卖者,互为雄长,虽则收贩番货,俱成大寇。"①同样地,屠仲律也认为沿海的祸乱起于通番互市,边海奸民本身就是盗贼之源,只有厉行海禁才能消弭祸本。"夫海贼称乱,起于负海奸民通番互市,夷人十一,流人十二,宁绍十五,漳泉福人十九。虽概称倭夷,其实多编户之齐民也……故御盗之标,在腹里防守;弭盗之本,当边海制之。边海诸处,漳泉福为始,而宁绍次之。其一,禁放洋巨舰;其二,禁窝藏巨家;其三,禁下海奸民。三法者立,而乱源塞矣。"②

　　严禁派与弛禁派的主张看似都有道理,然而事实却并非如此。海禁政策是明代海疆政策的一个重要组成部分,海禁的根本目的在于巩固海防。我们知道,明朝建立伊始,就面临倭寇的袭扰问题,加之元明易统之际,海上动荡,在洪武初年海防未置的条件下,实行海禁是有其合理性的。即使是在嘉靖大倭患的背景下,作为战时阻断内外勾结的临时措施,也是很有必要的。然而,明代的海禁政策并非作为一时权宜之计提出的,而是被作为长期的国策加以确立,且其设禁的范围之广、历禁时间之长是比较罕见的。海禁不仅将私人海外贸易一概禁绝,就是沿海居民的渔业生产时常也在禁绝之列,严禁之时更是"片板不许下海"。在整个朝堂之上,海禁似乎已成为防夷、御寇的灵丹妙药。"我朝书生辈,不知军国大计,动云禁绝通番,以杜寇患。"③即使是在隆庆月港部分开放海禁之后,这种局面同样没有彻底改变。如,万历年间(1573—1620年),面对福州府沿海地区兴起的走私贸易,董应举等人仍大声疾呼海禁,以绝乱源④。而一旦海上有警,海禁的呼声更是甚嚣尘上,并再次将之作为制寇、弭盗的根本手段。如,万历二十年(1592年)因日本大举入侵朝鲜,明神宗下令,"严加禁缉,犯者依律究治"⑤。再如,崇祯元年(1628年)由于荷兰殖民者在闽海出没,明廷下令申严海禁。足见,明廷海禁观念之根深蒂固。海禁无视边海的自然环境和社会条件,必然与边海商民的生计,及长久的贸易传统发生严重的冲突。不加区别、一味禁绝的海禁政策,不仅没能起到巩固海防的效果,反而激化了沿

---

①　(明)万表:《海寇议》,载《四库全书存目丛书·子部》第31册,济南:齐鲁书社,1995年,第36页。

②　(明)屠仲律:《御倭五事疏》,载《明经世文编》卷282,北京:中华书局,1962年,第2979页。

③　(明)沈德符:《万历野获编》卷12《户部·海上市舶司》,北京:中华书局,1997年,第319页。

④　(明)董应举:《崇相集·疏一·严海禁疏》,载《四库禁毁书丛刊》集部第102册,北京:北京出版社,1998年,第17页。

⑤　(明)许孚远:《疏通海禁疏》,载《明经世文编》卷400,北京:中华书局,1962年,第4332页。

海地区的矛盾,扩大了打击范围,产生了极其消极的影响。

严禁派看到沿海通番、走私所带来的盗寇问题,主张厉行海禁,但却忽视了沿海动荡产生的根源,不加区别地厉行海禁,其结果只能是"海禁愈严,贼伙愈多"。对此,曾任胡宗宪幕僚的郑若曾就指出,"倭人有贫有富,有淑有慝。富者与福人潜通,改聚南澳,至今未已。虽驱之为寇,不欲也。此固无待于市舶之开,而其互市未尝不行者也。贫者剽掠肆志,每岁犯边,虽令其互市彼固无赀也,亦不欲也,此非开市舶之所能止,而亦不当反锡之名目者也"①。也就是说,倭寇和倭商是有区别的,倭寇并不会因为海禁而不来为盗,既然倭寇"岂以我之市不市,为彼之寇不寇哉"②。同样,沿海桀骜之人也是不会以严禁或弛禁作为其寇乱与否的条件,那么对付他们的办法只能是加强海防,予以打击。而倭商来市也并不会海禁而断绝,而我边海商民亦有出海谋生的强烈愿望,这种诉求也同样是禁绝不了的,"一旦戒严不得下水,断其生路,若辈悉健有力,势不肯束手困穷。于是所在连结为乱,溃裂而出"③。一味的压制只能是激化矛盾,扩大打击面,还不如因势利导地开放海禁,最大限度地缩小打击面,而在开禁之中加以控制。对于海防与海禁之间的关系,嘉靖年间吴郡生员陈恕的见解颇有见地:"若我之威有以制之,则彼以互市为恩。不然,则互市之中,变故多矣。"④所谓"不患敌之不来而患我之无备"。如果不明确海防与海禁的相互关系和作用,空谈海禁是不能起到实际的弭盗效果,反而只会激化矛盾,酿成祸患。

二、海澄设县及意图

明代前期实行海禁与朝贡贸易相结合的海外贸易制度,严禁私人下海从事私贩贸易。在生计压迫与厚利诱惑下,海澄地区自明初便开始走私活动,至成弘年间,月港已呈现出"风回帆转,宝贿填舟,家家赛神,钟鼓响答,东北巨贾,竞鹜争驰"⑤的繁荣景象,成为当时最著名的走私港之一。官府对月港"通番倡乱,贻患地方者,已非一日矣"⑥的局面早有察觉,并且采用迁徙岛民、推行保甲、设置官署等多项措施来加以治理。然而,这些治理措施大都没有收到实际的效果,当地走私通番依然如旧,而社会动荡愈加剧烈,最终引发了月港"二十四将"变乱。变乱平定后,各方势力积极地参与海澄设县的建言之

---

① (明)郑若曾撰,李致忠点校:《筹海图编》卷12下《经略四·开互市》,"郑若曾按语"条,第852页。
② (明)郑若曾撰,李致忠点校:《筹海图编》卷12下《经略四·开互市》,"兵部尚书张时彻云"条,第851页。
③ (明)张燮撰,谢方点校:《东西洋考》卷7《饷税考》,北京:中华书局,1981年,第131页。
④ (明)郑若曾撰,李致忠点校:《筹海图编》卷12下《经略四·开互市》,"吴郡生员陈恕云"条,第852页。
⑤ (明)梁兆阳修:(崇祯)《海澄县志》卷11《风土志·风俗考》,第435页。
⑥ (明)梁兆阳修:(崇祯)《海澄县志》卷1《舆地志·建置》,第319页。

中,并最终促成了海澄的设县。

早在正统二年(1437年)因地处月港外的海门岛"居民多涉海为盗"①时任漳州府知府的甘瑛下令内迁岛民,墟废其地,以此强化官府对岛民的控制。景泰年间,漳州府知府谢骞鉴于月港、海沧等地,"民多货番为盗",下令"随地编甲,随甲制总,每名明牌以联属其户,约五日赍牌赴府一点校,其近海违式船只皆令拆卸,以五六尺为度,官为印照,听其生理。每船朝出暮归,或暮不归,即令甲总赴府呈告,有不告者,事发连坐"②。此后,保甲制度在海澄地区被反复重申。嘉靖以降,官府进一步加强了对海澄地区的控制,试图弹压海澄地区日渐猖獗的长期走私、通番势头。嘉靖九年(1530年),鉴于海澄地区地处边远"威令不达",福建巡抚都御史胡琏将巡海道由省城移置漳州以资弹压,并在月港附近的海沧设立安边馆,专司捕禁下海通番之人。每年"择列郡守臣有风力者居之,以抚循镇服之"③。嘉靖十五年(1536年),福建巡按御史白贲于漳州海门、嵩屿等处设置捕盗馆,专门剿禁下海通番之人。嘉靖二十七年(1547年),巡抚浙江兼管福兴漳泉等处海道都御史朱纨在福建革渡船、严保甲、禁接济,通番,海澄地区的走私活动有所收敛。嘉靖三十年(1551年),官府又在月港设置靖海馆。随后,大规模的倭患爆发,在平定倭患的过程中,福建巡抚谭纶又于嘉靖四十二年(1563年)改靖海馆为海防馆,以海防同知"颛理海上事"④,加强对海澄月港地区的弹压。

尽管官府采用了种种措施加强对海澄地区的控制与治理,但是这些措施的施行并没有起到很好的效果,即使是在朱纨的强力手腕之下,月港地区的走私也仅是短暂地收敛。随着朱纨的论劾自杀,人亡政息,海澄地区依旧走私、通番如故。官府治理海澄没有取得成效的原因,一方面与这些政策本身的缺陷直接相关;另外一个方面则与当地官府势力虚弱,无力弹压当地强大的走私利益集团有很大的关系。以推行保甲为例,此项"甚切滨海之俗"⑤的政策在海澄施行的结果往往是有始无终,不了了之。对此,曾向朱纨建议推行保甲的月港士民严世显就认为:"(保甲)鲜有效者,以阻于强梁,弊于里老,且无官府以督成之,宜乎效之不终也。"⑥指出保甲制度无法施行的原因在于豪强的抗拒、里老的敷衍以及缺乏官府的督促。海澄设县之前,当地官府势力十分虚弱,在缺乏必要的行政支持,以及地方势力的强烈反对下,尽管保甲制度被三令五申,但是其实际效果很不理想。对此,曾任汀漳守备的俞大猷就指出,"卑职屡见巡海道建议,亦屡见察院批行,数年以

---

① (清)李维钰原本,沈定均续修,吴联薰增纂:(光绪)《漳州府志》卷25《宦绩》,载《中国地方志集成·福建府县志辑》第29册,上海:上海书店出版社,2000年,第499页。
② (明)罗青霄等修:(万历)《漳州府志》卷4《漳州府·秩官志·名宦·谢骞传》,载吴相湘主编:《明代方志选》,台北:学生书局,1985年,第82~83页。
③ (明)梁兆阳修:(崇祯)《海澄县志》卷6《秩官志》,第380页。
④ (明)梁兆阳修:(崇祯)《海澄县志》卷1《舆地志·建置沿革》,第318页。
⑤ (明)朱纨:《甓余杂集》卷2《阅视海防事》,载《四库全书存目丛书》集部第78册,济南:齐鲁书社,1999年,第26页。
⑥ (明)朱纨:《甓余杂集》卷2《阅视海防事》,第27页。

来,曾未有着实行此一法于一方者"①。于是,漳州府、龙溪县无可奈何,只能对海澄地区采取了姑息的态度,"府县病其难治而姑息"②。而官员们则"率以因循迁就为自全计"③。对此,巡按御史、巡海道同样无能为力,"在巡海道竟年不巡至漳,在察院按漳之日,目见其弊,则奋然欲为整顿之图,不过责人以旦夕之效"④。最终保甲制度仅成虚文。可见,在缺乏必要行政支持下,要强化地方控制和治理是很难实现的。又如,安边馆的设置,其初衷在于"弭盗贼,禁通夷,理狱讼,编舟楫,举乡约,兴礼俗,大要以安民为尚"⑤。然而,安边馆设置的效果恰恰事与愿违,"以八府通判轮管其事,官贪吏墨,与贼为市,乱且倍于前日"⑥。对于安边馆出现的弊端,海道副使柯乔亦指出,"安边馆通判一员管理捕务。其始也,官设八捕以擒盗;其既也,八捕买盗以通。官本以御寇,反而以导寇,本以安民,反以戕民"⑦。安边馆出现这样的问题与其官不久任、职不专属的职官设置有很大的关系。为了节省经费,安边馆不设专官,而是"于列郡佐贰之中摘委"⑧轮署馆务,且其任期很短,"半年一代"⑨。这种官不久任、职不专属的职官设置,使得"上下皆无固心"⑩反而为职司弹压的安边馆官的贪渎创造了条件。更为重要的是,此类因陋就简的小规模独立机构,虽称简便易行,但是其规模限制了其职能的发挥,在力量上亦不足以弹压当地走私势力,最终反而为地方势力所裹挟,导致"更代不常,治滥数变,以致捕盗夤缘为奸"⑪。综上所述,长期以来官府对海澄地区的治理效果很不理想。

由于官府势力的薄弱,在与地方势力抗衡的过程中往往处于劣势,官府多次希望通过设县来加强对地方的弹压。然而,几任抚按提请设县的方案,均因设县"事体重大",多方利益纠葛,一直未果。嘉靖二十七年(1547年),巡海道柯乔就建言于月港九都设立县治,并经巡抚都御史朱纨、巡按御史金城分别上疏奏请,然"格持议者,弗果"⑫。嘉靖三

---

① (明)俞大猷撰,廖渊泉、张吉昌点校:《正气堂全集》,福州:福建人民出版社,2007年,第93页。
② (明)朱纨:《甓余杂集》卷3《增设县治以安地方事》,第57页。
③ (明)朱纨:《甓余杂集》卷2《阅视海防事》,第24页。
④ (明)俞大猷撰,廖渊泉、张吉昌点校:《正气堂全集·正气堂集》卷2《呈福建军门秋厓朱公揭》,第93页。
⑤ (明)林魁:《安边馆记》,载(明)梁兆阳修:(崇祯)《海澄县志》卷17《艺文志》,第502页。
⑥ (明)梁兆阳修:(崇祯)《海澄县志》卷1《舆地志·建置》,第319页。
⑦ (明)朱纨:《甓余杂集》卷3《增设县治以安地方事》,第57页。
⑧ (明)林魁:《安边馆记》,载(明)梁兆阳修:(崇祯)《海澄县志》卷17《艺文志》,第502页。
⑨ (明)谢彬:《剿抚事宜议》,载(明)梁兆阳修:(崇祯)《海澄县志》卷19《艺文志四》,第527页。
⑩ (明)郑若曾撰,李致忠点校:《筹海图编》卷4《福建事宜》,北京:中华书局,2007年,第280~281页。
⑪ (明)朱纨:《甓余杂集》卷3《增设县治以安地方事》,第58页。
⑫ (明)吕旻:《新建海澄县城碑记》,载(明)梁兆阳修:(崇祯)《海澄县志》卷17《艺文志二·碑记》,第506页。

十六年(1557年),月港遭受海寇谢老洗劫,杀戮甚惨,都御史王询再次请求设县,同样未果①。嘉靖四十三年(1564年),回籍守制的福建巡抚谭纶上陈《善后六事》中再次提请设县,"行抚按官再议"②。在缺乏必要的规范和管理之下,当地社会呈现出日渐动荡的局面,地方社会的各种矛盾也在不断积累,并最终于海澄地区酿发了持续时间长达8年之久的月港"二十四将"变乱。

关于月港变乱的起因,乾隆《海澄县志》载:"先是,丁巳间,九都张维等二十四人,造舟接倭舶,官莫能禁。戊午冬,巡海道邵楩发兵剿捕,维等拒敌,官兵败,由是益横。"③文中提到的"丁巳年"即嘉靖三十六年(1557年),也就是说嘉靖三十六年(1557年)开始张维等人造船接济倭舶,而官府的剿捕则引发了张维等的拒敌。此后,张维据九都城,吴川据八都草坂,黄隆据港口城,林云据九都草尾城征头寨为最横。旬月之间附近效尤,八都有谢仓城,六七都有槐浦九寨,四五都有丰田、溪头、浮宫、霞郭四寨,互相犄角,号称"二十八宿"、"三十六猛。"嘉靖四十年(1561年),叛众进兵东山、水头等处,攻破虎渡堡,杀苏族90余人。又流劫田尾、合浦、渐山。由于正值倭寇、饶贼猖獗之际,因此,官府屡次招抚未见成效。于是,海道副使邵楩采取"以毒攻毒"的策略,招抚海寇洪迪珍引倭攻叛贼,双方战于八九都草坂城外,倭寇被击败逃走,漳州府城因此戒严。邵楩不得已再令海防同知邓士元、龙溪丞金壁往抚,才暂时缓和局势。同一年,"海沧并龙溪之石尾、乌礁等处土民俱反"④。月港变乱危害甚大,"二十四将之徒,二十八宿之党蔓延接踵,充斥于闽广之交"⑤。明人评价其"害甚于倭,南溪荆棘"⑥,"结巢盘踞,殆同化外"⑦。变乱使得月港由一个长期走私、通番素号难治之地,一下子沦为一个形同化外之地。嘉靖四十三年(1563年),张维等再次反叛,巡海道周贤宣檄同知邓士元,擒获张维并将其斩首,变乱才渐次平定。"自是地方长宁,而设县之议起。"⑧

如上文所述,此前海澄设县一直未果,其原因便在于设县过程包含了朝廷与地方、官府与民间各方势力复杂的利益博弈。仅就与设县影响最大的两股力量而言,海澄设县能否实现其最重要的因素在于明廷是否批准。也就是说,明廷的态度直接决定了海澄新县能否设置。另外一个方面,海澄当地长期主导地方实际运行的势家大族的态度也起着举足轻重的作用。而月港变乱的发生,涤荡了海澄地区的各股势力,为变乱后社会秩序的重建提供了契机,并且直接促使了上述两者在设县问题上态度的转变。对于明廷而言,增设新县最大的问题在于经费的筹集,国家在置县之时必定要支付许多经费,这就是国

---

① (明)梁兆阳修:(崇祯)《海澄县志》卷1《舆地志·建置》,第318页。
② 《明世宗实录》卷538,嘉靖四十三年(1564年)九月丁未条,第8719页。
③ (清)陈锳等修:(乾隆)《海澄县志》卷18《寇乱》,载《中国地方志集成·福建府县志辑》第30册,上海:上海书店出版社,2000年,第212页。
④ (清)陈锳等修:(乾隆)《海澄县志》卷18《寇乱》,第212页。
⑤ (清)李英:《请设县治疏》,载陈锳等修:(乾隆)《海澄县志》卷21《艺文志》,第242页。
⑥ (清)陈锳等修:(乾隆)《海澄县志》卷18《寇乱》,第212页。
⑦ (明)梁兆阳修:(崇祯)《海澄县志》卷1《舆地志·建置》,第318页。
⑧ (清)陈锳等修:(乾隆)《海澄县志》卷18《寇乱》,第212页。

家在置县问题上采取消极态度的原因所在。① 因此,只要是地方尚能够维持,明廷一般不会主动支持增设新县的请求,除非是在危及其统治万不得已的情况下。而月港变乱直接冲击了王朝治下的县治统治,直接威胁到了明廷在沿海地区的统治。因而,明廷无法再回避设县问题,并迅速地批准了地方设县的请求。而对于地方势家大族来说,变乱前后其对设县的态度截然不同。由于变乱之前当地势家大族较深地介入到走私贸易中去,甚至操控着当地的走私贸易。出于自身利益的考量,他们在变乱发生前一直反对设县的动议。然而,在月港变乱期间,叛众乘机对平日里曾压榨他们的势家大族进行了报复。②"借交报仇者杀人而不忌,质人命赎卖攫货以自封,富室挈家以麏奔"③,便是当地势家大族在变乱中的真实写照。同样地,上文提到的叛众诛杀苏族90余人,很可能也是叛众对掌控走私贸易的当地大族的一种报复。可见,在变乱过程中,当地势家大族同样尝到了社会动荡的苦果,这就促使其在变乱平定之后转向支持官方加强地方控制的举措,支持设立县治,由此扫除了设县的一个最重要阻力,最终在地方官员及当地居民的奏请下实现了海澄新县的设置。

嘉靖四十四年(1564年),漳州府知府唐九德议析龙溪一至九都、二十八都第五图,合漳浦二十三都第九图,置为一县。都御史汪道昆、御史王宗载上疏具奏,报可,赐名"海澄"。隆庆元年(1567年),海澄县成立④。对于海澄设县的原因,官方正史毫不隐讳地指出:"海澄设县,以其地多盗也。"⑤而设县的意图恰如李英在《请设县治疏》中所指出的那样,"故设县之计,正所以治乱于未萌者也"⑥。海澄的设县从根本上改变了官府在当地势力虚弱的弊端,对于加强当地的统治有着积极的意义。对于海澄设县的效果明人姜宝评论道:"漳之月港向为倭奴窟穴,今改设海澄县,于防御亦为得策矣。"⑦

三、隆庆月港部分开禁

长期的海禁造成了官民之间严重的矛盾对立,明廷在沿海地区的统治出现了内外交困的局面。在外则倭寇与海寇相勾结,纵横劫掠而无忌;在内则接济、通番而不可遏。"漳泉强梁,狡猾之徒,货贲通番,愈遏愈炽,不可胜防,不可胜杀……福建之乱,何时已

---

① (韩)元廷植:《明代中期福建省建置新县的理想与现实》,载《第九届明史国际学术讨论会暨傅衣凌教授诞辰九十周年纪念论文集》,厦门:厦门大学出版社,2003年,第185页。
② 日本学者片山诚二郎就认为将月港二十四将叛乱实际上是地方中小商人力图挣脱官府和乡绅的盘剥,"自立"地进行海外贸易的一种反抗斗争。参见片山城二郎著,耿昇译:《明代私人海上贸易的发展与漳州月港——月港"二十四将"的叛乱》,载《暨南史学》(第2辑),第310页。
③ (明)谢彬:《邓公抚澄德政碑》,载(明)梁兆阳修:(崇祯)《海澄县志》卷17《艺文志二》,第504页。
④ (明)罗青霄:(万历)《漳州府志》卷30《海澄县·舆地志·建置沿革》,第318页。
⑤ 《明世宗实录》卷566,嘉靖四十五年(1566年)十二月甲午条,第9062页。
⑥ (明)梁兆阳修:(崇祯)《海澄县志》卷1《舆地志·建置》,第319页。
⑦ (明)姜宝:《议防倭》,载《明经世文编》卷383,北京:中华书局,1962年,第4153页。

乎,福乱不已,浙直之患,何时靖乎?"①这种内外勾结、相与为乱的局面由来已久,并且在前后历时15年之久的"嘉靖倭患"期间达到了最顶峰。其时倭寇、海寇"连舰数百,蔽海而来,浙东西、江南北,滨海数千里,同时告警"②。不仅浙江、直隶、山东、福建及广东等沿海地区遭受残破,即使连内陆地区亦不能幸免,"腹里淮、扬、徽、太、杭、嘉、金、衢之间,至窥南京,裂国家幅员之半",堪称"宇宙以来所无之变"③。仅就福建而言,"闽在嘉靖之季,受倭毒至惨矣。大城破、小城陷,覆军杀将,膏万姓于锋刃者十年而未厌。倭之视闽如剃草焉,岁劫、岁焚、岁杀;有司将吏,狼顾胁息而莫之谁何!"④为此,明廷不得不动用数省人力、物力、财力,花费10余年的时间才最终将严重的倭患依次平定,而越来越多的官员在反思倭变之时,均将矛头指向了海禁政策,开放海禁的呼声越发高涨。

不仅如此,沿海的长期动荡还在部分地区引发了变乱活动,如上述前后历时8年之久的月港"二十四将"变乱。此次变乱作为沿海地区的变乱活动,其历时之久、参与之众、蔓延之广,都不能与沿海的通番、接济,或者飘忽的海寇袭扰等量齐观。更为重要的是,变乱源发于陆地,并始终以陆地为据点,这预示着沿海地区正在由此前的桀骜难治发展到武装变乱,从而严重威胁到了明朝治下的县治统治,引发了固持重陆轻海观念的明廷的深切关注。明廷担心月港变乱的做法为沿海各地所效法,导致正从倭乱中重建秩序的沿海地区再次陷入动荡。因此,月港变乱平定之后,地方官员便开始设法缓和海禁政策与地方利益之间的冲突,由此稳定沿海地区的统治。然而,由于朝廷政策滞后性的缘故,地方在对开禁问题的认识和实践都走在了朝廷政策的前头。

嘉靖四十三年(1564年)在月港变乱初步平定之时,福建巡抚谭纶在《条陈善后未尽事宜以备远略以图治安疏》中就对开放闽省海禁进行了论述:"闽人滨海而居者不知其凡几也,大抵非为生于海则不得食……今岂惟外夷,即本处鱼虾之利与广东贩米之商,漳州白糖诸货,皆一切尽罢,则有无何所以相通,衣食何所从出,如之何不相率而勾引为盗也。"在上疏呼吁的同时,谭纶已经先行放开闽省的近海海禁,准许闽省商民出近海生理,以此缓和海禁政策与边海商民间的利益冲突。"采捕鱼鲜,贸易米谷与在广东转贩椒木,漳州发卖白糖之类悉宜……听于附近海洋从便生理。"⑤然而,细读谭纶的奏疏我们不难发现,谭纶的论述仍然停留在论述开禁的必要性上,并且在直接开放私人海外贸易一事上,其态度还显得比较隐晦。

而同样是在嘉靖四十三年(1564年)年平定月港"二十四将"变乱之时,曾在广州任官后擢升山东副使的月港人谢彬的题议则实实在在地触及了明代的海禁政策。其在上漳州府海防同知邓士元的题议中就提出:

---

① (明)郑若曾撰,李致忠点校:《筹海图编》卷4《福建事宜》,第282页。
② (清)张廷玉:《明史》卷322《外国传·日本传》,北京:中华书局,1874年。
③ (明)沈一贯:《论倭市不可许疏》,载《明经世文编》卷435,北京:中华书局,1962年,第4759页。
④ (明)董应举:《崇相集·疏一·严海禁疏》,第17页。
⑤ (明)谭纶:《谭襄敏奏议》卷2《条陈善后未尽事宜以备远略以图治安疏》,第632页。

为今之计,若听其贩易近地,土夷官不教之,亦不禁之,但不许通贩倭国。盖近地土夷自来未有至中国者,五澳之民,国初通贩至今,亦未闻有勾引为患。唯严立船户保甲,不许为非,一船事发,众船连坐。如此则虽不行市舶,而市舶之利亦兴,不必烧船而大船之害自息。且官府亦赖以守境御贼,官船兵食因可减省,所谓导民必自其源,利兴则害自去。①

谢彬的建议实际上触及了沿海动荡的根源,在很大程度上已经突破了海禁的限制,不仅主张让沿海商民出近海生理,还要求开放民间私人海外贸易。不仅如此,谢彬的提议已经远远超越了是否开放海禁的争论,开始涉及具体的开禁规划。在谢彬的规划中,不仅包括了开禁后的贸易对象,即所谓的"近地土夷";并将是否"勾引为患"作为确定贸易对象的选择标准,而对于叛服不常的日本则主张"不许通贩",继续持禁;同时,确立了只许出、不许入的开禁方式,即所谓的"近地土夷自来未有至中国者,五澳之民,国初通贩至今"。此外,谢彬还主张导民以利,为官所用,可以说是相当有见地。此后,明廷批准开禁方案的基本框架与谢彬的规划如出一辙,如,《东西洋考》记载:"盖东西洋若吕宋、苏禄诸国,西洋交趾、占城、暹罗诸国皆我羁縻外臣,无侵叛。而特严禁贩倭奴者,比于通番接济之例,比商舶之大原也。"②这在很大程度上延续了谢彬区别对待、有限开放、严禁日本的对策建议。由此可见,明廷的开禁方案在很大程度上受到了以谢彬为代表的地方意见的影响。

隆庆初年,在福建巡抚涂泽民的奏请下,明廷在海澄部分开放了海禁。"(嘉靖)四十四年,奏设海澄县治,其明年,隆庆改元,福建巡抚涂泽民请开海禁,准贩东西二洋。"③隆庆月港部分开放海禁,结束了明王朝延续两个世纪的海禁政策,在中外关系史及古代海外贸易史上都是一个重大事件。月港开禁之所以被称为"部分"是因为对日本的贸易仍属严禁之列,同时,只准中国商船到海外贸易,而不准海外诸国商船来月港贸易。作为明代海疆政策上的一次重大调整,尽管地方在开禁问题上基本已经形成了相对统一的认识,并且努力促成开禁,但是开放海禁的决定权掌握在明朝统治者手中。因此,我们有必要认真审视明廷开禁原因及其开禁意图。

隆庆初年,迫使明廷部分开放海禁最主要原因还在于海禁政策所引发的沿海动荡,这种动荡在某些沿海地区甚至演变为变乱活动,从而直接威胁到了明廷在沿海地区的统治,成为明廷的"腹心"之患。因此,在官民不断呼吁之下,明廷开始重新审视长期施行的海禁政策,并尝试通过部分开放海禁,以缓和海禁政策与沿海商民间的利益冲突,结束沿海地区长期动荡的局面。在明廷看来,部分开放海禁更多的是一种政治措施,而非有的学者所认为的那样是出于经济利益的考量。关于这一点我们不难从月港饷税的开征过

---

① (明)谢彬:《剿抚事宜议》,载(明)梁兆阳修:(崇祯)《海澄县志》卷19《艺文志》,第507页。
② (明)张燮撰,谢方点校:《东西洋考》卷7《饷税考》,北京:中华书局,1981年,第132页。
③ (明)张燮撰,谢方点校:《东西洋考》卷7《饷税考》,北京:中华书局,1981年,第131页。

程看出。我们知道,隆庆月港部分开禁之初,并未对海外贸易商舶征收饷税。直到隆庆六年(1572年),漳州府知府罗青霄才以"所部雕耗"为由,呈请抚按,并获得批准,开始对海外贸易商舶征收饷税。饷税开征的动议源于地方财政的困难,而非开禁之初明廷的旨意。可见,开禁之初明廷并未将海外贸易收入纳入开禁的考量范围。换句话说,隆庆初年,明廷开放海禁之初并不是为了发展海外贸易、攫取海外贸易利润,而更大程度上是一项缓和矛盾的政治措施。而从实际的饷税征收情况来看,明代月港海外贸易的税率实际上是比较低的,正常年份饷税收入大体在2万两上下,而其饷税征收的主要用途在于漳州府自身的海防军费开支,其数量还不足供漳州府日常军费开支6万两的一半。这就再次说明,明廷开禁最大的目的并非在于攫取海外贸易的利润,由此我们便不难理解隆庆初年明廷部分开放海禁的意图。对此,明人邓钟曾有过这么一段论述:

> 市舶海禁之开,惟可行于闽、广,何也?……福建阻山负海,旁旅病于跋涉,民多贩海为生,禁之太严,奸民势穷,必至为盗。自纳饷过洋之例开,豪猾之徒咸趋利而畏法,故海澄之开禁,凡以除中国之害也。若行之他省,则如王直构祸,遂使倭乱侵寻,可为殷鉴矣。然海禁开于福建为无弊者,在中国往诸夷,而诸夷无可以相通,恣其所往,亦何害哉![1]

在此,邓钟不仅指出了在福建开放海禁的原因,而且也点明了明廷开禁的意图,即所谓"凡除中国之害也"。关于明廷开禁的意图,相同的言论不断地出现在官员们的奏章、文集当中。如明人王在晋就说得非常明白:"准其纳饷过洋,既裕足食之计,实寓弭盗之术。"[2]而陈子贞亦曾指出:"有禁然不绝其贸易之路者,要以弥其穷蹙易乱之心。"[3]等等。无论是邓钟所说的"凡以除中国之害也",还是王在晋所说的"实寓弭盗之术",还是陈子贞所说的"弥其穷蹙易乱之心",其出发点和落脚点都归在了消弭盗寇之上。正因为如此,明人在考察开禁的效果时往往并不着眼于饷税征收的多寡,而是在于其安靖边海的效果之上。如陈子贞就指出,"向年未通番而地方多事,迩来既通番而内外又安,明效彰彰耳"[4]。可见,隆庆初年,明廷在月港开放海禁有着实实在在的政治考量和明确的政治意图。

而在开禁地点的选择上,亦贯穿着官府止寇息盗的政治意图。我们知道,隆庆开禁之初的发舶地点并不在海澄月港,而是在诏安的梅岭。梅岭亦是明代福建最重要的走私港口之一,明代抗倭名将俞大猷就曾指出:"诸番自彭亨而上者,可数十日程,水米俱竭,必泊此储备,而后敢去日本。自宁波而下者,亦可数十日程,其须泊而取备,亦如之。故此澳乃海寇必经之处。"可见,梅岭在航海贸易中的重要地位。而当地商民则利用这种有

---

[1] (明)谢杰:《虔台倭纂》卷上《倭利》,载《玄览堂丛书续集》,国立中央图书馆影印,1947年。
[2] (明)王在晋:《海防纂要》卷1《福建事宜》,第669页。
[3] 《明神宗实录》卷476,"万历三十八年(1610年)冬十月丙戌"条,第8987页。
[4] 《明神宗实录》卷262,"万历二十一年(1593年)七月乙亥"条,第4865页。

利条件大肆通番,"林、田、傅三大姓共一千余家,男不耕作,而食必粱肉;女不蚕织,而衣皆锦绮,莫非自通番接济为盗行劫中得来"①。而如上文所述,海澄月港更是明代东南沿海走私、通番的大本营,"闽人通番,皆自漳州月港出洋"②,"向来闽中通番者,皆从漳州月港帮船"③。事实上,无论是梅岭还是月港,自明代中叶以来都是福建乃至全国著名的走私贸易港。而纵观明代前期走私贸易最为严重的要数福建的福、兴、漳、泉四郡,特别是漳泉二郡。"夫海贼称乱,起于负海奸民通番互市,夷人十一,流人十二,宁绍十五,漳泉福人十九。"④诚如上文所述,明廷开禁的意图正在于开禁以息盗,选择像梅岭或月港这些"盗寇"集中的传统走私港开放海禁,显然包含着官方开禁以息盗的意图。只不过是地处漳潮接界的梅岭,因此时漳潮海寇跳梁于此⑤,严重了威胁到了梅岭私人海外贸易的进行,官方才转而开禁于月港。对此,《东西洋考》记载:"先是,发舶在南诏之梅岭,后以盗贼梗阻,改道海澄。"⑥而此时月港刚刚平息了"二十四将"变乱,地方势力遭到了涤荡,再加上后来县治的设立,王朝统治力量逐渐增强,这些都在客观上促成了月港成为隆庆初年部分开禁地点。

第四节 月港饷税征收的制度化

一、督饷馆的设置

正如上文所述,隆庆初年明廷将开放海禁作为一种政治措施,用以缓和海禁政策与边海商民之间的利益冲突,以期达到稳定沿海统治的目的。因此,明廷对开禁之初的饷税征收并没有做太多制度化的设计,这就为福建方面探索月港饷税征收体制留下了较大的制度空间。实际上,隆庆开禁之初并未对私人海外贸易商征收饷税,直到隆庆六年(1572年)漳州府知府罗青霄鉴于大乱之后,百姓困苦,提出复设税课司⑦征收商税的动议,月港饷税征收一事才被提上议事日程。据《东西洋考》记载:"隆庆六年(1572年),郡

---

① (明)俞大猷撰,廖渊泉、张吉昌点校:《正气堂全集·正气堂集》卷2《呈福建军门秋厓朱公揭条议汀漳山海事宜》,第91页。
② 佚名:《嘉靖东南平倭通录》,载《倭变事略》,中国历史研究社编,1951年,第3页。
③ (明)董应举:《崇相集·疏一·严海禁疏》,第17页。
④ (明)屠仲律:《御倭五事疏》,载《明经世文编》卷282,北京:中华书局,1962年,第2979页。
⑤ 张增信:《明季东南中国的海上活动》(上编),私立东吴大学,1988年。
⑥ (明)张燮撰,谢方点校:《东西洋考》卷7《饷税考》,北京:中华书局,1981年,第132页。
⑦ 漳州府税课司创设于洪武初年,主要负责对商人买卖及田土交易征税。到了正统之后税课司便出现"税课不敷,惟取办见年里甲"的局面,并最终于嘉靖四年(1525年)被正式裁革,税课司业务由漳州府兼领。

守罗青霄以所部雕耗,一切官府所需倚办,里三老良苦。于是,议征商税以及贾舶,贾舶以海防大夫为政。"①除了《东西洋考》外,万历《漳州府志》对月港开征饷税过程的记载更为详细:

> 商税原无额设,隆庆六年,本府知府罗青霄建议,方今百姓困苦,一应钱粮,取办里甲,欲复设税课司,设立巡栏,抽取商民船只货物,及海船装载番货,一体抽盘。呈详抚按,行分守道参政阴覆议:官与巡栏俱不必设,但于南门桥柳营江设立公馆,轮委府佐一员,督率盘抽,仍添委柳营江巡检及府卫首领、县佐更替巡守,及各备哨船,兵役往来盘诘。又于濠门、嵩屿置立哨船,听海防同知督委海澄县官兵抽盘海船装载胡椒、苏木、象牙等货。及商人买货迴桥,俱照赣州桥税事例,酌量抽取,其民间日用盐米鱼菜之类,不必概抽,候一二年税课有余,奏请定夺。转呈详允定立税银,刊刻告示,各处张挂,一体遵照施行。②

从上述引文看,月港饷税的征收始于隆庆六年(1572年),饷税是与商渔税同时开征。这种局面直到万历十八年(1590年)才发生改变,当年福建方面将国内商渔征税事宜与饷税征收相剥离,商渔税收归于沿海府县管理。"万历十八年(1590年),革商渔文引归沿海州县给发,惟番引仍旧。"③而月港的洋税之所以被称为"饷税",是因为万历三年(1575年),福建巡抚刘尧诲请将洋税充作军饷,此后遂以"饷税"称之。对此,《东西洋考》记载:"万历三年(1575年),中丞刘尧诲请税舶以充兵饷,岁额六千。同知沈植条陈《海禁便宜十七事》,著为令。"④而饷税开征之初饷税的征收和管理是由海防同知兼领,其对进口番货的具体抽税办法,则以隆庆六年(1572年)福建方面新制定的《商税则例》为依据,其具体征收标准参见表2-1:

表2-1 隆庆六年(1572年)漳州进口商品税额表

商 品	税 额	商 品	税 额	商 品	税 额
象牙(成器者)	每百斤7钱	乳香	每百斤2钱5分	燕窝	每十斤4分
象牙(不成器者)	每百斤4钱	没药	每百斤2钱5分	犀角	每百斤1钱5分
胡椒	每百斤3钱	束香	每百斤2钱5分	鹤顶	每十斤3钱
苏木	每百斤1钱	孩儿茶	每百斤2钱	玳瑁(成器)	每百斤7钱
檀香	每百斤5钱	血碣	每百斤5钱	玳瑁(不成器)	每百斤5钱

---

① (明)张燮撰,谢方点校:《东西洋考》卷7《饷税考》,北京:中华书局,1981年,第132页。
② (明)罗青霄:(万历)《漳州府志》卷5《赋役志·商税》,载吴相湘主编《明代方志选》,台北:学生书局,1985年。
③ (明)顾炎武:《天下郡国利病书》(不分卷)《福建五》,第468页。
④ (明)张燮撰,谢方点校:《东西洋考》卷7《饷税考》,北京:中华书局,1981年,第132页。

续表

商　品	税　额	商　品	税　额	商　品	税　额
奇楠香	每一斤2钱	肉豆蔻	每百斤1钱	珠母壳	每百斤5分
沉香	每十斤1钱	白豆蔻	每百斤1钱5分	鹦鹉螺	每百个1分5厘
丁香	每百斤2钱	片脑	每十斤1两	紫木景	每百斤1钱
木香	每百斤2钱	降香	每百斤5分	番苏	每百斤3分
番锡	每百斤3分	白藤	每百斤2分	生铁	每百斤2分
黑铅	每百斤5分	水藤	每百斤1分	麻苧菁棕	每百斤5厘
藤黄	每百斤2钱	槟榔	每百斤2分	铅铜	每百斤8分
筚拨	每百斤1钱	子棉	每百斤3分	杉竹树木	每值钱一两税银1分
黄蜡	每百斤2钱	棋子绢	每匹1分5厘	紫檀	每百斤9分
水牛皮	每十张1钱	孔雀尾	每千枝2分	乌木	每百斤1钱
黄牛皮	每十张8分	竹布	每匹3厘	鹿皮	每百张9分
大风子	每百斤2分	牛角	每百斤2分	阿片	每十斤2钱

资料出处：(明)罗青霄：《漳州府志》卷5《漳州府·赋役志》。

自隆庆六年(1572年)月港开征饷税之后，督饷事务长期由漳州府海防同知兼领。直至万历二十一年(1597年)，福建方面才结束了"贾舶以防海大夫为政"①的局面。事情的起因是万历二十一年(1593年)海防同知舒九思贪腐被劾。"舒九思，浙江奉化人，举人，万历二十一年(1593年)任，久之，论劾罢去。当路始疑舶政为海防大夫私物，而轮管之议起矣。"②可见，舒九思的贪腐被劾引起了福建方面的警惕，并决定在督饷官制方面实行轮署制度，以预防督饷事务为个别官员长期把持所产生的贪腐问题。对此，《东西洋考》亦载："当事疑税饷赢缩，防海大夫在事久，操纵自如，所报不尽实录。议仿所在摧关例，岁择全闽佐官一人主之，及瓜往还，示清核，毋专利数。"③为此，福建方面特地将海防

---

① (明)张燮撰，谢方点校：《东西洋考》卷7《饷税考》，中华书局，1981年，第132页。
② (明)蔡国祯、张燮等纂：(崇祯)《海澄县志》卷6《秩官志·本府海防同知兼督饷务历官》，载《日本藏中国罕见地方志丛刊》，北京：书目文献出版社，1992年，第381页。按：(崇祯)《海澄县志》本处记载残损，有的学者将之释读为"论功罢去"，误。参见(明)张燮：《东西洋考》卷7《饷税考·督饷职官》，第147页。
③ (明)张燮撰，谢方点校：《东西洋考》卷7《饷税考》，北京：中华书局，1981年，第133页。

馆改为督饷馆,专门负责督饷事务。据《东西洋考》载:"万历间,舶饷轮管,因改(海防馆)为督饷馆。"①可见,月港督饷馆是在福建方面预防督饷官员贪腐的背景下出现,其目的在于实行督饷官的轮署制度,以此防范督饷主官的贪腐行为,规范月港饷税征收。从某种程度上说,督饷馆的设置就是为了实施轮署制度。同时,督饷馆设立之后,福建方面又围绕着督饷馆建立了一整套的贸易管理与税收监察制度,用以规范和完善月港饷税的征收,这在客观上促进了月港税制的制度化,对规范和促进明代后期私人海外贸易的发展产生了重要作用。可以说,月港督饷馆的成立,在很大程度上标志着月港饷税征收的制度化。

有关督饷馆设立时间,史无明文,以致学界看法不一②。鉴于月港督饷馆对明代后期私人贸易发展的重要性,笔者在此对月港督饷馆的设置时间进行考证,认为月港督饷馆的设立时间应是在万历二十五年(1597年),其理由大体包括如下几个方面:

首先,月港督饷馆首任轮署督饷佐贰官上任于万历二十五年(1597年)。有关月港督饷馆首任轮署佐贰官的记载有两种,而且两种记载均出自张燮之手,然而其记载却截然不同。第一种记载见于《东西洋考》,该书认为首任督饷馆轮署佐贰官为万历二十六年(1598年)上任的邵武府推官赵贤意,并且认为,"各府佐贰官委署饷务仅一人"③;第二种记载见诸崇祯《海澄县志》,该志认为首任督饷馆轮署佐贰官为万历二十五年(1597年)上任的延平府通判何其大。可见,史料中对于首任督饷馆轮署佐贰官的记载并不一致。我们知道,《东西洋考》刊行于万历四十五年(1617年),其作者为漳州府龙溪县人张燮④。该书卷7《饷税考·督饷职官》中记载了隆庆六年至万历四十五年间(1572—1617年,共45年)月港历任督饷主官,其中包括了漳州府督饷海防同知7人,督饷馆轮署佐贰官13人⑤。而崇祯《海澄县志》记载了隆庆六年至崇祯四年间(1572—1631年,共59年),月港历任督饷主官,其中包括海防同知7人,督饷馆轮署佐贰官25人⑥。由于成书较晚,且作者相同,崇祯《海澄县志》的记载显然较《东西洋考》更为翔实。通过对比,我们不难发现,《东西洋考》的记载脱漏了万历二十五年(1597)首任督饷馆轮署佐贰官何其大。为此,崇祯年间,张燮在修撰《海澄县志》时,在卷6《秩官志·各府佐刺委署饷务历官》中加

---

① (明)张燮撰,谢方点校:《东西洋考》卷7《饷税考·公署》,北京:中华书局,1981年,第153页。

② 目前学界关于督饷馆的成立时间主要存有三说:第一种观点主张保持史料记载原样,认为督饷馆设置于"万历年间(1573—1620年)";第二种观点认为督饷馆设置于海防同知舒九思被劾的万历二十一年(1593年);第三种观点认为督饷馆设置于万历二十六年(1598年)。

③ (明)张燮撰,谢方点校:《东西洋考》卷7《饷税考》中华书局,1981年,第148页。

④ (明)郑镛:《张燮与〈东西洋考〉》,《漳州师范学院学报(哲学社会科学版)》2004年第2期。

⑤ (明)张燮撰,谢方点校:《东西洋考》卷7《饷税考·督饷职官》中华书局,1981年,第147~152页。

⑥ (明)梁兆阳修,蔡国祯、张燮等纂:(崇祯)《海澄县志》卷6《秩官志》,第381~382页。

以增补,"何其大,□□□□人,延平府通判,署二十五年饷"①。同时,县志删去了"各府佐贰官委署饷务只一人"的说法。由于史志的残损,《海澄县志》脱漏了何其大的籍贯,我们仅知道,何其大在万历年间曾任延平府通判。据(乾隆)《延平府志》卷22《职官一·通判》的记载,万历年间,延平府通判"何其大,江西人"②。再据(同治)《瑞昌县志》卷7《选举志》的记载,"何其大,任延平府通判"③。可见,何其大的籍贯为江西瑞昌。由此笔者推断,崇祯《海澄县志》脱漏的四个字为"江西瑞昌"。万历二十五年(1597年),何其大以延平府通判上任督饷馆,成为月港督饷馆首任轮署督饷的佐贰官,其督饷年份为万历二十五年(1597年)。正如上文所述,督饷馆的设置在很大程度上是为了改革督饷官制,施行轮署制度,"及瓜往还,示清核,毋专利薮"④。因此,首任督饷馆轮署佐贰官的上任在很大程度上标志着月港督饷馆的成立,或者说正式运行,其时间是在万历二十五年(1597年)。

其次,最后一任漳州府督饷海防同知舒九思被弹劾于万历二十五年(1597年)。虽然《东西洋考》对最后一任督饷的漳州府海防同知舒九思的罢免时间没有明确记载,但是我们知道,漳州府海防同知督饷是一种"兼领",其本职在于辅佐知府办理海防事宜。因此,最后一任督饷的海防同知虽然被罢免,但是漳州府海防同知一职并没有被取消,而且在职官任免上是连续的。因此,月港最后一任督饷海防同知舒九思的任期是可以通过续任海防同知的上任时间来加以推定的。据光绪《漳州府志》卷10《秩官二》的记载,继任舒九思的漳州府海防同知为罗万里,其续任海防同知的时间为万历二十五年(1597年)。"罗万里,河阳举人,万历二十五年(1597年)任。"⑤对此,其他史志的记载大体与光绪《漳州府志》的记载相同⑥。可见,最后一任督饷漳州府海防同知舒九思的任期大致为万历二十一年至二十五年(1593—1597年),舒九思被罢免的年份很有可能是在万历二十五年(1597年)。根据《东西洋考》和《海澄县志》对督饷职官的记载,福建方面罢免海防同知后,督饷事宜便由督饷馆负责。那么,最后一任督饷海防同知罢免的时间,对于督饷馆的成立便具有重要的标志性意义,而其时间恰恰又是在万历二十五年(1597年)。

最后,明廷批准月港督饷官制改革的时间是在万历二十五年(1597年)十一月,而月港督饷馆关防亦颁发于万历二十五年(1597年)。月港督饷官制改革期间发生了漳泉分贩之议,此次争议最终是由明廷裁决,督饷馆亦设立于争议结束之后。对此,《东西洋考》

---

① (明)梁兆阳修,蔡国祯、张燮等纂:(崇祯)《海澄县志》卷6《秩官志·各府佐贰委署饷务历官》,第381页。

② (清)傅尔泰修,陶元藻等纂:(乾隆)《延平府志》卷22《职官一·通判》,载《中国方志丛书》,台北:成文出版社,1967年,第409页。

③ (清)姚暹修,冯士杰纂:(同治)《瑞昌县志》卷7《选举志》,载《中国地方志集成·江西府县志辑》第12册,第822页。

④ (明)张燮撰,谢方点校:《东西洋考》卷7《饷税考》,北京:中华书局,1981年,第133页。

⑤ (清)李维钰原本,沈定均续修,吴联薰增纂:(光绪)《漳州府志》卷10《秩官二·明职官·同知》,载《中国地方志集成·福建府县志辑》第29册,上海:上海书店出版社,2000年,第178页。

⑥ (清)薛凝度纂,吴鼎文点校:(嘉庆)《云霄厅志》(点校本)卷10《秩官志》,第117页。

记载到:"于是漳泉分贩议,罢不行,而上章设督饷馆,给关防。"①而上章请设督饷馆者正是时任福建巡抚的金学曾。对此,《明神宗实录》记载:"议委官,岁委府佐一员,驻扎海澄,专管榷税,海防同知不必兼摄……部复允行。"②众所周知,实录的记载一般都比较简略,虽然此处仅提及月港督饷官制改革的内容,并没有明确提及督饷馆设立的情况,但是,正如上文所述,督饷馆的设立在很大程度上是为了改革督饷官制,实行轮署制度。因此,明廷批复督饷官制改革的时间对于督饷馆的设立具有重要的标志性意义,而此一时间又恰恰是在万历二十五年(1597年)。此外,明廷颁给督饷馆专管海税关防的时间是在万历二十五年(1597年)十二月。对此,《明神宗实录》卷317,"万历二十五年(1597年)十二月戊寅"条记载:"铸给专管漳州海税关防。"③明廷颁给督饷关防无疑也是月港督饷馆的成立的重要标志,而其时间又刚好是在万历二十五年(1597年)。由此再次说明,明代月港督饷馆设置的时间极有可能是在万历二十五年(1597年)。

综上所述,月港最后一任督饷海防同知罢免于万历二十五年(1597年);首任督饷馆轮署佐贰官延平府通判何其大上任于万历二十五年(1597年);明廷批复月港督饷官制改革的时间是在万历二十五年(1597年);督饷馆专管海税关防亦颁于万历二十五年(1597年)。因此,我们认为,明代月港的督饷馆设立的时间是在万历二十五年(1597年)。

万历二十五年(1597年),月港督饷馆设立之后,自万历二十五年至万历二十六年(1597—1598年),由福建所辖各府遴选佐刺轮署督饷馆。随着万历二十七年(1599年)税珰高寀入闽,"各府佐遂罢遣"④,"舶税归内监委官征收矣"⑤。月港督饷馆轮署制度遭到破坏。至万历三十四年(1606年),督饷权回归地方有司,督饷馆轮署制度才得以恢复。此时,漳州方面以"外府官远来,住扎非便;而增设供应人役,所费倍繁"⑥为由,"不复借才他郡"⑦,开始了由漳州府佐刺轮署、包揽饷税征收的阶段。

漳州府佐官包揽督饷馆业务有其一定合理性,并非完全出于独占饷税的私心。"饷馆吏书旧从府拨,吏二书四,而中间帮附,不知其几矣。"⑧督饷馆衙役、吏书之间错综复杂的帮派关系使得他们本来就难以约束。"夫衙役之横,无如饷馆之甚。"⑨他们由此也成为结党蠹商的重要力量。而外来流官对当地情况不甚了解,对督饷业务亦不甚熟悉,

---

① (明)张燮撰,谢方点校:《东西洋考》卷7《饷税考》,北京:中华书局,1981年,第134页。
② 《明神宗实录》卷316,"万历二十五年(1597年)十一月庚戌"条,第5899页。
③ 《明神宗实录》卷317,"万历二十五年(1597年)十二月戊寅"条,第5909页。
④ (明)张燮撰,谢方点校:《东西洋考》卷7《饷税考·督饷职官》,北京:中华书局,1981年,第148页。
⑤ (明)张燮撰,谢方点校:《东西洋考》卷7《饷税考》,北京:中华书局,1981年,第134页。
⑥ (明)张燮撰,谢方点校:《东西洋考》卷7《饷税考》,北京:中华书局,1981年,第135页。
⑦ (明)蔡国祯、张燮等纂:(崇祯)《海澄县志》卷6《秩官志·本府佐刺轮署饷务历官》,第381页。
⑧ (明)张燮撰,谢方点校:《东西洋考》卷7《饷税考》,北京:中华书局,1981年,第139页。
⑨ (明)张燮撰,谢方点校:《东西洋考》卷7《饷税考》,北京:中华书局,1981年,第136页。

对漳州府衙役更是难以矜束,以致出现欺下瞒上、尾大难掉的情况。"此皆朘商之膏,而蔽上之橐也,且府役权难约束,不无掣肘之形。"①甚至"官坏而吏仍肥,饷亏而书悉饱,皂快人役,同类分至,惨焰异常"②。而使用对当地情况比较熟悉的漳官督饷,一方面有利于加强对衙役、吏书的管束,预防其在饷税征收过程中的贪渎行为。另一方面,也有利于克服外来流官对督饷事务不甚熟悉的问题,有利于馆官业务的专业化。而督饷官在漳州府五名佐刺之间轮替,则有利于避免有人长期把持,防范贪渎现象的出现。即如漳州地方所说的:"事无专属,既于原议不悖,且于事体为宜。"③

万历二十五年(1597年),月港督饷馆设立之后,由其具体负责饷税的征收事宜,海防同知仅负责越贩及违禁品的查缉,而道府则专门负责核查与监管。"置印薄则有道府,督查私通则责之海防,抽税盘验则属之委官。"④由此明确了海防馆、督饷馆以及府道在月港饷税征收过程中的相应职权,有利于督饷职能的专业化。在此基础上,福建方面又制定了一整套分权制衡的饷税监察制度,并将月港饷税的征收纳入制度化的审计体制当中,进一步规范了月港饷税的征收,促进月港饷税征收的制度化。

以商引为例,月港商引是由督饷馆负责发放,商引上详细登记器械、姓名、年貌、户籍、住址、向往处、回销限期⑤。福建方面通过商引的发放与核销对月港私人海外贸易船实施监管与调剂。同时,通过建立了相应的商引审查与复核制度,对引税和水饷的征收情况实施有效的监督。"贩番者,每岁给引,回还赍道查复,送院复查。"⑥我们知道,月港引税的征收是以发放商引的数量为凭,商引的核查除了审查商船去向,也包括了对引税征收情况的核查。同时,商引上登载着船只的大小,以此作为验船与缴纳水饷的依据。"水饷以梁头尺寸为定……给引时,商船量报梁头登引。"⑦因而,商引呈交道院核查时,也就一并将水饷征收的信息递至道院,接受核查。由此可见,通过商引的核销制度,月港引税、水饷的征收被纳入制度化的监管、核查机制当中。

而月港的陆饷则是通过"印信官单"制度纳入道院的监察轨道。所谓的"印信官单",是指一种由海道发放,盖有海道监司印章,用以刊载商人所载货物种类及数量的货单。"原给(商)引时,商船量报梁头登引。而海道发印信官单一本,发给商人,以备登报各舱货物,递送掣验。"⑧也就是说,在督饷馆发放商引的同时,海道副使会发放印信官单一

---

① (明)张燮撰,谢方点校:《东西洋考》卷7《饷税考》,北京:中华书局,1981年,第139页。
② (明)张燮撰,谢方点校:《东西洋考》卷7《饷税考》,北京:中华书局,1981年,第136页。
③ (明)张燮撰,谢方点校:《东西洋考》卷7《饷税考》,北京:中华书局,1981年,第135页。
④ (明)许孚远:《海禁条约行分守漳南道》,载张海鹏主编:《中葡关系资料集》,成都:四川人民出版社,1999年,第293页。
⑤ 按,督饷馆设立之后,其发放的商引中并不登载商货的信息,商货信息登记在海道副使发放的印信官单中,有部分学者认为商货信息亦填于商引之中,显然有所误会,详见下文。
⑥ (明)许孚远:《海禁条约行分守漳南道》载张海鹏主编:《中葡关系资料集》,成都:四川人民出版社,1999年,第293页。
⑦ (明)张燮撰,谢方点校:《东西洋考》卷7《饷税考》,北京:中华书局,1981年,第136页。
⑧ (明)张燮撰,谢方点校:《东西洋考》卷7《饷税考》,北京:中华书局,1981年,第137页。

本,以备填写征税货物种类和数量,官单直接发给商人,由其自行填写,督饷馆不得涂改,以此作为验货及上司核查的依据。用于登载商人、商船信息的商引由督饷馆发放,而登载商货信息的印信官单则由海道发放,这本身就体现月港饷税体制中分权制衡的制度设计。而以海道正式印发之官单登记货物,作为验货依据,"此厉禁也,重以道印之册,至严崇也,谁敢犯之"①。印信官单制度对预防督饷官的专权舞弊具有重要的意义。不仅如此,印信官单与商引一样是道院审计的重要凭证。"旧规,将道印官单于请引时发下商人,令诸在船散商亲填货物多寡,如不能书者,即写代笔某人,与主商梁头阔窄,备造官册,随送随验。"②这些包括官单在内的"官册"是递送道院审查的重要文件,同时也将月港陆饷的征收纳入制度化的审计体制当中。

综上所述,万历二十五年(1597年),月港督饷馆的设立对于完善督饷职官制度,完善饷税监察体制发挥了重要的作用。可以说,月港督饷馆的设立为月港税制的建立与完善提供了制度化的组织与监察保障。正是得益于督饷馆相对完善的制度设计,督饷馆才得以有效地运作,并逐渐探索出一整套饷税征收及监管制度,有力地促进了月港饷税征收制度的进一步完善。明代后期,海澄出现"五方之贾,熙熙水国,刳舻艎,分市东西路,其捆载珍奇,故异物不足述,而所贸金钱,岁无虑数十万"③的繁荣景象,不能不说是与督饷馆的设立和有效运作有着密切的关系。尽管督饷馆虽然存在时间不长,但在管理和控制私人海外贸易船方面起到了一定的作用,它制定的各种饷税制度,其实已为清初厦门海关的设置开了先声④。

表2-2 明代后期月港督饷主官历官表

姓　名	籍　贯	出　身	署前官职	轮署时间
罗拱辰	广西马平	举人	漳州府海防同知	隆庆六年(1572年)
沈植	湖广临湘		漳州府海防同知	万历元年至三年(1573—1575年)
郑尧章	广东东莞	乡荐	漳州府同知	
周裔登	广东南海	进士	漳州府海防同知	万历七年(1579年)
姚应龙	浙江慈溪	举人	漳州府海防同知	万历十三年(1585年)
叶世德	浙江温州	举人	漳州府海防同知	万历十七年(1589年)
王应乾	广西马平	举人	漳州府海防同知	万历二十年(1592年)
舒九思	浙江奉化	举人	漳州府海防同知	万历二十一年(1593年)

---

① (明)张燮撰,谢方点校:《东西洋考》卷7《饷税考》,北京:中华书局,1981年,第137页。
② 张燮撰,谢方点校:《东西洋考》卷7《饷税考》,中华书局,1981年,第137页。
③ (明)张燮撰,谢方点校:《东西洋考·序》,北京:中华书局,1981年。
④ 李金明:《明代海外贸易史》,北京:中国社会科学出版社,1990年,第152页。

续表

姓　名	籍　贯	出　身	署前官职	轮署时间
何其大			延平府推官	万历二十五年(1597年)
赵贤意	浙江东阳	进士	邵武府推官	万历二十六年(1598年)
杜献璠	南直隶上海	举人	漳州府清军同知	万历三十四年(1606年)
沈有严	南直隶宣城	举人	漳州府海防同知	万历三十五年(1607年)
钟显	江西定南	岁贡	漳州府督捕通判	万历三十六年(1608年)
陈钦福	江西南昌	举人	漳州府督粮通判	万历三十七年(1609年)
吕继梗	江西新昌	举人	漳州府督捕通判	万历三十八年(1610年)
龚朝典	湖广临湘	举人	漳州府海防同知	万历三十九年(1611年)
张应奎	湖广蕲水	进士	漳州府推官	万历四十年(1612年)
邵圭	浙江余姚	举人	漳州府清军同知	万历四十一年(1613年)
卢崇勋	广东增城	举人	漳州府海防同知	万历四十二年(1614年)
江一雷	山东即墨	例贡	漳州府督粮通判	万历四十三年(1615年)
丘建经	广东乳源	岁贡	漳州府督捕通判	万历四十四年(1616年)
王起宗	应天上元	官生	漳州府督粮通判	万历四十五年(1617年)
高士达	四川巴县	举人	漳州府清军同知	万历四十六年(1618年)
段伯玠	云南普宁	举人	漳州府督捕通判	万历四十七年(1619年)
林栋隆	浙江鄞县	进士	漳州府推官	万历四十八年(1620年)
陈邦训	浙江慈溪	举人	漳州府督粮通判	天启元年(1621年)
赵纾	山西乐平	举人	漳州府海防同知	天启二年(1622年)
梁士	山西曲沃	选贡	漳州府清军同知	天启三年(1623年)
张应斗	浙江乌程	举人	漳州府督粮通判	天启五年(1625年)
徐日昇	南直隶江阴	进士	漳州府推官	天启六年(1626年)
吴允焞	浙江钱塘	例贡	漳州府督捕通判	天启七年(1627年)
范志琦	湖广黄陂	不详	漳州府清军同知	崇祯元年(1628年)
竺鹗鸣	浙江上虞	岁贡	漳州府督粮通判	崇祯四年(1631年)

资料来源:(明)梁兆阳修,蔡国祯、张燮等纂:(崇祯)《海澄县志》,载《日本藏中国罕见地方志丛刊》,北京:书目文献出版社,1992年,第381～382页。

二、饷税的征收

随着督饷馆的设立月港饷税征收走上了制度化的发展轨道,对促进明代后期私人海外贸易的发展产生了积极的作用,月港饷税征收也随之渐入佳境,表现在月港征收饷税额度的不断提高。月港征收的饷税由最初仅3000两,发展到万历四年(1576年),突破10000两,再到万历十一年(1583年),突破20000两,乃至万历二十二年(1594年)出现有记录以来的最高额度29000余两,并且维持在正常年份的2万两左右。兹列表如下:

表2-3 隆万年间月港递年征收饷税额表

时间	征收税银
隆庆六年(1572年)	3000两
万历三年(1575年)	6000两
万历四年(1576年)	10000余两
万历十一年(1583年)	20000余两
万历二十二年(1594年)	29000余两
万历二十七年(1599年)	27000两
万历四十三年(1615年)	23400两

资料来源:(明)张燮撰,谢方点校:《东西洋考》卷7《饷税考》,北京:中华书局,1981年[1]。

我们知道,隆庆六年(1572年),月港部分开放海禁之后,福建方面先后开征了陆饷、引税、水饷、加增饷等主要税种,建立起包括进口商品税、许可税、船舶吨位税、附加税在内的税种构架,为月港税制的建立与完善奠定了基础。同时,福建方面先后制定了包括《商税则例》、《东西洋船水饷等第规则》、《陆饷货物抽税则例》等在内的饷税征收章程,这些章程的编订与刊行,对于明确征税对象、征税范围、税收额度,防范督饷官员舞弊都有着重要的意义。同时,福建方面不断根据实际贸易情况的发展,以及市场供求关系的变化,分别于万历三年(1575年)、万历十七年(1589年)和万历四十三年(1615年)先后3次对"陆饷则例"进行修订,在普遍降低税率、减轻商人负担的基础上,进一步细化了饷税的征税标准及征税范围,对完善月港税制产生了积极作用。从总体上看,明代后期月港饷税的征收主要包括以下四项。

---

[1] 万历二十二年(1594年)月港征收饷税额出现创纪录的29000余两,其原因在于此前受短暂海禁的影响,商船集中于该年返港,造成月港饷税征收出现创纪录的29000余两;万历二十七年至万历三十四年(1599—1606年)期间,税珰高寀秉政月港,期间饷税征收额度大体在27000两左右,这很大程度是税珰横征暴敛的结果,并非月港饷税征收的常态。

(一)引税

所谓的"引税"实际上就是一种许可税。商船出海首先需要获得政府的批准,申领商引,缴纳引税,方可出洋。引税制度既是一种贸易许可制度,又是一种税收征管体制。月港商引最初由海防同知发放,万历二十五年(1597年)督饷馆设立之后,月港商引转由督饷馆发放。商引申领程序为:商人到督饷馆提出申请,详细登记姓名、年貌、户籍、住址、向往处所、回销限期、船只梁头尺寸等信息。经审核后,缴纳引税,发给商引。商船返航之后还需要到督饷馆销引,而督饷馆征收的引税亦需经过道院的审查和复查。"贩番者,每岁给引,回还责道查复,送院复查。"按照万历三年(1575年)的规定,东西洋每张商引纳税银3两,鸡笼、淡水因路途较近,每引税银1两。后东西洋引税银增加至6两,鸡笼、淡水增至2两,其税率相较于宋代官方海外贸易所规定的税率还是比较低的①。每次请引时,以百张为率,"尽即请继"。起初,月港商引的发放只限船数而不限定所往国家。万历十七年(1589年),福建巡抚周寀始定东西洋商船数各44艘,每年限88艘,给引如之。"后以引数有限,而愿贩者多。"②又增至110引。外加鸡笼、淡水、占城、交趾等处共117引。万历二十五年(1597年),再增备用引票20引,共计137引③。月港商引的发放及引税的征收对于规范私人海外贸易的有序发展,实现官方对私人海外贸易的有效监督提供了现实的制度保障。

(二)水饷

水饷,是一种按照船只大小而征收的船税,"以船广狭为准,其饷出于船商",类似于近代海关的吨税。商船的大小登记在商引之上,"给引时,商船量报梁头登引"④。月港水饷的征收标准是以船只大小为依据,在具体的操作上起初是以丈量船只梁头尺寸为标准。后来商人为了偷逃水饷,往往蓄意尅减梁头尺寸,而官吏亦以此作为资本向商人索贿。到了万历四十四年(1616年),为规范水饷的征收,在推官萧基的建议下,官方对商船大小的丈量办法改为以船只腹阔为准,并实行了船只编号制度。规定:每年十月修船时,由督饷馆税官亲自丈量尺寸,编以天地玄黄字号,"以某船往某处给引,其同澳即照字号规则,依纳水饷,不必复量梁头"⑤。这一做法的施行改变了过去丈量船只大小以梁头为准的做法,而以腹阔作为丈量的标准。同时,规定督饷官员亲自实测,编订字号作为征税依据,并可作为相同船只征税的标准,从而大大减轻了督饷官的验船工作量,提高了验船的效率,也有利于减少了吏役借验船之机大肆敲诈的机会,有着很强的操作性,对于规范月港水饷的征收有着重要的意义。大体上来说,西洋船面阔1丈6尺以上的,每尺征

---

① 廖大珂:《宋朝官方海外贸易制度研究》,厦门大学博士学位论文,1988年。
② (明)张燮撰,谢方点校:《东西洋考》卷7《饷税考》,北京:中华书局,1981年,第132页。
③ 《明神宗实录》卷316,"万历二十五年(1597年)十一月庚戌"条,第5899页。
④ (明)张燮撰,谢方点校:《东西洋考》卷7《饷税考》,北京:中华书局,1981年,第137页。
⑤ (明)张燮撰,谢方点校:《东西洋考》卷7《饷税考》,北京:中华书局,1981年,第136页。

银 5 两,一船共抽银 80 两。每多 1 尺,加银 5 钱。东洋船较小,因而每船照西洋船丈尺税则,量抽十分之七。鸡笼、淡水因地近船小,每船面阔 1 尺,征饷 5 钱。

表 2-4　万历三年(1575 年)东西洋船水饷等第规则

船　阔	每尺抽税银	一船该银
1 丈 6 尺以上	5 两	80 两
1 丈 7 尺以上	5 两 5 钱	93 两 5 钱
1 丈 8 尺以上	6 两	108 两
1 丈 9 尺以上	6 两 5 钱	123 两 5 钱
2 丈以上	7 两	140 两
2 丈 1 尺以上	7 两 5 钱	157 两 5 钱
2 丈 2 尺以上	8 两	176 两
2 丈 3 尺以上	8 两 5 钱	195 两 5 钱
2 丈 4 尺以上	9 两	216 两
2 丈 5 尺以上	9 两 5 钱	237 两 5 钱
2 丈 6 尺以上	10 两	260 两

资料来源:(明)张燮撰,谢方点校:《东西洋考》卷 7《饷税考》,北京:中华书局,1981 年,第 140~141 页。

(三)陆饷

陆饷,是按进口货物的多少及其价值高低,向铺商征收的一种商品进口税。"陆饷者,以货多寡,计值征输,其饷出于铺商。"[①]为防止铺商偷逃税款,规定商船返港后,海商不得擅自卸货,须等铺商上船接买,由铺商就船完饷之后,方准卸货转运。在实际操作中,每年商人在申领商引缴纳引税的同时,海道副使会向商人发放"印信官单"一本,以备返航时填写征税的货物种类和数量,官本直接发给商人,由商人自行填写,并以此作为验船和验货的依据。商船返航后由督饷官员组织人员进行验货,商船通过验货之后就可以确定陆饷的征收范围和数量,然后根据陆饷征收则例的规定向商人收取陆饷。月港陆饷的征税税率大约为 2%,即"每货值一两者,税银二分"[②]。然而,这仅仅是一个大致的标准,陆饷征税税率和征税范围会根据市场供求与价格变动进行调整,这集中体现在了万历三年(1575 年)、万历十七年(1589 年)和万历四十三年(1615 年)"陆饷则例"的 3 次修订当中。在比较万历十七年(1589 年)与万历四十三年(1615 年)"陆饷则例"后,我们不难发现,有不少新的进口商品被纳入陆饷的征税范围。而就税率而言,在普遍降低税率

---

① (明)张燮撰,谢方点校:《东西洋考》卷 7《饷税考》,北京:中华书局,1981 年,第 132 页。
② 《明神宗实录》卷 210,"万历十七年(1589 年)四月丙申"条,第 3939 页。

的同时,有些商品因供求的变化其税率有所提高;而就征税标准而言,有些商品的征税标准进一步细化,开始根据商品的不同品级,适用不同的税率(参见表2-5)。月港"陆饷则例"的不断修订,体现了月港税制在适应贸易形势变化过程中的一种自我调适与完善。

表2-5　万历十七年(1589年)、四十三年(1615年)月港陆饷货物抽税则例表

进口商品	万历十七年(1589年)税银	万历四十三年(1615年)税银
胡椒	每百斤2钱5分	每百斤2钱1分6厘
乌木	每百斤1分8厘	每百斤1分5厘
花草	每百斤2钱	每百斤1钱7分3厘
象牙(成器者)	每百斤1两	每百斤8钱6分4厘
紫檀	每百斤6分	每百斤5分2厘
油麻	每石2厘	每石1分
象牙(不成器者)	每百斤5钱	每百斤4钱3分2厘
紫木景	每百斤1钱	每百斤8分6厘
黄丝	每百斤4钱	每百斤3钱4分6厘
苏木(东洋)	每百斤2分	每百斤2分1厘
珠母壳	每百斤5分	每百斤4分3厘
锦肪鱼皮	每百张4分	每百张3分4厘
苏木(西洋)	每百斤5分	每百斤4分3厘
番米	每石1分4厘	每石1分
甘蔗鸟	每个1分	每个5厘
檀香(成器者)	每百斤5钱	每百斤4钱3分2厘
降真	每百斤4分	每百斤3分4厘
排草	每百斤2钱	每百斤1钱7分3厘
檀香(不成器者)	每百斤2钱4分	每百斤2钱7厘
白豆蔻	每百斤1钱4分	每百斤1钱2分1厘
钱铜	每百斤5分	每百斤4分3厘
奇楠香*	每一斤2钱8分	每一斤2钱4分2厘
血碣	每百斤4钱	每百斤3钱4分6厘
哆罗嗹(红色)		每疋5钱1分9厘
犀角(花白成器者)	每十斤3钱4分	每十斤2钱9分4厘
孩儿茶	每百斤1钱8分	每百斤1钱5分5厘
哆罗嗹(余色)		每疋3钱4分6厘

续表

进口商品	万历十七年(1589年)税银	万历四十三年(1615年)税银
犀角(乌黑不成器者)	每十斤1钱	每十斤1钱4厘
束香	每百斤2钱1分	每百斤1钱8分1厘
番镜		每面1分7厘
沉香	每十斤1钱6分	每十斤1钱3分8厘
乳香	每百斤2钱	每百斤1钱7分3厘
番铜鼓		每面8分7厘
没药	每百斤3钱3分	每百斤2钱7分6厘
木香	每百斤1钱8分	每百斤1钱5分5厘
红铜		每百斤1钱5分5厘
玳瑁	每百斤6钱	每百斤5钱1分8厘
番金	每两5分	每两4分3厘
烂铜		每百斤8分7厘
肉豆蔻	每百斤5分	每百斤4分3厘
丁香	每百斤1钱8分	每百斤1钱5分5厘
土丝布		每疋1分6厘
冰片(上者)	每十斤3两2钱	每十斤2两7钱6分5厘
鹦鹉螺	每百个1分4厘	每百个1分2厘
粗丝布		每疋8厘
冰片(中者)	每十斤1两6钱	每十斤1两3钱8分2厘
毕布	每疋4分	每疋3分4厘
西洋布		每疋1分7厘
冰片(下者)	每十斤8钱	每十斤6钱9分1厘
锁服(红者)	每疋1钱6分	每疋1钱3分8厘
东京乌布		每疋2分
燕窝(白者)	每百斤1两	每百斤8钱6分4厘
锁服(余色)	每疋1钱	每疋8分6厘
八丁荠		每百斤1钱
燕窝(中者)	每百斤7钱	每百斤6钱5厘
阿魏	每百斤2钱	每百斤1钱7分3厘
正青花笔筒		每个4厘

续表

进口商品	万历十七年(1589年)税银	万历四十三年(1615年)税银
燕窝(下者)	每百斤2钱	每百斤1钱7分3厘
芦荟	每百斤2钱	每百斤1钱7分3厘
青玻璃笔筒		每个4厘5毫
鹤顶(上者)	每十斤5钱	每十斤4钱3分2厘
马钱	每百斤1分6厘	每百斤1分4厘
白玻璃盏		每个4厘
鹤顶(次者)	每十斤4钱	每十斤3钱4分6厘
椰子	每百个2分	每百个1分7厘
玻璃瓶		每个1分
荜茇	每百斤6分	每百斤5分2厘
海菜	每百斤3分	每百斤2分6厘
莺歌		每个3分
黄蜡	每百斤1钱8分	每百斤1钱5分5厘
没石子	每百斤2钱	每百斤1钱7分3厘
草席		每床9厘
鹿皮	每百张8分	每百张6分9厘
虎豹皮	每十张4分	每百张3钱4分6厘
漆		每百斤2钱
子棉	每百斤4分	每百斤3分4厘
龟筒	每百斤2钱	每百斤1钱7分3厘
红花米		每百斤2钱
番被	每床1分2厘	每床1分
苏合油	每十斤1钱	每十斤8分6厘
犀牛皮		每百斤1钱
孔雀尾	每千枝3分	每千枝2分7厘
安息香	每百斤1钱2分	每百斤1钱4厘
马皮		每百张3钱4分6厘
竹布	每疋8厘	每疋7厘
鹿角	每百斤1分4厘	每百斤1分2厘
蛇皮		每百张2钱

续表

进口商品	万历十七年(1589年)税银	万历四十三年(1615年)税银
嘉文席	每床5分	每床4分3厘
番纸	每十张6厘	每百张5分2厘
猿皮		每百张1钱
番藤席	每床1分	每床1分2厘
暹罗红纱	每百斤5钱	每百斤4钱1分4厘
鲨鱼翅		每百斤6分8厘
大风子	每百斤2分	每百斤1分7厘
棕竹	每百枝6分	每百枝5分2厘
翠皮鸟		每四十税5分
阿片	每十斤2钱	每十斤1钱7分3厘
鲨鱼皮	每百斤6分8厘	每百斤5分9厘
樟脑		每百斤1钱
交阯绢	每疋1分	每疋1分4厘
螺蚆	每石2分	每石1分7厘
虾米		每百斤1钱
槟榔	每百斤2分4厘	每百斤2分1厘
獐皮	每百张6分	每百张5分2厘
火炬		每千枝1钱
水藤	每百斤1分	每百斤9厘
獭皮	每十张6分	每十张5分2厘
檖竹枯		每百枝3分
白藤	每百斤1分6厘	每百斤1分4厘
尖尾螺	每百个1分6厘	每百个1分4厘
绿豆		每石1分
牛角	每百个2分	每百个1分8厘
番泥瓶	每百个4分	每百个3分4厘
黍仔		每石1分
牛皮	每十张4分	每百张3钱4分6厘
丁香枝	每百斤2分	每百斤1分7厘
胖大子		每百斤3分

续表

进口商品	万历十七年(1589年)税银	万历四十三年(1615年)税银
藤黄	每百斤1钱6分	每百斤1钱3分8厘
明角	每百斤4分	每百斤3分4厘
石花		每百斤2分6厘
黑铅	每百斤5分	
马尾	每百斤1钱	每百斤9分
番锡	每百斤1钱6分	每百斤1钱3分8厘
鹿脯	每百斤4分	每百斤3分4厘
番藤	每百斤4分	每百斤3分4厘
磺土	每百斤1分	每百斤9厘
乌铅		每百斤4分1厘

注：原书无记计算斤两，此据隆庆六年(1572年)《商税则例》补。

资料来源：(明)张燮撰，谢方点校：《东西洋考》卷7《饷税考》，北京：中华书局，1981年，第141～146页。

(四)加增饷

加增饷是专门针对前往东洋吕宋的商船而征收的一种附加税。其原因是"东洋吕宋，地无他产，夷人用银钱易货"①。因此，往吕宋贸易的中国商船，除携回银圆外，别无他货可装载，即使随带点土产返航，其数量也是相当少。针对此种情形，福建方面除照样征收水、陆二饷外，对由吕宋返航商船追征税银150两，称为加增饷，其实质上就是一种附加税。万历十八年(1590年)，因商人抗议税额太高，福建方面又将加增饷征税额度调低至120两。加增饷的开征突破了月港"有货税货，无货税船"的体制限制，有利于防止恶意逃税现象的出现。月港新税种的开征是月港饷税体制根据私人海外贸易形势的新发展所做出的一种因应措施，对于完善月港饷税征收体制，促进私人海外贸易发展都有着重要的意义。

三、饷税征收的弊端

隆庆初年，月港部分开放海禁，准许私人海外贸易商出海贸易，由此结束了明代持续200多年的海禁，真正开始了官方许可的民间私人海外贸易。正因为如此，月港的私人海外贸易管理制度从一开始就没有现成的经验可资借鉴，饷税征收过程中也难免存在着

---

① (明)张燮撰，谢方点校：《东西洋考》卷7《饷税考》，北京：中华书局，1981年，第132页。

这样或那样的问题。有关月港饷税征收中所存在的弊端,集中体现在了万历四十四年(1616年),漳州府推官萧基所陈的《恤商厘弊十三事》中,为了更好地了解月港饷税体制所存在的问题,现据萧基所上的《条陈》择要分述如下。

隆庆月港开禁之后,"凡船出海,纪籍姓名,官给批引,有货税货,无货税船"[①]。引税实际上就是一种许可税。只有获得商引才能获得合法出海贸易的权利,由于"引数有限,愿往者众"[②],难免出现引数不够的情况。于是,在月港出现了一种包引包保的市侩,他们串通商主及衙役,捏造姓名,伪造保结,事先骗取、囤积商引,而后至的商人无引可请,就不得不以"数十两"的价格向这些市侩购买商引。等到商船返航之时,又不得不请这些市侩协助销引,由此又必须花费数十两。包引包保现象的出现带来了许多监管上的问题,"此辈坐富作奸已久,甚至捏名给引,虚造邻结,将引移东转西,卖与越贩"[③]。对月港商引制度的执行以及引税的征收带来不小的消极影响。在月港所征收的各税种中,不止引税的征收过程中存在问题,在水饷的征收标准方面也存在着一定的弊端。月港水饷是一种按照船只大小而征收的船税,类似于近代海关的吨税。起初水饷的征收标准是以梁头尺寸为准,并未编订船号用以标示船只大小,而以每次测量的大小为准,这就为商人及官吏确定水饷税额留下了制度的漏洞。商人为了偷逃水饷,往往蓄意尅减梁头尺寸。而官员亦喜其瞒报,一经查出则可"重科之"。而月港每年出航的商船众多,督饷官根本无法逐一测量,只能寄办于衙役,而饷馆衙役、吏书则乘验船之机,百般诈索,奸弊莫清,使得月港水饷的征收过程处于一种随意、无序的状态之下。直到万历四十四年(1616年),在推官萧基的建议下,官方对商船大小的丈量办法改为以船只腹阔为准,并实行了船只编号制度,才在一定程度上杜绝了此类弊端的发生。

除了上述商引发放,引税、水饷征收过程中的问题外,在商船出港、进港的过程中也存在种种的弊端。月港商舶出航前需经督饷馆委官验船,以防瞒报梁头,漏报饷税,携带违禁货物。由于每年出航的"洋船多以百计,少亦不下六、七十只,列艘云集,且高且深,委官二员,竭力莫胜"[④]。这种制度设计上的不合理成了委官及饷馆衙役索贿的重要资本。久而久之,有奸商亦以缴纳贿银,买通验船官差,待其"盘验"之后,又私自加载货物,以此偷漏饷税。而洋船由月港起航后,此时已经督饷馆验船,并经过海澄县盖印,且持有商引,尽管如此,商舶仍需在中左所(今厦门)经游哨"盘诘"、盖印之后,才能移驻曾厝澳候风开驾。游哨盘诘主要是为了防止四月之后越贩日本的船只,游哨则以此为利孔,将所有商船尽行盘诘,经常故意留难、拖延,商人担心错过风汛,都不得不就范,往往缴纳贿款以求放行。即使如此,还是出现了一些兵将夺取商人文引,将商人作为倭寇拘捕现象。

商船返航时,"经过南澳、浯铜诸寨,及岛尾、濠门、海门各巡司,随报饷馆,逐程遣舟

---

① (明)王世懋:《策枢》卷1《通货》,《丛书集成初编本》,上海:商务印书馆,1937年,第12页。

② (明)张燮撰,谢方点校:《东西洋考》卷7《饷税考》,北京:中华书局,1981年,第132页。

③ (明)张燮撰,谢方点校:《东西洋考》卷7《饷税考》,北京:中华书局,1981年,第138页。

④ (明)张燮撰,谢方点校:《东西洋考》卷7《饷税考》,北京:中华书局,1981年,第137页。

护送,以防寇掠,实欲稽查隐秘宝货云"①。而到了商船入港,由于经过长时间航行,商船往往已经破损不堪,加之船上装载重货,不及时抽盘卸货,万一搁浅或遇到台风,就有船货覆没的危险。然而,为防止私自卸货,偷逃饷税,船只到港需要委官封钉,而官差、衙役往往故意拖延,蓄意索贿,"不饱欲壑,不为禀验"②,以此敲诈船商。更有甚者,衙役与吏书形成了"加起"的恶例。所谓的"加起"就是在实际货物数量的基础上虚报货物数量,将虚报货物数占为己有。"如报道本船一千担,共加起作一千二三百者有之,甚则加起作一千五六百者有之。"③为此,商人不得不也事先不少报船货数量,以留待加起。此外,在正常饷税征收之外,形成了"常例"、"加增"、"果子银"、"头鬃费"等名色的花费,均直接向商首索取。然后,由商首向众散商摊派,"东洋船有敛三百余金者,西洋船有敛四百余金者,悉归商首操纵,不止饷一费一,甚饷一而费二矣。众商为喉,主商为腹,怨声载道"④。除了常例的索求之外,还有苛敛方物的恶例。如万历四十四年(1616 年)前后,蔡美船簿开出方物价值银一百一十两,而登记在册的货物价值还不及方物的一半,足见对海商盘剥之重。

除了上述平安出航、顺利返航的商船外,还有不少飘风失水或压冬之船,仍然被追索饷费,往往株连亲友。"失水者,人货俱赴之奔涛,而勒追者复向迫之,诛求其家人、父子于断肠招魂之余,株连亲党,波及侣傍,此近日之苛政也。"⑤至于压冬之船,其中多有中途飘风失期者,同样要被追索饷费。

尽管月港税制中存在着诸多的弊端,但是,我们应该看到,月港饷税征收中出现的这些问题,有很大一部分与税珰的弊政有着直接的关系。福建税珰高寀于万历二十七年(1599 年)入闽,至万历四十三年(1615 年)离闽,在闽时间前后长达 16 年间之久,税珰在闽,横征暴敛。月港饷税自然引起了税珰的垂涎,而为了聚敛财富,税珰蓄意破坏月港督饷职官设置,变乱饷税征收程序,破坏饷税监察制度,驱使吏书贪赃舞弊,开创了诸多恶例,流毒甚深。

首先,税珰对月港督饷官制的破坏。

万历二十五年(1597 年),随着督饷馆的设立,在职官设置上开始实行轮署制度,以此防范督饷官的贪腐。随着税珰入闽,轮署制度就遭到了破坏。自万历二十七年至万历三十三年(1599—1605 年)间的 6 年时间里,再未见到福建各府有轮署督饷的官员派遣,这恰好与税珰高寀把持福建矿税权力的时间相吻合。税珰高寀于万历二十七年(1599 年)入闽,此前一任轮署的督饷官为督万历二十六年(1598 年)饷的邵武府推官赵贤意;万历三十四年(1606 年),"上命封闭矿洞,诸税咸归有司"⑥。同年恢复月港轮署制度,继

---

① (明)张燮撰,谢方点校:《东西洋考》卷 7《饷税考》,北京:中华书局,1981 年,第 133 页。
② (明)张燮撰,谢方点校:《东西洋考》卷 7《饷税考》,北京:中华书局,1981 年,第 138 页。
③ (明)张燮撰,谢方点校:《东西洋考》卷 7《饷税考》,北京:中华书局,1981 年,第 138 页。
④ (明)张燮撰,谢方点校:《东西洋考》卷 7《饷税考》,北京:中华书局,1981 年,第 138 页。
⑤ (明)张燮撰,谢方点校:《东西洋考》卷 7《饷税考》,北京:中华书局,1981 年,第 139 页。
⑥ (明)张燮撰,谢方点校:《东西洋考》卷 8《税珰考》,北京:中华书局,1981 年,第 155 页。

任的督饷官为督万历三十四年(1606年)饷的漳州府清军同知杜献璠。在此6年时间里,"舶税归内监委官征收矣"①。高寀长期把持月港督饷主官一职,月港督饷官制又退回到原来由一人长期把持的阶段。为了便利其亲自驻扎月港"督饷",高寀一伙在海澄广设税关,"既建委官署于港口,又更设于圭屿;既开税府于邑中,又更设于三都。要以阑出入,广搜捕",以此来便利其"横征海舶洋货"②。其爪牙同时把持着月港饷税征收的诸多环节,"分遣原奏官及所亲信为政"③。许多"黜吏、逋囚、恶少年、无生计者"④由此充当税役,蓄意破坏月港原有的饷税征收制度,其影响极其恶劣。

其次,税珰蓄意破坏饷税征收制度。

为了逃避监督,高寀一伙蓄意篡改月港饷税征收程序,破坏饷税征收中的监察制度。正如上文所述,督饷馆设立之后,福建方面围绕督饷馆建立了一整套分权制衡、相互监督的饷税督查体制,例如上述的"印信官单"制度。然而,这一制度对于蓄意贪赃的高寀党伙来说,无异于断绝了他们的财路。因此,高寀利用其权势,将巡海道刊印的官单强行套出,交与督饷馆书吏,由此避开巡海道的监督,然而"命各商先替草单,吏书从中任其加增,商欲不减报货物不可得者,是秽丛也"⑤。也就是说,官单不再由海道直接发放给商人,而是由高寀一党套出后,交予督饷馆吏书,官单亦不再由商人直接填写,而是由商人草拟,而由吏书代为填写。这样一来,督饷馆既负责发放官单,又负责验货、征饷,吏书便可根据高寀的意愿,任意地加增货物数额,而其中加起的部分自然也就成为他们贪污的重要来源,而且在官单上不会留下任何的痕迹,而这就是上述"加起"恶例的由来。从"印信官本"制度的破坏,以及加起恶例的形成,我们不难看出高寀一伙对月港饷税体制的破坏。直到万历四十四年(1616年),高寀离闽之后,经推官萧基题请之后,督饷馆才恢复了印信官单制度,并逐渐取消了加起的恶例。

最后,税珰在海澄的横征暴敛。

我们知道,月港饷税的征收经过了一个逐渐增加的过程。由最初的隆庆六年(1572年)的3000两,至万历四年(1576年)突破万两大关,到了万历十一年(1583年)又突破了2万两大关。万历二十二年(1594年),因此前短暂海禁,造成该年商船集中返港,造成饷税征收创下了29000两的纪录⑥。而正常年份下,月港饷税的大体在2万两左右。而税珰的到来,使得月港饷税一下子猛增至27000两,"看得海澄饷税,初仅三千,其后增益至万,又加倍之,迨中使专权,始盈二万七千"⑦。这一数字几乎接近于月港有记录以来饷税征收的最高水平,这显然是高寀一伙千方百计、巧取豪夺的结果。这种异常"发展"对

---

① (明)张燮撰,谢方点校:《东西洋考》卷7《饷税考》,北京:中华书局,1981年,第134页。
② (明)张燮撰,谢方点校:《东西洋考》卷8《税珰考》,北京:中华书局,1981年,第156页。
③ (明)张燮撰,谢方点校:《东西洋考》卷8《税珰考》,北京:中华书局,1981年,第155页。
④ (明)张燮撰,谢方点校:《东西洋考》卷8《税珰考》,北京:中华书局,1981年,第155也。
⑤ (明)张燮撰,谢方点校:《东西洋考》卷7《饷税考》,北京:中华书局,1981年,第137页。
⑥ (明)张燮撰,谢方点校:《东西洋考》卷7《饷税考》,北京:中华书局,1981年,第133页。
⑦ (明)张燮撰,谢方点校:《东西洋考》卷7《饷税考》,北京:中华书局,1981年,第136页。

月港私人海外贸易的长期发展是有害而无利的。因此,在税珰撤回的万历四十三年(1615年),明廷亦不得不下令月港饷税"减三分之一,议减三千"①。然而,这仅仅是账面上的数字,那些无法纳入监管的"常例"、"加增"、"果子银"、"头鬓费",被不断地增设,随意苛敛。恰如福建巡抚袁一骥在弹劾高寀的奏章所说的:"寀假托剥夺,按各属记籍及海洋商舶,岁得数万,他金珠宝玩派取无价者,不可胜计。在闽一十六年,总得数十余万金。每进税银,扛数动逾百计,驿递钞关可查。"②又如,税珰假托上贡,苛敛方物。"正税之外,索办方物,费复不赀。诸虎而冠者,生翼横噬,漳民汹汹。"③这便是月港需索方物恶例的由来。即使是在万历三十四年(1606年)后征税权回归有司,高寀仍继续以"转解"、"督催"扰乱月港饷税征收,并以"办进方物"为名,强购方物、征索方物的恶例后为有司所相沿。直到万历四十八年(1620年),漳州府推官林栋隆轮署时才最终将之革除。"余又追慨中贵人衔命之横也,巧索方物,托名上供,实自填其私囊。迨有旨撤寀珰还,事归有司,而方物之名,相沿无改,之公乃除去之。"④

综上所述,税珰高寀对月港饷税征收体制的破坏是十分严重的,其影响十分恶劣。即使在税珰被撤之后,高寀乱闽时期所形成的诸多恶例流毒尚在。这种"中阉虽撤,遗毒尚沿"⑤的局面严重影响到了月港饷税体制的正常运作,从而制约着私人海外贸易的发展。因此,在税珰刚刚离闽,福建方面和漳州地方官员、海商、普通民众等各种社会力量便极力要求肃清税珰弊政的贻害,同时革除月港饷税体制中已有的弊端。这种诉求集中体现在了万历四十四年(1616年),漳州府推官萧基所条上的《恤商厘弊十三事》中。当然,我们也应该同时看到,萧基所提及的弊端中亦有些确是月港饷税体制所存在的漏洞和不足。对此,我们应该有所区别,加以当正确对待,不能将之尽数归为月港饷税体制的缺陷,或者将之全部归为税珰高寀的弊政。

第五节 明代后期私人海外贸易的发展

一、私人海外贸易商及其经营方式

早在隆庆月港部分开放开禁之前,漳泉等地沿海商民就开始冒禁出海,从事亦盗亦商的走私贸易,参与走私贸易的走私商人成分相当复杂,他们在走私贸易中所扮演的角色也各不相同。傅衣凌曾将明代福建海商的构成及其阶层大体分为两种类型:一类是被

---

① (明)张燮撰,谢方点校:《东西洋考》卷7《饷税考》,北京:中华书局,1981年,第136页。
② (明)张燮撰,谢方点校:《东西洋考》卷8《税珰考》,北京:中华书局,1981年,第163页。
③ (明)张燮撰,谢方点校:《东西洋考》卷7《饷税考》,北京:中华书局,1981年,第134页。
④ (明)张燮:《林司理惠商记》载梁兆阳:(崇祯)《海澄县志》卷18《艺文志》,第518页。
⑤ (明)张燮撰,谢方点校:《东西洋考》卷7《饷税考》,北京:中华书局,1981年,第136页。

传统的封建关系所排斥出来的地方贫民;一类是和地方传统关系有着亲密结托的人物。对于后者,傅衣凌又将其细化为三种人物:一为有政治力量的势豪;一为族大之家;一为以儒治贾者①。隆庆月港部分开放海禁之后,"豪猾之徒咸趋利而畏法"②。大批海商放弃了走私贸易和亦盗亦商的经营方式,转而向官府申领文引、缴纳饷税,合法地经营私人海外贸易。关于明代海外贸易商的构成,一般可分为绅商、船商、散商、仆商等。而从民间海外贸易的经营方式上看,主要有独资经营、领本经营和合伙经营等几种情况。

(一)绅商和仆商

在民间海外贸易中有能力从事独资经营的是那些被称为"豪门巨室"、"湖海大姓"、"势家大族"的"绅商"。所谓的绅商指的就是沿海地区从事海外贸易的官僚、地主等地主阶级的上层人物,即上述傅衣凌所说的有政治力量的势豪、族大之家、以儒治贾者。例如,嘉靖年间为朱纨所弹劾的考察闲住佥事林希元就属于此类有政治力量的势豪;而上文论及的海澄苏姓,以及梅岭林、田、傅三大姓便属于傅衣凌所说的族大之家;而万历年间(1573—1620年),浙江查获通番案件中的生员沈云凤就属于此类以儒治贾者③。由于这些绅商享有政治特权,又拥有雄厚的资金和人力资本,集官僚、地主、商人、高利贷者诸角色于一身,无论是在开禁之前的走私贸易,还是在开禁后的私人海外贸易中,他们都占据着重要的地位,往往把持和操纵着民间私人海外贸易。

早在明代中期走私贸易兴起之时,沿海地区的绅商就开始利用其政治特权包庇走私,从中渔利。"龙溪、嵩屿等处,地险民犷,素以航海通番为生。其间豪右之家,往往藏匿无赖,私造巨舟,接济器食,相倚为利。"④即使是在隆庆部分开禁之后,绅商仍利用其政治特权,庇护走私。"一伙豪右奸民,倚藉势官,接纳游总官兵,或假给引东高州、闽省福州及苏杭买货文引,载货出外海,径往交趾、日本、吕宋等买卖觅利。"⑤此外,隆庆部分开禁之后,官府对私人海外贸易仍进行着严格的限制,这使得拥有一定政治特权的绅商仍在私人海外贸易中占据着有利的地位。对此,韩振华就曾指出:当时能够获得"商引",能够得到"邻里"担保的船商,和能够应付官吏、里甲的鱼肉者,如非湖海大姓豪门巨室以及达官贵人与夫乡宦之流,实难取得这种"商引"而置船以泛海通商⑥。可见,拥有政治特权是绅商涉足海外贸易的重要凭借。

---

① 傅衣凌:《明清时代商人及商业资本》第四章"明代福建海商",北京:中华书局,2007年。
② (明)谢杰:《虔台倭纂》卷上《倭利》,载《玄览堂丛书续集》,国立中央图书馆影印,1947年。
③ (明)王在晋:《越镌》卷21《通番》,载《四库禁毁书丛刊·集部》第104册,北京:北京出版社,1998年,第498页。
④ 《明世宗实录》卷189,"嘉靖十五年(1536年)七月壬午"条,第3997页。
⑤ (明)顾炎武:《天下郡国利病书》(不分卷),《福建》,第433页。
⑥ 韩振华:《十六至十九世纪前期中国海外贸易航运业的性质和海外贸易商人的性质》,载《韩振华选集之三:航海交通贸易研究》,香港大学亚洲研究中心,2002年,第505页。

此外，绅商拥有雄厚的资本使其有能力独资经营私人海外贸易。我们知道，从事海外贸易所需的资本量相当庞大。以商船为例，海外贸易船修造费用相当昂贵，"造舶费可千余金，每往还岁一修辑，亦不下五百金"①。如非有雄厚的财力，实难独立承造和经营。而在开禁之前，这些海船大多数属于被称为"湖海大姓"、"豪门巨室"的绅商。之所以出现这种情况的原因，一方面与绅商拥有政治特权，敢于公然违禁揽造违式大船；另一方面与其拥有雄厚的资本有重要的关系。而隆庆开禁之后，在政治风险大大下降的背景之下，拥有雄厚财力的绅商更多出资造船，投身海外贸易当中。如崇祯末年，著名清官海瑞之孙海述祖就出资千金，造一大舶，"其舶首尾长二十八丈，以象宿；房分六十四口，以象卦；篷张二十四叶，以象气；桅高二十五丈，越擎天柱，上为二斗，以象日月"②。足见其气势之磅礴及投入之巨。此外，经营海外贸易存在着较大的航海风险和贸易风险，所谓"开洋之家十人九败，其得成家者十之一二耳"③。只有那些既拥有政治特权又拥有雄厚资本实力的绅商才具备足够的抗风险能力，以自有商船，自有资本，独资经营海外贸易。

需要指出的是，绅商往往并不亲身参与航海、贸易，而是出本置船，派遣家奴、养子等"仆商"出洋经营海外贸易。如，曾为朱纨所弹劾的考察闲住佥事林希元"以豺虎之豪奴，驾重桅之巨航……遂成巨富"④。朱纨所称的"豺虎之豪奴"实际上就是替林希元经营海外贸易的家奴。再如，万历三十七年（1609年），浙江查获的生员沈云凤一案，生员沈云凤就是将赀本托于仆人沈来祚，往海澄生理，来祚转贩吕宋等地，"包利以偿其主"⑤。除了家奴外，绅商还豢养义子，由他们为其经营海外贸易，此种风气在闽南等地尤为盛行。"海澄有番舶之饶，行者入海，居者附赀。或得篓子、弃儿，养如所出，长使通夷，其存亡无所患苦。"⑥这些"义男"、"义子"的身份和地位与其婚姻状况及主家地位有直接关系，"其财买义男，恩养年久，配有家室者，同祖孙论。恩养未久，不曾配给者，士庶家以雇工论，缙绅家以奴婢论"⑦。这些家仆、义子领本经营，对其主人有很强的人身依赖关系，实际上都是绅商的附庸和代理人，不能简单地将之看成是一个独立的商人阶层。当然，绅商也并非全部不亲身参与海外贸易，如上文提及的海述祖就亲自参与海外贸易。崇祯十五年（1642年）三月，滨海贾客38人"赁其舟，载货互市海外诸国，以述祖主之"⑧。在这里，海述祖是亲身参与海外贸易的绅商，同时又是该船的船主，又是众散商的商主，集多重身份于一身。从经营方式上看，海述祖独资造船、置货，属于独资经营的方式。同时，海述

---

① （明）张燮撰，谢方点校：《东西洋考》卷9《舟师考》，北京：中华书局，1981年，第170页。

② （清）钮琇：《觚剩续编》卷3《海天行》，载《笔记小说大观》，第17册，扬州：广陵古籍刻印社，1983年，第71页。

③ （明）何乔远：《开海洋议》，转引自傅衣凌：《休休室治史文稿补编》，北京：中华书局，2008年，第370页。

④ （明）朱纨：《甓余杂集》卷2《阅视海防事》，第25页。

⑤ （明）王在晋：《越镌》卷21《通番》，第498页。

⑥ （明）何乔远：《闽书》卷38《风俗志》，第946页。

⑦ 《明神宗实录》卷194，"万历十六年（1588年）正月庚戌"条，第3655页。

⑧ （清）钮琇：《觚剩续编》卷3《海天行》，载《笔记小说大观》，第17册，第71页。

祖招徕散商随船贸易,其中又包含着合伙经营的色彩。

除了拥有船只,使用仆商经营海外贸易,绅商还将资本、人船借贷给其他商人,以此分割海外贸易的利润。"下海通番之人借其资本、借其人船,动称某府,出入无忌,船货回还,先除原借本利,相对其余赃物平分。"①在此,出资本的绅商与资本的借贷者之间,首先是一种高利贷的借贷关系,即绅商将资本借给散商,以赚取利息。这种高利贷现象在明代海外贸易中相当常见,"富家以财,贫人以躯,输中华之产,驰异域之邦,易其方物,利可十倍"②。由于绅商与散商之间存在着高利贷关系,所以"船货回还,先除原借本利",即归还所借贷资本的本金和利息。另外,由于散商不仅借贷资本,还向绅商租借船只及船员,贸易之后除了要偿付高利贷的本息外,还需要"相对其余赃物平分",即将贸易所得与船只拥有者的绅商平分。绅商将人船租借给散商的情况在当时也是相当普遍的,即所谓的"将大船雇与下海之人,分取番货"③。需要指出的是,绅商将商船租借给商人从事海外贸易时,其所得利润并非散商事先预付的租金,而是事后"分取番货"。这与近代航运业者有很大的不同,其实质是一种以船入伙分取利润所得的合伙④。可见,绅商通过借贷资本、租赁船只、派遣仆商经营等各种方式规避了海外贸易的风险,却成为海外贸易中受益最多的一个阶层。

(二)船商

船商一般可分为两类:一类是拥有船只的船主,亦称为舶主,有时又被称为"哪哒"、"喇哈"、"南和达",为波斯语 Nakhoda 的译音,意即船主⑤。一类是随船的船工、水手。关于明代海外贸易船中驾船人员构成及相应职责,《东西洋考》记载道:"每舶舶主为政,诸商人附之,如蚁封卫长,合兵徒巢。亚此则财副一人,爰司掌记。又总管一人,统理舟中事,代舶主传呼。其司战具者为直库,上樯桅者为阿班,司椗者有头椗、二椗,司繚者有大繚、二繚,司舵者为舵工,亦二人更代。其司针者名火长,波路壮阔,悉听指挥。"⑥可见,在船主之下还有财副、总管、直库、阿班、火长等高级船工。此外,还有数十至百人的普通水手。船主不仅自身拥有船只,往往亲身参与海外贸易。以万历年间浙江查获通番案为例,"福清人林清与长乐船户王厚商造钓槽大船,倩郑松、王一为把舵,郑七、林成等为水手,金士山、黄承灿为银匠。李明习海道者也,为之响导,陈华谙倭语者也,为之通事。于是招来各贩,满载登舟"。往日本五岛贸易后,"林清、王厚抽取商银,除舵工、水手

---

① (明)朱纨:《甓余杂集》卷2《阅视海防事》,第26页。
② (清)陈锳等修:(乾隆)《海澄县志》卷15《风土·引明旧志》,第171页。
③ 《问刑条例》弘治十二年(1499年),载《中国珍稀法律典籍集成》,第3册,北京:科学出版社,1994年,第243页。
④ 刘秋根:《中国古代合伙制初探》,北京:人民出版社,2007年,第240页。
⑤ 聂德宁:《明代嘉靖时期的哪哒》,载厦门大学南洋研究所编:《南洋研究论文集》,厦门:厦门大学出版社,1992年,第354页。
⑥ (明)张燮撰,谢方点校:《东西洋考》卷9《舟师考》,北京:中华书局,1981年,第170页。

分用外,清与厚共得银二百七十九两有奇,所得倭银即令银匠在船倾销,计各商觅利多至数倍,得意汎舟而归"①。从上述案例来看,明代海外贸易船上的船主往往不止一人。此案中林清、王厚合伙造船,共同抽分商人利润,他们二人都是该船的船主。这种合伙造船的现象在当时相当普遍,"商船则土著民醵钱造船,装土产,径望东西洋而去,与海岛诸夷相贸易"②,"澄之商舶,民间醵金发艅艎,与诸夷相贸易"③。可见,合伙置船现象在闽南地区相当普遍,其原因就在于造船、修船费用高昂,一般商人无力独自承担,所以船主多采用合伙的形式造船。此外,船主的盈利方式主要包括了两个方面:一方面就是自带货物前往海外发卖,谋取利润,在此船主既是经营航运的船商,又是经营海外贸易的贸易商。这就使得船商与近代纯粹经营航运的航运业主有着本质的区别,同时也使得作为贸易商的船主与同样从事贸易的散商之间包含着某种合伙经营的关系,而非单纯的租赁关系。另一方面,船主还按照一定的比例抽分散商的商业利润。其抽分比例大致为,"凡商人货物出海,言定卖后,除本商七分,船三分利"④。此案中"清与厚共得银二百七十九两有奇"即为船主抽分散商的利润。到了清代船主收入的重要来源还是大体上与明代一样,即按一定比例抽分各商贩所得利润。如,康熙元年(1662年)正月,捕获私自与日本贸易的商人,船主王自成,有商贩三十二人,其抽分比例为,"卖出银,每百两,抽分贰拾两"⑤。而船主与所雇募的船工、水手之间关系也是多种多样,其中有存在着雇佣关系,特别是船主与那些"不持片钱,空手应募得值以行"⑥的船工、水手之间,就属于船主与船工的雇佣关系。但是,船主与船工和水手间又不纯粹是雇主与雇工的关系。如此案中林清、王厚并非事先垫付船工、水手的工钱,而是将贸易之后抽分散商的利润分予船工。对此,有学者就认为船主与船工、水手之间是一种资本与劳动相结合的合伙关系⑦。此外,也有不少船工的收入并非来自船主所支付的工资,而是以出卖劳动换取商船上的舱位,由其随船带货出外贩卖,以贸易收入充作报酬,这种方式一直被保留至清代。如果船主不亲自出海,而委托船长出海,那么船长是没有固定收入的,但是他可以获得商船往返时的 100 个担位,用以带货或者出租,作为船长的收入。同样,船上的伙长、财副、总管、舵工、水手也可以获得数量不等的担位,用以带货或出租,作为收入⑧。在这种情况下,特别是在船工、水手自带货物贸易,获利抵充工资时,这些船工、水手的身份性质显然也是参与海外贸易的贸易商。正因为如此,清代来往于日本、暹罗等地的商船货物中,被分为

---

① (明)王在晋:《越镌》卷21《通番》,第497页。
② (明)顾炎武:《天下郡国利病书》(不分卷),《福建》,第467页。
③ (明)张燮撰,谢方点校:《东西洋考》卷7《饷税考》,北京:中华书局,1981年,第152页。
④ 《明清内阁大库史料》卷12《兵部为报单事第九十九号》,北京:北京图书馆出版社,2009年。
⑤ 《刑部等衙门尚书觉罗雅布等残题本》载《明清史料》(丁编),台北:"中央研究院"史语研究所,1999年。
⑥ (明)梁兆阳:(崇祯)《海澄县志》卷5《饷税考》,第367页。
⑦ 刘秋根:《中国古代合伙制初探》,北京:人民出版社,2007年,第240页。
⑧ 陈希育:《清代海外贸易的经营与利润》,《中国社会经济史研究》1992年第1期。

"公司货物"、"附搭货物"、"目梢货物"三类,其中"公司货物"可能是船主的货物;"附搭货物"应该是受其他商人委托载运的货物;而"目梢货物"显然是船工、水手搭载的货物①。由此我们不难窥见明代私人海外贸易的样貌,船工、水手与船主之间不完全是雇佣关系,而有合伙经营的色彩。

(三)散商

所谓的"散商",即中小海商。明代海外贸易中的散商人数众多,分合最为不定。"夫一船商以数百计,皆四方萍聚雾散之宾。"②散商往往会推选资本雄厚者为商主,或称商首。每船必有1~2名这样的商主,"闽广奸商,惯习通番,每一舶推豪富者为主,中载重货,余各以己资市物往贸"③。如,万历三十七年(1609年)浙江查获的通番案中,"计定海打造通番船有三,一船李茂亭为长,而发旗者之为士垣也。一船唐天鲸为长,而发旗者之为薛三阳,董少也。一船方子定为长,而合本者之为严翠梧也"④。散商则为商主招徕而来,"一船一商主司之,即散商负载而附者"⑤。如上述通番案中,林清、王厚造船、雇募水手之后,"于是招来各贩,满载登舟,有买纱、罗、紬、绢、布匹者,有买白糖、磁器、果品者,有买香、扇、梳、笣、氈、袜、针、纸等货者"。又如,浙江方子定通番案中,"于时,子定先往福建收买杉木,至定海交卸。意欲紧随(薛)三阳等,同船贩卖。遂将杉船向大嵩港潜泊,而预构杨二往苏杭置买胡丝,又诱引郑桥、林禄买得氈毯同来定海,见三阳船已先发,乃顿货于子定家,寻船下货"⑥。此案中方子定在整个案件中发挥着重要的作用,在某种程度上充当了商主的角色,而杨二、郑桥、林禄等人则为方子定招徕而来的散商。

散商或"自本"或"借本"从事海外贸易,借本即所谓的"赁子母钱往市"⑦。这种借本往市的情况比较多。因此,散商受到高利贷商的盘剥,并以亲属为质押。"朱顿之富操其子母,安得制奇赢而不穷?"⑧由于有不少散商资本为借贷而来,因而他们不得不售卖较高的价格,否则就不能偿还债务。同样是因为需要按时偿还债务,因此他们必须赶在季候风转换之前做完他们的生意,而不能待在那里等待季候风转换期间,销售较好价格。相反,他们经常不得不廉价抛售,以减少压冬的耗费和国内利息的递增⑨。由此可见,散商经营状况之艰难。对此,张燮曾感叹道:"夫贾人占风犯涛,博十一于鳞介之国,幸而取

---

① 松浦章:《清代"公司"小考》,《清史研究》1993年第2期。
② (明)张燮撰,谢方点校:《东西洋考》卷7《饷税考》,北京:中华书局,1981年,第136页。
③ (明)周玄暐:《泾林续记》,载《丛书集成初编》,第2954册,北京:中华书局,1985年,第27页。
④ (明)王在晋:《越镌》卷21《通番》,第496页。
⑤ (明)张燮撰,谢方点校:《东西洋考》卷7《饷税考》,北京:中华书局,1981年,第137页。
⑥ (明)王在晋:《越镌》卷21《通番》,第496页。
⑦ (明)洪朝选:《洪芳洲先生摘稿》卷4《瓶台谭侯平寇碑》,第54页。
⑧ (明)王在晋:《海防纂要》卷1《福建事宜》,载《四库禁毁书丛刊·史部》第17册,北京:北京出版社,1998年,第669页。
⑨ 李金明、廖大珂:《中国古代海外贸易史》,南宁:广西人民出版社,1995年,第303页。

赢,愿望故里关山,欣同隔世,有续命缕,乃墨者既凭高撂之,黠者、豪者又从旁百计浚之,情倍可怜。"①张燮所指的多为这些无权无势、资本菲薄的散商。其次,尽管散商附从于商主和船主,可由此获得以较少资本量参与海外贸易的机会,然而,此种依附关系并非没有代价的,商主与散商之间存在着某种封建家长制的从属关系,散商往往要受压于商主,还要承担商主和船主转加的各种摊派。"迄因由常例,有加增、有果子银,有头鬃费,名色不等,俱从商首取给,任其科索。东洋船有敛三百余金者,西洋船有敛四百余金者,悉归商首操纵,不止饷一费一,甚饷一而费二矣。众商为喉,主商为腹,怨声载道。"②可见,散商所受到的盘剥之重。然而,合伙经营较个体经营有着更好的风险承受能力。同时,合伙经营相对松散,分合容易,既保持了合伙者相对的独立性,又能够很快地凑齐人数及货物,大大地提高了资本的经营效率。

二、私人海外贸易对象及贸易网络

早在隆庆开禁之前,中国海商的足迹早已遍及东北亚和东南亚各地。"东则朝鲜,东南则琉球、吕宋,南则安南、占城,西南则满剌加、暹罗,彼此互市若比邻。然又久之遂至日本矣,夏去秋来,率以为常。"③正如上文所述,隆庆初年月港部分开放海禁包含了明廷鲜明的政治意图,因而官方允许的私人海外贸易对象被限制在了"素称恭顺"的东西洋各国。对此,黄叔璥在《台海使槎录》中概述道:"东西洋通贩诸国,西洋则交趾、占城、暹罗、下港、加留吧、柬埔寨、大泥、旧港、麻六甲、哑齐、彭亨、柔佛、丁机宜、思吉港、文郎马神;东洋则吕宋、苏禄、猫里务、沙瑶、呐哔啴、美洛居、文莱、鸡笼、淡水。"④应该说明的是,明代的东西洋以文莱为界,受到了当时航海过程中航向、潮汐、洋流的影响,逐渐形成以文莱为界的准则⑤。明代史籍中的西洋包括交趾、占城、暹罗、六坤、下港、加留吧、柬埔寨、大泥、吉兰丹、旧港、詹卑、麻六甲、亚齐、彭亨、柔佛、丁机宜、思吉港、文郎马神、迟闷等19个国家和地区,其范围大概在今天的中南半岛、马来半岛、苏门答腊、爪哇以及南婆罗洲一带;东洋包括吕宋、苏禄、高乐、猫里务、网巾礁老、沙瑶、呐哔啴、班隘、美洛居、文莱等10个国家和地区,其范围大概在今天的菲律宾群岛、马鲁古群岛、苏禄群岛以及北婆罗洲一带。东西洋各个国家和地区一直以来都是中国海商传统的贸易势力范围。随着月港部分开放海禁,明廷部分地承认了中国海商的传统贸易势力范围。兹以万历十七年(1589年)官方颁发的东西洋商引为例,加以说明。该年官方颁发的东西洋船引共计88张,涵盖了菲律宾群岛、中南半岛、马拉半岛、婆罗洲、马鲁古群岛、苏门答腊、爪哇等地的

---

① (明)张燮撰,谢方点校:《东西洋考》卷7《饷税考》,北京:中华书局,1981年,第135页。
② (明)张燮撰,谢方点校:《东西洋考》卷7《饷税考》,北京:中华书局,1981年,第138页。
③ (明)谢肇淛:《五杂俎》卷4《地部二》,载《国学珍本文库》第1集,第13种,第145页。
④ (清)黄叔璥:《台海使槎录》卷2《商贩》,载《台湾文献丛刊》,台北:大通书局,1984年,第45页。
⑤ 李金明:《明代海外贸易史》,北京:中国社会科学出版社,1990年,第139页。

43个国家和地区,所包含的国家和地区及相应的商引数量。嗣后经府院批准,在原有43个国家和地区的基础上,又增加"占陂、高址州、篱木、高堤里、邻吉、连单、柔佛、吉宁邦、日隶安、丁义里、迟闷、苏禄、斑隘"①等12个国家和地区,每处准船一只。因此,引数增加至100张,而官方许可的贸易国家和地区就已经达到65个之多。

万历十七年(1589年),经福建巡抚周寀议定后的月港东西洋船引发放情况。首先,现菲律宾及附近地区议定船引共计41张,约占总船引数的46.6%。其次,是在今天的越南、泰国、马来西亚、柬埔寨和文莱地区,定船引合计30张,约占总船引数的34.1%。最后,是印度尼西亚海域,定给船引17张,约占总船引数的19.3%。由此我们不难看出,明代月港出航的商船贸易的地区主要是在菲律宾群岛及其周边,其次为中南半岛及马来半岛,这些地区所颁发的船引总数就将近70张,占颁发商引总数中的绝大部分。出现这种情况,主要是因为这些国家和地区与中国距离较近,航海风险相对较小,所需费用较省,获利也比较大。特别是东洋的吕宋更是为月港海商们所青睐,"吕宋居南海中,去漳州甚近……先是闽人以其地近且饶富,商贩者至数万人"②。对此,西人记载亦曾指出,"中国商人不愿意把最好的货物冒险运到很远的地方,而运到距离最近的马尼拉"③。而许多领取西洋船引的商人亦贪图东洋路近利厚,偷偷转贩东洋,"出海时,先向西洋行,行既远,乃复折而入东洋"④。这种越贩现象的大量存在,使得月港每年实际抵达西洋的商船往往不能如额。

在东南亚各个国家和地区,月港海商主要与当地商民进行直接贸易,他们将中国货物运抵东南亚各地,在向当地统治者缴纳港税之后,按照当地规定和习惯与当地人进行贸易。同时,在一些地方,月港海商也与第三地商人进行中转贸易,其中规模较大的集中在了东京、广南、柬埔寨和暹罗等地,主要是与日本海商进行贸易。而在万丹,月港海商也与印度、波斯以及阿拉伯商人进行少量的贸易。应该指出的是,隆庆初年月港开放海禁之后,福建海商所面临的海外贸易形势已经发生了翻天覆地的变化。随着西方殖民者的相继东来,并在东亚占据贸易据点。此时,月港海商在东南亚所面对的贸易对象已经不仅仅是当地土番,还包括了东来的西方殖民者。在菲律宾、马鲁古、巴达维亚、马六甲等地,月港海商也与占据当地的西方殖民者展开贸易。而月港贸易对象和范围由此突破了原有东亚贸易圈的界限,更大程度地融入整个世界贸易网络中去。1511年,葡萄牙人占领马六甲,1557年取得澳门居留权,葡萄牙人逐渐开辟了长崎—澳门—马尼拉—马六甲—果阿—里斯本贸易航线,并且在东南亚、南亚各地拓展了许多的分支航线。除了毗邻澳门的广东成为葡萄牙人获取中国货物的重要渠道,月港海商亦通过直接与间接的方

---

① (明)许孚远:《海禁条约行分守漳南道》,载张海鹏主编:《中葡关系资料集》,成都:四川人民出版社,1999年,第293页。
② (清)张廷玉:《明史》卷323《吕宋传》,北京:中华书局,1974年。
③ E. H. Blair and J. A. Robertion eds., *The Philippine Islands*, 1493—1898, Vol. 8, Gloucester:Dodo Press, p. 86.
④ 《天启红本实录残叶》,载《明清史料》(戊编),"中央研究院"史语研究所,1994年。

式与葡萄牙人建立了广泛的商业联系。月港转贩的商品向西通过葡萄牙人的中介作用，经南中国海、印度洋、大西洋运抵南亚与欧洲。1565年，西班牙殖民者黎牙实备在菲律宾建立殖民统治后，开辟了美洲殖民地与马尼拉之间的大帆船贸易，随即形成了西班牙—阿卡普尔科—吕宋的大帆船贸易。至1576年后，月港海商逐渐建立了月港与马尼拉之间稳定的商业联系，而月港成为西班牙人获取中国货物最主要的渠道。中国商品向东通过西班牙人的中介作用，经东海、太平洋、大西洋抵达美洲与欧洲。而17世纪初，后至的荷兰人在巴达维亚建立了殖民据点，拓展其在亚洲地区的商业利益，同时，荷兰人窃据台湾南部将之作为转贩中国商品的重要基地，在此，荷兰人建立起与月港间紧密的商业联系，并利用台湾有利的地理位置极力阻挠中国与马尼拉的贸易，大力排斥葡萄牙人在东亚的贸易优势。同时，努力拓展与经营中国和日本的贸易，以及印度—波斯—阿拉伯贸易，并通过其商馆网络将亚洲与阿姆斯特丹联系在了一起。

除了上述合法的私人海外贸易外，明代后期的走私贸易并未因月港部分开禁而停止，从事走私贸易的商人数量十分庞大。据澳大利亚学者安东尼·瑞德的估计，仅万历四十一年（1613年）中国出洋的商船就达190艘[1]。对此，官方史书亦认为欲往海外的中国商人、船工等人员，"数以十余万计"[2]。这都远远超出了合法出洋贸易的商船和商人数量，出现这种局面的原因大体有如下几个方面。首先，隆庆部分开放海禁并非在于发展海外贸易，而是吸取嘉靖倭患的教训，开禁以息祸。因此，"于通之之中，寓禁之之法"成为月港部分开禁的主导思想。月港部分开禁的限度非常小，实际上包含着官方对私人海商的诸多限制。"凡走东西二洋，制其船只之多寡，严其往来之程限，定其贸易之货物，竣其夹带之典刑，重官兵之督责，行保甲之连坐，慎出海之盘诘，禁番夷之留止，厚首举之赏格，蠲反诬之罪累。"[3]而每年发放的商引亦远远无法满足沿海商民出洋经商的需求。因而即使是在合法私人海外贸易繁盛的时期，走私贸易并未曾停止。其次，日本仍在严禁之列，所谓"禁愈严而利愈厚"，在重利的诱惑下，"射利之徒率多潜住"[4]。其通倭之利甚至超过了吕宋，"贩日本之利倍于吕宋，夤缘所在官司，擅给票引，任意开洋，高桅巨舶，络绎倭国"[5]。无视禁令走私、越贩日本的现象大量地存在，"漳人假以贩易西洋为名，而贪图回易于东之厚利近便，给引西洋者不之西而之东，及其回也，有倭银之不可带回者，则往彭湖以煎销，或遂沉其船，而用小船以回家"[6]。同时，有大量的华商流寓日本，"留

---

[1] Anthony Reid, *Southeast Asia in the Age of Commerce*, 1450—1680, Vol. 2, New Haven: Yale University Press, 1993, p.18.

[2] 《崇祯长编》卷41，崇祯三年（1630年）十二月乙巳，第2456页。

[3] （明）许孚远：《海禁条约行分守漳南道》，载张海鹏主编：《中葡关系资料集》，成都：四川人民出版社，1999年，第293页。

[4] （明）张燮撰，谢方点校：《东西洋考》卷6《外纪考》，北京：中华书局，1981年，第127页。

[5] 《明神宗实录》卷476，"万历三十八年（1610年）十月丙戌"条，第8987页。

[6] （明）洪朝选：《洪芳洲先生读礼稿》卷3《代本县回劳军门咨访事宜》，香港：华星出版社，2002年，第77页。

倭不归者……自(万历)三十六年至长崎岛明商不上二十人。今不及十年,且二三千人矣。合诸岛计之,约有二三万人"[1]。这种走私倭国的现象不仅大量地出现在漳泉,即如省府所在地的福州府,沿海商民亦大量地走私日本[2]。欧阳华宇和张吉泉,二人都是漳州海商,于万历年间从事"朱印船"来往南洋贸易而流寓长崎,成为侨居长期华侨的头人。1602年,欧阳华宇和张吉泉鉴于流寓长崎的华侨不断增多,代表当地华侨并征得当地政府同意,将长崎稻佐乡佛教净土宗悟真寺改为菩提寺,作为当时移居长崎的华侨礼佛联谊聚会的场所,同时又把附近一块土地作为唐人墓地。崇祯元年(1628年),日本长崎建立了由漳州商人出资兴建的福济寺,俗称漳州寺。翌年,福州籍商人捐资兴建崇福寺,俗称福州寺。可见,明代后期对日走私贸易实际上是比较繁荣的。最后,月港饷税体制中所存在的弊端及督饷官员的蠹商行径,导致有不少的商民私自出洋,以躲避征税及官员的苛政。正是基于上述原因,在官方许可的合法私人海外贸易蓬勃发展的时期,非法的走私贸易也未曾断绝。然而,此一时期的走私贸易与明代前期的走私贸易有所不同,大都不像以前那样与倭寇勾结,从事劫掠骚扰活动,而采取了走私贩运货物,以此逃避官方征税的方式。而他们的活动范围也显然不受明廷禁令的限制,"以暹罗、占城、琉球、大西洋、咬留吧为名,以日本为实者,丝宝盈桁而出,金钱捆载而归"[3]。

综上所述,隆庆月港部分开禁之后,中国海商的活动范围相当辽阔,不仅包括了原来的东北亚、东南亚等传统势力范围,而且在西方殖民者的中介作用下,将整个东亚贸易网络与西方航海贸易网络相对接。中国海商所努力编织的贸易网络促进了全球范围内航海贸易网络的建立,推动了全球范围内的生产分工、产品交换、贸易流通,有力地推动了早期经济全球化进程的加速发展。

三、进出口商品

随着月港私人海外贸易的发展,私人海外贸易的进出口产品数量和种类也在不断地增加。仅据上列月港《陆饷货物抽税则例》统计,万历三年(1575年)月港征收陆饷的商品仅有55种,到了万历十七年(1589年)月港征收陆饷的进口货物增加至83种,而到了万历四十三年(1615年)又增加至115种。有关月港进出口商品的具体种类与名称,请参见表2-5。此外,月港进出口商品亦详载许孚远所作的《海禁条约行分守漳南道》之中:

> 该(漳州)府查得商舶兴贩东西洋诸番,去时,随带本处段、布、丝、棉、锅、铫、磁器、柑果、白糖、雨伞、铜盆、铜圈、药材、草珠、黑沿小钱及衣服等物,往贩贸易。回时,除贩吕宋者多系银钱,余国俱系胡椒、象牙、苏木、檀香、奇楠香、犀角、沉香、没

---

[1] (明)朱国桢:《涌幢小品》卷30《倭官倭岛》,载《明代笔记小说大观》,上海:上海古籍出版社,2005年,第3822页。

[2] (明)董应举:《崇相集·疏一·严海禁疏》,第17页。

[3] (明)周之夔:《海寇策》,载(清)陈寿祺:《重纂福建通志》卷86《历代守御》,《中国省志汇编》,台北:华文书局,1968年,第1734页。

药、玳瑁、豆蔻、冰片、燕窝、鹤顶、荜拨、蜂蜡、蜂蜜、虎、豹、獐、獭、鹿皮、子绵、番被、孔雀尾、竹布、嘉文席、番藤席、大风子、阿片、棋子、绢、槟榔、水藤、白藤、牛角、牛皮、牛蹄、明角、藤黄、黑铅、番锡、番藤、乌红木、紫檀、紫木景、珠母壳、番米、降真香、血碣（竭）、孩儿茶、速香、乳香、木香、番金、丁香、鹦鹉螺、毕布、锁服、阿魏、芦荟、马钱、椰子、海菜、没石子、龟筒、苏合油、安息香、鹿角、番纸、红纱、棕竹、蔷薇露、哆罗连、琉璃瓶、被头、铜鼓、沙鱼皮、螺蚆、尖尾螺、番泥瓶、丁香枝、马尾、鹿脯、磺土、花草油、麻黄、丝锦、鲂鱼皮、甘蔗、乌排草、钱、铜等货，俱经刊如税则，已有定据。其私贩日本者，须得焰硝、水银、甘草、糖、铁之物，到彼兑卖，白银多者，空船而返。间或有货，只是马尾，獭皮、倭刀数物耳。①

从月港出口的产品上看，中国商人转贩出口的主要以中国的农副产品及手工业产品为主。对此，明代福建晋江人李廷机曾谈道："所通乃吕宋诸番，每以贱恶什物，贸其银钱，满载而归，往往致富。"②李廷机所谓的"贱恶什物"并不是说中国产品质量差，而是说明中国出口的主要是在国内不甚值钱的农副产品以及手工业制品。此种出口贸易商品结构的出现，表明海外对中国农副产品及手工业产品的需求旺盛，并因此成为中国主要的出口产品，这恰恰反映了当时中国在东亚经济圈中相对先进的农业和手工业优势。另据学者统计，明代后期从中国输出的商品多达230余种，主要包括以下几大类：(1)丝织品类，如各色生丝、绸缎、天鹅绒、布匹等；(2)瓷器类，如各种碗、盘、杯子、碟子等；(3)各种手工业产品，如镜、梳子、刀、漆鞘、扇、伞、烧珠、锤、针等；(4)糖品，如红糖、白糖等；(5)金属类，如金、锡、铅等；(6)文化用品类，如日历、裱纸、书等③。从史料的记载看，月港出口的产品基本上囊括了上述六大类的大部分商品，这从另外一个侧面反映了月港私人海外贸易在明代后期海外贸易中的重要地位。总体来说，月港出口产品中尤以生丝和丝织品、瓷器、糖品最为大宗。

以生丝及丝织品为例，隆庆初年月港部分开放海禁之后，中国海商很快就建立起与马尼拉紧密的贸易联系，月港商船将大量的中国产品载运到马尼拉，对维持西班牙大帆船贸易起到了至关重要的作用。而西班牙的菲律宾及美洲殖民地对物美价廉的中国生丝及丝织品的需求，一直保持着相当旺盛的态势。从贩运生丝及丝织品的数量的角度看，据记载，每年从马尼拉返航阿卡普尔科的每艘大帆船，通常要载运生丝多达1万～1.2万包，生丝品300～500箱（每箱重逾200磅），有时还超过1000箱④。而每年抵达阿卡普尔科的大帆船往往不只一艘，其所载运的中国生丝及丝织品的数量相当可观。而从货币的角度看，据西方学者统计，在一般年份里，每年由马尼拉返航阿卡普尔科的大帆船

---

① （明）许孚远：《海禁条约行分守漳南道》，载张海鹏主编：《中葡关系资料集》，成都：四川人民出版社，1999年。第294页。
② （明）李廷机：《报徐石楼》，载《明经世文编》卷460，北京：中华书局，1962年，第5041页。
③ 夏秀瑞、孙玉琴：《中国对外贸易史》第1册，北京：对外经济贸易大学出版社，2001年，第332页。
④ 金应熙主编：《菲律宾史》，开封：河南大学出版社，1990年，第150页。

都会载运价值200万~300万比索的中国生丝和丝织品,一年平均有30~40艘福建船从马尼拉运走250万~300万里亚尔(real)的白银,这些白银大部分都是用来购买中国的生丝及丝织品①。而西班牙获取中国生丝最主要的渠道就是与月港的贸易。而1628—1641年间,西班牙曾一度占领台湾的鸡笼和淡水,在此经营与中国的直接贸易,西班牙人重点搜罗的中国产品仍然是生丝和丝织品。如,1629年,西班牙人一次性就投入20余万比索在台湾收购丝织品②。可见西班牙人对中国生丝及丝织品需求之大,以及月港出口生丝和丝织品之多。而这些生丝运抵墨西哥之后,多半在墨西哥加工织造,然后运往秘鲁等地发卖,当地有超过14000人以丝织业为生③。西班牙的美洲殖民地"自智利至巴拿马,西班牙人穿着的服装,无论是僧侣的法衣,还是秘鲁首都居民的斗篷和长筒丝袜,都是用中国丝绸缝制的,或以生丝织造的"。著名西班牙弗莱明戈舞者身上飘逸流动的大披肩,原名马尼拉披肩,其实来自漳州。随着马尼拉帆船贸易从月港来到马尼拉,再往墨西哥、欧洲,在墨西哥、西班牙刮起马尼拉披肩风潮。欧洲上流社会妇女阶层将马尼拉披肩视为女性与爱的象征。漳州产的"安达卢西亚布"是漳州商人"敏而善仿"的典型。10世纪以来,西班牙安达卢西亚是欧洲重要纺织基地,安达卢西亚布以其热情奔放的用色原则驰名全欧洲。通过与西班牙人交往,漳州织工学习到安达卢西亚纺织技术,不仅生产出漳州安达卢西亚布,而且质量上更胜原产地产品,并"以其快速的生产、低廉的价格占据着市场优势,以致以威胁到原产地产品的销售利益。在西班牙宫廷、王公大臣、贵妇人纷纷以漳州安达卢西亚布为傲"④。可见,月港贸易对于西班牙美洲殖民地产业的生存与发展,乃至人民生活水平的提高都起到了至关重要的作用,而这种海外需求又进一步刺激了从中国进口生丝和丝织品的商贸活动。由于马尼拉大量从月港进口生丝及丝织品,"(美洲殖民地)市场已经被来自中国和菲律宾价格低廉的产品占领"⑤。这就直接影响到了西班牙国内丝织业的发展,甚至影响到了西班牙王室税收的来源,从而导致西班牙一度掀起了限制和禁止进口中国丝绸的运动⑥。

而就月港进口的产品上看,月港海商从东南亚进口的货物主要包括以下几大类:(1)香料,如丁香、肉豆蔻等;(2)动物及相关制品,如鹿肉、鹿肉、鹿角等;(3)海产,如沙鱼皮、虾米等;(4)食品,如番米、燕窝等;(5)金属及相关制品,如黑铅、番锡等;(6)药材,如

---

① C. R. Boxer, *The Great Ship from Amacon: Annual of Macao and the Old Japan Trade*, Centro de Estudos Historicos Ultramarinos, Lisbon, 1959, p. 74.

② E. H. Blair and J. A. Robertion eds., *The Philippine Islands*, 1493—1898, Vol. 22, Gloucester: Dodo Press, p. 318.

③ E. H. Blair and J. A. Robertion eds., *The Philippine Islands*, 1493—1898, Vol. 27, Gloucester: Dodo Press, p. 199.

④ 全汉升:《自明季至清中叶西属美洲的中国丝货贸易》,载《中国经济史论丛》第1册,香港中文大学新亚书院,1972年,第466页。

⑤ William Lytle Schurz, *The Manila Galleon*, New York: E. P. Dutton & Co., Inc., 1959, p. 405.

⑥ 李金明:《联系福建与拉美的海上丝绸之路》,《东南学术》2001年第4期。

胖大子、大风子等;(7)纺织品,如土丝布、粗丝布等;(8)藤及相关制品,如番藤、番藤席等;(9)手工业制品,如番泥瓶、番镜等。由此可见,月港进口的商品种类和数量是比较多的。此外,根据中国商人兴贩国家和地区的不同,所进口的商品也有很大的差异,这主要是受到贸易对象国和地区物产的影响。对此,明人傅元初在《请开洋禁疏》中就说:"海外之夷有大西洋,有东洋。大西洋则暹罗、柬埔寨诸国,其国产苏木、胡椒、犀角、象牙诸货物,是皆中国所需。而东洋则吕宋,其夷佛郎机也,其国有银山,有夷人铸作,银钱独盛。中国人若往贩大西洋,则以其产物相抵。若贩吕宋,则单得其银钱。"①总体上来说,中国海商从东南亚国家和地区进口的商品种类最多,其中又以各色香料、宝货等商品为多,由于其体积小、价值高,商人乐于兴贩,而国内需求也一直比较旺盛,因而进口量相当大。而中国从日本进口的主要为各种金属,包括铅、铜、银等,贸易量相当大,恰如上揭引文中所说的"白银多者,空船而返,间或有货,只是马尾、獭皮、倭刀数物耳"。而欧洲国家在亚洲主要从事转口贸易,月港海商从这些殖民者进口的主要是亚洲各地的产品,特别是东南亚的香料,进口最多。其次便是南美和日本的白银,其数量同样十分庞大。此外,还有少量的欧洲货物,如武器、自鸣钟等。

以白银的进口为例,明代中期以后,尤其是隆庆初年部分开放海禁以后,白银像潮水一样大量流入中国②。这些白银主要来自西班牙的美洲殖民地,以及被欧洲人称为"银岛"的日本。以马尼拉为例,每年从马尼拉流入中国的西班牙银圆数量相当庞大。德国学者贡德·弗兰克认为,1493—1600年间世界银产量2.3万吨,美洲银产量为1.7万吨,占世界银产量的74%,其中至少有一半甚至更多的美洲白银流入中国③。另据罗哈斯(Pedro de Rojas)的记载,"每年(吕宋)有30万比索流入中国,今年(1586年)则超过了50万比索"④,而且在总体上呈现出不断增长的趋势。据钱江统计,从1579年至1643年64年时间里,流入中国的西班牙银圆总计达到12745.2万比索,年均196万比索⑤。而万明则认为,自1571年西班牙大帆船贸易兴起至1644年明亡73年时间里,通过马尼拉输入中国的白银总计约7620吨⑥。尽管学者们的统计方法和结果有所差异,但是,共同反映了一个不争的事实,那就是明代后期通过马尼拉输入中国的白银数量相当庞大。而白银另外一个重要的流入地就是日本,其输入量同样相当庞大。由于月港开禁之后,继续对日本实行严禁政策,日本白银除了通过走私直接进入中国外,更重要的是通过间接

---

① (明)傅元初:《请开洋禁疏》,载(明)顾炎武:《天下郡国利病书》(不分卷),《福建》,第434页。
② 晁中辰:《明代海禁与海外贸易》,北京:人民出版社,2005年,第264页。
③ (德)贡德·弗兰克著,刘北成译:《白银资本:重视经济全球化中的东方》,北京:中央编译出版社,2008年。
④ E. H. Blair and J. A. Robertion eds., *The Philippine Islands*, 1493—1898, Vol. 22, Gloucester: Dodo Press, p. 269.
⑤ 钱江:《1570—1760年中国和吕宋的贸易》,厦门大学硕士学位论文,1985年,第91页。
⑥ 万明:《明代白银货币化:中国与世界连接的新视角》,《河北学刊》2004年第3期。

的方式进入中国。1604—1635年,日本朱印船兴盛之时,至少有总计299艘日本商船抵达东南亚各地进行贸易①。朱印船在东南亚主要收购中国商船运至的生丝和当地所产生丝、鹿皮、铅、黄金、香料等,而出口的货物中就有大量的白银。这些白银通过前往此地贸易的中国商船带回国内。此外,1624—1662年,荷兰人窃据台湾南部大员,经营日本、热兰遮城与巴达维亚之间的三角贸易,中国产品通过荷兰人的中介作用大量地转贩至日本,而荷兰人每年都从日本载走几十万甚至几百万盾不等的白银。如,1622年为41万盾;1635年达到了140.31万盾;1639年更是达到了创纪录的749.56万盾②。这其中很大一部分就留在热兰遮城,用以购买贩至台湾的中国货物,使得白银又从台湾流入中国大陆。据学者估计,自1601年至1647年,日本输出的白银约7480万两,其中绝大部分输入中国③。尽管上述统计仅是一个大概,但是仍可以看出当时日本输入中国的白银数量之巨。

四、漳州民间海外贸易对经济发展的影响

随着明代后期月港部分开放海禁,以及月港私人海外贸易的发展,大量的中国产品经由私人海外贸易商的中介作用,被贩运至亚洲、欧洲、美洲等地,使得明代中国的产业与市场逐渐融入整个世界海洋贸易体系当中。月港私人海外贸易的发展对于联系国内、外两个市场发挥了重要的作用。同时,月港私人海外贸易的发展也对福建乃至整个国内经济的发展产生了极为深远的影响。

(一)福建农业商品化生产的发展

明代后期月港的部分开禁极大地刺激了闽南等地的私人海外贸易的大发展,"泉漳二郡商民贩东西两洋,代农贾之利,比比然也"④。私人海外贸易的发展对传统农业生产的影响,不仅仅表现在农业人口被大量地剥离土地,更多地参与到私人海外贸易当中;更为重要的是,私人海外贸易的发展促进了以福建为代表的沿海地区外向型经济的发展,从而刺激了福建当地农业商业化生产的趋势。农业商业化生产的趋势突出地表现在一些商业利润较高的经济作物被大面积地种植。以福建盛产的蔗糖为例,由于种植甘蔗获

---

① Anthony Reid, *Southeast Asia in the Age of Commerce*:1450—1680, Vol. 2, New Haven and London:Yale University Press, 1993, p.18.

② Jonathan I. Israel, *Dutch Primacy in World Trade*, 1585—1740, New York:Oxford University Press, 1989, p.173.

③ 侯镜如:《明清两代外银流入中国考》,《中行月刊》第7卷第6号,1933年。

④ (明)沈鈇:《上南抚台暨巡海公祖请建澎湖城堡置将屯兵永为重镇书》,载(明)顾炎武:《天下郡国利病书》(不分卷),《福建》,第433页。

利较厚,福建沿海的很多地方将稻田改种甘蔗。"其地为稻利薄,蔗利厚,往往有改稻田种蔗者。"①而福建所产各色糖品行销海内,"糖产诸郡,泉漳为盛,有红,有白及冰糖,商贩四方货卖"②。同时,海外市场对福建糖品的需求一直保持着十分旺盛的态势,"福建糖品……皆(番人)所嗜好"③。而沿海商民适应了这种需求,"居民磨以煮糖,泛海售焉"④。随着需求的扩大,甘蔗不仅在福建沿海地区广为种植,甚至深入山区各地,"种蔗煮糖,利较田倍,多夺五谷之地以植之"⑤,甚至出现了"遍满山谷"⑥的繁盛景象。商业利润成为经济作物在福建沿海与内地普遍种植的原动力,农业生产的商品化程度大为提高。此外,一些经济作物新品种的引进与推广也在很大程度上刺激了福建等地农业商品化生产的发展。明代后期一些原产于东亚、东南亚甚至是美洲的高产农业新品种,如番薯、花生、马铃薯等通过海外贸易传入中国,在福建等沿海地区率先种植和推广。这些农业新品种的引进与推广逐渐改变明代福建以水稻种植为主的农业产业结构,为解决福建人多地少,粮食不能自给的问题创造了条件,亦为农业商品化生产的发展解决了后顾之忧。同时,海外引进的经济作物新品种的种植和推广也在很大程度上加速了沿海地区农业商品化生产的发展。例如,烟草的种植。烟草曰淡巴菰,一曰醺,大约于万历年间由前往吕宋贸易的闽商传入漳州。由于需求旺盛,种植烟草收益颇丰。"一亩之收可敌(稻)田十亩,乃至无人不用。"⑦烟草的种植也由福建沿海深入山区,福建汀州、延平、建宁、浦城等地都是重要的烟叶产区,其中尤以上杭等地出产的烟叶最上乘。⑧ 随着烟草的广泛种植,烟草成为福建特色产品,行销浙江、广东等地。不仅如此,烟草也由最初的舶来品变成了重要的出口产品,"今复多于吕宋,载其国售之"⑨。由此可见,随着私人海外贸易的发展,海外市场对贸易商品的需求刺激了福建等地农业商品化生产趋势,并且呈现出与海外贸易相互促进的发展态势,商业化农业生产的发展为海外贸易的发展提供了充足的货源,促进了海外贸易的发展。反过来,海外贸易的发展又扩大了对贸易商品的需求,进一步刺激了农业商品化生产的发展势头。

---

① (明)陈懋仁:《泉南杂志》卷上,《四库全书存目丛书》史部第 247 册,济南:齐鲁书社,1996 年,第 842 页。

② (明)王应山纂修,陈叔侗、卢和校注:《闽大记》卷 11《食货志》,北京:中国社会科学出版社,2005 年,第 194 页。

③ (明)傅元初:《请开海禁疏》,载(明)顾炎武:《天下郡国利病书》(不分卷),《福建》,第 434 页。

④ (明)陈懋仁:《泉南杂志》卷上,第 842 页。

⑤ (清)陈寿祺:《重纂福建通志》卷 58《风俗·漳州府》,第 1147 页。

⑥ (明)王应山纂修,陈叔侗、卢和校注:《闽大记》卷 11《食货志》,第 842 页。

⑦ (清)杨士聪:《玉堂荟记》卷下,借月山房汇钞本,第 42 页。

⑧ 徐晓望主编:《福建通史》第 4 卷《明清部分》,福州:福建人民出版社,2006 年,第 242 页。

⑨ (明)姚旅:《露书》卷 10,厦大图书馆馆藏抄本。

(二)手工业的发展及外销型生产倾向的形成

恰如上文所述,明代后期月港出口的产品以中国的农副产品及手工业产品为主。随着漳州私人海外贸易的发展,与海外贸易密切相关的诸多手工业产业得到了很大的发展,这其中包括了纺织业、染织业、制瓷业、制茶业、榨糖业等重要手工业产业。以纺织业为例,月港除了大量运销中国的生丝之外,还大量生产丝绸制品运销海外,在海外需求的拉动下,漳州等地的纺织业得到了迅猛的发展。明代漳州人在吸收、学习国内外先进纺织技术的基础上,创造性地生产出了众多精美的纺织品。"漳纱旧为海内所推,今俱学步吴中,机杼织成者,工巧足复相当,且更耐久。"①此外,漳州人还利用与海外往来的优势,学习外国的纺织技术。如,"天鹅绒,本出倭国,今漳人以绒织之,置铁线其中,织成割出,机织云蒸,殆夺天巧"②。漳州所产的天鹅绒行销海外,被称为"漳绒"、"漳州绒"。因此,史料中不乏对漳籍工匠高超工艺的溢美之词,"漳人善巧织,故名于天下"③。而漳籍工匠为追求产品品质,其原料多取自外省,如,丝则取诸浙西,棉则取之上海。同时,私人海外贸易的发展也促进了漳州的工艺品加工业的发展,许多经由海外贸易贩入的商品和原材料经由漳州工匠的加工,制成精美的工艺品,随后又被转贩至海内外。"海澄工作以犀为杯,以象为栉,其与玳瑁或栉或杯。沈檀之属,或如佛身、玩具,夷货之外,又可得值。"④恰如张燮在《清漳风俗考》中记载的那样:漳州"城闉之内,百工鳞集,机杼铲锤,心手俱应……前所未有也"⑤,足见当时漳州手工业生产之兴盛。

在福建等地手工业蓬勃发展及海外需求的刺激下,福建等地手工业出现了外销型生产的倾向。以瓷器为例,随着月港私人海外贸易的发展,大量中国瓷器被贩运海外,而西班牙、葡萄牙和荷兰等国亦通过闽商大量定制特色瓷器。如,1616年,荷兰东印度公司总督波德兹·科恩给公司董事的信中描述:"这些瓷器都是中国内地很远的地区制造的,卖给我们各种成套的瓷器都是定制的,预先付款,因为这类瓷器中国是不用的,中国只拿它来出口。"⑥据说,荷兰人预付给中国人的定金很高,以便接受订购的窑业作坊能够买到烧造瓷器所需的原料⑦。并且其造型、款式及图案,皆由客户提供,其贸易数量相当惊人。如1608年,荷兰驻北大年商馆向前来贸易的中国商人订购了大批的瓷器,包括黄油碟5万枚,碟5万枚,黑色壶1000个,大碟、大碗1000个,及小碗、葡萄酒壶500个,小水

---

① (明)袁业泗:(万历)《漳州府志》卷27《风土下·物产》,第2页。
② (清)陈寿祺:《重纂福建通志》卷59《物产·漳州府》,第1219页。
③ 佚名:(万历)《龙溪县志》卷1《物产》,《漳州府志》摘本。
④ (明)何乔远:《闽书》卷38《风俗》,福州:福建人民出版社,1994年,第947页。
⑤ (明)张燮:《清漳风俗考》,载(清)李维钰修,沈定均续修,吴联薰增纂:(光绪)《漳州府志》卷46《艺文》,北京:中华书局,2011年。
⑥ T. Volker, *Porcelain and the Dutch East India Company*, Leiden, Holland: Rijksmuseum voor Volkenkunde, 1954.
⑦ 程绍刚译注:《荷兰人在"福摩尔萨"》,台北:联经出版社,2000年,第62页。

壶500个,精美大杯500个,小调味杯500个,精美水果碟200个,盐罐1000个,直径2.5英寸的大碟200个。① 同样地,纺织业也出现了专门仿制西方款式的产品,以满足海外市场的需求。"中国人巧妙地仿照最受欢迎的西班牙款式,以至他们的产品和安达卢西亚的五彩缤纷的衣服完全一样。"② 足见当时福建手工业生产外销型趋势势头之盛。

(三)促进了福建商业的进一步发展

明代后期随着月港私人海外贸易的发展,大量的中国产品通过闽商被贩至海外,月港成为海内外商品交流的中转站。随着月港贸易量的扩大,其对货源的需求也在不断增加,这种需求在刺激本地商品生产的同时,也进一步促进了明代后期福建商业的进一步发展,这种发展表现在福建沿海与内地之间,以及福建与省外之间商业联系的进一步增强。

在福建省内贸易方面,明代福建沿海平原地区的制糖、纺织、制盐、造船等行业相当发达。而福建山区的造纸、制茶、冶铁、印刷等行业相对发达。这种相对互补的产业格局本来就使得福建沿海与山区之间有着旺盛的商品交换需求。明代中后期商品经济的繁荣以及海外贸易的刺激,福建山海之间的商贸互动进一步增强。福建沿海主要以手工业制品、果品和海产品,换取山区的粮食、木材、纸张、茶叶、茶油、红曲等产品。许多山区产品本身就是重要的海外贸易商品或原料,如闽北地区出产的茶叶。明代中叶以后,福建沿海、山区都开始大量地种植茶叶,而其中山区茶叶较为出名,"茶出武夷,其品最佳……延平半岩次之。福、兴、漳、泉、建、汀,在在有之,然茗奴也"③。随着私人海外贸易的发展,海外市场对茶叶的需求不断增加,促使更多的茶叶由山区输入沿海,特别是质量上乘的武夷岩茶,而其中不少的山区茶叶成为重要的海外贸易商品。又如,沿海纺织业所需原料苎麻,有大量苎麻就是来自山区大田等地的种植④。再如上述的上杭的烟草,亦大量地贩运至月港,转贩于吕宋等地。而山区粮食的输入则在一定程度上为沿海经济的商品化发展解除了后顾之忧。随着明代后期海外贸易的发展,福建山海之间的这种商业互动关系进一步增强。

而在福建与外省贸易方面,月港私人海外贸易对货源及商品原料的需求同样刺激着省际商贸活动的进一步发展。以纺织业所需的原料为例,生丝及纺织品一直都是月港海外贸易的主要输出品。明代福建省内形成了福州、建宁、泉州、漳州为主的纺织业中心,特别是漳州,成为明代国内著名的丝绸产地之一⑤。这不能不说是与月港私人海外贸易

---

① 黄盛璋:《明代后期船引之东南亚贸易港及其相关的中国船、商侨诸研究》,载《中国历史地论丛》1993年第3期,第66页。
② William Lytle Schurz, *The Manila Galleon*, New York: E. P. Dutton & Co., Inc., 1959, p.72.
③ (明)王应山:《闽大记》卷11《食货考》,北京:中国社会科学出版社,2005年,第191页。
④ 徐晓望主编:《福建通史》第4卷《明清部分》,福州:福建人民出版社,2006年,第321页。
⑤ 徐晓望主编:《福建通史》第4卷《明清部分》,福州:福建人民出版社,2006年,第256页。

的发达有直接的联系。而支持漳州等地纺织业发展的大量纺织原来基本来自省外,特别江浙等地,"民间所须织纱帛,皆资于吴航所至"①。特别是湖州的生丝成为漳州丝织业原料的主要来源,"所仰给它省,独胡丝耳"②。随着海外贸易量的增大,更多的生丝被贩运至福建,从而有力地推动了福建与江浙等地的商贸联系的发展。同时,明代福建作为一个缺粮的省份,闽商在与省外交易的时候亦大量地贩入粮食。"漳泉贩之惠潮,兴化贩之温台,省会不足贩之上四郡,上四郡不足,则贩之江广。"③粮食的贩入为福建沿海工商业的发展提供了保障,加速了福建商业化生产的发展趋势。出于交换的需要,大量的福建物产也被转贩出省,或行销海外。"凡福之紬丝、漳之纱绢、泉之蓝、福延之铁、福漳之橘、福兴之荔枝、泉漳之糖、顺昌之纸,无日不走分水岭及浦城小关,下吴越如流水。其航大海而去者,尤不可计,皆衣被天下。"④这从一个侧面反映了福建与外省之间商业联系的进一步密切。值得一提的是,明代后期随着东亚贸易网络的建立和发展,来自日本和美洲的白银源源不断地通过闽商输入国内,白银的大量输入在很大程度上缓和了自明初以来国内的白银危机,白银被大量地使用于流通领域,"自大江以南,强半用银。即北地,惟民间贸易,而官帑出纳仍用银。则钱之所行无几耳"⑤。白银克服了宝钞贬值、铜钱价值量低的问题,使得流通领域银本位制得以确立。白银在明代经济越来越在银本位的基础上货币化,并且至少到17世纪20年代一直在飞速发展⑥。这些都有力地推动了明代后期商品经济的繁荣与发展。

---

① (明)黄仲昭:《八闽通志》卷25《食货志》,福州:福建人民出版社,2006年,第704页。

② (明)王世懋:《闽部疏》,《四库全书存目丛书》史部第247册,济南:齐鲁书社,1996年,第686页。

③ (明)周之夔:《弃草集》卷3《海寇策》,载《福建丛书》,扬州:广陵古籍刻印社,1997年,第602页。

④ (明)王世懋:《闽部疏》,第685页。

⑤ (清)孙承泽:《春明梦余录》卷47《工部二·铸钱则例》,古香斋鉴赏袖珍本,第18册,第148页。

⑥ (德)贡德·弗兰克著,刘北成译:《白银资本:重视经济全球化中的东方》,北京:中央编译出版社,2008年,第150页。

第三章

清代漳州商业与商人

第一节 清代漳州商品经济发展

一、清代行政区划变动与海陆交通网络

(一)清代漳州行政区变迁

清代地方行政区设置分为四级:省、道、府、县。与府并行的有直隶厅、直隶州,与县并行的是厅和州。顺治三年(1646年)十月,清兵攻入漳州,漳州府正式进入大清版图。漳州府在行政设置上承袭明代疆域,领有龙溪、海澄、漳浦、诏安、长泰、南靖、平和、龙岩、漳平和宁洋十县。到了雍正十二年(1734年),闽浙总督郝玉麟奏请"酌核海边情形,请升龙岩县为直隶州,领漳平、宁洋二县",漳州府只辖七县,"龙溪、漳浦、长泰、南靖、平和、诏安、海澄"①。乾隆八年(1743年),以龙溪县石码镇设立石码厅,辖区兼管各乡治安和防卫事务,兼管龙溪、海澄、南靖、长泰四县海防与内河事务。到了嘉庆元年(1796年),巡抚姚棻奏请将漳浦的云霄镇设升为厅,割平和二十五保,诏安二保十三村,加上云霄三十保,另立云霄厅,辖有五十七保。至此,漳州府共辖有七县二厅。

(二)清代漳州交通网络

漳州地处闽南,是连接闽西北和广东的重要枢纽。同时,漳州面对台湾海峡,扼住沿海南北航线最为繁忙的海上通道。

传统中国陆路交通网络大都以驿站为中心。驿站原有传递政府公文、官员信件、军事文报以及中外使节信息传送等功能,在政令下达上传、巩固疆域、传递军情以及发展社会经济等都起着重要作用。清代时期,驿站制度日趋完善。当时福建驿站的分布是以省

---

① 光绪《漳州府志》卷1《建置》。

会福州为中心,大致可分为五条线路。其中一条沿海边府州县通往漳州府。其路线大约是以福州三山驿为起点,经过兴化府、泉州府同安深青驿进入至漳州府,出漳州府城进入漳浦、云霄,终于诏安县南诏驿,连接广东交界,全程合计一千零余里。

从泉州的深青驿沿官道进入漳州府,其距离约五十里左右。漳州的江东桥历来被喻为闽南一处重要交通咽喉。据乾隆《龙溪县志》载,江东驿在宋代称"通源驿",元代改称"江东驿"。清代江东驿尚"设赡夫六十名,走递公文等夫六名,兜夫十五名"①。该驿于乾隆年间(1756年)被裁汰。

乾隆《龙溪县志》载,从江东驿西行约"四十里至丹霞驿"。宋代建立丹霞驿,到了明洪武年间曾移建,清代丹霞驿"设赡夫六十名,走递公文等夫六名,兜夫十五名"②,尽管该驿于康熙三十八年(1699年)裁汰,但直到光绪年间驿舍还依然保存有大堂、后堂、花厅以及驿前楼等设施。

甘棠驿。甘棠驿在龙溪"县南四十里",元代始建。到了清代"设赡夫五十名,走递公文等夫四名,兜夫十名",并于乾隆二十一年(1756年)裁,其驿务亦同样"归县带理"③。

临漳驿。距离甘棠驿五十里,在漳浦县境内。"临漳马驿,驿署在县治仙云坊";"府馆,在县治后、临漳驿之右",从这两条史料的记载可知,清代临漳驿设在县城,其故址即在今漳浦县城。

云霄驿。自临漳驿行"七十里至云霄驿"。据记载,云霄设驿历史悠久,自唐代就设"古楼驿",宋代曾改为"临水驿",元代又改为"云霄驿",其驿署设在"镇城内北隅",明清时期仍为"云霄驿"。至乾隆二十一年(1756年)裁汰驿丞,归漳浦县管理。到了嘉庆三年(1798年)云霄设厅,驿务又"归厅带管"④。

南诏驿。自云霄驿往诏安,前行"八十里至诏安县南诏驿"。据民国《诏安县志》载,南诏驿丞署"在县城东门内"⑤。

清代福建驿站的布局,一般在重要交通地区设有驿站,如分布在福州府、延平府、漳州府、汀州府等,大约有9个,建宁府则设12个。这些府设置的驿站都较多,反映该地区交通的重要性。以这些驿站为重要节点,构筑起一张社会经济的交通网络。

清代漳州府境内还有一些重点交通节点,如南靖境内有凉路亭,又称安龙岩,在南靖金山新内村,其建于清代。其为面阔三间悬山顶建筑,亭前有小院和大门。此处自古为漳州至龙岩通道。据统计,除台湾外,清代漳州共有铺递74个⑥,大约十里设一个,分布在州县道路上主要的墟市村镇上。这些驿路、交通节点以及在境内星罗棋布的铺递,成为漳州境内交通的动脉,便于人员流动和物资输送。

---

① 乾隆《龙溪县志》卷3《驿》。
② 乾隆《龙溪县志》卷3《驿》。
③ 乾隆《龙溪县志》卷3《驿》。
④ 嘉庆《云霄厅志》卷1《舆图》。
⑤ 民国《诏安县志》卷4《建置》。
⑥ 张燕清:《清代福建邮驿制度考略》,《福建论坛·人文社会学科版》2001年第6期。

此外,漳州附近还有万松关,处于漳州府东面的岐山与鹤鸣山交会处,是漳郡东向通道上的必经隘口,扼住进出漳州之门户,古称"麟蹲凤翔,襟带川原"。

海路交通方面,清代漳州的主要港口有:

月港。地处九龙江入海处,自海澄月溪至海门岛,其港道"外通海潮,内接山涧,其形似月,故名"。自明隆庆元年(1567年)月港解除部分海禁,准贩东西二洋之后,该港在万历年间(1573—1620年)走向全盛。顺治十二年(1655年)和十八年(1661年)清政府相继实施禁海和迁界政策,月港已不是海外贸易港。1684年清廷开放全国沿海四个口岸,准许通商海外,此后九龙江口厦门港逐步代替了月港的地位。

石码港。石码镇原名石谿,明弘治元年(1488年),设锦江埠。后来在江岸垒石,修筑12坝,因名石码。嘉靖五年(1526年),建石码镇。清乾隆八年(1743年),置石码厅并辖龙、澄、靖、泰4县江海防务。

铜山港。东南沿海著名的商港和渔港。《福建通志》载:"铜山港是福建沿海最长之一湾。"历来该港"商人集巨资,驾帆船,北上而至宁波、乍浦、上海和天津;东驶台湾、澎湖"①。

梅岭港。宋元以来就辟为对外贸易商港进行商贸活动,地处闽粤交界之处,是清代闽南私人贸易重要据点。

此外,漳州的五澳港、浯屿、佛昙、旧镇、宫口港、下寨港都是重要的海上贸易口岸。乾隆五年(1740年)闽海关在宫口港建立税口,隶属铜山总口。嘉庆元年(1796年)五都港口设置盐署,下设盐场。

漳州的河港主要有:浦头港,该港是漳州府城出海中转港,通过西溪下行至月港而出海。康熙四十六年(1707年),福建提督蓝理回漳扩建浦头港,使之成为九龙江流域商品集散的重要码头。该港连通西溪上游的龙岩、平和、南靖等县,包括漳州府内华安、长泰等县,这些地区的物品和商旅可直达浦头港。

云霄港。该码头主要集中在城关漳江右岸及下游高塘等地,航线主要沿海南、北、东等线,前往香港、天津和台湾等贸易线路。

晚清漳州陆海路出现了新型邮递方式。如天一总局,又称"郭有品天一汇兑银信局",系菲律宾华侨郭有品于光绪六年(1880年)在其家乡(今龙溪县流传社)创办的;初称"天一批郊",光绪十八年(1892年)扩大为四个局。总局设于流传社,在厦门、安海(晋江)、吕宋(菲律宾)等设三处分局。1902年改为郭有品"天一汇总银信局",该信局的设立,专为海内外华侨和侨属办理书信投递和钱币汇兑接送,提供服务和方便,构成漳州与海内外交流的网络。

二、农业生产的多样化和商品化

明代时漳州的农业就已经十分发达。然而,清初由于受到战乱和海禁的影响,其发

---

① 民国《东山县志》,《地理·市廛》。

展一度受挫。漳州沿海的龙溪、海澄、漳浦、诏安等县,因迁界而荒废的土地达27万亩,导致界限之内的良田、滩涂养殖等荒废。漳州府不少地方田地荒芜,但展界后一般都可以免田赋,然而诏安县却例外。因此在诏安,复界之后的一段时间内因为赋税问题而激起民众的抗议。据方志载:诏安在"康熙二十五年(1686年)以前报足原额。夫论沿海之田地,都者仍都,里者仍里,屿者仍屿,洲者仍洲","既悯迁界流离之困,以施损于上,益下之仁,十六州县得免,如于田亩之征,而诏安曾不得免于寸土,岂诏安之海有异于他海,诏安之迁不同他邑之迁,诏安子民非闽属漳属之子民矣?巧者均利,拙者向隅,追论其咎,岂在小民哉?"①清初施行的海疆政策显然对漳州地方社会生产有明显的影响。

这种影响不仅中断生产,对民众心态的冲击也是强烈的。时人评论曰:"闽属屯田,半坐海滨,迁界之后,既多荒弃,惟诏安于康熙二十五年以前虚报尽垦间?丁银于死亡之鬼,征额米于荒弃之田","贻祸无穷,厥咎奚走之官?盖贪吏之害,害播一时,庸吏之害害遗百世,仍依官民田赋备载闽省漳郡迁复之盈缩而附以痛哭流涕之书,夫亦可以知所自矣。"②

不过到了康熙后期,漳州农业发展得到逐步恢复。其一,表现为大量的土地被开发出来,如龙溪与海澄的河海交接处也被逐步开发成为田亩,"澄、龙接壤,江海之中浮洲曰许茂,曰乌礁,曰紫泥,地虽斥卤,而筑长堤以障潮水,岁久泊易可成田"。为了田亩,甚至不断相互侵夺,"辗转换卖,非复故主,有资力者稍筑成田,则喧?四起,构怨扇祸"③。可见,民众争相对低洼之地进行挖掘泥沙,合围成田。

其二,农作物种植的品种受到商业市场发展的影响,出现了多种经济作物。如明代海澄县即有种植烟草的记载:"淡巴菰,种出东洋,近多莳之者,茎叶皆如牡菊……取叶洒酒阴干之。细切如丝,燃少许置管中,吸其烟,令人微醉,云可辟瘴。"④到了清初,龙溪长泰等地方,"人多种之,利甚多"⑤,漳州种植烟草盛行,并随着人口流动而向周边地区扩散,如清代的汀州,自康熙三十四至三十五年间(1695—1696年),"漳民流寓于汀州,以种烟为业,因其所获之利,数倍于稼穑,汀民亦皆效尤,迩年以来,八邑之膏腴田土,烟者十之三四"⑥,这说明当时漳州烟草的商品化种植及生产是相当闻名的,并带动了周边地区的烟草种植的繁荣。

甘蔗种植。漳州是我国东南沿海重要的蔗糖主产区,种蔗历史悠久,所产的漳州红糖和冰糖,是畅销海内外的土特产品。据载:漳州"俗种蔗,蔗可糖,各省资之利",漳州蔗糖成为当时的大宗出口农产品。在漳属县份中,有龙溪、海澄、漳浦、平和、南靖、诏安、长泰七县产糖,几乎村村都种蔗,都建有糖廊。

---

① 康熙《诏安县志》,《贡赋十五》。
② 康熙《诏安县志》卷8《贡赋十八》。
③ (清)陈瑛等:(乾隆)《海澄县志》卷4。
④ (明)张燮等:(崇祯)《海澄县志》卷11《物产》。
⑤ 《古今图书集成》卷1164《漳州府物产》。
⑥ (清)王简庵:《临汀考言》。

闽南漳、泉地区，农田因多用来种植甘蔗而使稻田受挤占，从而该地产米益少，甘蔗种植出现商业化："甘蔗干小而长，居民磨以煮糖，泛海售焉。其地为稻利薄，蔗利厚，往往有改稻田种蔗者，故稻米益乏，皆仰给于浙、直海贩。"①

这种农业结构使得漳州农业生产商品程度高，促进商品经济繁荣发展。

柑橘。自明以来，漳州柑橘就闻名天下，并以质量上乘而被选为贡柑。"朱柑，色朱而泽，味甜而香，为诸柑之冠。乳柑，兴福间亦有之，而漳地尤宜。白柑，花香皮薄，亦曰银柑、胡芦柑，有脐，盖乳柑之别种也。"②时人对漳州种植的柑橘赞叹有加："柑桔一类，俗以黄者为柑，丹者为桔，闽产为天下最，清漳尤称佳。"③《闽产录异》又云："闽诸郡皆产柑……漳州产者，颗大冠于诸郡，曰'芦柑'，色稍黄为最。'红柑'，色正赤，次之，'朱柑'，色朱而泽，味甜而香，亦上品。"且在技术上进行改良，"择美种以柚本接针，或用橘本，或以柑接柑，或以柑接橘，或以橘接柑。美者谓之'丰橘'，肉肥美"④。而借助漳州商人开拓的广阔市场，柑橘商品生产化程度得以大幅度提升，如在海澄县的广大农村，呈现出"处处园栽橘，家家蔗煮糖"的繁荣景象⑤。

又如蚕桑。闽南漳州气候湿润，雨水丰沛，利于植桑养蚕。漳州"古称善蚕之乡，岁五蚕，吴越皆不能及"，甚至在诏安还建"有蚕王庙，则斥卤不宜蚕之说……惟漳丝褐色，不及杭、嘉、湖"⑥。

三、手工技术进步与手工产品的商品化

清代漳州手工行业的发展应该说得益于明末月港的兴起，福建的贸易中心转到月港。因此，漳州在清初复界后是中国海内外贸易的枢纽之一。就国内市场而言，从北向则浙江、江南、山东、天津以及奉天等省，南向则往广东。清初漳州府漳浦县的蓝鼎元曾说："闽广人稠地狭田园不足于耕，望海谋生，十居五六。内地贱菲无足重轻之物，载至番境，皆同珍贝。是以沿海居民，造作小巧技艺，以及女红针黹，皆于洋船行销。岁收诸岛钱财货物百十万入我中土。"⑦贸易市场的扩大，直接带动了漳州手工业的商品生产。

从明代海外引进的烟草，在漳州获得迅猛发展，不仅烟草种植的面积与产量大量增加，而且对烟草加工日益繁盛，涌现出了一批经营烟草的商人和手工业者。随着经营规模扩大，甚至越来越多的漳州人到外省开设烟铺，加工烟草。如康熙年间，南靖龟洋总上

---

① （明）陈懋仁：《泉南杂志》卷上，载《四库全书存目丛书》史部第247册，济南：齐鲁书社，1983年，第836页。
② （明）黄仲昭等：（弘治）《八闽通志》卷26。
③ 王胜时：《漫游纪略》卷一，扬州：广陵古籍刻印社，1983年，第6页。
④ （清）郭柏苍：《闽产录异》，长沙：岳麓书社，1986年，第67页。
⑤ 康熙《海澄县志》卷20。
⑥ （清）郭柏苍：《闽产录异》，长沙：岳麓书社，1986年，第11页。
⑦ （清）蓝鼎元：《论南洋事宜书》，载《鹿洲全集》，厦门：厦门大学出版社，1995年，第55页。

洋后垄庄应龙父子在甘肃兰州经销水烟丝；漳州人黄继儒亦携妻子儿女七人，到四川岳池县开设商店，经营福建条丝烟。从技术方面来看，清代平和县的晒烟种植、加工，晒烟及烟商尤具特色①。

漳瓷，又称"漳州窑"，是对明清时期漳州地区瓷器窑的总称，尤其是平和的南胜、五寨等地区窑产品最具代表性。漳州窑生产的瓷种有青瓷、白瓷、青花瓷、色釉瓷以及彩绘瓷。其中青花瓷数量最多，其装饰图案的题材和纹样也非常丰富和富于变化，体现了各自的时代特征和不同的艺术风格。漳州窑的瓷器，虽然在青花瓷画方面明显受到景德镇民窑影响或者是对景德镇民窑的模仿，"但是它的瓷器生产仍然是以漳州窑固有的陶瓷技术为其基础的……是以自身的陶瓷技术和工艺传统来生产仿景外销瓷器的"②。

明末清初漳州窑青花瓷的器型、胎质、釉色、青花纹样及窑炉工艺与明清景德镇窑青花瓷业有着很大的共性，但是漳州窑青花瓷器及主要技术又有许多不同于景德镇的地方特点。这说明了"漳州窑青花瓷业是景德镇青花瓷向东南沿海技术转移过程中与闽粤本土原有海洋性青瓷业相结合的产物"③，尤其是明末以来海外贸易对漳瓷的促进作用。

漳瓷特点可以说是"白釉米色器"，"纹如冰裂"。晚清福州学者郭柏苍在其《闽产录异》说："漳窑出漳州……明中叶始制白釉米色器皿，其纹如冰裂，旧漳琢器虽不及德化，然犹可玩。惟退火处略黝；越数年，黝处又复洁净。近制者，釉水、胎地俱松。"④这体现出漳州瓷器适应海外贸易发展而改进制作技术。如今存于厦门华侨博物馆中的清初漳州窑米色釉瓷观音立像，通身施釉，釉色白中泛黄或呈米黄色，釉面呈现开冰裂纹，纹路纵横交错、宛若天成。该藏品被列为国家一级文物，可见漳瓷作品之精美。

由于明末以来，月港商品出口的拉动，加上清代各地手工业分工明显，往往某种畅销物手工业品都可称为学习和模仿的对象。如漳绒，又称"天鹅绒"，《漳州府志》记载："本出倭国，今漳人以绒织之。"⑤漳绒在漳州的明清两代最为兴盛。在纺织上以桑蚕丝作原料，用桑蚕丝作经，以棉纱作纬，进行编织，并以桑蚕丝或人造丝起绒圈。在清初，织漳绒者分布于漳州东门外一带，有商人包佣，设铺专营。清中叶，上自皇帝、士大夫，下至地方士绅都用漳绒，并定作贡品。其他的产品，如"漳纱，旧为海内所推，今俱学吴中机杼织成"；绮罗，"漳制亦学步吴中"；"土绸，漳织者，逼真潞州产，但差薄耳"⑥。所以，漳州商人在经营众多丝绸品种中，不断地摸索各地品质和评价都有较好口碑的产品，进而加以改造使之成为运往海内外的畅销产品。

---

① 漳州市烟草志编纂委员会：《漳州烟草志》，北京：方志出版社，2006年，第128页。
② 福建省博物馆：《漳州窑——福建漳州地区明清窑址调查发掘报告之一》，福州：福建人民出版社，1997年，第109页。
③ 王新天、吴春明：《论明清青花瓷业海洋性的成长——以"漳州窑"的兴起为例》，《厦门大学学报（哲社版）》2006年第6期。
④ （清）郭柏苍：《闽产录异》，长沙：岳麓书社，1986年，第39页。
⑤ 光绪《漳州府志》卷39《物产》。
⑥ 光绪《漳州府志》卷39《物产》。

制糖业。晚清,漳州城内有冰糖寮31家,年产冰糖15万担,红糖交易活跃,市区的北郊是糖品交易处,俗称"糖市"日交易数百担,成为闽南唯一的糖货贸易市场①。漳浦蔗,"蔗浆炼成有乌糖、砂糖、白糖、冰糖、诸种推浦最胜。又能以白糖与面浆炼成胶,敷白芝麻于上,谓之明糖,闻于郡者"②。

除了种蔗制糖之外,各种手工产品也大都因品质优良、利润丰厚而涌入市场,如漳州府"种桔,煮糖为饼,利数倍,人多营焉。烟草者,相思草也,甲于天下,货于吴,于越广,于楚汉,其利亦较田数倍"③。显然,农产品的商品化与市场化是互相促进的。

四、商业政策变迁与商业管理机构

清代初期,官方为了阻隔沿海与台湾郑氏集团的来往,在东南沿海地区实行严厉的"禁海"与"迁海"政策,使得漳州原就比较发达的农业、手工业商品生产顿时遭受到沉重的打击。明末以来月港繁荣的海外贸易受到重创,导致中外贸易中断20余年。同时滨海船只大量被烧毁,船主破产,众多船工失业,航运业遭到近乎毁灭的打击,海内外贸易处于萧条状态,商业的发展严重受挫。

然而,自明以来发展起来的商品经济是不可遏止的。随着台湾的收复,在康熙二十二年(1683年)清廷下令展界。且清朝于次年在东南沿海地区正式设立了粤、闽、浙、江四海关,从此开放了本国商民的出海贸易。

清朝政府开海之后,福建与南洋各国通商贸易又兴旺起来,特别是厦门成为与南洋各国贸易的主要通商口岸,赴南洋各国的洋船日益增多,1685年开赴雅加达的商船有"十余艘",1703年上升为"二十艘左右"④。1687年7、月据到达长崎的"104号"麻六甲船报告:"今年有来自福州、厦门的小船三十余只。"当时,从厦门开船"往南洋贸易"的地区十分广泛,"其地为噶喇吧、三宝垄、实力、马辰、竦仔、暹罗、柔佛、六坤、宋居胜、丁家卢、宿雾、苏禄、柬埔寨、安南、吕宋诸国,其出洋货物,则漳之丝绸纱绢、永春窑之瓷器及各处所出雨伞、木屐、布匹、纸扎等物"。⑤

然而,正当福建与南洋贸易兴旺发展之时,康熙帝听信福建巡抚张伯行等人的"密奏",为消除所谓"因台湾愚民私聚吕宋、噶喇吧地方盗米出洋,透漏消息,偷卖船料诸弊",于康熙五十六年(1717年),下令禁止南洋贸易,"凡商船除照旧东洋贸易外,其南洋吕宋、噶罗巴等不许商船前往贸易",并且规定:"酌定造船印烙结单并船户商人食米额数,其卖船与外国及留在外国者,立法究治。"⑥出外经商的华侨也要按时回国,"入洋贸

---

① 漳州市农业志编纂委员会编:《漳州市农业志》送审稿,下册,1996年,第96页。
② 民国《漳浦县志》卷4《风土志》下。
③ 嘉庆《漳州府志》卷26。
④ (清)林春胜、林信笃:《华夷变态》下册,第2339页。
⑤ 道光《厦门志》卷5。
⑥ 《清文献通考》卷58。

易人民,三年之内,准其回籍,康熙五十六年(1717年)以后私去者不得徇纵入口"①,凡出洋商船,"所去之人留在外国,将知情同去之人枷号一月,仍行文外国,将留下之人解回立斩"。

康熙的禁海令,阻碍了福建与南洋的贸易往来,不仅进出厦门的商船减少,闽海关的税收也不断下降。福建巡抚毛文铨在奏折中指出:"窃惟闽省海关,查自康熙五十六年(1717年)以前,西南洋未经禁止,商船往各国贸易者皆得自由,所以监督每年征收银两,倍于定额,任满之日,无不满载而归。及至康熙五十六年(1717年)以后,西南洋已经禁止,闽人以海为生,偷越禁洋者,虽不一而足,然究不能任意往还,故所收钱粮亦不如前。"②

南洋禁海令妨碍了东南沿海经济的发展,由此遭到一批熟悉沿海情况的地方官的坚决反对,他们纷纷上奏驳斥禁令所持的各种理由,主张开海贸易,其中以漳浦籍官员蓝鼎之的《论南洋事宜书》论述最为深刻,他针对张伯行的"密奏",逐条加以驳斥。张伯行认为通洋会"卖船与番",蓝鼎之则针锋相对指出"商家一船造起,便为致富之业,欲世世使之子孙,即他年厌倦不自出,尚岁以收无穷之租赁,谁肯卖人",而且"番出木材比内地更坚,商人每购而用之,如顶麻桅一条,在番不过一二百两,至内地则直千金,番人造船比中国坚固","即以我船赠彼,尚非所东,况令出重价以买耶"③。张伯行担心海商偷运粮食"出海贩卖",蓝鼎元指出"闽广产米无多,福建不敷尤甚,每岁民食半借台湾,或佐之以江浙,南洋未禁之先,吕宋米时常至厦,番地出米最饶,原不待仰食中国,洋商皆有身象,谁自甘法网尝试,而洋船所载货物,一石之外,收船租银四五两,一石之米所值几何,舍其利而犯法,虽主愚者不为也"。蓝鼎元进一步分析禁海与人民生活、经济发展、社会安定的密切关系,他说:"闽广人稠地狭,田园不足于耕,望海谋生,十居五六,内地贱菲无足重轻之物,载至番境,皆同珍贝,是以沿海居民,造作小巧技艺,以及女红针黹,皆于洋船行销,岁收诸岛银钱货物百十万入我中土,所关为不细矣。"因此,"南洋未禁之先,闽广家给人足,游手无赖亦为欲富所驱,尽入番岛,鲜有在家饥寒窃劫为非之患",但海禁之后,情况大不一样,百货不通,民生日蹙,不仅船户破产,"故有以四五千金所造之洋艘,系维朽蠹于断港荒岸之间",而且也严重影响一般人民群众的生活,造成社会不安定因素。"其深知水性惯熟船务之船工水手,不能肩担背负以博一朝之食,或走险海中,为贼驾船,图目前糊口之计,其游手无赖,更靡所之,群趋台湾,或为犯乱",因此,他大声疾呼"南洋诸番,不能为害,宜大开禁网,听民贸易,以海外之有余,补内地之不足,此岂容缓须臾哉"④。

经过福建地方官中一批有识之士的据理力争,雍正帝接受开禁派的意见,于雍正五年(1772年)复准"南洋诸国,准令福建商船前往贸易"⑤,使关闭了10年之久的与南洋的

---

① 《清世宗实录》卷85。
② 《宫中档雍正朝奏折》第6辑,第728页。
③ (清)蓝鼎元:《论南洋事宜书》,《鹿州初集》卷3。
④ (清)蓝鼎元:《论南洋事宜书》,《鹿州初集》卷3。
⑤ 《光绪大清会典事例》卷629。

通商贸易又得到恢复,到乾隆六年(1741年),因发生"噶喇吧番众杀汉商"事件,又有人请禁止南洋商贩以"困之",内阁学士方苞写信给留心经济的朝廷大臣蔡新,征求他的意见。蔡新自小生长于福建漳浦,对沿海的经济与人民的生活甚为了解,他在复信中说:"闽、粤洋船不下百十号,每船大者造作近万金,小者亦四五千金,一旦禁止,则船皆无用,已弃民间五六十万之业矣,开洋市镇如厦门、广州等处,所积货物不下数百万,一旦禁止,势必亏折耗蚀,又弃民间数百万之积矣。洋船往来,无业贫民仰食于此者,不下千百家,一旦禁止,则以商无货,以农无产,势将流离失所,又弃民间千百生民之食矣,此病在目前也。数年之后,其害更甚,闽、广两者所用皆番钱,统计两省岁入内地约近千万,若一概禁绝,东西之地每岁顿少千万之入,不独民生日蹙,而国计亦绌,此重可尤也,愚以为未须据行议禁。"①方苞接受了蔡新的意见,没有禁止对南洋的通商,自此之后,一直到鸦片战争爆发,都没有再实行对南洋的禁令。

不过,清政府开放海禁之后即相继制定了一系列限制航海贸易的措施,对海外贸易仍然有限度地开放。如官方对于贸易设置了诸多障碍,在嘉庆二十二年(1817年),清廷对福建、安徽等省茶叶外销严格控制:"嗣后着福建、安徽及经由入粤之浙江三省巡抚,严饬所属广为出示晓谕,所有贩茶赴粤商人,俱仍照旧例,令由内河过岭行走,永禁出洋贩运。趟有违禁私出海口者,一经拿获,将该商人治罪,并将茶叶入官。"②这些规定在一定程度上妨碍了闽南漳州的商业活动。就整个世界海洋活动情形和清代禁海政策而言,无论是中国官方的出海活动还是外国官方的来华朝贡贸易,都是在走向消极退化的方向;而就民间贸易政策而言,则表现出积极进步的发展趋势。

在商业管理机构方面,自明末以来漳州的民间贸易就相当发达,因而官府在海澄县设立管理机构。"明正德年间土民私自出海货番诱寇,禁之……三十年建靖海馆,以通判往来巡缉",之后由于海盗与倭乱"仍更靖海馆,设海防同知于此"③。清代废除海禁之后,于1685年开澳门、漳州、宁波和云台山四港对外通商,并分别设立粤海关、闽海关、浙海关和江海关。闽海关最初设立在漳州(实际设在厦门卫的岛美路头,俗称大馆),漳州石码设立钱粮口岸,址在"龙溪县属石码街",检查"龙溪、漳浦往泉州货物,遇盐鱼零星水陆各货,不进正口者即时由该口征税"④,但是月港贸易地位由厦门港所取代,本地商品外销大都经由厦门港。厦门港成为九龙江流域广大地区和海内外商业往来的中转站。闽海关最初由汀漳龙道管理,到了雍正六年(1728年)厦门海防厅同知张嗣昌请准改由厦防厅查验。

同时,在漳州还设有稽查口岸,如浦头、玉洲(龙溪县廿八都)、澳头(龙溪县廿八都),"皆设哨船游巡稽查偷漏……客商货物经过稽查口岸,该口照货给单,令至大税口上税"。浦头港将本地各种特产运往月港、厦门等地出洋售卖,同时从厦门、月港运来的各色货品

---

① 光绪《漳州府志》卷33。
② 《粤海关志》卷18《禁令二》。
③ 光绪《漳州府志》卷1《建置六》。
④ 道光《厦门志》卷7《关赋略》,厦门:鹭江出版社,1996年,第160页。

也在此集散并散售到漳州各地,因此该港及周边街道可以说是客商云集,贸易兴盛。漳州域内商业贸易大都以浦头港为中心,"鹭岛贾船咸萃于斯,四方百货之所从出"①。

此后,乾隆十年(1745年)又设东山海关,同治元年(1862年)石码钱粮口岸改为石码常关。

第二节 清代漳州国内商业活动

一、清初市镇兴起与市场体系形成

清代初期由于农业和手工业商品经济的发展,以及港口的开放,促使了漳州市镇的迅速崛起,尤其是港口市镇的发展十分突出,山区县的市场数量也普遍增多了。相对明末,漳州府共有72个市镇,到了清代初中期的漳州市镇数量明显增多,如清代漳州府市镇共有88个,还有126个墟②。众多的市和墟之恢复和发展,使得漳州从城到乡镇逐渐形成了一个市场网络。龙溪县《石码镇志》中写道:康熙"二十年(1681年)海宇肃清,散者复聚,始渐恢旧。四十八年(1709年)陆路提督蓝公理于下码江浒堤沙堰石,辟新行市,孔道通衢,镇景益盛"③。

复界后,石码镇作为漳州商业中心之一,"石码隶溪邑,凭山俯江,原□肥饶。市内以内居□列肆……桥梁道路,通行旅之往来;舟楫轮蹄,集风云而辐辏。而且桑麻麦粟,罗绮珠玑,百货来临,五方互市"④。"石码镇市,商贾辐辏,舟徒纷集,福河市、下浒市、乌云桥市、天宝市、南山市、月岭市、墨场墟、莲花墟、郭坑市、汝南市、浦南墟、浦西墟、龙潭墟、华封市、店仔墟、山都墟、塔仑墟、黄枣墟、长桥墟、翰林墟(今废)、东美墟、许茂墟、石美墟、壶屿桥墟、角尾墟、新岱墟"⑤。可以说石码在复界后,商业贸易恢复发展,市场分布多,商品交易当是非常繁荣。"码镇自同光以降,商务户口日益繁兴,沿江新市频增……今较昔非复启疆时景象矣。"尽管清代初期月港所在地的商业比较繁荣,之后商业贸易重心转移到厦门,但是石码仍是漳州府货物流动的必经之地,方志载明该镇主要街市有五谷街、布街、肉街、茶料街、米街、糖街、打铁街、漆街、玉簪街、杉行街、纸街、米市、鱼仔市、打引银巷等,因此,从当时石码镇上分布众多以行业或货命名的街道来看,可知当地商业之兴旺⑥。

---

① 嘉庆十三年(1808年)《重修文英楼碑记》。
② 徐晓望:《论明末清初漳州区域市场的发展》,《中国社会经济史》2002年第4期。
③ 林凤声编:《石码镇志》,《地理第一》。
④ 乾隆《石码镇志》。
⑤ 《龙溪县志》卷之1《街市》。
⑥ 林凤声编:《石码镇志》,《地理第一》。

漳州府衙所在地,"郡城与厦门对峙,该地绅士富户系贩洋为生,较之他郡尤为殷实。而城市繁华,胜于省会"①。商人的巨大财富与庞大的贸易网络的支撑是分不开的。同时,广阔的贸易市场体系的形成对于促进商贸发展起到重要作用,不仅便于商旅来往,也促进了商品的流动,盘活了区域经济的资源。

二、商品流动与商人活动

清代漳州农业和手工业产品商品化趋势增强,大量的产品进入市场。如漳州本地盛产大量的蔗糖产品以及以此为原料制成的糖果、蜜饯等,通过商人运往国内各地。对于这些商品的流向,我们且从清早期天津、锦州口岸等各种报告和档案记载中,窥见一斑。

在天津,来自漳州府龙溪县,龙字675号船只,商人柯瀛兴并水手24名,于雍正元年(1723年)七月初七日,抵闽,"装载客货松糖573包,白糖357包,糖果76桶,冰糖16桶,苏木4718斤,烟6箱,落花生5包,海带菜8捆,陈皮1包,茶叶大小179篓,粗碗12350个。……"漳州府龙溪县龙字300号,闽船一只,客人陈德盛并水手17名,"于七月初八日抵闽,装载客货白糖118包,松糖505包,糖果83桶,冰糖24桶,苏木2450斤,烟草40捆,鱼翅3小捆,海粉3包,落花生360斤"②。

又如雍正三年(1726年)到达天津的漳州府龙溪县,宁字94号,闽船一只,商人沈德万并水手18名,装载"松糖505包,白糖106包,麒麟菜50包,胡椒31包,糖果9桶,冰糖8桶,姜黄5箱,槟榔3包,橘皮4箱,落花生400斤,鱼翅9捆,海粉1包,鱼胶1包,苏木16188斤,粗碗9750个,酒盅14700个";漳州府龙溪县,宁字47号,闽船一只,商人张德兴并水手18名,船上装载"客货199包,松糖407包,糖果58桶,冰糖19桶,麒麟菜32包,苏木5775斤,胡椒20包,蓝布13捆,白布6捆,烟150斤,落花生2包,武夷茶361斤,假乌木筷5捆,粗碗22500个";漳州府龙溪县,宁字81号,闽船一只,商人陈世英并水手22名,装载客货"白糖76斤,松糖1014篓,冰糖15桶,糖果53桶,胡椒13包,麒麟菜10包,海粉5箱,香蕈2包,香圆片2箱,橘皮112斤,细茶25篓,鱼鳔73斤,鱼翅2包,苏木3100斤,粗碗9750个"③。

同样在雍正三年(1726年),漳州府龙溪县,宁字170号,闽船1只,商人陈世英并水手21名,装载客货白糖、松糖、冰糖、苏木1210斤;漳州府龙溪县,宁字184号,闽船1只,商人柯荣胜并水手22名,亦载白糖、松糖742包,冰糖、"海带菜10包"④。来往沿海

---

① 台北"故宫博物院"编:《宫中档乾隆奏折》第1辑,"故宫博物院",1983年,第743页。
② 《雍正元年八月十一日直隶巡抚李维钧奏报闽船到津折》,中国第一历史档案馆编:《雍正朝汉文朱批奏折汇编》第1册,南京:江苏古籍出版社,1991年,第817~818页。
③ 《雍正二年九月初一日直隶巡抚李维钧奏报闽船四只载货抵津折》,中国第一历史档案馆编:《雍正朝汉文朱批奏折汇编》第3册,南京:江苏古籍出版社,1991年,第524页。
④ 《雍正三年七月初四日署直隶总督蔡珽奏报福建货船抵天津折》,中国第一历史档案馆编:《雍正朝汉文朱批奏折汇编》第6册,南京:江苏古籍出版社,1991年,第12~13页。

贸易的漳州籍商人众多,如陈世英多次贩卖苏木等商品。

乾隆十四年(1749年),漳州龙溪县商户林顺泰等23人,"装糖驶到直隶天津卫发卖,到山东胶州(买)绿豆粉、干紫菜……"①又在乾隆十五年(1750年),船户金乾泰系福建府龙溪县商民26名,驾船1只,"本年四月二十八日本县出口往福州买纸货,到天津府贸易,转到锦州买黄豆,回到山东大石山放洋回本县……"②

同年,福建泉州府同安,漳州府龙溪县、海澄县黄宗礼等73人,六月间,载砂糖、胡椒、苏木,到天津贸红枣,十一月初一日,回福建,初三日到锦州忽遭狂风③。

道光十六年(1836年),福建漳州府诏安县沈拙等42人,"五月八日,自诏安出船,同日到广东潮州府饶平县装糖,二十四日出海口,七月初一日到天津卖糖装酒,九月十一日出口,十七日到宁远州装黄豆810石,绿豆65石11斗,黑豆2石14斗,白豆12石8斗,黑枣30石,左右烧酒50壶,二十九日发船回家"④。

江浙人饮食喜各种甜食、果钱,食物多以糖为佐料,甚至手工制品也用,如染丝上色也需糖,因此需求糖量巨大,而本地不产蔗糖。江南乍浦口岸在沿海航线中间位置,南北沿海贸易的一个重要节点。福建运来的糖大都在此上岸销售,康熙开海后,"闽粤人于二三月载糖霜来卖",福建糖主要产自泉州、漳州、台湾等府,福建糖商则"多系水客,陆续贩来,投过糖行家发卖"⑤。

这些现象从档案记载也可看出,如乾隆十四年(1749年)漳州龙溪县船户林长泰等"商民共计二十六名,本年三月二十九日装载红糖,本县开船到江南上海等地方□卖,转到锦州府收买黄豆、瓜子、芝麻等项,回到山东大岛山放洋要本县……忽遇飓风打断桅杆,丢弃货物"⑥。漳州的漳缎、漳纱等享誉海内外,但是其所用的原料多来自江南地区,如漳缎所用的"丝则取诸浙西,苎则取之江右,棉则取之上海"⑦,漳州热销商品仍需从外地大量购进丝、棉花等原料。因而,有学者指出在江南地区,"福建商人主要从事食糖、木材、烟草、纸张、靛青、花木、洋货南货等商品的经营",其中"泉漳商人在上海与家乡之间主要从事生丝丝绸、棉花、棉布、蔗糖等船运贸易,是向家乡输入棉花、绸布而向江南输出蔗糖的主力"⑧。这些说明了明清时期江南与福建、广东之间的经济联系密切。

在台湾,也有不少漳州商人的身影。据记载,台湾"海船多漳泉商贾。贸易于漳州,

---

① "国立"台湾大学:《历代宝案》第5册,"国立"台湾大学印行,1972年,第2590页。
② "国立"台湾大学:《历代宝案》第6册,"国立"台湾大学印行,1972年,第3661页。
③ (日)松浦章:《李朝漂着中国帆船の问情别单について(下)》,《关西大学东西学术研究所纪要》第18辑,1985年,第54页。
④ (日)松浦章:《李朝漂着中国帆船の问情别单について(下)》,《关西大学东西学术研究所纪要》第18辑,1985年,第64~66页。
⑤ 《乍浦备志》卷3《城池》,卷6《关梁》,卷20《祠祀》,道光年间刊本。
⑥ "国立"台湾大学:《历代宝案》第6册,"国立"台湾大学印行,1972年,第3661页。
⑦ 光绪《漳州府志》卷48《纪遗上》。
⑧ 范金民:《明清时期江南与福建广东的经济联系》,《福建师范大学学报(哲学社会科学版)》2004年第1期。

则载丝线、漳纱、剪绒、纸料、烟、布、草席、砖瓦、小杉料、鼎铛、雨伞、柑、柚、青果、橘饼、柿饼"①。漳州的花木培栽历史悠久,尤其是水仙花久负盛名,多由海商商人进行转售。"水仙花岁底盛开,一本五六茎,一茎可十余蕊,鲜芳绝伦,广东市上标写台湾水仙花,其实非台地产也,皆海舶漳州及苏州转售者,苏州种不及漳州种肥大。"②漳州种植的水仙个大芳香,包括漳州海商在内的商人分售四方,成为江南华南等地市场上的畅销产品。

从上述的关口报告或档案记载,可知漳州商人在国内沿海口岸往返贩卖的货物种类主要有:白糖、冰糖、松糖、糖果、纸、陈皮、橘饼、烟、茶、鱼翅、鱼鳔、黄豆、瓜子、芝麻、绿豆、黑豆、白豆、黑枣、烧酒、麒麟菜、海带、花生、粗碗、酒盅、蓝布、白布、棉花、棉布等货物。其中大宗商品主要是糖类、橘、瓷器、海产品、苏木、胡椒等,这些产品大都产自周边地区或者在海外运回的货物。从贸易的货品数量来看也是相当惊人,如漳州龙溪商人沈德万贩卖到天津的有"松糖505包,白糖106包,麒麟菜50包,胡椒31包……落花生400斤,鱼翅9捆,海粉1包,鱼胶1包,苏木16188斤,粗碗9750个,酒盅14700个";张德兴一次贩卖的"松糖407包,糖果58桶,冰糖19桶,麒麟菜32包,苏木5775斤,胡椒20包,蓝布13捆……武夷茶361斤,假乌木筷5捆,粗碗22500个"③。可见漳州商人贩卖的货物不仅量大,且种类丰富。

在营销商品的过程中,漳州商人体现出其敏锐的商业意识和极强的开拓能力。如明末以来,月港开放使得大量的国内产品通过此港口流向各地,漳州商人因为从别处购买商品成本甚高,但国内外需求旺盛,因而多从他处转运甚至加以仿制,以求高额利润。如《安海志》记载:"瓷器自饶州来福州,乡人由福州贩而之安海;或福州转入月港,由月港而入安海。近年月港窑仿饶州而为之;稍相似而不及其雅。"④显然,从明末以来,月港作为国际贸易大港,大量的货物通过此地运往各处口岸乃至世界各国。优质的景德镇瓷器受到消费者的青睐,使得漳州商人在贩卖过程中意识到其中蕴含的商机,因而对景德镇瓷器加以模仿。尽管漳地瓷器制造较为粗糙,但价格低廉,拓展了广大的海内外市场。

三、以会馆为纽带的商业网络

清代漳州商人在全国各地非常活跃,因而在各地城镇大都设有会馆。在江南地区商贸发达,吸引了全国各地的客商前往寻找商机,因而在江南地区聚集包括漳州在内的大批福建商人,并纷纷建立商馆、会馆,其中重要的有:

苏州的漳州会馆(霞章会馆),位于苏州阊门外南濠街,由漳州商人于康熙三十六年(1697年)建立。到了雍正年间(1723—1735年)这一带聚集的福建商人之多令人咋舌,

---

① (清)黄叔璥:《台海使槎录》卷2《商贩》,北京:中华书局,1985年,第47页。
② (清)范咸等修撰:《台湾府志》卷17《物产》。
③ 《雍正二年九月初一日直隶巡抚李维钧奏报闽船四只载货抵津折》,中国第一历史档案馆编:《雍正朝汉文朱批奏折汇编》第3册,南京:江苏古籍出版社,1991年,第524页。
④ 康熙《安海志》卷4《瓷器》,第2页。

"南濠一带客商辐辏,大半福建之民,几及万有余人"①。江苏的另一处福建会馆(古闽会馆)位于镇江城外马路,光绪年间由福建商人建立。全闽会馆(福建会馆)位于南京水西门大街天后宫。到了清代乾隆戊寅年(1758年),羊皮巷福建会馆也迁至此。

位于上海咸瓜街的泉漳会馆,乾隆二十二年(1757年)建,主要由泉州、漳州两郡的同安、龙溪和海澄三县众号商船户、洋船户捐资建成。位于上海豫园的花糖洋货行点春堂,于道光初年由汀泉漳三府业花糖洋货行各商公立。

在上海还有包括漳州商人的会馆,如三山公所,建于1863年左右,由旅沪闽运果橘商集资典房建之②。沪南三山会所,光绪季年,闽南之营青果福橘业者,自三山公所分出购地新建③。

其中上海的泉漳会馆建立和运作,反映出闽南漳州泉州商人资本之雄厚与商帮影响之广泛。该会馆碑记:"泉漳会馆,吾闽中邑人所创建也。邑者三,龙溪、同安、海澄也。……吾邑人旅寄异地,而居市贸易,帆海生涯。皆仰赖天后尊神显庇,俾使时时往来利益,舟顺而人安。"该会馆"乾隆丁丑年营始,癸未年告成"④。由此可知,乾隆二十五年至三十一年(1760—1766年),泉州、漳两府的龙溪、同安、海澄三县客帮公议,捐资置买大东门外滨浦房屋土地,建造泉漳会馆,同时置买北门外圩地,建造泉漳北馆,不久又置买会馆临近房屋田地,收取租息,作为会馆维持经费。上海泉漳会馆"规模之宏远,气象之堂皇,横览各帮,洵无多让"⑤。会馆周围,上下通衢多是该帮商人。之后随着到上海贸易漳泉人数众多,陆续添置公产,到道光十一年(1831年),该帮在官府登记的房产多达226间,田地26亩,仅司月就有金协盛等51家商号。次年会馆重修,捐款者除了司月和公估产局,还有商号4家,船号41艘,洋船7艘,共捐银圆1633元。咸丰七年(1857年)捐款者更多达商号或个人32,号船及租船68艘,共捐银7110两,银圆204元。光绪二十六年(1900年)登记在册的房产有50余号,房屋650余间⑥。这在上海各帮中也较为少见,可见闽南漳州等商帮的实力,以及在上海商业活动之活跃。

在江南地区,还有南浔的福建会馆等。该馆位于浙江省湖州府乌程县南浔镇,于光绪年间福建商人建立。

天津是清代北方的商贸中心,汇集了大量的南方商船商户。早期在天津实力较强的各地商人商帮亦纷纷在此置办会馆。清乾隆四年(1739年),在天津卫经商的闽、粤、潮等三帮商人,将清政府多年来给他们的优惠税金集中到一起,在北城根针市街共建闽粤会馆。

---

① 雍正《朱批谕旨》,雍正二年(1724年)四月五日胡凤翚奏。
② 《上海碑刻资料选辑》,上海:上海人民出版社,1980年,第510页。
③ 《上海碑刻资料选辑》,上海:上海人民出版社,1980年,第513页。
④ 《兴修泉漳会馆碑》,《上海碑刻资料选辑》,上海:上海人民出版社,1980年,第235~236页。
⑤ 《重修漳泉会馆碑》,《上海碑刻资料选辑》,上海:上海人民出版社,1980年,第244页。
⑥ 范金民:《明清时期江南与福建广东的经济联系》,《福建师范大学学报》2004年第1期。

《天津闽粤会馆碑文》载乾隆三十六年（1761年）六月二十日，"钦命巡按长芦等处盐院管理天津钞关税务□为晓谕宽税之条，以示优恤事：照得闽粤商船来贸易，历任念其远涉重洋，风涛颠险，均有宽税之条。糖包每大包准除皮十斤，每小包准除皮五斤；其红白糖内每大包优免十斤，每小包优免五斤，往来船料并免报纳。至水手所带零星货物税银不及一钱者概行优免，仍于税银内每百两免银二两，以示优恤。复念该商在津贸易，洵属循良，又于税银百两再加免银二两，以示格外柔远之意，屡经出示在案□□为此示仰闽粤商人等知悉：所有一切加恩优恤之处，本院循照向例举行……"此后再次对福建等地商人给予优惠，嘉庆十二年（1807年）十月政府对于"闽粤洋船商户人等"晓谕：大青糖每包310斤，准除皮15斤；大白糖每包300斤，准除皮15斤；小红糖每包180斤，准除皮□斤；小冰白糖每包117斤……槟榔等货照上开分两数目对扣税。以上红白冰糖、槟榔等货，每百斤上税50斤，按时估价，每两抽税银3分，每税银百两折收银76两，每两又免3分①。这些政策使得大批漳州在内的闽粤商人北上进行商贸，运去大量糖、杂货，运回药材、花生和大豆等物品。

北方的山东也是漳州商人进行贸易物品交易的活跃地区，尤其胶州，彼地是漳州船只活动的一个中心港口，据档案记载，1745年漳州船户柯启隆等称："启隆等系福建漳州府海澄县商人，给本县票静字三百六十七号，给关部牌洪字一百四十二号，坐驾乌船一只，共计二十三名。于乾隆十年（1745年）三月二十九日在厦门开船，往浙江贸易；六月十三日由彼地开船往山东（贸）易。除水手六名在胶州取银外，有客人一名，共计现在十八名，于十月二十五日在胶州出口。"②

又如乾隆十四年（1749年）又有漳州龙溪县商户林顺泰与水手等23人，坐驾乌船一只，"装糖驶到直隶天津卫发卖，到山东胶州买绿豆粉、干紫菜，时有容九名附搭本船共计三十二名，欲回厦门，行至半洋徒遭暴风"③。这些商船装载的豆类等物品是山东与南方贸易的一大商品。

即便远如东北地区，漳泉商人也不辞辛苦加以开拓。在东北的锦州、牛庄等处，"每年俱有福建商船到彼贸易"，乾隆五十六年（1791年）辽东沿海包括牛庄、锦州等海口二十一处，"留寓闽人除领票回籍外，尚有千四百余口"④，因而在这也设有会馆，如在盖平县的海神庙，"在城内福建会馆南门里偏西……"⑤可以看到包括来自漳州的福建商人前往东北贸易应不在少数。这种情况从嘉庆十八年（1813年）漂流到朝鲜的漳州船户口述中得到印证，该商船"是福建省漳州府海澄县静字一千七百四十九号，票文则照票一张，计开票三张，商船票一张"，该船只于"四月初七日自同安县往台湾装载糖属；五月十五

---

① 天津档案馆等编：《天津商会档案汇编（1912—1928）》第2册，天津：天津人民出版社，1992年，第2110页。
② "国立"台湾大学：《历代宝案》第2册，"国立"台湾大学印行，1972年，第2550页。
③ "国立"台湾大学：《历代宝案》第5册，"国立"台湾大学印行，1972年，第2589页。
④ 《清高宗实录》卷138，第12页。
⑤ 《奉天通志》卷92《建置六》。

日,往江南省松江府上海县交易茶叶。七月初六日,又自上海县往奉天省西锦州交易后,贩载黄豆一千石,白米十二包,鹿肉饼八包,牛筋五包、木耳七包、远志十包、甘草十五包、丹参五包、赤芍药七包、瓜子三十包、柴胡四包、防风六包,要回本县,十月二十七日,发船至洋中。去月初三夜,猝遇西北大风,船几覆没……初六日,飘到贵国地方"①。

广东历来是我国贸易重要区域,这里众多口岸汇集了包括来自福建的商人。地处广东西南部的湛江在自清康熙年间废除海禁后商贸逐步发展。在湛江湾的赤坎也成为"商船蚁集、懋迁者多"的繁荣商埠港口。素有航海经商习惯的福建海商载货到此贸易,之后他们陆续召集同乡来赤坎经营。因闽人引聚渐多,集居一处,终成福建村及福建街。湛江赤坎的闽浙会馆建于清乾隆年间,是福建、浙江两省到赤坎经商士绅、船户行帮之会聚议事场所。韶安港在闽浙会馆左侧,是闽浙商人到赤坎后用福建地名命名的一个停船出海小港,该港的《韶安港客船户出海次开列碑记》"闽浙会馆内还存有福建商人于嘉庆二十四年(1819年)在赤坎购地以福建地名命名的云霄港、漳浦港等碑刻"②,赤坎的这些地名、港名与福建商人的祖籍地漳州所属的诏安、云霄和漳浦县名一样。由此,我们可以推测出来自漳州商人在湛江湾经商的人数不少且实力雄厚。

潘启官(潘振承)乃广州十三行商之首领,他创设"湄洲会馆,以为漳泉同乡人会合之所"③。以潘氏家族在广州的威望,当能为前往广州进行贸易的漳州同乡提供各种资助,壮大漳籍商人的势力。

从上述会馆分布和漳州商船出入的口岸来看,福州、泉州、厦门、宁波、苏州、上海、胶州、天津、锦州、牛庄、宁远、澄海、广州、湛江等地方都是漳州商人贸易的主要口岸,大多口岸都建有会馆,形成乡情联络场所,并由此形成广泛的商业网络。

除此之外,西南地区也有大量商业会馆,其中福建分布不少,如在江津仁沱镇真武场原来是一个大码头,重庆、贵州等地的各种物品都须在此转运,码头商贸非常繁荣,独特的地理和商机吸引了不少移民和商人。清代福建人在此建立的妈祖庙,也称为天后宫,系福建会馆,为四合院建筑,占地约1800平方米。

而在漳州,因为地处海河交汇之处,交通便利,是闽粤赣三省交会的交通要道,清代江西赣南等地之货物直接通过汀江、九龙江运到漳州,后再通过漳州转运到东南亚等世界各地,可交换的海内外物产丰富,因而也有不少外地商人在漳州建设会馆,由此构筑多种的商业网络。而清朝收复台湾后,漳州成为海洋移民的重要中转站,活跃江右商帮的江西人遂在漳州建江西会馆。该会馆原地址在吴西坑(今达聪巷),会馆旧址现尚存一座名为"万寿宫"的古戏台④。

此外,还有湖南会馆址在漳州九间排(今钟法路中段),广东会馆址在联仔街协和路

---

① 《备边司謄录》第20册,第743~747页,转引自(日)松浦章著,蔡雅云等译:《清代帆船贸易与金门船员》,《海交史研究》2008年第2期。
② 王日根:《中国会馆史》,上海:中国出版集团东方出版中心,2007年,第140页。
③ 梁嘉彬:《广东十三行考》,上海:国立编译馆,1937年,第262页。
④ 涂明、刘文标:《漳州闹市清代江西会馆》,《海峡都市报》2010年6月10日。

(今瑞京路),安徽会馆址在县前直街,浙江会馆址在步武街(今南昌路)。福建省内的各府商人会馆大都按照地域集中同一区域,如莆仙会馆和福州会馆亦称"三山会馆",馆址在公府街;泉州会馆又称泉永会馆,馆址在旧府路(今共和路);惠安会馆址在平等路与民主路交叉路口;安溪会馆址在博爱西道;永定会馆址在龙眼营;龙岩会馆址在博爱道。这些不同地域的会馆使得漳州商业网络连接全国各地,而贩运贸易也促进了区域农业和手工业的发展。作为客商的商帮不仅携带家眷前来贸易,到了清代他们"大多在所到城市设立庄号,乃至批零兼营"①。

清代漳州人蔡世远对此功能曾说道:建馆是"以事神而洽人,联情笃谊,所系綦重"②。这说明会馆除了能为本籍商人提供各种生意上的联络与帮助,更能在很大程度上给这些身处他乡的商人提供物质和精神上等多种形式的支持,有利于构筑起稳定的商业网络。

四、商业资本与商业组织方式

资本是商人借以获取商业利润的重要资源。漳州民间传统商业经济中的合股或委托代理经营,较早就已经存在。如明代漳州海商出海贸易资本就经常采用合伙的形式的:"有番船之饶,行者入海,居者附赀。或得婆子弃儿,养如己出,长使通夷,其存亡无所患者,犀象、毒昌、胡椒、苏木、沈檀之属,麋然而至"③,到了清代,漳州商业继续发展,其主要的商业资本构成多种多样。商业资本除了货币之外,还有商品、财产、劳务等形式。

清代商人的经营方式多合伙方式,如顾炎武曾说:"商舶则土著民酿钱造舟,装土产径望东西洋而去,与海岛诸夷贸易,其出有时,其归有侯。广洋巨浸,船一开帆,四望惟天水相粘,无畔岸,而海人习知海道者,率用指南者即罗盘为其导向。……异时海贩船十损之二三,及循习于常,所往来舟无恙,若安澜彦。"④

合伙。据载,在闽南泉漳"两府人民,原有三等。上等者以贩洋为事业,下等者以出海采捕驾船、挑脚为生计,惟中等者力农度日"⑤。之所以出现漳州等府很多人从事洋船船员的情况,是因为一般人无力造船,造船所需资金相当雄厚,在雍正年间闽南一带造船大约是"内地造一洋船,大者七八千金,小者二三千金",到了乾隆年间,造价上升了不少,"每船达(大)者造作近万金,小者亦四五千两"⑥,说明这些洋船很多不是中小等民众所

---

① 吴承明:《中国资本主义与国内市场》,北京:中国社会科学出版社,1985年,第249页。
② (清)蔡世远:《漳州天后宫记》,乾隆《吴县志》卷106《艺文》。
③ (明)何乔远:《闽书》卷38《风俗志》。
④ (明)顾炎武:《天下郡国利病书·福建·漳州府·洋市》,见《续修四库全书》第597册,第292页。
⑤ 同治《福建通志》卷52《国朝蠲赈》。
⑥ (清)蓝鼎元:《鹿洲初集》卷3《论南洋事宜书中》;漳州市蔡新研究会编:《蔡新缉斋诗文集》卷之4《答方望溪先生议禁南洋商贩书》,第80页。

能建造的，一般是需要数人合伙打造。

对于海商合伙活动，漳州府南靖进士庄亨阳（1686—1746），在其《禁洋私议》谈道："如咬留吧者，我民兴贩到彼，多得厚利以归。其未归者，或在彼处为甲必丹，转徙贸易，每岁获利千百不等，寄回赡家。其族戚空手往者，咸资衣食，给本钱为生，多致巨富。故有久而未归者，利之所存，不能遽舍也。去来自便，各安其生。自海禁严，年久者不听归，于是有获利既多徒望故乡而陨涕者，又有在限内归而赍金过多、为官吏垂涎肆行勒索无所控告者，皆禁之弊也。夫不听其归不可，促使尽归，令岛夷生疑惑尽逐吾民，则自绝利源，夺民生而亏国计，尤不可也。"①这里可以看到合伙经商，不少是出自家族力量。这在海外贸易中起到重要作用。

因而，漳州有大贾为提携宗族子弟，往往将部分资金委托给他们去经营，借以增加他们的收入，培养他们的经营能力；同乡同族的关系，互相信赖，互相支持，所以能把资金组合起来从事商业活动。

贷本经营。清代商人出身贫寒者众多，经商之初往往不得不以借贷充作启动资金。另外附本经商的经营形式下，委托人往往只有少量资金，又无人经营，便将资金委托他人，借以取利。受委托人往往是财力较强又善于经商者，他们所接受的委托资金在其营运的全部资金中只占很小的一部分；委托人与被委托人之间往往是至亲好友，受委托者接受委托，带有对委托人帮助与扶持的性质。被委托人自身并无长财或钱财较少，主要以委托人资金为主从事商业活动，这种经营方式，盈利由资本所有者独享，亏损则由资本所有者独当，受委托者一般可获得较多酬金。

如在诏安县，有这样的一首民谣："洋船到，猪母生。鸟仔豆，攀上棚；洋船沉，猪母眩。鸟仔豆，生枯蝇。"这说明诏安海商建造艚船和购买货物的钱依靠众人集资，如果平安往返，则厚纳其利，否则债务一笔勾销，人们给它起了个名，叫"洋船债"。海上货运，有的船主本身是货主，用自建的船运自办的货物，风险自负利润独得；有的则租赁船只运货，航运出现意外事故，按惯例不能追究船主的赔偿责任，但货主则不予运费。

代理经营。福建有买养子的风俗，龙溪县养子成人之后，"在商贾之家则使之挟资四方往来冒露，或出没巨浸，与风涛争顷刻之生，而己子安享其利焉"②。出海贩洋，出入风涛，均由养子代理经营。

此外亦有备资本，以雇船贩运，从事外贸，如乾隆八年（1743年）"五月内，据漳州府海防同知郝洼禀报，有龙溪县商人吴秀若等，自备资本，雇江苏长洲县林华盛洋船，由乍浦出口，往贩南洋，遭风失舵，漂至日本，将货兑换红铜铜器等货，开行回棹，途中又遇飓风，损坏篷顶，飘至闽省亭头地方"③。

从地域上看，清代漳州府诏安由于港湾众多且具有悠久的海上运输传统，由家族从事海洋贩运生意尤其突出。在清廷开放海禁之后，该县经营航运的仕渡村的沈一，斗门

---

① （清）庄亨阳：《禁洋私议》，见南靖县地方志编纂委员会：《秋水堂集》，2005年。
② 乾隆《龙溪县志》卷之10《风俗》。
③ 《宫中档乾隆朝奏折》第3辑，第399页。

头村的沈严正,林家村的林天球和城关的沈温恭(顺庆堂)、谢捷科(硕兴行),岸上村的沈振兴等都拥有自己的船队,靠着海上贩运而成巨富。据《重修悬钟帝祖庙碑文》记载,至同治元年(1861年),诏安仕江、澳仔头、梅岭、林头、城关尚有船行10多家,大驳帆船百余艘。

据黄家祥研究,诏安县海商顺庆堂开基于清乾隆间,开基祖沈显原居诏安仕渡村,其先祖世代务农为生。后家族先后迁徙,最后才迁至县城东门内落户。沈显最初在打银街开店,替人加工金银饰物,并通过买卖金银玉器,渐有积蓄。仕渡村历来有走海船的传统,受此影响,沈显及其家族也投资于航运,并获得成功,海船获利可观。此后沈氏逐步建起以东门中街顺庆堂宗祠为主,兼及毗连祠堂周边、东门中街两侧、顶元巷和宪伯第边的公厅、大厝等共24座房产。其后又购置了田地200多亩,年收租谷400多担。沈显的4个儿子各自发展,其中长子沈惠和、四子沈克勤带领子侄继承光大先辈的事业,经营土特产,"运行于本地至沪、杭、甬一带"。他们各拥有商船28艘、11艘,同时还有糖房、油行、货仓等产业。直到民国时期,沈氏家族拥有田园上千亩和县城中山路17间临街商住楼以及东门内承志堂、乐顺堂、怡和堂以及几个公厅等大量房产。

诏安县的硕兴行乃谢家捷科、声鹤兄弟于嘉庆六年(1801年)在城内创办,获利颇丰。于是谢家在县城12公里外的西潭乡东溪边,兴建占地3600平方米的硕兴寨,并在附近溪边配置了码头。清嘉庆十年(1805年),谢家购置了1艘大驳船搞运输,业务由捷科主理。硕兴行通过硕兴寨就地收购加工蔗糖等土特产品,然后用溪船运到县城,接驳到海船上,再源源不断地运到华北和东北的济南、旅顺等一带进行销售。其贸易生意做得颇为顺当,实力逐步扩大,到同治二年(1862年),谢家船只发展至8艘,甚是发达。从沈氏和谢氏的经营来看,诏安的商行运作大都是家族形式进行,并通过分家析产,达到迅速扩展的效果。

第三节 清代漳州海外贸易状况

一、清初海禁与商业资本的转移

明末以来闽南地区对外贸易相当繁盛。漳州府沿海民众因"田多斥卤",因而长久以来习惯于海上贸易,"视波涛为阡陌,倚帆樯为来铝。盖富家以财,贫人以躯,输中华之产,驰异域之邦,易其方物";海澄县"依山务农业,海滨事舟楫,衣冠文物颇盛,又曰商人勤贸迁,远贩外洋"[①]。然而,明末清初延绵不断的战乱,使得漳州月港在兴盛了几十年后陷入了衰退境地。因漳州是郑氏反清复明的重要基地,郑氏军队和清军的对峙战争持

---

① 乾隆《海澄县志》卷15《风土》。

续了近40年。尤其是海澄公黄梧提出的"平贼五策",其中包括长达20年的迁界令,切断了正常的商贸通道。而郑氏则通过组织海路五商进行应对,一些贼商转到了闽粤交界的地方进行活动,如漳州平和县"海贼徐容",在广东海丰等地,招募人员,驾船五只,"与贼首辛老大、陈老大、吴开锡、阿宝尾同下海,分仁义礼智信五字号,每船不过数十人"①。这些盗商俱航行于海上,贩卖货物。

海商贸易的通道方面,明末以来闽南的晋江安平港与漳州月港,在嘉靖年间都是重要的港口。"东西洋网路仍以漳州的势力为主,晋江势力是后来居上……这些大海商都是以厦门为中心的漳州势力。"之后月港逐渐淤塞与清初的战乱,使得闽南一带的贸易中心逐渐转移到厦门。其实,"漳州势力的衰退并不是因为荷兰人的阻挡,而是以郑芝龙为首的三邑帮成功地结合、利用荷兰人,进而取代了漳州人的势力"②。加上在收复台湾后,清政府规定厦门是与鹿耳门港对渡的唯一正口,大量货物转而云集厦门,自此漳州仅成为山海货物交易中转的仓储腹地。

由于商路长期受到侵扰,漳州一部分商人转而向其他地区转移,即使是康熙收复了台湾之后,这里的商人也大不如之前地频繁出入月港或漳州九龙江口岸,他们一部分前往更加开阔的口岸厦门,一部分前往南方最大的一个口岸——广州。从18世纪30年代开始广州外贸市场迅速发展,之后乾隆二十二年(1757年),清廷又撤销闽海关、浙海关和江海关,规定外国番商"将来只许在广东收泊交易"。这样无疑吸引了大量商人到此经商。

广州吸引了来自漳州龙溪的潘振承开办同文行,来自漳州诏安的叶上林创办义成行,同时还有来自泉州同安的伍氏家族创办怡和行等。这些来自闽南漳泉两地的商人不约而同地来到广州,聚集了大量的资本。

雍正五年(1727年),清政府解除福建人民到南洋贸易的禁令,大量商民到南洋谋生,到了近代因沿海通商口岸开放,不少漳州商人频繁前往海外谋求发展。据诏安黄姓《紫云族谱》记载:清道光二十二年(1842年)即有黄世钮、世铜、世鑫、黄长河、长汉、长海等因本地生意萧条,而相邀乘船到马来亚沙捞越美里坡谋生;咸丰年间,漳浦马坪乡文店村戴文水从海澄港尾卓岐乘帆船出国,前往新加坡,在彼处从事小商贩,此后发展成为巨富,并娶英国女人为妻;又有漳浦县佛潭白石人杨士让往暹罗波竭省,由小贩遂变成为巨商。

清代澳门,因地处东西洋航线的要道,为远东国际贸易的中心,更是聚集了大量的漳州海商。在早期西方殖民者前来开拓东亚商业时,广东方面逐走葡萄牙人,"有司自是将安南满刺加诸番,尽行阻绝,皆往漳州府海地方"③。而一直到鸦片战争前,澳门仍然汇集大量的贸易海船,据统计,"1831年在澳门停泊的船中,来自福建厦门的有80艘,来自

---

① 光绪《漳州府志》卷47《灾祥》,《寇乱》。
② 翁佳音:《17世纪的福佬海商》,见汤熙勇主编:《中国海洋史论文集》第7辑,台北:"中研院"中山人文社科研究所,1999年,第63~65页。
③ 介子:《葡萄牙侵占澳门史料》,上海:上海人民出版社,1961年,第8页。

福建漳州府者150艘"①，这些漳州海商或到澳门贸易，或经过澳门前往南洋等地进行贸易。五口通商后，澳门更是涌入了大量的漳州海商，且实力雄厚。道光年间黄宗汉的《香山濠镜澳妈祖阁温陵泉敬堂碑记》载："濠镜向有天后庙，自明至今，多历年所凡吾漳泉两地之贸易于澳门者"，"今漳兴堂亦捐金购屋，为岁时祭品需，统计阖郡共鸠集洋银四千九百十大圆"②，由此可知，漳州海商势力至道光年间仍是相当雄厚。

二、清代华南海商集团中的漳州商人

清初在收复台湾之后，清政府，解除海禁，准许中外商人进行贸易，设立了粤、闽、江、浙四个海关。清康熙二十五年（1686年），粤海关官府招募了十三家较有实力的商行，专门代理海外贸易和外交方面的业务，俗称"十三行"。十三行在最鼎盛的时期，就有十家是福建人所开设的，故有"广东行商福建人"、"洋行领袖闽商占"之说。在闽商中，漳州商人的地位相当突出，可以说在广州十三行商中独领风骚。

清十三行商首任行首潘启官（洋商称之为Puankhequa），又名潘振承，于清康熙五十三年（1714年）生于栖栅社（今角美镇白礁村潘厝社），是广州十三行首任商总（即行商首领）。早年在家乡做船工，积累了丰富的海洋经验，后来他三次随船前往吕宋，与西班牙人、英国人、葡萄牙人等售卖茶叶、丝绸、瓷器等物品，不仅经历了航海险恶，练就了航海的本领，同时也增长了经商的才干。在吕宋期间，他不仅接触到西班牙、英国等番人，且学会他们的语言，拓展了商业范围。乾隆三年（1738年）潘振成由闽入粤，在一家洋行做事，因为肯干吃苦，为人诚实，后来受到委托全权经营洋行的一切商务，由此而涉及跨国贸易业务，从而积累了与外国商人直接交往的宝贵经验。在积累财富之后，潘在乾隆七年（1742年）左右向清政府请旨开设同文行，这是他独立成为行商的开始。由于谙熟外语，加上经营有方，同文行生意很快发展起来。1757年清政府关闭闽、浙、沪海关，实行广州一口通商制度，外商所需要的茶叶、生丝、土布、绸缎的商品，只能由洋行采办，这种跨国垄断贸易的特权使得同文行等洋行生意兴隆，并积攒了巨额财富。乾隆二十五年（1760年），经商致富的潘启被清政府选为广州十三行商总，由此开启了潘氏家族任行总的序幕。后人评述说同文行潘启官（Puankhequa）在乾隆三十六年（1771年）之所以财力雄厚且在众行商中做到后来者居上，在外国商人中也有良好的声誉，认为这"实因其个人才干及其与官场之感情足以使彼成为当地最可信赖最有作为之人物……综Puankhequa I之生平，历居公行领导地位（总商），有助于英大班者固多，有碍大班者亦复不少。彼陷于绝境者多次，然卒能自拔，可见其伟大之魄力与手腕"③。此评价应是较为公允。

乾隆五十二年（1787年）潘启去世之后，其第四子潘有度（洋商也称之为Puankhequa）不久后接手同文行的一切商务，1795年后任十三行商总10多年，然而，此

---

① 光绪《香山县志》卷15。
② 徐晓望、陈衍德：《澳门妈祖文化研究》，妈祖基金会，1998。
③ 梁嘉彬：《广东十三行考》，上海国立编译馆，1937年，第259～260页。

时的行首经营已面临着种种困难。之后潘氏的同文行更名为同孚行。潘振成的孙子,也即潘有度的儿子潘正炜经历的另一事实也可证明这一点,1801年华北遇水灾,上谕各省大吏集捐赈恤,粤海关借此对各行商大施勒索,尤其对潘氏行商施行高压,除了勒令在各商公捐款项二十五万两内认捐五万两外,"复勒令其独捐五十万两",但潘家只愿意捐助十万两,"海关监督犹以为未足,其后且奏劾之"①。

因为官府的勒索和行首对各行商债务负有连带责任等因素,各十三行之间的实力发生了变动。这从各行商的缴纳税银中可以看出,如嘉庆二十二年(1817年)进口税银中,"怡和纳银七万七千余两,广利纳银五万七千余两,东生(Chunqua)纳银六万八千余两,丽泉(Congseequa)纳银二十一万七千余两,西城(Exchin)纳银一十二万六千余两,天宝(Kinqua)纳银一十一万七千余两,而puankhequa Ⅱ(即潘振成儿子潘有度)则只纳银七万七千余两"②。曾经为十三行商首任行首的潘氏家族的确已呈衰落之相。

在广州十三行中,享有盛名的尚有漳州诏安籍叶上林创办的义成行,叶是漳州府诏安县人;创办东裕行的谢嘉梧也是漳州府诏安县人,谢嘉梧还是漳州、泉州海商合修澳门妈祖庙捐资最多的行商,不过叶氏则是在其商业发展巅峰时期急流勇退,淡出了行商。

三、海外贸易网络与贸易结构

清代漳州商人进行海外贸易的涉及地域非常广阔,其海船航行的区域包括东洋的日本、菲律宾、加里曼丹岛、爪哇岛、马来半岛和印支半岛等区域。漳州府辖区港湾众多,可以进行海外贸易的出发港口也较多,在福建,"通番舶,其贼多谙水道,操舟善斗,皆漳、泉、福、宁人。漳之诏安有梅岭、龙溪、海沧、月港……"③地处漳州九龙江出口的厦门湾两岸,可通海外贸易口岸很多,如海沧、月港及石码等。当时从厦门口岸出发前"往南洋贸易,其地为噶喇吧、三宝垅、实力、马辰、赤仔、暹罗、柔佛、六坤、宋居朥、丁家卢、宿雾、苏禄、柬埔寨、安南、吕宋诸国"④,尤其是噶喇吧一地,自从清初以来"从康熙五十四年到乾隆十九年(1715—1754年)的四十年间,入港咬留吧的中国船只有480只,占其入港船总数(499只)的96.2%,出港咬留吧的中国船只有442只,占其出港船总数(461只)的95.9%",从厦门港出发以及厦门港为目的地的中国船只占一半以上,说明以厦门为基地的福建船,将"咬留吧视为重要的海外贸易港"⑤。由此可知,包括九龙江口湾在内的漳州商人,他们的一个重要贸易目的地应包括南洋的咬留吧(今印尼爪哇)。

据嘉庆《重修一统志》载:"梅岭山,在诏安县东南三十里海滨……旧时郡之洋泊实发

---

① 梁嘉彬:《广东十三行考》,上海国立编译馆,1937年,第264页。
② 梁嘉彬:《广东十三行考》,上海国立编译馆,1937年,第265页。
③ 乾隆《福建通志》卷74。
④ 道光《厦门志》卷5《洋船》。
⑤ (日)松浦章:《清代帆船东亚航运与中国海商海盗研究》,上海:上海辞书出版社,2009年,第195~196页。

于此","走马溪,在诏安县东南五十里海滨……为海口藏风之处"①。诏安靠近粤东,走南洋船也是较多的。

在东南亚地区,清代漳州海商甚至一度与其他商人控制了安南的对日贸易。当时安南南部的广南对日贸易几乎全部为华人包办。据日本人所见与记录,长崎港常有福州及漳州的商船②。可见,这些漳州商人从事中、日、越三国之间的贸易。

自明以来,"东洋中有吕宋,其地无他产,番人率用银钱(钱用银铸造,字用番文,九六成色,漳人今多用之)易货"③,说明闽南地区商船素来有往南洋贸易的传统。比如漳州海商前往暹罗的船只数量不少,"自大清之地广东、漳州、厦门,去年来船亦达拾四五艘,皆归帆本国"④。

或有部分商民借助台湾,与前来的西方商人贸易。大量闽南民众赴台湾谋生,来往两岸间的物资增多,遂吸引不少两岸商民参与贸易,并扩展到周边国家。"自台湾两日夜可至漳、泉内港。而吕宋、佛郎机之夷,见我禁海,亦时时私至鸡笼、淡水之地,与奸民阑出者市货,其地一日可至台湾。官府即知之而不能禁,徒使沿海将领奸民坐享洋利。"⑤对于闽南人,以海峡为跳板的海外贸易是另一种商机。

东瀛日本也是漳州一个重要的贸易目的地,在日本元和六年(1615年)闰六月初三日,"有漳州船载着大量砂糖开到纪伊的浦津,准许随便交易,当时幕府对于明朝商人的态度颇为宽大,明朝商人到达长崎后,立即叫卖,幕府也不加干涉,又如幕府为了禁止天主教,限制葡萄牙人和西班牙人,只准长崎贸易,荷兰人和英吉利人,只准载平户交易,惟独明朝商船,无论到那里,都可以听任船主的要求,准许进行交易"⑥。到了清代,自海禁解除之后,福建与日本之间的贸易恢复很快,主要的港口是福州、闽南的厦漳泉等港口,如漳州的自康熙二十八年至三十四年(1689—1695年),每年前往日本贸易的船只数量分别是3、5、3、2、4、5、2艘⑦。

即使在清代海禁时期,漳州船只前往日本贸易也不曾断绝。如据荷兰东印度公司记载:"自1654年11月3日在我们的最后一艘荷兰船开缆以后,迄到1655年9月16日为止,在这期间各地开来的中国戎克船五十七艘入埠。即安海船四十一艘,其大部系属国姓爷的,泉州船四艘,大泥船三艘,福州船五艘,南京船一艘,漳州船一艘及广南船

---

① 嘉庆重修《大清一统志》卷429。
② 闫彩琴:《17—18世纪华商在越南海贸领域的经营及影响》,《东南亚研究》2009年第2期。
③ (明)顾炎武:《天下郡国利病书》卷93《福建三》。
④ 《华夷变态》,第1274页。
⑤ (清)黄叔璥:《台海使槎录》卷2《商贩》,北京:中华书局,1985年,第43页。
⑥ (日)木宫泰彦:《日中文化交流史》,北京:商务出版社,1980年,第627页。
⑦ 刘序枫:《由〈华夷变态〉看清初东亚海域的海上交通情况》,见李庆新主编:《海洋史研究》第1辑,北京:社会科学文献出版社,2010年,第42页。

二艘。"①

而在康熙开放海禁后不久，即有不少自漳州出发前往日本的商船，有些船是外地来的，亦有些本地商船的，这在《华夷变态》中有具体的记载：

康熙二十四年（1685年）自漳州出港的船号为84的船主，"我等因漳州缺少客、货，故航抵宁波招揽少许客、货航日"②。

康熙三十二年（1693年）自厦门出港的船主黄子敬，"我等先往漳州采购船底货砂糖，招搭43人，再到普陀山装载前曾在宁波预购的丝货后航日"③。

康熙二十六年（1687年），53号自厦门出港的船主王兴官，"厦门没有任何土产，我等装载的砂糖等货，是由泉州运出的"。又康熙二十九年（1690年），船号48，船主刘以荷，"我等由福州往漳州采购粗货，搭载52人航日"。又康熙三十一年（1692年）船号为41自漳州出港的船主周□舍说："本船搭载74人由漳州开往厦门，加载少许货后航日。"④

康熙四十年（1701年），船号39，自厦门出港的欧阳官船主，"我等为招集客、货，由厦门驶往漳州，搭载63人航日"⑤。

康熙四十九年（1710年），船号30，漳州出港的船主黄习官，"我等由漳州前往广东贸易，采购当地土产，招揽81人后航日"⑥。

除了上述记载的漳州海商活动区域，我们也可以从明清以来漳州本地流通的货币，大概考察漳州商人海外贸易网络或者联系的区域轮廓。2008年在漳州市区建筑工地所发现的国外货币，有印铸于1800年西班牙"双柱"银币，上面的卷轴印有拉丁文"PLVS VLTR"，意即海外还有天地；墨西哥银币即"鹰洋"，花边鹰洋，分别为1856年多叔那瓜版银币、1876年墨西哥版银币、1868年克台克斯版银币、1869年丘利阿根版银币；美国鹰洋，分为国内流通银圆，为1857年美元银币，及1874—1876年贸易银圆，除此之外还有日本银币，明治八年（1875年）、十年（1877年）银币，英国铸香港银币和东印度公司银币，"最早的是印铸于1800年的西班牙银币，最晚的是印铸于明治二十九年（1896年）的

---

① （日）岩生成一：《近世日支贸易して关ちう数量》，《史学杂志》第62编第11号，转引自陈伟明：《明清闽粤海商的构成与特点》，《历史档案》2000年第2期。

② 《华夷变态》卷10，又见《清开海令后的中日长崎贸易与国内沿岸贸易（1684—1722）》，《中国海洋发展论文集》第3辑，第392页。

③ 张本政主编：《清实录台湾史料专辑》，福州：福建人民出版社，1993年，第9页。《华夷变态》卷20。又见《清开海令后的中日长崎贸易与国内沿岸贸易（1684—1722）》，《中国海洋发展论文集》第3辑，第395页。

④ 张本政主编：《清实录台湾史料专辑》，福州：福建人民出版社，1993年，第9页。《华夷变态》卷12、卷17、卷19。又见朱德兰：《清开海令后的中日长崎贸易与国内沿岸贸（1684—1722）》，《中国海洋发展论文集》第3辑，第400页。

⑤ 《华夷变态》卷34。又见朱德兰：《清开海令后的中日长崎贸易与国内沿岸贸易（1684—1722）》，《中国海洋发展论文集》第3辑，第401页。

⑥ 《华夷变态》卷34。又见朱德兰：《清开海令后的中日长崎贸易与国内沿岸贸易（1684—1722）》，《中国海洋发展论文集》第3辑，第403页。

日本银洋",年份跨度1800年到1896年①。这些货币的出土,从一方面说明清代漳州海外商贸繁盛,另一方面说明漳州商人与欧洲殖民者在东南亚等地形成贸易网络。

据林南中研究,红鸟币是柬埔寨王国铸造于1847年。东南亚的柬埔寨,旧称高棉,柬埔寨在19世纪中叶处于衰落时期,先后成了强邻暹罗和越南的属国。1863年沦为法国保护国,并于1887年并入法属印度支那联邦。闽南地区常见的有银质红鸟币,币值为1/8泰格尔,直径在1.1~1.5厘米之间,重量1.5~1.8克左右,光背。此外,还有铜质红鸟币等。至今,这些货币在闽南地区的漳州等地时有所见,说明漳州商人与这些地区商贸活动之频繁。

四、海外贸易与地方社会的影响

(一)经济结构与地方社会稳定

漳州海上贸易行业需要众多劳动力,在海外贸易链条上亦吸引各阶层民众的参与,对于地方经济结构和社会的稳定产生了重要的影响。

一般而言,闽南地区"通贩外国之船,船主一名;财副一名,司货物钱财;总杆一名,分理事件;火长一正、一副,掌船中更漏及驶船针路;亚班舵工各一正一副;大缭二缭各一,管船中缭索;一椗二椗各一,司椗;一迁二迁三迁各一,司桅索;杉板船一正一副,司杉板及头缭;押工一名,修理船中器物;择库一名,清理船舱;香公一名,朝夕焚香楮祀神;总铺一名,司火食;水手数十余名"②。可见航船上配置人数众多,从事海外贸易的船只通常都大于沿海贸易的船只,船员结构复杂。商船航行在漫无边际的大海中必须配备各种职能人等,与国内沿海贸易不同职务的有:财副、总杆、火长、一迁二迁三迁、押工、择库、香公等。通常整船人员总数为60、70多人不等,一般是60~80人③。海商"以贩海为利,视汪洋巨浸如席",他们"外至吕宋、苏禄、实力、噶喇巴,冬去夏回,一年一次,初则获利数倍至数十倍不等,故有倾产造船者,然骤富骤贫,容易起落,舵水人等借此为活者以万计",民众对海洋贸易的依赖相当高。清代漳州籍的官员蓝鼎元总结这种海洋社会经济结构时说:"沿海居民造作小巧技艺,以及女红针黹,皆于洋船行销,岁收诸岛银钱货物百十万,入我中土,所关为不细矣。"繁荣的海外贸易,使得"闽广家给人足,游手无赖亦为欲富所驱,尽入番岛,鲜有在家饥寒"④。这说明当时社会稳定发展与海洋经济贸易活动有密切关系。

---

① 漳州市文物管理委员会办公室:《鑫荣花苑二期工地银元窖清理简报》,《福建文博》2010年第3期。
② (清)黄叔璥:《台海使槎录》卷1,北京:中华书局,1985年,第15页。
③ 《宫中档雍正朝奏折》第8辑,第836页。
④ (清)蓝鼎元:《论南洋事宜书》,见蒋炳钊、王钿点校本:《鹿洲全集》,厦门:厦门大学出版社,1995年第37页。

顺治十二年（1655年）六月，清廷曾下令禁海令，但是民众依然通过各种途径进行海贸，禁令收效甚小。顺治十六年（1659年）福建漳州府海防同知蔡行馨在《敬陈管见三事》一文中写道：沿海一带"每有倚冒势焰，故立墟场，有如鳞次。但知抽税肥家，不顾通海犯逆。或遇一六、二七、三八等墟期，则米、谷、麻、篾、柴、油等物无不毕集，有发无发，混迹贸易，扬帆而去。此接济之尤者，而有司不敢问，官兵不敢动也"①。可见，沿海贸易与当地豪强有关，更与普通民众生活息息相关。

雍正五年（1727年），在闽浙总督高其倬的奏请下，清廷终于同意福建洋船到南洋贸易②。不久，又准浙江开放南洋贸易③。福建海外交通又重新活跃起来，"凡南洋之广南港口、柬埔寨，及西南之𠮩仔、六坤、大呢、吉兰丹、丁葛奴、单咀、彭亨诸国，咸来通市"④。

然而，清朝统治者虽然开放了南洋贸易，但保留了以前许多限制条令，而且陆续对民间海外航运业施加了诸多新的限制。就在取消南洋禁航令的同时，规定凡出洋船只，俱令各州、县严查船主、伙长、头碇、水手，并商客人等共若干名，开明姓名、籍贯，令族邻保甲出具切实保结，再令同业三船连环互结，该地方官一面给予印照，一面加结造册，册内逐名开写年貌，注明两手箕斗，申报督、抚、本府，并报兴泉道、厦门同知、提标中营参将，俾其照此查验，督、抚再行委员坐口协同稽查，如有报少载多，及年貌、箕斗不符者，即行拏究，保甲之人一并治罪。回棹时，照前查点，如有去多回少，先将船户人等严行治罪，再将留住之人家属严加追比，或有意外事故，务取邻船甘结，通报存案后，有发觉具结之人严坐其罪，原详之官一并参处。对于飘洋船只出口之处，福建原有多处港口，现总归厦门一处出口，其别处口岸一概严禁，如有违禁在别处放船者，即行查拏，照私越之例治罪⑤。此外，还限制出口商品种类。

乾隆十四年（1749年），旅居噶喇吧贸易20余年的原龙溪县民陈怡老"辞退甲必丹，携番妾子女，并番银番货，搭谢冬发船回籍，行至厦门盘获"，以"照交结外国"等罪名，"发边远充军，番妾子女金遣，银货追入官，谢冬发照例枷杖，船只入官"⑥。十九年（1754年），苏禄福建华侨杨大成为该国副使，来闽朝贡，亦被"照例改发黑龙江充当苦差"⑦。如此不分青红皂白地无情打击，致使广大华侨不能自由出入祖国，沦为海外孤儿，对私人海商资本的发展也是极其不利的。后经福建巡抚陈宏谋的奏请，"凡出洋贸易之人，无论

---

① 《皇清名臣奏议汇编》初集，卷12。

② 《清世宗实录》卷54，雍正五年（1727年）三月辛丑，北京：中华书局，1985年，第7册，第822页。

③ 《清世宗实录》卷81，雍正七年（1729年）五月辛酉，北京：中华书局，1985年，第7册，第70～71页。

④ （清）王之春：《国朝柔远记》卷4，第204页。

⑤ 《硃批谕旨》第46册，第27页，雍正五年（1727年）九月初九日浙闽总督高其倬等奏。

⑥ 《清高宗实录》卷364，乾隆十五年（1750年）五月乙巳，北京：中华书局，1986年，第13册，第1009页。

⑦ 《清高宗实录》卷457，乾隆十九年（1754年）二月戊戌，北京：中华书局，1986年，第14册，第946页。

年份远近,概准回籍"①,但这只限于领照出洋、合法贸易之人,其他大部分华侨回国仍在禁令之列。

清廷的限令不仅激起滨海民众的不满,而且也引起漳州籍士绅的担忧,本地官员与乡绅都倾向于反对海禁。如漳州府南靖籍贯进士的庄亨阳认为:"福建僻在海隅,人满财乏,惟恃贩洋。番银上以输正供,下以济民。如交留吧者,我民兴贩到彼,多得厚利以归……"他认为"设禁之意,特恐吾民作奸,勾岛夷以窥中土,不知交留吧不过荷兰一小属国,去荷兰尚数千里,相隔既远,无从生心。又吾民在彼此,贫则仍留,富则思返,怀土顾家,亦必无引彼窥我之事,此皆前任督抚不恤民瘼,张大其说,以见己之留心海邦,而厉阶之生,遂至今为梗矣"②。贩洋民众大都是"怀土顾家",之所以渡重洋兴贩,都因民众贫穷,而贸易可以达到"输正供"、"济民"的目的。

因此,庄亨阳指出,"为今之计,莫如听其自便,不给照,不挂号,永驰前禁,令海舶得以及时往返,不遭恶风,无覆溺之患,此上策。次则于出口时,取具船户甘结,不得将奸人载回,违者罪之,中策也。又次则于入口之时,严加讯察,异服异言,不得入港。其年久在限外回者,令自供籍贯,造册报官存案,到家安插后,陆续取其族长或领居甘结,地方官不得借端索骗",能如此计,则"滨海苍生幸甚"③。

这些熟悉海疆社会的闽南籍官员的呼吁对政府的外贸易政策的决策具有重要的影响。时任闽浙总督高其倬认为社会经济和地理环境是民生是不容忽视的。他说:"漳泉各府……民之稍富者为船主,为商人;其贫者为头舵,为水手。一船几及百人,一年往返得千余金,或数百金,即水手之类,亦每人可得二三十金。其本人常年不食本地米粮,又得银归,养其家,下及手艺之人,皆大有生业。洋船一回,开行设铺,又足养商贾之家。"④显然,地方官员看重的是这种海洋社会经济结构对社会正常运转的重要性。开洋对于地方官员和民众来说是共利、双赢的。

高其倬还奏称:"福、兴、漳、泉、汀五府,地狭人稠,自平定台湾以来生齿日繁。山林斥卤之地,悉成村落,多无田可耕,流为盗贼,势所不免。臣再四思维,惟广开其谋生之路,如开洋一途……若虑盗米出洋,则外洋皆产米地;虑透消息,则今广东船许出外国,岂福建独虑泄漏?虑私贩船料,则中国船小,不足资彼之用,以臣愚见,开洋似于地方有益,请弛其禁。"⑤显然,沿海省份大都进行海洋商贩,而独禁止福建势必引起社会不满,作为封疆大臣强烈意识到福建地方民众出洋的重要性。

常年的海洋活动也使得闽南本地民众熟悉气候、洋流等海洋情况,使得生产生活能

---

① 《清高宗实录》卷472,乾隆十九年(1754年)九月乙酉,北京:中华书局,1986年,第14册,第1106页。

② (清)庄亨阳:《禁洋私议》,见《秋水堂集》,福建南靖地方志编纂委员会整理,2005年,第43页。

③ 《庄亨阳禁洋私议》,见同治《福建通志》卷87。

④ 同治《福建通志》卷140《国朝宦绩·高其倬传》。

⑤ 《清史列传》卷14《高其倬传》。

安全有序开展。明代以来政府与周边国家进行朝贡活动,受雇的船工就有不少是漳州人,"篙工、舵师旧录皆用漳人,盖其涉险多而风涛惯,其主事者能严能慎,其趋事者能老能苦,若指臂皆相使然者"①。漳州商人通过海道川走于国内外,民众进行耕海与航行十分娴熟与从容。《诏安县志》记载了本地商船航行海上的经验:"南风壮而顺、北风烈而严,南风多间,北风罕断,南风驾船非飚飓之时,常患风不胜帆,故商船自南赴北者,以舟小为速。北风驾船虽非飚飓之时,亦患帆不胜风,故商船自北回南者,以舟大为稳,风大而烈者为飓,又甚者为飚。飓风骤发,飚则有渐……船在洋中遇飓犹可为,遇飚不可受矣。"②在诏安梅岭山,"其界属四都而山从凤山迤出者曰,梅岭山。在四都离县三十里,距悬钟所三十里,濒海有公馆,今废漳之洋舶先实发于此。原有主簿镇于此,后设县镇除以其地屡为倭寇所凭,后发船在海澄。是地虽属四都,山为三都滨海尽处"。他们对于海洋相当熟悉,"海上渔者,于海啸则知风,海动则知雨,潮退则出,潮长则归。其方言云,初一十五潮满正午,初八二十三满在早晚,初十二十五日暮潮平;又云,月上水翻流,月斜水半月,落水汐尽,潮则呼曰南流上,汐则呼曰北流落,至于驾舟洋海,虽凭风力亦视潮信,以定向往,或晦夜无月,唯瞻北斗以为度。……大率潮之消长,每日而移一时,潮之大小,八日而经一变。每岁卯酉二月皆大,而辰戌二月为尤大。漳海之潮与省会兴泉不异,若环海之半月东流,半月西流"③。在海洋贸易过程中对于海洋的季风、洋流等情况的娴熟了解,可以说是海外贸易促进漳州海疆社会发展。

因漳州海商、船户、海员熟悉航海地理上的种种便利,清代漳州成为不少内地民众出洋的重要通道。如漳州城内有永定会馆,会馆中堂供奉的神明不是通常所供奉的关帝圣君,而是海上保护神妈祖,证明了当时永定人经漳州到海外谋生人口之多、谋生之艰辛和祈求神明庇佑的心情④。这也表明了漳州作为内地人前往海外的出海口和中转站的重要地位。

(二)社会奢侈习俗

繁荣的海外贸易不仅满足了朝廷对海外珍宝的需求,也给闽南民众带来丰足的财富。在龙溪县,因"邑地瘠卤,恒仰食于他郡,火耕水耨之夫,终岁勤劬,犹苦贫,惟种蔗及烟草,其获利倍";该县每年外销货物中,糖类产品是大宗商品。又其"邑工号最朴,近则纱绒之利不胫而走,机杼轧轧之声相闻,非尽出于女手也;木工坊者竞为雕梁朱甍,以负妍斗巧,细至垆镌缝纫之属,亦争能角技,厚取值焉。大商巨贾,握算持筹,以外洋为膻壑,危樯高舰出没驶风激浪中,脂腻所归,无所畏苦,而酒削卖浆者流,来自外郡,刀锥之末,亦足自豪"⑤。这说明贸易所带来的巨大利润,使得不少民众从中获利颇丰。

---

① (明)夏子阳:《使琉球录》,续修四库全书,第742册,第664页。
② 康熙《诏安县志》卷之2《天文志·祥异》。
③ 康熙《诏安县志》卷之3《方舆志》。
④ 陈侨森、蒋林建:《龙眼营史事》,《漳州芗城文史资料》,合订本第6卷,2009年,第3902页。
⑤ 乾隆《龙溪县志》光绪五年(1879年)增补重刻本,卷10《风俗》。

地方人士都深刻意识到这一点,如漳州府漳浦县人蓝鼎元在谈到海外贸易时说:"内地贱菲无足重轻之物,载至番境,皆同珍贝,是以沿海居民,造作小巧技艺以及女红针黹,皆于洋船行销,岁收诸岛银钱货物百十万,入我中土,所关为不细矣。"他认为"开南洋有利而无害,外通货财,内消奸宄,百万生灵,仰事俯畜之有资,各处钞关,且可多征税课,以足民者裕国,其利甚为不少"①。海外贸易不仅可以使得中外互通有无,且民众生活因此而逐渐富足。

清代初期闽县人、文学家徐𤊹描绘了漳州府海澄一带的社会景象:以前是"旧名曾月港,今已隶清漳。东接诸倭国,南连百粤疆。秋深全不雨,冬尽绝无霜。货物通行旅,赀财聚富商。雕镂犀角巧,磨洗象牙光。棕卖彝邦竹,檀烧异域香。燕窝如雪白,蜂蜡胜花黄。处处园栽橘,家家蔗煮糖。利源归巨室,税务属权珰……"②明代后期以来因海外贸易闻名的海澄,到了清代这里依然可以看到来自异域的奢侈品:象牙、犀牛角、檀香、燕窝等,当然只有本地巨室的才有实力去博取和享受这些来自海外财富。

海商历经风险和生死无常的海上贸易所带回的丰厚利润,使得一部分民众手头阔绰,着重享受。在漳州等闽南一带地区形成喝茶互相攀比的风俗。在厦门"彼夸此竞,遂有斗茶之举。有其癖者,不能自已,甚有士子终岁课读,所入不足以供茶费"③。乾隆二十七年(1762年)《龙溪县志》亦记载:"灵山寺茶,俗贵之。近则远购武夷茶,以五月至,至则斗茶。必以大彬之壶,必以若深之杯,必以大壮之炉,扇必以琯溪之箑,盛必以长竹之筐。凡烹茗,以水为本,火候佐之。水以三又河为上……穷山僻壤,亦多耽此者。茶之费,岁数千。"④社会上斗茶风气之盛,由此可见一斑。

又如乾隆三十一年(1766年)时任永安知县的彭光斗,在其《闽琐记》中记载"余罢后赴省,道过龙溪,邂逅竹圃中,遇一野叟,延入旁室,地炉活火,烹茗相待,盏绝小,紧供一啜,然甫下咽,即沁透心脾,叩之,乃真武夷也,客闽三载,只领略一次,殊愧此叟多矣"⑤。即使在村野,饮茶也颇有韵味。

考古资料也证明了饮茶风气之盛。1990年7月漳州漳浦县从一座乾隆二十三年(1758年)入葬的蓝国威夫妇墓中,出土一全套闽南工夫茶茶具。其中有陈鸣远款宜兴朱泥壶一个,底径5.6厘米、腹径8厘米、通高5.2厘米。"若琛珍藏"款青花杯四只,底径3厘米、口径6.7厘米、高3厘米;白釉墨彩人物山水茶盘一个,底径14厘米、口径16厘米、高2.6厘米;椭圆形锡茶叶罐一个。这是与闽南工夫茶俗相关的标准茶具。陈鸣远为康熙年间宜兴紫砂壶大师,饮茶配置精致壶具,从另外一方面证明在清初的康、雍、乾时期,闽南的工夫茶俗十分流行,也极为讲究。

地处闽粤交界的诏安县,在住、食等方面也同样因贸易而趋奢。清人叶观海在其编

---

① (清)蓝鼎元:《论南洋事宜书》,《鹿洲全集》上,厦门:厦门大学出版社,1995年,第55页。
② (清)徐𤊹:《海澄书事寄曹能始》,崇祯《海澄县志》卷16《艺文志》。
③ 道光《厦门志》卷15《风俗记》。
④ 乾隆《龙溪县志》,《风俗篇》。
⑤ (清)彭光斗:《闽琐记》。

修的《诏安县志》中,言及乾、嘉、道年间的海运业及对民风的影响时说:县内"五谷所登不足自给",该县内"民间糊口半资外舶"①。乾隆、嘉庆年间(1736—1820年),诏安海运进入盛期,有船行十余家,帆船近百艘,其中不乏可载重400~500吨的大驳船,北关谢硕兴、岸上沈振兴等,各有十几、二十只大船。硕兴行老板谢捷科出资兴建的西潭硕兴寨,占地3600平方米,宏大壮观,如今依然伫立,可见其当年家底的富足、财力之雄厚,也可见这些海船带回了巨额财富。

史载诏安的"航海商贾,视重洋如平地,岁再往还,攫利不贷。输粟买衔,自拟权贵。居室连云,过于宦第,岁时宴会,罗山海珍奇,盛筵必仿官式,居恒非绮縠不服,衣冠必日京式,出必肩舆,行多仆从。纨绔子弟尤而效之,多以布衣徒步为耻"②。自此可见,诏安民众不仅粮食得到海外的接济,而且贸易赚取财富的涌入使得奢靡消费成为潮流。

漳州府云霄县的民众"因为生齿日繁,民不足食,仰给他州。又地滨海,舟楫通焉,商得其利而农渐弛,俗多种甘蔗、烟草,获利尤多"。《云霄县志》说当地民众"术业有八,为儒、为农、为工","其以儒术著者有理学之儒、有气节之儒、有文学事功之儒,最下名利之儒极矣"③。为了搏利,名利之儒也没有什么令人大惊小怪的,这也说明云霄利用海滨之利进行逐利风气之盛。

(三)异域文化的互动

漳州海外贸易活动历史久远,使得本地文化深受域外文化的影响。清代初期,海洋贸易带来的不仅仅是经济上厚利,而且渗透到地方社会文化。在清代,康熙帝先后两次为漳州府蓝理题写过御书榜文:"所向无敌"和"勇壮简易",并赐给他花翎、冠服。而今漳州新华东岳口一带,有一座"勇壮简易"牌坊,这是康熙帝为表彰平台将军蓝理而立的。该牌坊附近尚立有一座牌坊,名曰"闽越雄声"坊,此亦是康熙帝为表彰蓝理的好友、另一位平台名将许风所立的。牌坊上有"闽越雄声"、"楚滇伟绩"字样。两座牌坊的边楼上,各有五块青石镂雕花版,雕刻着形象各异的人物,不过令人惊奇的是牌坊上雕刻的主要人物是来自遥远异域的洋人形象。这些洋人,有卷发虬髯的,或头戴礼帽,或作欣然舞蹈状,也有作与汉人交谈状,俨然呈现出歌舞升平景象。这些中外人物的交往,应该说突破传统的汉夷之间的界限,反映了大航海时代之后,漳州民众在远赴海外进行商贸活动中已经自如与洋人打交道,自然地接受彼此不同的种族和文化。

离海滨稍远的漳州华安县,地处山区,但是却出现不少土楼,有些土楼嵌入了海洋和域外元素。这应是缘起于大量民众出洋谋生与贸易给这里的民俗加入了异域文化。二宜楼始建于1740年,除了是世界上现存最大的圆土楼,创夯土建筑史上的一大奇迹外,最令人感兴趣的是楼内共存有壁画593平方米、226幅,彩绘99平方米、228幅,墙面上

---

① 黄家详:《诏安与海上丝绸之路》,见政协诏安文史委编:《诏安文史资料》第21辑,2001年。
② 民国《诏安县志》卷1《风俗》。
③ 嘉庆《云霄县志》卷3《民风》。

还绘有西洋钟、西洋美女,并标注译文的壁画。这种家居的装饰在众多土楼中是非常独特的,在中国传统民居中也属罕见,应是中西文化交流和海商文化的见证。

不过,随着海贸而来的一些异域的恶俗陋习也影响到漳州。如在通海口岸的厦门,"赌博盛行,奸民开设宝场,诱人猜压,胜负以千百计。初由洋舶柁师、长年等沾染外夷恶习,返棹后,群居无事,或泊船候风,日酣于赌。富贵子弟相率效尤,遂成弊俗。耗财破家,害不胜举。近因商贩失利,例禁日严,此风渐息"①。闽南繁荣的海贸商舶需要大量的船员,厦门港口不少船员即来自漳州,因此这些习俗可不能不影响到漳州地方社会。

又如自海外贸易等途径传入的吸食鸦片,对民众身体和经济的危害之大,在《漳州府志》亦有载:"漳郡无籍之徒,多吃鸦片,来自吧国,杂烟叶煮之,价颇昂,初入口令人骤肥,日久神昏气顿,面黑目黄,或过时不吃,则眼泪鼻张。"②同时期厦门同知许原清载鸦片的来源:"鸦片始自西洋荷兰及咬吧等国,原系毒草及腐尸败革煎煮而成……近时内地民人多用罂粟花配药,熬煮,状与鸦片无异"③。明代以来,漳州众多海商将吧国选作为贸易目的地,因而不免将东南亚地区的陋习传回漳州本地,从而染坏社会风气。

漳州人从海外贸易中了解到洋人对茶叶的需求,因而对茶叶的加工进行改造,以顺应异域需求,推动本地生产技术的改新。《武夷山志》载有:"凡茶之产视地利,溪北较厚溪南次,平州渚渚土膏轻,幽谷高岸烟雨腻,凡茶之候视天时,最喜天晴北风吹。若遭阴雨风南来,色香顿减淡无味。近时制法重清漳,漳芽漳片标名异。如梅斯馥兰斯馨,大抵焙得候香气。鼎中笼上炉火红,心闲手敏工夫细。岩阿宋树无多丝,雀吞吐红霜叶醉。终朝采采不盈掬,漳人好事自珍秘。积雨山楼苦昼间,一宵茶话留千载。重烹山茗话枯肠,雨声杂沓松涛沸。"漳州海商多年从事西洋与中国的茶叶贸易,他们敏锐把握到西方对武夷茶的独特嗜好,因而改进制法,独创出有名的"漳芽漳片"。

明末清初的释超全(俗名阮旻锡),福建同安人,明世袭次千户后裔。李自成入北京后,慨然追随郑成功入台,清初入武夷山天心寺出家为茶僧。释超全作的《武夷茶歌》云:"……近时制法重清漳,漳芽漳片标名异。如梅斯馥兰斯馨,大抵焙得候香气。鼎中笼上炉火温,心闲手敏工夫细。"其在《安溪茶歌》又写道:"安溪之山郁嵯峨,其阴长湿生丛茶,居人清明采嫩叶,为价甚贱供万家。迩来武夷漳人制,紫白二毫粟粒芽。西洋番舶岁来买,王钱不论凭官牙。溪茶遂仿岩茶样,先炒后焙不争差。真伪混杂□□□,世道如此良可嗟。"④

根据以上的史料我们可以看出,当时的武夷茶制作方法与现代乌龙茶的制作方法是较为相似的。二首茶歌都提到"近时制法重清漳,漳芽漳片标名异"、"漳人好事自珍秘","迩来武夷漳人制",说明乌龙茶的制法很可能是从漳州一带传入武夷山的,"溪茶遂仿岩茶样"则说明,这一技艺又从武夷山传入安溪。上述这些记载提到"近时制法重清漳"是

---

① 道光《厦门志》,台北:成文出版社,第327页。
② (清)沈定均:《漳州府志》卷38《民风》。
③ (清)周凯:《厦门志》卷15《风俗记》,台北:成文出版社。
④ (清)施鸿保:《闽杂记》卷10。

指当时的制茶注重"清漳"之法,"漳"者,即闽南的"漳州"。这里提到武夷岩茶既炒又焙,其制作工艺出自闽南,异于闽北的"小龙凤团",也异于绿茶而显出其细致的工夫。每年吸引西方洋船前来采买,说明漳州商人善于吸收域外文化习俗,并融入制茶工艺中。

"灵山寺茶俗贵之,近则远购武夷茶"①,说明漳州栽种茶树历史悠久,也有灵山寺茶等名贵茶种,但产量有限,民间茶风日盛,海外市场旺盛需求,漳州商人便到武夷、安溪等茶叶大产区采购。这必然带去了漳州的茶叶加工技术,为武夷茶区所仿效。也可能漳州的制茶商利用武夷山丰富的茶叶原料,在武夷山当地开办茶叶加工企业。

以上这些材料都可以看出,武夷、安溪、台湾等乌龙茶主产区的乌龙茶生产技艺极可能是从漳州直接或间接传播过去的。月港开放后的40余年,是漳州海商主导东亚贸易网络的黄金时代②,因此,更可能是自月港开放之后,积极开拓海外贸易的漳州商人不断地挖掘和提升商品品质、扩大贸易商品的数量,迎合西方殖民者需求的一种因应。

在清代,大量的闽南商人前往海外进行商贸活动,使得包括漳州在内的闽南社会生活明显地受到了南洋等异域因素的影响。如漳州手工业产品,漳绒,"天鹅绒本出倭国,今漳州以绒织之,置铁线其中,织机割出,机制云蒸,殆夺天巧"③。这是漳州海外贸易中对手工技术的适时改变。

第四节 清代漳州与台湾两岸贸易

清代初期,清军与郑军在闽南一带的厦门、金门、铜山等岛屿及沿海地区进行长期的拉锯战。为此,清政府采纳闽南人黄梧的建议,施行严厉的迁界禁海政策。尽管此策使得航运和海洋贸易中断,但是沿海从事商贩、水手和渔民等激烈反抗。其中一些人沦为海盗,还有不少人跟随郑军渡海到达台湾,如顺治十八年(1661年),郑氏带去的"水、陆官兵眷口三万有奇",之后还在闽南的漳泉一带招募民众,充实台湾基地,"航海而至者十数万人"④。1678年6月,郑军攻破海澄县城,俘虏的2000多名清军官兵被载至台湾,"分配屯田"。民众不断涌入台湾,郑氏为解决军民粮食问题,在台南开展屯田,粮食逐步地得到充足,在台湾稳住了阵地。之后逐渐向台湾南部凤山和北部鸡笼等方向扩展。同时,还扶植山区少数民族民众发展生产,帮助他们修筑水利,提供镰、锄、犁等工具。同时,郑治台湾期间,台湾的制糖业、樟脑业和砖瓦等行业也发展起来,商品经济也渐趋活跃。

---

① 乾隆《龙溪县志》卷10《风俗》。
② 杨国桢:《16世纪东南中国与东亚贸易网络》,《江海学刊》2002年第4期。
③ 光绪《福建通志》卷59《物产志》。
④ 连横:《台湾通史》卷7《户役志》,北京:商务印书馆,1983年,第114页。

一、清代漳台两岸港口贸易网络

清初明郑政权构筑山海五商的贸易网络。郑氏以沿海岛屿和台湾作为对抗清军的基地,多年的抗争使郑氏台湾基地需要大量的物资,之后成立主要以厦门为基地的海五商,航行于中南半岛、南洋的吕宋、苏禄、文莱、咬留吧等诸国,将大陆运来的生丝和瓷器等货物运往日本和南洋诸地销售,再输入盔甲、枪炮等物资。

而大量来自大陆的物资使郑氏在靠近大陆的海岛等地方设立贸易据点,如康熙年间,郑经让江胜到厦门等地成立贸易转运据点,"凡沿海内地穷民,乘夜窃负货物入界……聚而流通台湾,因此物价平,洋贩愈兴"①。

郑氏政权在台湾23年间,主要以鹿耳门港和安平镇港为主要贸易港口,在大陆则以厦门、金门以及漳州的铜山和海澄等沿海岛屿和港口,进行走私物品。大陆大量货物通过驻扎在这些海岛、海口的守将收集,或招引民众前来交换,然后运往台湾,并转贩东南亚等地。这时期的东南沿海地区,"凡中国各货,海外人皆仰资郑氏;于通洋之利,惟郑氏独操之"②。

康熙二十二年(1683年)清政府统一台湾后,于次年设立台湾府,隶属福建省。同时,清廷解除海禁,闽海关设立后,又在石码等地设立钱粮口岸。台湾"通海之处,各有港澳。定例只许厦门、鹿耳门港商船往来"③,说明最初台湾府也只有鹿耳门港和厦门之间允许对渡贸易。清政府之后又陆续允许台湾中部的鹿港和北部的八里岔港分别与大陆的泉州蚶江和福州五虎门通航。到嘉庆时台湾从南到北形成府城、鹿港和淡水的艋舺的三足鼎立商业格局。在这些商港周边也兴起了众多的郊行商贾,如"府城三郊"(北郊、南郊和糖郊)与"鹿港八郊"。大量的郊行商船来往于台湾与大陆,两岸之间贸易一度繁荣起来。

乾隆中期时,台湾县有大港,凤山县有茄藤港、东港等,淡水厅有蓬山港、竹堑港、八里岔港,"凡十有七港"。台湾的贸易港口不少是伴随本岛开发和经济发展而繁荣起来,而后与大陆进行商贸往来。如鹿港附近因为土地开发而米谷大增,成为重要的集散地。1731年鹿港才被列为岛内贸易港,但是到了乾隆年三十八的1773年,该港已经是"烟火数千家,帆樯麇集,牙侩居奇,竟成通津矣"④。

第二次鸦片战争后,台湾开放了台南、淡水、打狗、鸡笼四个口岸。1871年英国开辟航线,固定了从安平、淡水与厦门、汕头等地之间航线。招商局也于1880年在华南沿海

---

① (清)江日升:《台湾外记》,陈碧笙点校,福州:福建人民出版社,1983年,第194页。
② (清)郁永河:《裨海纪游·郑氏逸事》,第48页。
③ (清)朱景英:《海东札记》卷一,见《台湾文献史料丛刊》第7辑第19种,台北:大通书局,1987年,第8页。
④ (清)朱景英:《海东札记》卷一,见《台湾文献史料丛刊》第7辑第19种,台北:大通书局,1987年,第8页。

一带与台湾的安平和淡水之间开展航运业务。次年,巡抚岑毓英更商议"派拨琛航、永保两轮船。循环来往……并准商人配货"①。这两艘官船主要在台湾的安平、鸡笼、艋舺、台南、台北与对岸的福州、厦门等港口之间运转。

清代漳州与台湾府的郊行商贾联系的港口主要有厦门港、石码港、澳头、浯屿、佛昙港、旧镇港、铜山港、云霄港、宫口港、下寨港、梅岭等口岸,与对岸台湾的笨港、鸡笼、鹿港等港之间交易。如石码与台湾的商业交往十分活跃。由于船头行人多从事与台通商,许多船头行和商行汇集于同一市街——"新行街"。该市街的商贾云集一如往昔,如今还有一幢临街的二层楼房——"台湾商馆"。

漳州的浦头港是九龙江西溪古道上航运的中心,经天宝、靖城、山城、山格、琯溪、坂仔、船场、奎洋各地,其下游通航于厦门、金门、海沧、石美、澳头、石码、海澄、浮宫以及附近诸处,是漳州的重要集散中心港口。漳州府九龙江流域输往台湾的商品,大都需到浦头港或石码港转驳赴厦门,装上海船再运往台湾。而从台湾销往九龙江流域的商品,也先运至厦门、石码或浦头,再转运内地各点。因而,漳州府所在地的浦头港附近,便先后形成众多的市场,各路货物咸集此港。那里形成了新行街、盐鱼市、蛏仔市、米市、粉街、枕头街、柑仔市、笼仔街、新亭街、凤霞街、人和巷、围仔内、新路巷等繁荣商业街区。

东山的铜山港,向来是漳台通商的重要港口。现存于东山关帝庙的《重修武庙碑记》中可看出,同治九年(1870年)铜山武庙重修时,来自台湾郊行、商号和官员纷纷捐修。其中来自"澎湖捐户"的,有"金顺利、金长顺、铜山馆、顺美号、自源号、振源号、林振春、振兴号、振茂号";来自"台湾捐户"的,有"安平协副将周、特授安平协胡、安平中营游击梁、安平中营游击陈、安平右营都司梁、前署沪尾守备陈、安平左营中军郑、安平左营守备潘、沪尾把总黄浴沂、五品军功郭崇猷、六品军功郭崇藩、郡城三郊、郡城陈邦记、郡城德记行、郡城魏茂昌、郡城广泉隆、郡城梧记行……台郡生员黄清光、台郡赖若珍、前任鹿港游击陈沂清"等。这些来自台湾的踊跃捐户说明铜山港在海峡之间的贸易相当频繁。

此外,漳州九龙江沿岸还有海澄港、浮宫港、白水港、镇头宫港、卓崎港、郭坑港、石美港等众多小港口进行交易两岸的货物。

二、郊商与漳台两岸贸易

大概而言,清代台湾商业活动以行郊最为活跃。郊商因贩运地区之不同而分为三类,从事台湾与上海、宁波、天津、烟台、牛庄等处的贸易者,为北郊;贩运金门、厦门、漳州、泉州、香港、汕头、南澳等地者,为南郊;此外还有专门对泉州贸易者为泉郊,对厦门贸易者为厦郊②。

在台湾,从事与漳州之间商贸的主要行郊,从南到北主要有南部府城的南郊、中部地

---

① 连横:《台湾通史》卷19《邮传志》,第374页。
② 卓克华:《清代台湾行郊研究》,福州:福建人民出版社,2006年,第63页。

区鹿港厦郊、北部地区的泉郊和北郊、大稻埕的厦郊。具体而言,台湾府南部因为最早开发,所以农工商业发展较为繁荣。加上清初台湾回归后鹿耳门港是与大陆进行商贸的唯一正口,开赴大陆贸易船只须取道府城的鹿耳门港。该港口附近聚集了很多商人,并形成了实力强大的组织——行郊。其中台南的北郊、南郊和糖郊最为盛名。台南的糖郊主要经营台糖、台米等农产品,南郊以油、米、什货等为主,与金厦、漳泉、汕头等处进行贸易,主要输入的有"漳州生原烟、泉州棉布……厦门药材瓷器、永宁葛、汀州条丝、漳州丝线"①。

鹿港的郊行与漳州的贸易主要是厦郊之金振顺,主要贸易商有陈庆昌、陈恒吉、庄谦胜与海盛号等,"与厦门、金门、漳州地区贸易,出口较多,有的兼营布郊、糖郊、染郊"②。《厦门志》载"厦门商船对渡台湾鹿耳门,向来千余号",厦门"对渡台湾一岁往来数次……初则获利数倍至数十倍不等,故有倾产造船者……舵水人等借此为活者以万计"。

笨港位于台南之北,从康雍时期起,因对大陆与台湾西岸等地的贸易具有优势,商业渐兴。自乾隆末起,先后成立了厦郊、龙江郊、糖郊、布郊、米郊、杉郊等郊行,尤以笨港三郊(即泉郊金石顺、厦郊金正顺、龙江郊金晋顺)最为出名。晚清笨港依旧郊行林立,金、厦、广东南澳以及澎湖等地商船经常由内地运载布匹、洋油、杂货、花金等销售,并转售米、芝麻、青糖、白豆等货。

在新竹地区,郊行贸易之种类较多,"货之大者,以布帛、油、米为最,次糖、菁,又次麻、豆。内山则以樟脑、茶叶为最,次苎及枋料,又次茄藤、薯榔、通草、粗麻之属。以上各件,皆属土产,择地所宜,雇船装贩。……近则运于福、漳、泉、厦,远则宁波、上海、乍浦、天津以及汕头、香港各地、往来贸易"③。可见漳州与该地之间的贸易是布帛、米粮为大宗。

台湾的北部主要艋舺行郊,主要为泉郊、北郊、厦郊,合称"淡水三郊",香厦郊之后与香港郊合并,为香厦郊。台北三郊贸易繁盛,史载该地"货之大者,莫如油、米,次麻、豆,次糖、菁。……商人择地所宜,雇船装贩,近则福州、漳、泉、厦门,远则宁波、上海、乍浦、天津以及广东,凡港路可通,争相贸易"④。

台湾东北部的噶玛兰(即宜兰),虽然开发较迟,在嘉庆后逐步发展,商贾日集,贸易渐见发达。咸丰《噶玛兰厅志》载曰:"兰中惟出稻谷,次则白苎,其余食货百物多取于漳、泉。……一年只一二次到漳、泉、福州,亦必先探望价值,兼运白苎,方肯西渡福州,则惟售现银。其漳泉来货,饮食则干果、麦、豆,杂具则磁漆、金楮,名轻船货。"⑤从台湾与漳泉交易的物品来看,"贸易于漳,则载丝线、漳纱、翦绒、纸料、烟、布、席草、砖瓦、小杉料、

---

① 《台湾私法商事编》之《台南三郊之组织、事业及沿革》,见《台湾文献史料丛刊》第9辑第91种,台北:大通书局,1987年,第14页。
② 卓克华:《清代台湾行郊研究》,福州:福建人民出版社,2006年,第70页。
③ (清)陈朝龙:(光绪)《新竹县志初稿》卷5《风俗考·商贾》,第177页。
④ (清)陈培桂:《淡水厅志》卷11《风俗·商贾》,第458页。
⑤ (清)陈淑均:《噶玛兰厅志》卷11《风俗·商贾》,台北:大通书局,1984年,第197页。

鼎铛、雨伞、柑、柚、青果、橘饼、柿饼。泉州则载磁器、纸张。兴化则载杉板、砖瓦。福州则载大小杉料、干笋、香菇。厦门诸海口或载糖、靛、鱼翅、海参"①。宜兰织造原料也来自漳州,"台地毛乌布最善弹染。虽兰在万山之后,亦不减于牛骂头诸布……凡匹长一丈八尺,其白地原由漳州金绒庄来"。可见,宜兰与漳州之间的物资交易相当频繁。

　　介于大陆和台湾本岛之间的澎湖,虽是穷荒之岛,但由于其独特的地理位置,历来被视为台厦中流锁钥,是漳泉之外捍。台海往来之船艘,一般都会停靠在澎湖,同时可以接济岛上物产不足。随着贸易的兴旺而逐渐发展出一些郊行,如台郊公号金利顺、厦郊公号金长顺,交易物品也竟丰富不少。澎湖"街中商贾,整船贩运者,谓之台厦郊",因为该岛"米粟不生,即家常器物,无一不待济于台、厦。如市帛磁瓦、杉木、纸札等货,则资于漳泉;糖米、薪炭则来自台郡。然而铺家以杂货销售甚少,不肯多置,故或商舶不至,则百货腾贵,日无从购矣。富室大贾,往往择其日用必需者,积货居奇,以待长价。而澎地秋冬二季,无日无风;每台飓经旬,贾船或月余绝迹,市上存货无多,亦不患价之不长也。惟火油、豆粕,则澎湖所产,贩往厦门、漳、同等处"②。这里也可以看出闽南漳泉等地与澎湖经济的频繁来往与相互依赖。

　　据卢国能研究,漳台两地至今还有着许多台湾郊行和商人经商活动的记载与历史遗迹。在高雄的公成船头行,是铜山(今东山)人林水勇经营的,人称"水勇大",生意兴旺。铜山商人到了高雄,多在公成行下榻,并以公成行的信誉推销货物。船头行在当时经营漳台贸易的商界中有一定影响。船头行努力扩充商务,或采购商品,承揽货运,招徕生意;或联系船家,介绍船号,办理托运,对繁荣漳台市场,促进商品流通起了重要作用。

　　清代铜山港与台湾高雄、澎湖、安平、北港通商的船只最多时也有上百艘。铜山一向是漳台通商的重要港口。来往的郊商和船户众多,在同治九年(1870年)铜山武庙重修时,台湾郊行、商号和官员纷纷捐修。其中澎湖捐户有"金顺利、金长顺、铜山馆、顺美号、自源号、振源号、林振春、振兴号、振茂号";台湾捐户有"……郡城三郊、郡城陈邦记、郡城德记行、郡城魏茂昌、郡城广泉隆、郡城梧记行"等③。从碑记所载,金长顺等行郊和商号尤其踊跃,可见清代铜山与台湾贸易之繁盛。

　　而地处九龙江口的石码镇,在清代与台湾的商业交往十分活跃。据统计,清末石码和台湾高雄、梧栖、鹿港等港口来往的船只中,载重50~70吨的三十支桅杆木帆船,达110多艘。船头行人多从事与台通商,许多船头行和商行汇集于石码的同一市街——"新行街",即今新华路。

---

① (清)陈淑均:《噶玛兰厅志》卷11《风俗·商贾》,台北:大通书局,1984年,第197页。
② (清)林豪:《澎湖厅志》卷9《风俗·服习》,见《台湾文献史料丛刊》第9辑第164种,台北:大通书局,1987年,第306页。
③ 东山县关帝庙《重修武庙碑记》。

三、漳台两岸贸易结构

清代两岸之间的商业主导往往是漳泉商人。大米为闽南地区所缺,两岸贸易互为补充。台湾与漳州之间的贸易,米是大宗。如德福曾说到台湾,"所产米、粟除供台澎等处民食外,其余粟石运至内地,接济漳、泉民食"①。台湾的"台北一路出产米谷,泉、漳地方终岁民食,仰赖于彼口仔各船赴北赊贩运"。嘉庆十四年(1809年),台湾淡水卢允震等曾向巡抚衙门呈文要求开放闽台贸易,其中提到米粮贸易的重要性,"淡水系产米之区,为内地泉、漳、蚶、厦民食攸关之处"②。这说明两岸之间贸易的互补性强。

随着台湾自南到北的经济渐进发展,"大率笨港、海丰、三林三港为油糖所出;鹿子港以北,则贩米粟者私越其间"③。如同治年间,台湾北部的淡水,"商贾估客辏集,以淡为台郡第一。货之大者,莫如油米,次麻豆,次糖菁"④。表3-1所示的是台湾郊行在漳台两地主要贸易区间与货品构成情况。

表3-1 台湾行郊与漳州等闽南地区的贸易表

台湾行郊名	贸易地点	主要货品
台南三郊之南郊	漳泉二州、金厦两岛等地	输入:漳州泉州砖瓦、丝线,厦门药材瓷器,泉州棉布、盐鱼等 输出:米、芒、麻、青糖、豆糁等
鹿港八郊之厦郊	漳、厦、金	输入:杂货较多,兼营布郊糖郊和染郊 输出:米、糖、油、牛骨等
新竹行郊	漳、泉、厦等地	输入:黄麻、金箔、布帛、陶瓷器等 输出:米、糖、菁等
台北三郊之厦郊	泉、漳等地	输入:未明 输出:可能油、米、糖、菁、茶叶等
宜兰行郊	漳、泉、厦、福州、兴化等地	输入:丝绒、布匹、砖瓦、瓷器、金楮、鼎铛、雨伞、干果等 输出:米谷、油糁、白芒、麻芒等
澎湖行郊	厦、漳、泉、同(安)	输入:布帛、瓷器、瓦料、杉木、纸札等 输出:油、糁、花生仁、鱼干等

资料来源:根据卓克华:《清代台湾行郊研究》,福州:福建人民出版社,2006年,第66~79页;以及台湾《澎湖厅志》等文献资料制成。

---

① (清)德福:《闽台政要》,福建师大图书馆抄本,第36页。
② 张本政主编:《清实录台湾史料专辑》,福州:福建人民出版社,1993年,第9页。
③ (清)朱景英:《海东札记》卷一,见《台湾文献史料丛刊》第7辑第19种,台北:大通书局,1987年,第8页。
④ (清)陈培桂:(同治)《淡水厅志》卷11《风俗·商贾》,第458页。

从表 3-1 中可以看出,在漳台贸易货物构成上,台湾除了输出大宗货物大米外,还有大量的糖、油等物品;而从漳州输入台湾包括绝大部分日常生活和生产的必需品等百货。如台湾能够制造陶器的土质很差,因而日常所用的碗、盘、盆等生活用品,以及建筑所用的砖瓦等物资,不少是从漳州、泉州等地区运往台湾。据载,"商贾贸易于漳州,则载丝线、漳纱、剪绒、纸料、烟、布、草席、砖瓦、小杉料、鼎铛、雨伞、柑、柚、青果、橘饼、柿饼"[①]。可见,这些输入货物大都是日用品为主。漳台之间的贸易互补性相当强,如嘉庆时的淡水与闽南互为市场,"缘淡水系产米之区,为内地泉、漳、蚶、厦民食攸关之处,而淡民需用农器货物,全借蚶、厦以资助"[②]。从种类来看,输入台湾的商品主要是日用品,如上述所记录的;还有生产用品,如农具方面的锄、耙、犁等,以及渔具。

从具体地域而言,漳州海澄、龙溪等地方输入台湾的商品主要有:盐、烟、土纸、丝线、砖瓦、陶瓷、布匹、铁器等,到了清末此两地输入台湾主要物品是纸箔、红料(主要是砖瓦)、陶瓷等,而自台湾输入的主要有白糖、大米、樟脑、面粉、生油、皮革等。

在漳浦的旧镇是历史悠久的贸易港,对外输出的主要是花生油、茶叶、瓷器、竹器、皮革等农副产品等;铜山港与台湾的台南、高雄、鸡笼等港口多有船只川行,由此运往台湾的产品是米粉、土布、中成药、瓷器、竹器、纸、烟、酒等,自台湾输入的主要是稻谷、桐油、白糖、花生饼、黄麻及苎麻等产品。

漳州热销台湾的产品还有药品片仔癀、皮鼓等。由于销量不错,清代光绪年间漳州的蔡福美皮鼓还在台湾设立鼓铺分店,扩大经营规模。蔡氏皮鼓凭借优良的品质而迅速在台湾畅销。又如长泰县的枋洋烟草种植与加工繁盛,该地生产的烟丝远近闻名,涌现出了很多烟行,如枋洋的银山烟行,在乾嘉时期经营烟丝大量销往台湾及海外地区,成为大烟行商。鼎盛时期,长泰的枋洋和林墩等地在台湾设立的烟行达 10 多家,众多的行商频繁来往于两地之间。如今长泰的枋洋等地方还矗立着泰芳楼、奎壁齐辉楼等承载烟叶畅销历史的建筑,默默地承载着烟商的辉煌贸易历史。

四、殖民渗透下的漳台贸易

17 世纪初以来,西方殖民势力趁着明末农民起义、满族与明政府争斗之时,入侵台湾。彼时因为西班牙统治之下的马尼拉和华南间进行白银与商人丝绸贸易,这些贸易大都是福建商人尤其是闽南商人开拓的。后来荷兰赶走了西班牙而独霸台湾,1634—1658 年间在闽南商人等华人辅助下开展贸易而繁荣发展。尤其是 1646 年后随着郑芝龙降清,郑成功逐步控制了福建与日本、马尼拉及其他一些群岛的贸易。1650 年后郑氏甚至威胁切断对台湾的贸易,使得台湾岛上荷兰人紧张不已,作为反制,荷兰人则没收了郑氏

---

① (清)黄叔璥:《台海使槎录》卷 2《商贩》,北京:中华书局,1985 年,第 44 页。
② 张本政主编:《清实录台湾史料专辑》,福州:福建人民出版社,1993 年,第 9 页。

在南洋的船只。几经交手，1661年郑军到达台湾，次年荷兰人交出热兰遮城。荷兰在清初就企图联合清廷击溃郑军，驱逐福建商人，控制台湾海峡，以便垄断与日本和东南亚的贸易，最终荷兰不舍地退出台湾。但是漳州等地民众对台湾贸易还是暗中进行，毕竟西方殖民者和日本等国家对中国的物品需求多，而且贸易利润丰厚。

1843年五口通商口岸开埠之后，原先漳台之间的贸易重要通道之一的厦门港受到洋商的冲击，前往台湾的商船大幅减少；1858年清政府与英法两国签订《天津条约》，台南被迫开发为对外通商口岸，之后淡水、打狗和鸡笼港被迫对外开放，外国洋行在台湾设立分行，同时在海峡对岸的福州和厦门也开设分行。

1895年中日《马关条约》签署后，两岸商人来往受阻，贸易一度停滞。当时不少东南沿海商人辗转到海外开拓市场，再从海外辗转与台湾进行交易。原籍同安县寮东社（今龙海角美镇埭头村）的郭春秧（又名祯祥）于1876年先到印尼，之后辗转到台湾从事台湾到印尼的运销茶叶生意。林进发的《台湾人物传》对郭春秧的记载："从事包种茶出口到南洋的生意，占台湾输出包种茶总量的三分之一。并在南洋发展大规模糖业，除了本店设在南洋之外，台湾、厦门、漳州、上海、汉口、天津、香港均有分店。"①这种曲线挽救漳台商脉的形式一直延续到抗战时期。

在大陆也有漳州等闽南商人移往台湾进行贸易。据1908年厦门海关年报，"厦门昔日为台湾货物转运总口，今日已不复振，甚至厦埠数十年来之华洋巨商矣多有移设台湾者"。这说明了在日本殖民占领下，漳台两岸贸易出现了滑坡，如漳州土布等传统商品在台湾没能保持原先的销售优势。

第五节　清代漳州商人与社会变迁

一、商人与海外移民

明清时期闽南一带民众，因擅长驾船往域外贸易，年久而留居他国。漳州距离吕宋较近，前往该地贸易的民人众多。如明史中《外国四·吕宋》中提到，"吕宋居南海中，去漳州甚近……先是闽人以其地近且饶富，商贩者至数万人，往往久居不返回，至长子孙"。因此，漳州商人居留在彼此很多，"漳人以彼为市，父兄久住，子弟往返，见留吕宋者，盖不下数千人"②。到了清代初期，为了对抗清政府的海禁政策，漳州人等闽南民众组成海上

---

① 林满红：《印尼华商、台商与日本政府之间：台茶东南亚贸易网络的拓展（1895—1919年）》，见汤熙勇主编：《中国海洋发展史论文集》第7辑，台北："中央研究院"中山人文社会科学研究所，1999年，第585～623页。

② （明）许孚远：《疏通海禁疏》，见陈子龙等编：《皇明经世文编》卷400《敬和堂集》，上海：上海古籍出版社，1995年。

武装集团,进行海外贸易和海外移民。

1684年清廷开海贸易,漳泉民众赴海外贸易一度繁荣,但是因为风信或者货物等种种原因,部分商民无法按时返回而滞留国外,引起清廷的猜疑。雍正帝认为,"此等贸易外洋者,多不安分之人,若听其去来任意,伊等全无顾忌,则飘流外国者,以致愈众"①。这反映了此时漳州等闽南商人前往海外贸易而滞留的应有不少。清代厦门港是闽南商人前往海外贸易的口岸,漳泉等地海商多以此为出发点,往来"噶喇吧、三宝垄、实力、马辰、赤仔、暹罗、柔佛、六坤、宋居唠、丁家庐、宿雾、苏禄、柬埔寨、安南、吕宋诸国"②。如在地处内陆山区的平和县,"土瘠民贫,逐十一之利,轻去其乡……也竟有航海而至外洋者。康熙五十七年(1718年)蒙督宪满准两广督部院杨据香山县申称督理濠镜澳事务西洋理事官委嚟哆等报……五月十六日在伽喇吧开船至六月十四日到澳,随搭唐人十四名,俱福建人。内郭奏、吴渭俱平和人,于康熙五十四年(1718年)在厦门搭船到咖喇吧",由于在彼此居留人之多,甚至还有平和人前往南洋行医多年,平和民江灿卿"供自例前康熙三十九年(1700年)赴厦门搭船前往咖喇吧行医,遵例六月十三日搭船带眷四口回籍"③。山区民众搭船渡海去南洋谋生,其中就有"逐十一之利"的商人。

明清以来,闽南商人前往暹罗贸易人数不断增多,一个重要原因是暹罗历代政府都重视贸易,并以之为国家积累财富的重要途径。该国政府垄断贸易,但是其贸易事务大都放手华侨商人代理。暹罗"尊敬中国,用汉人为官,理国政,掌财赋"④,因而暹罗王室海外船队船主几乎都是华侨商人,尤其是闽南商人为多。这些商人可以自由在该国旅行和经商。暹罗的漳州籍华侨很多,如暹南的吴让(或称吴阳)乃漳州府海澄县山塘乡人,大约在18世纪中期前往宋卡进行商贸和种植等,积累资产。在暹罗郑昭王朝时,他请求得到四岛五岛的燕窝专采权,每年踊跃缴纳税金而被视为忠臣。1775年郑王认为其可担当守土之责,而封其为宋卡城主。自此后,吴氏吸引不少来自漳州籍的乡亲到宋卡从事经商等行业,事业发展甚为繁荣。吴氏在暹罗宋卡封爵传世并沿袭上百年之久。一直到19世纪,宋卡都是漳州等闽南人主要的聚集地。

由于地理上的方便,漳州商人在明代时就大量前往吕宋(菲律宾)贸易。1603年西班牙殖民当局屠杀2.5万多马尼拉华侨中,来自漳州的华侨遭到大量屠杀,其中"澄人十之八"⑤,渡船存活者不到数百人。菲律宾殖民当局在1789年将马尼拉向亚洲和西方开放,各国商人纷沓前来贸易,但是他们必须依靠华商长期建立起来的网络进行交易。1903年人口调查表明,在菲律宾华人中11.6%是劳工;而1912年菲律宾税务局方面统计,华侨零食商店有8455家,批发商店3335家⑥。这些店铺大多都是雇工一二人或者

---

① 《雍正朱批谕旨》,雍正五年(1727年)高其倬奏折,《四库全书》。
② 道光《厦门志》卷5《船政略》。
③ 光绪《平和县志》卷之10《风土》。
④ (清)陈伦炯:《海国闻见录》,郑州:中州古籍出版社,1985年,第18页。
⑤ 乾隆《海澄县志》卷18《寇乱》。
⑥ 吴凤斌主编:《东南亚华侨史》,福州:福建人民出版社,1994年,第278~279页。

夫妻自理,由此可以推测在菲华人大都是以经商为生,而且人数多达数万人。但是西班牙当局在菲拓展时通过在居留、税收、迁移等方面优待华侨基督徒,引诱或胁迫他们皈依天主教。如西班牙规定皈依天主教的华侨商人可以免税10年,此举使得不少华侨为方便在菲居留与经商等而加入该教。

漳泉商人早在明末已经在日本长崎建有福济寺。清代早期,中日之间贸易主要是通过私商进行,至于18世纪之前,前往贸易的中国商船很多,船上"为商人、为头舵、为水手者,几及百"。这些中国的商船大多来自福建、江南等地,其中不少船上人员是闽南人。至1689年杂居于长崎的华侨有万人左右,据统计,1708年日本幕府管理唐人街的167名译员中,有101人是专门翻译闽南语,说明来自闽南漳州泉州一带的商人是主要的①。幕府对来自中国的商船实行垄断贸易,并对贸易船只进行严格控制,"华人至者,麇聚一地,名唐馆,不得出入与外人接,惟倭官及通事得与谈。凡华货至,悉入将军库,由将军售之……故礼唐人甚恭,防唐人至严,有犯私禁,偷漏贸易,虽丝毫之微,必诛无赦。是以历久无敢犯者。其行法之严,擅利之巨,从可知矣"②。虽然对华商管控严格,但巨大的贸易利润吸引着漳泉等闽南商人源源不断地前往日本淘金。各帮一般以所建的寺庙为聚点,互助互济,并逐步与当地居民融入发展。

1867年日本实行明治维新并陆续开放长崎、神户、下田、横滨等港口,福建漳泉商人以及粤浙等省商人,多前往神户,因为与日本尚未缔结通商条约,所以只能以帮办、译员和雇工等身份,间接从事贸易。随着赴日贸易的福建商人日益增多,1897年日本长崎漳泉商帮集资改建原"八闽会馆"成"星聚堂福建会馆",其规模之大,足以维持商民的福利与慈善之需,也是他们社交和祭祀场所。

二、商人与地方社会近代化

大量漳州商人远赴海外经商贸易,不仅带回丰厚的财富,且将近代商业模式、技术和社会观念带回原乡,从而促进了漳州地方社会的近代化发展。清代漳州角美镇东美村墩上社华侨曾振源,大约于19世纪中期因家境困顿而前往新加坡谋生,之后与亲戚合开丰源货栈。因其经营有方,享有极好的商业信誉,不久便积极向航运、典当和贸易运输等行业发展。曾振源的业务发展迅速,尤其是丰源航务局,业务遍布新加坡、印尼等南洋地区。曾氏漂洋过海,经商贸易,创造了惊人的海洋商业成就。

曾振源浓厚的尊崇祖先重人伦的传统美德,更是将南洋的先进建筑技术和生活习尚传播到闽南乡村。他发家致富后不忘桑梓故里,在家乡建造了两座宏伟壮观的大厝。其中的番仔楼群始于清光绪二十九年(1903年),主体楼群于清宣统二年(1910年)竣工。番仔楼前排为闽南风格的古厝,中楼是南洋风格的哥特式楼房,后排为红砖骑楼。这些

---

① 王赓武:《中国与海外华人》,北京:商务印书馆,1994年,第112页。
② 《雍正六年八月初八日浙江总督管巡抚事李卫奏》,《朱批谕旨》第41册,第59页。

楼中既有本土建筑，如祖厅；也有适宜当时流行的"民式"风格，如"五脚距"式檐廊[1]，中楼采用拱券和西洋柱式，二楼主厅设有取暖壁炉，壁炉的烟囱立于中楼屋顶，在第二进的大楼二层两侧，还各建有一个钟楼，极具异国风情。该楼现存有清代石、木雕饰，石柱、屋椽的雕艺极为精致，而两壁花砖则独具西洋特色。楼的中间建立曾氏祖祠，门前刻有楹联："祖泽绵长距鲁国已七十五世"，"庙貌壮丽冠芗江之廿八九都"，体现了曾振源的自强不息、数典不忘祖、饮水思源头的中华传统美德。

虽然地处九龙江边角美镇农村，但是生活在海外的曾振源却极力将海外先进的生活设施和卫生理念带回家乡。番仔楼内架设有自来水设施和先进的地下排水系统。该楼的后花园东边建有风力抽水机楼，大型风轮带动机器把水从深井中抽出，储存在楼顶水塔里面，然后再通过锡质的管道流向楼群内各座建筑，方便人民生活起居使用。而楼板底下则设置了三纵三横排水沟，建筑内所有排水都流到楼房前面的月池。在百年前闽南农村拥有自来水设施的，确实是凤毛麟角，这不能不说是这些漂泊的闽南商人带给故乡一种风气，必然也一定程度上促进闽南地区的社会近代化。

龙海角美镇流传村的天一总局则是中国历史上规模最大、分布最广、经营时间最长的早期侨批局，在闽南侨批史乃至中国邮政史、中国金融史上占有重要地位，在海外有着广泛的影响。

天一总局创办经营时间是1880—1928年，总局的建筑结构是中西合璧。外墙上装饰的是西洋人物雕像和中式的花草图案，墙上有安琪儿、和平鸽、骑车邮差、五角星、荷花、菊花等装饰。而窗檐带和走廊外墙柱明显的是欧式建筑特点。房内装饰精致，至今还保留着当时极少有的须弥柱装饰以及进口蓝色玻璃、磨砂玻璃、彩绘瓷砖，整座建筑外景显示着西式建筑风格，内景结构显示中式的风格。

总局的业务运作不仅促进近代邮政业的发展，同时也建立了比较完备的侨乡人情社会网络，成为华侨和华人之间的纽带，其让华侨有归属感的作用不可忽视。其近代的运营模式对近代中国邮传事业产生了深刻的影响。

前述提到华侨郭春秧，于1909年在获得农工商部和地方长官的许可下，以郭祯祥名义在龙溪、同安购置土地并种植从台湾引进的蔗苗，聘请技师修建机械糖厂，尽管之后受到地方官绅的阻挠没有成功，对于漳州本地的蔗糖产业近代化仍有着重要影响。

三、商人、商业组织与社会公共事业

闽南地区的宗族意识十分强烈，聚族而居加强了族人的凝聚力，使其在有限的自然环境条件下顺利进行生产活动和争取生产空间，即使是漂洋过海的族人依然对故土存有感念。闽南商人在外经商往往具有报答家乡的实力，因而投身于祖籍地的公共事业。如龙海角美镇杨厝村过井社内的永泽堂林氏义庄，是由白石保吉尚村居民林平侯于清嘉庆

---

[1] 田丰：《漳州"番仔楼"》，政协漳州市芗城区委员会：《漳州芗城文史资料》合订本第6卷，2009年，第4242页。

二十四年(1819年)筹建的。素有"台湾第一家"之名的林氏家族的开创人林平侯,"年十六省父,佣于米商郑谷家,性纯谨勤劳。谷信之,数年积资数百,谷复假以千金,命自经纪。平侯善书算,操其奇赢,获利厚。已而与竹堑林绍贤合办全台盐务,复置机船运货物,往返北洋,拥产数十万"①。致富之后的林平侯,因感故乡族人生活之贫苦,便将在淡水海岬600多亩水田充作本族义田,年收谷1600石,按年寄回林氏义庄赈贫②。

该义庄历经四代人116年延续赈济不变,原因就在于林平侯的后代都是杰出的商人并热心于慈善事业。林平侯有五个儿子,分别起家号,以"饮、水、本、思、源"为记,合起来就是"饮水本思源"(今在林氏义庄内仍有一块"饮水思源"的石碑)。林平侯去世后,三子林国华(家号"本"记)接掌了家族事务,并继续主持林氏义庄;国华的次子维源为第三代义庄庄主,他开始对义庄的赡赈做了更大的扩展,对于同族贫困的人,赡赈他们棉布、粮食,还包括红白喜事的资金。在祖孙四代的苦心经营下,林氏义庄前后相继,一直坚持到1937年抗战爆发,两岸隔绝,义庄才被迫停办。

林氏家族长期坚持慈善事业,正因为板桥林氏家财厚实。林平侯崛起是依靠农功致富,不仅把台北开垦成了千里米粮仓,同时投资航运业等来运作,使他成为台湾巨富。之后其子建立"林本源"商号,继续发展家业,"年收租谷几十万石"③。林维源时,受刘铭传之命继续垦荒,"广招垦户新旧荒地17万亩",这使得林氏家族的垦荒越来越广大。林氏义庄第四代主持人林尔嘉是著名的实业家。这些都为义庄义田的发展提供了源源不断的资金保障。

即使是身处海外的商人,漳州富商也注重对地方公共事业的支持。光绪年间,漳州发生严重的水灾,商人郭春秧创设账局并修筑堤防,以护农田。郭在担任漳州农会总理期间,曾购买机器,开设制糖厂,创办漳泉华祥公司,④并于1909年创办漳州华祥制糖公司。

漳州南靖县的华商刘金榜,1838年出生于船场亭仔角村,20岁时前往新加坡谋生,以小商贩谋生,开设"万山"中药铺,之后更是创办"福南"银号,身家暴增。刘金榜曾被选为新加坡中华总商会和福建会馆董事。他在1890年和1903年两次捐纳获得清政府的"同知"、"候补道员"功名,也曾捐资修建过漳州南山寺。

在近代交通方面,1905年华侨投资的商办"福建省铁路有限公司",主要以印尼华侨为主,资金有200多万银圆。南靖华侨刘金榜也认购了1万多股,5万多银圆。"福建铁路公司的创办,这是华侨投资交通业的一大创举"⑤,对于引领近代福建交通产生了重要

---

① 连横:《台湾通史》,《列传五》。
② 福建省龙海县地方志编纂委员会:《龙海县志》卷39《人物篇》,北京:东方出版社,1993年。
③ 福建省漳州市委员会:《漳州历史名人》,福州:海风出版社,2005年,第82页。
④ 林满红:《印尼华商、台商与日本政府之间:台茶东南亚贸易网络的拓展(1895—1919年)》,见汤熙勇主编:《中国海洋发展史论文集》第7辑,第585~623页。
⑤ 林金枝:《近代华侨投资国内企业史研究》,福州:福建人民出版社,1983年,第80页。

影响。

新加坡华人富商陈笃生，1798年出生于马六甲。其父亲陈月中从漳州海澄仓头村尤墩社前往南洋谋生，先是到马六甲，后迁往新加坡。陈笃生最初以贩蔬菜、水果、鸡鸭为业，之后他在十八溪墘开陈笃生商行，经营土产，后又与英商怀特赫合营大宗土产，大量输出热带产物等物品，历20多年的经营，遂成富商。因目睹华人受疟疾、霍乱、天花、风湿疾病困扰，1844年他捐资在珍珠山兴建贫民医院，并有石碑记载：

> 大凡守望相助，井里原有同情，而疾病相持，吾人宁无凤愿，矧叻州者西南口极瘴疠频生。所以疮伤痰疾之人，尤为狼籍，既无衣食以御饥寒，复无户牖以蔽其风两，人生况瘁之遭，莫腧于此，能不目击而伤心哉！前口国王树德推恩，经有口德之让，以为病室，今盛典已不再矣！而道路葡萄，较之昔日而愈甚焉，余自经营商贾以来私心窃念，欲有所事于孤苦之人，而有志未举，幸除口新加坡槟榔屿与马六甲三州府文律姑呢岳抵骗口勝示珍康申喳脂口荅临，胞舆为怀，痼众厪念，嘱余构屋，以绍前徽，余因凤有此心，是以直任不醉，另寻淑地，无杂嚣尘，但斯人得所栖息。此一役也，虽曰亚命使然，而实不负于余之素志云尔，是为序。
>
> 岁大清道光廿五年乙巳岁，英吉利1845年孟春之月款旦，福建省漳郡澄邑陈笃生谨志。

陈金钟是陈笃生的长子，陈金钟有三子。陈纯道是陈金钟的二儿子，而陈武烈是陈纯道的儿子，即陈笃生的曾孙。祖孙四代在华人界中都颇有声望。据查，陈武烈在祖籍地海澄县苍头村后许社捐赠了大量的款项，如该村的会庵宫当年重修新室，以及石路捐缘牌，有碑刻记载陈武烈捐资"龙银一百五十大员"[①]。尽管已经隔了几代人，但是这些海外华商依然情系原乡，回馈乡里。

晚清民国时期的芗城巨商孙宗蔡生于1868年，3岁丧父，17岁丧母后从商，但是半商半读，而继承父业"椿记"纸行生意也因为经营有方而发展兴旺，44岁也中贡生。由于纸品生意扩大到香港及南洋等，孙宗蔡也成为漳州一巨商。1905年后他出任芗城第一所公立小学堂校长，并筹办城东守护营、城南乙商等两所小学堂（分别为今巷口小学、西桥小学），提倡男女同校，成为倡导新学之先驱[②]。之后他更是积极参与公共事务建设，如筹办竣河局，修九龙江水利，振兴水上运输。1914年投股兴办漳州第一家龙溪电灯公司，推动漳州的社会公共设施建设发展。

---

① 曾嫣艳、郑玲玲：《侨领陈笃生玄孙托人福建寻根》后续，《厦门日报》2010年3月25日，第12版；《重修苍头社石路捐缘牌记》光绪三十一年（1905年）阳月。

② 孙瑾、孙以兴：《热心漳州建设的教育家、实业家——记漳州近代名人孙宗蔡》，《漳州芗城文史资料》合订本第6卷，2009年，第4097页。

第六节 清代漳州商人的"过番"心路

一、漳州讨海商人群体

自明代以来，由于福建濒临大海，地理环境便利，加上欧洲人东来，漳州人前往番境做生理人数众多，闽南俗称为"过番"，尤其到了明末，出现大量的海商群体，如《东西洋考》中说"大率夷人入市中国，中国而商于夷，未有今日之伙者也"。而明末以来漳州的月港一带海贸繁荣催生了庞大的海商群体，到了清代"福建遂通番舶，其贼多谙水道，操舟善斗，皆漳、泉、福、宁人。漳之诏安有梅岭、龙溪、海沧、月港……各海澳僻，贼之窝向船主喇哈火头舵公皆出焉"①。漳州之龙溪、海澄、漳浦、诏安等濒海之县，近海条件使得包括漳州府内陆在内的众多民众以"过番"讨生活。

一般而言，漳州海商群体结构，商船主大都是豪室之家，抑或是中等殷实之家（其中大都是合资），此外便是构成海商数量庞大的"不持片钱，空手应募得值以行者"，来自社会底层，为发财而不惜一搏，或以航海技术，或以体力集聚海舶之上，争赴岛夷博利。与内陆其他商人相比，漳州商人以海为根基，其商业总是与海联系的。漳州海商在与西方人进行商贸交往过程中，敏锐地捕捉商机，不断地将本地的茶叶，漳绒、漳绸、漳绣、漳纱等丝织品，瓷器尤其是克拉克瓷从港口运出，与海外商人进行交易，往往能赚取惊人的利润，其持续时间之久、贸易到达地区之广、民间民众参与之多，在中华民族发展历史上都是较为少见的。

不仅如此，清代漳州商人在时势变迁中，也不断地调整发展的策略。尤其是世界海道大通之后，漳州商人审时度势，顺应了海洋发展的时代潮流，利用便利的海洋条件和娴熟的航海技术，强烈向海外进取，积极开拓世界市场。当然也有殖民政策的因素所致，如明末以来大量的中国商人被引诱到吧国，荷兰的东印度公司接到训令，要求"优厚接待中立国家如北大年、暹罗以及宋卡经商的华侨，并大量发给华侨自由入境证，欢迎他们来巴城"，所以自从1622年起有3艘中国商船从漳州开抵巴达维亚，而自1655年以来，则平均每年有10艘中国船只开往巴城②。这些船大都是从福建出发，每船一般都会捎带一些中国人，少则十几人，多则几百号人。

不少人出洋是从漳州或者厦门出发，大多数出洋从事商业活动，或走街串巷为小贩，或与西洋人进行交易。在起伏变化不定的市场中，他们将国内的宗族网络和血缘关系移植到新拓展的海外领地，如早期新加坡的陈笃生等家族所建的陈氏宗祠、漳州等闽南商

---

① 乾隆《福建通志》卷74《艺文》。
② （荷）包乐史、温广益等：《荷兰东印度公司时期中国对巴达维亚的贸易》，《南洋资料译丛》1984年第4期。

人所建的福建会馆,成为凝聚当地商人的一种重要场所,也是与原乡交流的重要载体。

这些漳州海商出没风波,远赴重洋,置身东西方博弈的商海之中,将本求利,历尽磨难,然而他们的经历却甚少见诸史籍。所幸清代中期左右,几位文人也追随海商到达南洋诸岛谋生,目睹了海外华人在异国的商贸拼搏历程。

二、程逊我《噶喇吧纪略》记载之海商心路

早在明代,就有一批有识有为的士人,他们为开放海禁鼓与呼,为航线畅通标和记,对月港盛况进行全景式纪实。其中最著名的代表是诏安的吴朴和龙溪的张燮。前者编撰了我国首部刻印的水路图录——《渡海方程》,后者著作《东西洋考》是当时海外贸易的"通商指南",全面系统地介绍海外情状和月港商贸管理等规定以及航海、气象、地理等知识,为之后的海交史地书籍提供了编纂范例,特别是为后人保存了许多珍贵的海交史料。

而最早记录华人在东南亚见闻的书籍是《噶喇吧纪略》。该书大约出版于1748年,在此之前很少有类似的记载,因为往"贸易之徒,率重利少文,语焉不详"①。该书的作者是程逊我(1709—1747),字日炌,漳州府漳浦县人,"少丧父母,以家贫多负债,流徙外国,杂佣作度日……居数年,拮据积累,递归,尽数以偿旧"②。

有关漳州等商人在异邦经济活动,书中描述非常详细:"程君逊我所为《噶喇吧纪略》,叙述周详,外邦情形,宛如目见。"该书有关中吧之间的贸易记述,该地海商乃"漳、泉、湖、广之人",如从漳州等运来的物品大约有"饮食、衣服、器皿、药饵之所需",如茶、漳烟、丝袜、丝绸、花缎、丝带、纸料、瓷器、铜壶、川漆、龙眼、柿果、青果、面粉、人参、土茯诸药材等类,"毕致之以市利"③。

程氏对于漳州等地海商的贸易历程也充满好奇和心酸。如在航海过程中,他感到茫茫海上的航路充满了危机。一般商船出洋大都十月后,出发时"当隆冬盛寒、北风迅发,浮海而南,过七洲、经交趾、抵占城",航道险恶,"及狭水,水多树木、从海中出,遮蔽两边,广三四里,近西浅而泥,依东深有石,舟人探其水,以六七寻为凭"。该航路漫长而惊险,"计北来程途共二百四十更(一更有五十里),约陆道万有二千里"④。

而在吧城贸易的华人来自"漳、泉、湖、广","操赢馀者,扬帆而往,鼓棹而归,无资本者尝流寓,后虽富贵,多忘桑梓,以生以养,众不下数万"。城北华人主要居住在八芝兰,一些华人工匠多在"爵子街(多唐人银匠居)","碗街(横直俱唐人住家)"是华人贸易最繁

---

① (清)王大海撰著,姚楠等校注:《海岛逸志》,《噶喇吧纪略》序,香港:学津书店,1992年,第174页。
② 光绪《漳州府志》卷49《纪遗中》。
③ (清)王大海撰著,姚楠等校注:《海岛逸志》,《噶喇吧纪略》序,香港:学津书店,1992年,第175页。
④ (清)王大海撰著,姚楠等校注:《海岛逸志》,《噶喇吧纪略》序,香港:学津书店,1992年,第175~176页。

地方。城外的"大末脚"地方有华人义园,建有糖廍等手工作坊。

令程氏悲叹的是,"唐甲必丹又不善于自为,其始也,与王分职,持唐人生死之权,其后也。但主称官亭抽分,唐船报税而归半于王,非自相鱼肉乎?其始也,以才德举,设城内外淡板公以供事,其后也,以货贿生……"①而对于荷兰人待华商之严酷也令人痛惜。他观察到"荷兰者,睹唐人之日众,渐有厌薄之意,重加剥削,横征无艺……人身所需,有月照身(每月十九钫,钫纹银三分五厘),有新客票(虽久住者亦带一张,数年一换,银一两二钱),有商票(食物日一钫,杂物月一钫)",致使"贫者不聊生,遂有无票被刑者;有负贷遁逃者;有暗卖私货者;有见财行盗者。富者又不自检,竟为奢淫以为乐"②。

差不多同一时期出版的《吧游纪略》,是继程逊我之后同样在吧国游历的陈洪照所写,大约在乾隆十四年(1749年),他从厦门出发前往吧国,并"客咬留吧五阅月",因此经历了闽南商人来往南海上的种种历险,如"往怕七洲,归怕昆仑"的海中避让海岛和飓风③。

三、王大海《海岛逸志》与海商踪迹

王大海,漳州府漳浦人,他于1783—1793年之间客居于巴达维亚、三宝垄和北胶浪,长达10年之久,因而对闽南漳泉商人的记录也较多。

王大海在其著作对于海外有关华商等情况,他竭力"谨录所见所闻,及其方土人情,与夫一言一行之可传者,悉表而出之",如对于吧国的华人,"鼓棹扬帆而往者,皆闽广之人。自明初迄今,四百余载,其留寓者,生齿日繁,奚止十万之众"④。可见,包括来自闽南漳州的商人在吧国人数应不少。事实上,明末以来从漳州等地出发的中国帆船"每年约十二月乘东北季风,满载着陶瓷器、纺织品(其中仅生丝一项,每年约有三至四百担,每担约133磅)和其他日用品从漳州和厦门等地驶向万丹"⑤。万丹和巴达维亚都是爪哇的重要商港,来自闽南的商人在当地收购了胡椒和香料之后,第二年再趁西南风回国,每一船可以装6000~8000袋胡椒,约300吨重。

王大海在书中提到不少籍贯是漳州的商人。许芳良,"漳郡人也",曾在吧城任雷珍兰(王大海误认为甲必丹)。许芳良对门客和婢仆相当宽容,门客误将价值上百金的丁香油瓶打碎,芳良闻之却说:"生毁有数,何必较也。"他为人慷慨,收留一落魄为佣的许姓

---

① (清)王大海撰著,姚楠等校注:《海岛逸志》,《噶喇吧纪略》序,香港:学津书店,1992年,第180页。
② (清)王大海撰著,姚楠等校注:《海岛逸志》,《噶喇吧纪略》序,香港:学津书店,1992年,第180页。
③ (清)陈洪照:《吧游纪略》,见(清)朱仕玠:《小琉球漫志》,台湾银行,1957年;又见早稻田大学藏本(乾隆丙戌年版)。
④ (清)王大海撰著,姚楠等校注:《海岛逸志》,香港:学津书店,1992年,第2页。
⑤ 温广益等编著:《印度尼西亚华侨史》,北京:海洋出版社,1985年,第78页。

人:"既系子侄行,到吧中即见我","录用之,不数年竟成巨富"①。中国传统儒家伦理亦能在异国的商人社会生活中施行,对于王大海来说,显然是很受感动。

吧国有名的漳州人还有黄井,"漳之漳浦人也",嗜酒豪放,能吟诗并乐为当地华侨写家书,受人爱戴。黄井曾任甲必丹,但是因为课税账目未明而被拘留,但是"众共仰其义,愿为之地各敛金而出之"。其子名黄绵,也在吧"奋志经营,颇为小康",后来"奉井公归养吧中",并"筑园于清漪之沼"②,一家人幸福生活,其乐融融,显然,王大海认为这应是在海外华人的一种惬意生活。法国汉学家苏尔梦认为,王大海显然认可黄井同时作为文人和商贾,但是他能找到一个平衡点,"不出现多大困难地从一种地位过渡到另外一种地位"。

在吧国,对华人华商的管理主要依靠甲必丹,"富商大贾,获利无穷,因而纳贿和兰,其推举有甲必丹、大雷珍兰、武直迷、朱葛礁诸称呼,俱通称甲必丹。华人或口角,或殴斗,皆质之甲必丹。……至犯法大罪,并嫁娶生生死,俱当申报和兰"③。这些被推举大商应是商业精英,负责管理华人并沟通荷兰殖民者。华人富商为吧国甲必丹,其居室之奢华,令人羡慕:"西向者为甲必丹第。右有一园一所,可三四亩。树林阴翳,翠色可餐,有亭曰间云亭。甲必丹公余之暇,游息其中。亭之东,百卉俱备,四时长放,永无残歇,殆有仙从事家景象。"④华人入赘很受当地人欢迎,入赘之后得到奉养极为奢侈,有"婢仆百十人,各执一事,其所专责也","婢妾持伞障日,羽葆扇风,执帨捧盒,而服事于左右者"⑤。他认为这是吧国可爱之处之一。

吧国的甲必丹中有不少即是漳州籍,如陈豹卿,是"漳之石美人",隶属龙溪县,"其堂兄映为三宝垄甲必丹"。陈映当时投资印尼的制糖业并于1760年左右任三宝垄的甲必丹,陈豹卿是帮其堂兄料理事务而前往三宝垄的。在堂兄去世后,陈豹卿便袭其甲必丹职,之后又"贾帆数十,发贩州县,所到则其利数倍。不数年,富甲一方"⑥。在当地,陈应该是非常富有并地位很高的,因为他家不仅"蓄歌童,教舞女",排场很大,"食前方丈,侍妾数百",且番官淡板公去拜见陈豹卿时,"马队数百,整肃而来,至栅门外则下骑,入门则膝行而前",而陈豹卿见则稍为欠身,王大海对此不禁慨叹道:"异乡贵显一至于是,真为华人生色也。"⑦在不少人从家乡赴吧国时候,这些华商领袖往往能施与援助。

漳州人远渡重洋到达东南亚,从事商业和种植业的很多,其他行业也有人涉足。如王大海在三宝垄观音亭,遇到该寺庙的住持,其原籍亦同为漳州漳浦,应该是个读书人,"能书善画",讲话"滑稽"。然而,该主持竟"公然娶妇",不仅育子女各一,还蓄有婢仆。

---

① (清)王大海撰著,姚楠等校注:《海岛逸志》,香港:学津书店,1992年,第45～46页。
② (清)王大海撰著,姚楠等校注:《海岛逸志》,香港:学津书店,1992年,第47～48页。
③ (清)王大海撰著,姚楠等校注:《海岛逸志》,香港:学津书店,1992年,第4页。
④ (清)王大海撰著,姚楠等校注:《海岛逸志》,香港:学津书店,1992年,第23页。
⑤ (清)王大海撰著,姚楠等校注:《海岛逸志》,香港:学津书店,1992年,第20～21页。
⑥ (清)王大海撰著,姚楠等校注:《海岛逸志》,香港:学津书店,1992年,第43页。
⑦ (清)王大海撰著,姚楠等校注:《海岛逸志》,香港:学津书店,1992年,第44页。

王大海与他相会,"客至唤婢烹茗,诚可笑也。盖西洋僧,家有妻有妾,无足为奇"①。显然他认为此主持行为不端,有悖于传统中国伦理观念,只能自我暗示说也许西洋僧人与中国之有异也。

然而,王大海感叹华商身在海外,毕竟乃"西洋之地,有可爱者,亦有可惜者也"。吧国富商之楼阁园林相接,穷工极巧,而且四季花草畅茂,乃"时景之艳阳可爱也",但是当地无"诸子百家以资博览,无知己良朋以抒情怀,无幽岩古刹以肆游玩,是为可惜耳"②,这样的生活似乎显得很无聊。这里提到的古刹显然是是国内的寺庙等地方,而华人在海外的会馆和庙宇聚会则是一个重要的消遣和思乡方式。我们试看在越南河内的福建会馆内有《福建会馆兴创录》,碑文曰:"我闽地滨于海,惯以艚舱载货贾贩诸海国,上荷圣慈诃护,巨浸安澜,往无不利,世世沐恩久矣。靡不俎豆而祈……岁乙亥灯节,因会中商议,各捐赀应给,买地建庙,众口欣然同辞",之后又在"庙外拜亭为本庙会谈之处,亦属妥便,名会馆云"③。乙亥年乃1815年,由此可见,河内福建会馆是在天后宫基础上建立的,具备宗教、商业和联络乡情的功能。

也许因漂洋过海的经商谋生以及思乡之苦,一部分商民还因贪利而受荷兰人的笼络,"亦受其朦",服食鸦片烟,"一服此物,遂忘故乡之苦,不以父母妻子为念,遗害不可胜言"④。可见,在此时吸食鸦片,以解除白日工作的单调与繁重,应该是中国商民中一种经常见到的现象。

但是,尤令海外商人伤神的应该是国内外的政治和商业政策。在吧国商人受到荷兰等殖民者的盘剥压榨,王大海认为,"我华人远贩于此,向来皆就所售货银,或置货,或将银带回,各从其便。今则严禁,不许寄银出口,必令将转置货物,方许扬帆。而其货物又皆产自于他处,未到吧地,以致唐船守候日久,风讯过时,年年不能抵厦,甚至遭及夏秋之风飓,人船俱没,数十年如是。边海之人业此者,莫不咨嗟长叹"⑤。由此可知,漳州等闽南商人从厦门出洋,来往南洋经商之辛劳与酸楚。

---

① (清)王大海撰著,姚楠等校注:《海岛逸志》,香港:学津书店,1992年,第49页。
② (清)王大海撰著,姚楠等校注:《海岛逸志》,香港:学津书店,1992年,第6页。
③ 闫彩琴:《17世纪中期至19世纪初越南华人会馆功能初探》,《兰台世界》2012年第6期。
④ (清)王大海撰著,姚楠等校注:《海岛逸志》,香港:学津书店,1992年,第34页。
⑤ (清)王大海撰著,姚楠等校注:《海岛逸志》,香港:学津书店,1992年,第35页。

第四章

民国时期的漳州商业社会(1911—1949年)

第一节 民国时期漳州商业网络与商品贸易

一、商业集市网络的形成与中心城市的发展

在东南沿海海洋经济的传统与近代开埠影响之下,农产品商品化、外贸化愈加明显,同时也进口大量外来商品。这种贸易格局变化促进了原有市场体系的发育、成熟,漳州商业化进程进一步加快,漳州基层市场体系日趋形成,中心城市功能日趋完善。

如果按照施坚雅的市场体系理论来观照清末民国漳州市场体系的发展,确实可以观察到以漳州城区(地方城市)为核心,以各县城为中心集镇,包含数目众多的基层集镇的市场体系形成。通过商人的媒介活动,地方市场体系与国内、国外贸易体系勾连起来,本地商品集聚外运,外来商品分销流向地方市场,使本地市场体系融入整个世界体系之中。

据不完全统计,民国时期漳州地区共有集市133个,其中龙溪县15个,海澄县9个,漳浦县22个,云霄县5个,诏安县15个,东山县7个,平和县23个,南靖县24个,长泰县6个,华安县7个。集市的地点,一部分是区、乡政府所在地,一部分是交通枢纽、人口繁盛的地方。集期多数是每旬三集,即逢一、三、五日或二、四、六日;也有每旬四集,即逢一、三、六、八日或三、五、八、十日;少数是每旬两集,即逢三、八日或五、十日;个别是常日为集。赶集人数多者二三千人,少者一二百人。上市的商品因地区而有所不同,主要有米、麦、番薯、花生、豆、蔬菜、水果、柴炭、猪、鸡、鸭、蛋、水海产品、糖、布、日用杂货等日常消费品,以及竹、木、农具、铁器等生产用品。有的以交易某一类商品为主而成为专业性集市,如龙溪县的北庙糖市、桥头牛圩(后迁至市尾)、白鹭洲的水果市。北庙糖市日日有集,在新糖登场季节,每日上市量约5万公斤,平时有2万公斤左右[①]。

---

① 福建省地方志编纂委员会编:《福建省志·商业志》之"漳州市场",北京:中国社会科学出版社,1999年。

清代漳州城区有东铺头市、西市、南市、北桥市、南桥市、新桥市。民国五年（1916年），援闽粤军总司令陈炯明在漳州建立闽南护法区，大兴市政建设，提倡振兴实业，繁荣市场。开辟"文明雅集"，兴建东市场、南市场、南河市场，组织城乡物资交流，至20世纪30年代，市区有各种商店3000多家①。经营者往往同业相聚，逐渐形成带有专业性的笼仔街、粉街、打铜街、做花街、炮仔街、雨伞街、箭仔街、杉巷等，商铺都是前店后坊，自制自卖。在中山东路（今新华东路）有中药行业批发商30多户，土布行业30多家，厦门路有南川布行、高赐记、广源、晋升、宜泰、蔡绵美、荣美、董合隆布行。中山西路（今新华西路）有利运、和平、蔡同泰、蔡同昌、吴丰美、金发、益仁、协成昌、乾泰和、安裕、隆昌、同成、建成、光成等家布行，成为土布的销售中心。始兴路（今台湾路）有美伦、广宏泰、福建成、华昌、建南、捷泰、捷祥、百安、同志祥、志成、同德和、锦祥、东升等家布行，粮食类商店，粮店28家，面粉店21家，还有木器家具店、木屐铺、棺材铺也都聚集在这里。中山西路（今新华西路）是经营绸布、百货的主要街道，有绸布店18家（占全行业的50%），百货店13家，照相、裁缝店也都密集在这条街上。中正路（今北京路）市仔头是旅社、澡堂、酒楼、饮食小吃、照相、理发、洗染等服务性行业的集中点。民国时期三民路又称马坪街（今延安路），是金银首饰店的集中点，全盛时期达20多家，民间有"半条马坪街，尽是金银店"之说。始兴路（今台湾路）有百货店21家，棉布店13家，书店9家。香港路主要有五金、颜料、小百货、干果、篾器等。厦门路有水产品、陶器，还有30多家粮店，21家土烟行，29家杂肥行和24家纸店。此外，澄观道、东新桥、中山桥附近，是通往外地的水运码头，在两桥之间，经营饭菜和各种饮食摊点，还有估衣摊、说书场等。除城关市场外，郊区有北浦市、桥仔头圩、白鹭洲市、市尾牛圩、乌石圩糖市、天宝圩、浦南圩、莲花圩、半林圩②。

漳州浦头港货物集散曾有四个码头：周爷楼（即文英楼）码头，米坞码头、大庙前码头和广兴码头。这四个码头上，每天都有上百只商船在这里装卸、进出。有满载外埠的百货、日用品，从厦门、石码来此卸货，有北溪的木材，西溪的米谷、柴炭，东山、漳浦的海产，安海的米粉、番薯等货物，都在这里码头上下。从浦头港到新行街这一带，当年商铺货栈林立，其中以水产、粮食、木材、锡箔、烟草、盐等行业为主。

水产行业的商栈多数开设于盐鱼市，有丰昌、长成、东记、吉成、捷成、吉发、合成、协兴、瑞发、坤成、同永源、源成、裕盛、茂昌、正茂等一二十家店号。鱼货有来自台湾的金线红咸鱼，咸鲢鱼，金门的青鳞鱼，大嶝小嶝的牡蛎（蚝），厦门港的白带鱼、黄花鱼、加里鱼、马鲛鱼、沙鱼，同安县鼎美的蚶，澳头的牡蛎，杏林的牡蛎，海澄斗尾的江鱼，石码浒茂、石美的炊鱼，东山的地浪鱼、鱿鱼、龙虾、鱼翅，云霄的蚶，漳浦旧镇、霞美的鱿鱼、牡蛎、虾、蟳。所有运来漳州的鱼货，鲜活和咸、干制品，统统都有，源源不断地运来漳州，然后才由鱼行批发到城里及邻县的鱼贩手中。有时，闽西如龙岩、长汀等县的商贩也来采购，不过

---

① 福建省地方志编纂委员会编：《福建省志·商业志》之"漳州市场"，北京：中国社会科学出版社，1999年。
② 漳州市芗城区地方志编纂委员会编：《芗城区志》卷13《商业》，北京：方志出版社，1999年。

他们多采购咸鱼、干脯之类水产品,鲜活则难以保鲜。

粮食行业大多数开设在粉街、米市一带。经营米谷的商号有春发、台兴、顺发、春元栈、源成、漳记、建成、成记等十多家。谷子来自东乡附近农村以及华安、长泰、平和、南靖等产粮区。米谷行将稻谷加工成大米,然后出售,晋江安海的米粉、番薯(海番薯)、番薯粉也大宗运来,浦头的面线历来闻名遐迩,外销到厦门、台湾、香港各埠。

木材行业则开设于浦头岸边一带,有捷发、合发、捷合、兴记、森太、财记、合兴、隆记等家。木材的货源以北溪的华安、漳平所产为多,西溪南靖所产者较少,都由九龙江放排而来。漳州市区及附近农村修建房屋,制作家具、农具的木料都来浦头采购。随着木材行栈的开设,购买木材十分方便,浦头街上制桶、制木屐、制水车的工匠也特多。

盐业的经营者,俗称"盐馆",是有势力的商号向官府承包来搞专卖的。馆设于朝天宫,漳州城郊居民的食用盐均仰给于此。此外,浦头街至新行街一带还开设有锡箔、烟丝、打绳等行业的商店十多家。锡箔、烟丝、麻绳等货物,大都是外销的。石桥头一带还有一处农贸市场,其中有食杂店、干果店、鱼肉摊、饮食摊、蔬菜摊等,每天吸引东门一带以及城里的居民,络绎不绝,前来光顾。随着外地商贩往来众多,在盐鱼市还开设有两家客栈——高升客栈和攀记客栈,方便过往旅客住宿用①。

民国时期,漳州市郊是主要的产蔗地区,蔗园遍地,四乡都建有榨坊(制糖作坊),制出的"漳刁"质量良好,畅销全国各地,颇负盛名,所以糖是漳州比较大宗的土特产之一②。

在漳州先后有专营的糖行、五谷商兼营糖业、小批发糖店,京果商号亦有兼营糖类的惯例。第一种,专营糖行,有古郡乡郑某的汉源、吕春源的渊源、曾家的南丰、唐家的恰裕、南坪乡黄俊的惠农和恒裕、鳌圃乡吴金龙的合发、潮帮刘汉盛的振源(后改集兴)、刘节庵的刘煌记(后改重兴)、刘玉山的正大,它们都大批地运往外地销售,并加工产销冰糖,而潮帮也兼制柑、橘饼。第二种,五谷商兼营糖业的,有张联成的南金、古郡乡郑某的三太、庄家的启记、郑永的永美、阮耀祺的长兴、朱三根和朱天恩的捷泰、阮石发的南发、洪振乾的振兴和复源、洪振乾与李玉鸣合伙的复发、郑永年的长发、林联的建发、郑定卿的仁成、卢姚吾的农益、庄国梁的联大等。上述这些兼营糖业的商号都是配销外地的,其中南金、三太、长兴等亦加工产销冰糖。第三种,小批发糖店,有和发、合成、合春、通成、长兴、金成、恒记、长裕、厚成等,它们都是收购丸糖转卖给石码、龙岩和粿贩的③。

龙溪、海澄两县民国时期的集镇传统性综合市场有固定的街道和商铺,坐商为主,摊贩为辅,批零兼营,商务繁盛。民国二十九年(1940年),市场上商户就有粮食、绸布、百货、五金、木商、糖业、箧商、糕饼、麻织、估衣、屠宰、酱油、茶商、渔业、薪炭、水果、饭菜、酒商、陶瓷、鞋商、干果、西药、金银、土烟、油商、纸商、肥料、青菜、竹器、卷烟、钢铁、国药、照相等33个商业行业同业公会的组织。经营方面,坐商多数是地主、富户、士绅、高利贷者

---

① 《浦头话沧桑》,见《漳州文史资料》第10辑,1988年,第132~133页。
② 《解放前漳州糖业》,见《漳州文史资料》第10辑,1988年,第111页。
③ 《解放前漳州糖业》,见《漳州文史资料》第10辑,1988年,第114页。

所经营,机构较大、资金雄厚、投机性强,经常以预买方式和高利贷相结合,诸如"放谷青"、"放糖青"、"放果青"、"放油青",等,有时以囤积居奇来垄断市场,左右价格。而摊贩小商则因本金短少,进货零星,采取勤进快销,保持品种多而数量少;分布面广,形式多样,经营广泛,接近居民,也买也卖①。

民国初年,石码全镇商人共有34个行业,店铺633家,粮食店40多家,麻织品店20家,五谷行店18家,碾米厂10余家,杉木店40家,京果店20家,水果店16家,绸布店20家,金银首饰店10家,茶叶庄店14家,柴炭店20家,砖瓦店40家,糖行店7家,竹、竹器店20家,纸类店60家,家禽店8家,屠宰店25家,纸箔店17家,杂货店30家,油业店19家,酱料店10家,中药店40家,卷烟店6家,糕饼店23家,香烛店10家,印刷店7家,照相店6家,旅社6家,酒菜馆13家,水产行25家,蔬菜店16家,机器厂4家,棉纱纺织厂3家。此外,有手工碾米作坊五六十家,较大的七八家,碾米工人有四五百人。进出口经营货值约1000万元②。

20世纪20年代初,石码有数家批发的行家,首推大港墘头的洪景成号,该号除了一般经营外,还代理上海名牌商品绍昌条皂和双妹唛化妆品。营业地区范围颇广,海澄、浮宫、白水营一带的杂货店,均向该号采办,并批兑肩挑小贩。另一大行家是大港墘直扶街口对面五板桥头的同兴号,也是供应本埠门市及上述各地杂货店和小贩的货源③。

石码又称锦江,为闽南重镇之一,人口众多,商业繁盛。举凡岁时令节、初一、十五,上坟谒庙、迎神赛会、祀神祭鬼,岁不间断。动辄焚化各类纸箔,因此,纸箔销额很大。加上运销出口,数量多于本地,促成石码纸箔作坊兴盛,冠于漳属一带。石码纸箔生产的主要原料——纸,大部采自浦南。浦南为闽西杉、纸集散地,水运交通便利,是以石码制造纸箔,纸源充足,采用便利,生产迅速,是石码纸箔对外发展的有利条件④。

石码木材行业具有兴起早、经营范围广、吞吐量大的特点。民国初期已有木商12家,随后,陆续发展到27家。规模较大的有宝兴、珍记、国发、昆盛、振发等5家。早在民国八年(1919年),就由华林、振发、昆盛3家创办电气锯木厂。经营木材品种可分为杉、松、杂木三大类,年到材量平均在36000立方米以上,其中杉木占50%,松木占37%,杂木占13%。其主要用途,杉木是作为建屋材料,松木则用作造船、水利、建筑和薪炭材料,杂木用于制作家具⑤。

抗战前,石码镇大小布店有18家。抗战胜利后发展到22家,其中,东福成是石码主要匹行,批零兼营,后因货币贬值而致破产。继起经营批发行的有耀裕、丰裕、唐泰成、荣中等家,在漳、码、厦都享有较高的声誉。耀裕老板潘景耀,是石码首屈一指的大户,在厦

---

① 龙海县地方志编纂委员会:《龙海县志》卷13《商业》,北京:东方出版社,1993年。
② 政协龙海市委员会文史资料委员会编:《石码史事》(辑要),1993年,第31页。
③ 《漫话石码百货业》,见《龙海文史资料》第5辑,1984年,第11页。
④ 《石码纸箔业经营史略》,见《龙海文史资料》第7辑,1985年,第16页。
⑤ 《解放前石码木材业》,见《龙海文史资料》第10辑,1988年,第7页。

门设有耀裕分行,经营土布销往台湾,有"土布大王"之称①。

民国时期,石码始有改良铁机织布。土织布,"大都附设家庭之内"。藤器,"有精美之椅桌,用以代替舶来藤器"。木器,"颇雅致"。铁船钉、铁船锚有30多家。还有竹篷、竹笠、竹帘等,颇兴盛。度量衡、水银镜仍未衰落。石码手工业以"四坊"(磨坊、粉坊、油坊、豆腐坊)、"五匠"(铁、木、竹、泥水、石匠)为特点,五小商品齐全。因此,历史留下了与手工业作坊相关联的街道,是由于手工业生产的集中、兴盛而得名,如竹棚街、箍桶街、篾笼巷、面线街、炮仔街、打石街、木屐街、铸鼎巷、打银巷、打索街等②。

民国期间的海澄县集市也十分发达,各种手工业作坊如雨后春笋般出现,诸如吴源春打铁铺,水发打石场,隆兴染布坊,锦兰、海山、瑞山烟丝店,吴九、蔡坠竹器作坊,漳成水车、寿板工场,苏永酱油坊,金成壳灰窑,奎江印字馆,隆友软饼,荣成白香饼,南华汽水,联华、华彰糊纸店,金记杂修店,碧兰纸箔,利达烟纸,仁友、同昌缝纫店,奇清香店,兴记弹棉、织面巾工场以及遍布城乡的土布织造作坊。随后,近代工业也陆续出现,如其昌、合安、恒安柴油机碾米厂,源丰蒸汽机碾米厂,真光电气厂等。新中国成立前夕,据海澄商会同业公会资料记载:单海澄溪头街就有手工业户77家,从业人员198人,资金3万零7百元。加上城关附近农村的纺织、砖瓦、壳灰、竹篾、造船、纸箔、牙刷、棕衣、缝纫、木屐等共有100多户。当时经营方式以个体经济为主③。

角美墟于1930年漳嵩公路正式通车前后,迅速形成较大型的市集。1930—1932年完成折建旧街道的任务,从原来的3米左右,折为7.4米宽的新街道。东面从原同安县境的闷安街,通水沂街(现名共和街),紧接着通向石厝街。西面从宅仔楼、汽车站,通饷馆前,至洪岱桥(现名港仔街)。中间横着糖街(现民主路)、鱼鲜街(现民主巷、保持原街型)、布街(现解放路)。此外,还有柑巷埔,牛墟埔、猪仔寮等许多街巷和墟集交错其间。

角美集市虽小,五业俱全,日日见墟,生意兴隆,尤以抗战时期为最盛。以粮食加工为主的厂商形成了角美集镇的经济支柱,因为漳码澄、石角东、紫泥、长泰等都是产粮区。镇上(包括石厝街、下同)有十家碾米厂(其中两家有蒸汽机)、十多家米店(附有人工舂米的石臼设备),这些米商多兼营有豆饼和肥粉,五谷商和糖油商兼营龙眼干各有三四家,油坊、酒坊十数家,食品酱油商三家,肉食品加工厂一家,纸行二家,杉行二家,竹器六家,木农具家具四家,生铁铸造一家,打铁铺四家,纸箔商十多家,烟丝四家,茶叶一家,水果四家,京果十一家,日杂六家,百货六家,纱布七家,首饰五家,糕饼三家,菜馆饭店七八家,旅馆二家,照相馆三家,中药铺八家,西药房七家,省银行办事处一家(民国初年有当店钱庄五六家)。其他没有商号的鱼肉、蔬菜等摊贩不计其数。综合集市上的经营,主要有五大类,即五谷、糖油,水果,水产,蔬菜。每天都有成群结队、肩挑马驼、川流不息的商贩,从同安、灌口一带挑运海盐,经过角美,流向长泰、华安、漳州,以至闽西一带,从长泰、龙溪、漳州、北溪一带的粮食、蔗糖、果蔬,以人挑车载船运,经角美流向同安、灌口和晋江

---

① 《解放前的石码绸布行业》,见《龙海文史资料》第10辑,1988年,第14页。
② 《石码手工业古今谈》,见《龙海文史资料》第10辑,1988年,第37~38页。
③ 《海澄城关解放前后的工业手工业概况》,见《龙海文史资料》第13辑,1992年,第86页。

地区。石美、东美两集镇类似的商行也都有,大约是角美街的1/3或1/4。所不同的是,石美有官办盐埠,有造船厂,还有两艘交通船,两艘汽船每天川走石码、厦门。民国初年流传村还有一家侨办天一信局,配有一艘汽船专门递送侨信侨汇,兼运客货。石角东曾于民国初年单独组织过商会,并有五县会(晋江地区的同乡公),会址均设在角美。当时集镇繁荣的情景可见一斑①。

漳浦县民国初期,有大小圩场23个。民国二十三年(1934年),县城以县政府前面空地建市场,逐渐形成繁华集市贸易中心。其余属街边交易或露天交易的有石狮头的糖市、麦市街的豆麦市、仔鲑埕的仔市、后沟巷的家禽市、后楼的柴草市及定期的牛、猪苗市。新中国成立前夕,主要圩场有城关、旧镇、甘林、产树埔、金塘、赤湖、佛昙、湖西、马坪、六鳌、东庵、竹屿、盘陀、石榴坂、象牙庄、刘坂、霞美、考塘、杜浔、屿头、南浦、长桥、官浔。圩期分别有日日市,每旬3圩,2天1圩。民国二十三年(1934年),有坐商千余家,其中县城200余家,旧镇100余家,杜浔100余家,佛昙100余家,官浔80多家,霞美80多家,石榴、象牙、赤湖、湖西均50多家。较著名者是"五行"、"十八号",即振成行、美孚行、宝成行、捷发行、兴泰行和旧捷发、源顺、新源盛、联成、展成、美合、合顺、合兴、新隆兴、旧隆兴、三合发、荣华丰、美长源、宝元、仁芳、源茂、源丰、海顺。城关较有名的是恒昌、合益、利丰、合东及老长裕茶庄、建纶布店、王源兴干果店、协生堂药店、老益美饼店、永记杂货店等②。

民国时期云霄县城区有顶米市街(今旧米市街)和下米市街(谢厝街)。农村有马铺、车圩、陈岱、崀屿等乡镇圩市。县内集市周期习惯上分为农历每月的"一、四、七"、"二、五、八"或"三、六、九"的圩日,无论是县内还是邻县的圩市大多日出开市,正午散市。每逢新米上市之际,粮食交易量大为增加,城区顶米市街,日成交量达4.5万~5.5万公斤,其他各集市日成交量也在1.2万~1.5万公斤③。

民国时期南靖全县设有山城、葛山、汤坑、象溪、靖城、草坂、院仔、后山、龙山、甘棠、店头、金山、庙仔口、马公、都美、水潮、和溪、后屈盂、奎洋、永溪、梅林、长教、书洋、曲江、版寮、船场、梧宅、南坑、宝林、程溪(今龙海县管辖)、龙溪(今龙海县管辖)31个墟场。其中山城、靖城、和溪、船场、水潮为全县五大墟场,逢墟赶集人数千人以上。其他中小墟场赶集人数千人以下。交易品种有大米、蔬菜、家畜禽蛋、水果、红糖、黄麻、烟叶、土纸、杉、竹、炭、柴等农副产品和手工业品。抗战时期,公路和海上交通中断,广东与福建交界的邻县需要的糖、布、日用工业品部分在南靖转运,山城墟期商贾云集,盛况空前,购销和转运日达2000担以上④。

南靖山城别称荆城,农历每逢二、七日为传统圩期,赶集者来自邻近农村的农民和邻近地区的南坑、竹员,较远的船场、金山、龙山和平和县的文峰、塔尾等地来赶圩群众亦占

---

① 《闽南闻名的侨乡——角美镇》,见《龙海文史资料》第8辑,1985年,第44~45页。
② 漳浦县地方志编纂委员会编:《漳浦县志》卷13《商业》,北京:方志出版社,1998年。
③ 云霄县地方志编纂委员会编:《云霄县志》卷11《商贸》,北京:方志出版社,1999年。
④ 南靖县地方志编纂委员会编:《南靖县志》卷12《商业》,北京:方志出版社,1997年。

相当数量,正常赶集人数近万人左右。荆城素有九街十八巷之称,商业中心为内新街,经营棉布、什货、五谷、干果等,还有金银饰品、中药材;羊肉街主营为猪羊肉、淡水水产品和蔬菜等;杉行街专营杉木;大庙口因有两株古老的大榕树,夏凉冬温,专营点心小食品和水果商品;草仔街专营柴草;麦仔街主营什粮及饲料;盐馆街开设盐馆。巷道有棉巷专营家用俱,还有瓮巷及偷食巷等十八条,至于粮食行业的网点遍设全山城的各个角落。还有柴市仔的农产品集市贸易场所,它因地处溪滨,有正常行走漳州的帆船百多艘,还有通行船场、南坑的五肚小船几十艘,专载山货,每逢五、十日为杉、竹、柴炭及土纸等的交易日期,每圩买卖的交易额达数万元银圆①。

靖城民国时期设有靖城圩(俗称县圩)为全镇的主要集市,还有院仔圩、草坂圩和后山圩。院仔圩,每逢农历二、四、七、九为赶集圩期,建圩始于民国初期,止于新中国成立后1958年公社化。草坂圩,每逢农历五、十为赶里圩期。靖城圩,每逢农历三、六、九为赶集圩期。民国二十一年(1932年)县长赖景瑄改良市政,同时择地在南门城外(布埔)筑造砖瓦寮六大格,三合土路面,外筑围墙,市场右边有黍仔街,左边有粜米街②。

民国初年,南靖县的龙山圩场已初具规模。以地域命名的街道有十条,如桥头街、围仔内街、新兴街、后巷街、下巷街、后街、下沙街、好尾街、观音亭街;以交易商品命名的街道有五条,如猪仔场街、狗仔街、米街、杉行街、草鞋街;还有以行业命名的如轿夫街。这些街道长的数十米,短的仅数米。根据上市商品的多寡而设街,说明当时的圩集已开始分行划市,秩序有条不紊了。随着时代的发展和人民群众的生活需求,商店的经营范围不断扩大。抗战胜利后,龙山圩已有固定的棉布店三家、食杂店五家、饮食店五家、中药店六家、西药店二家、酱油厂一家、客栈旅社十多家,还有打铁店、木器店、烟酒店、米行等数家。到了圩期,还有来自四面八方的临时摊贩,摆摊设点做买卖。尤其龙山素称南靖的米粮仓,农民剩余粮食多数卖给粮贩行商,这些以经营稻谷为业的行商雇用十多只木帆船,从龙山运稻谷往漳州转手出售,回头运工业品返回龙山销售,往返一趟五天,有效促进龙山圩集市贸易的发展③。

水潮位于九龙江西溪上游,是闽南通往闽西水路运输的终点。1932年前漳龙公路未开通和抗日战争公路受破坏之时,这里是闽西南货物的集散地。经过水潮从闽南水道运往闽西的食盐、蔗糖、煤油、海产、棉布、化肥和日用工业品,必须在水潮卸货入栈,然后转为陆路人工运输;闽西各地生产的纸类和其他土特产,要运销闽南,也须经人工挑运到达水潮卸肩入栈,然后转由木帆船水运至漳州。因此,水潮这个闽西南货物转运点,在抗日战争期间盛极一时,每天停泊卸货的帆船达百余艘,春运期间多达250艘,可以想见其货物转运之多。为容纳吞吐这些转运的货物,水潮圩设有宗兴、宗龙、裕丰、联成等十多家货栈,让商贾存放糖、盐、纸、布和其他百货,也有漳州、龙山一带客商直接在水潮开设的糖行、酱行、盐行。还有许多服务性行业,如供旅客住宿的十多间客店,为旅客代步的

---

① 《20世纪40年代山城商业概况》,见《南靖文史资料》第13辑,1999年,第7~8页。
② 《靖城圩的历史变化》,见《南靖文史资料》第13辑,1999年,第24~25页。
③ 《龙山圩场的发展》,见《南靖文史资料》第13辑,1999年,第32页。

轿夫店。1941年省立龙溪中学从漳平的永福迁来水潮的后眷楼,水潮圩白天人群熙来攘往,晚上街市、学校、船队灯光闪烁,一片繁荣景象,水潮成为金山乡经济、文化的中心。在水潮圩繁荣的年代,金山乡有70%的劳力靠肩挑"和溪担"度日,他们早出晚归,来回"两头担"、"两头黑",群众自称"肩挑三年和溪,见不到水潮街"①。

民国十九年(1930年),南靖船场圩遭火灾。民国二十六年(1937年),择地重建。船场新圩建成后,市面生意兴隆,有兴昌五谷行,源泰昌布庄,源茂面店,合成造烛铺,济生、济民药房和铁铺、理发、百货、食杂等店铺三四十家,以及逢圩临时摊贩百摊以上,特别是猪肉摊,小圩有二十多摊,大圩有六七十摊(传统圩期三、八为小圩,五、十为大圩),这些肉摊如果逢年过节都多出一倍以上。此外在圩场溪边还设一竹市,内街河边设一杉市,这两个市场是船场主要的经济活动中心,那里交易着大宗的杉、柴、竹、炭等林木产品。商人们把收购的木材通过船场溪排运或船运,运往漳州、厦门。来船场圩集市的圩客,不仅有本土本乡人,还有本县的山城、金山、龙山、书洋人,外县的永定、平和、漳州、石码、厦门也有不少商人来贩买木材和山货,市场历来繁荣不衰②。

位于南靖县西部与永定县交界的曲江市场是1919年由塔下村旅荷属泗水的富侨张煜开暨其侄超宏捐资、投资5万余银圆成立。由其族亲张焕堂和新加坡归侨张顺良分别担任正副经理,张超宏亲任财政员,聘请张秩如协助,共同筹划兴建的。曲江市场开张后,有永兴、南成布店;义隆、富兴杂货店;有成、恒隆五谷店;裕隆、升丰糕饼店;益盛裁缝店;济仁堂药行;益寿春药店;万兴邮政代办所;私立图书馆;千盛金银首饰店;正元打铁铺;新泉兴理发店;集清斋、上海酒楼等五六间点心店、餐馆、酒家,夜间经常营业到午夜。每逢好期,从平和县芦溪一带来赴圩的人群有千余人,芦溪米、芦溪糖、芦溪蔗、芦溪梨、芦溪芹菜、蒜以及食盐等充塞市场,每圩达三五百担,小摊贩从圩内摆到南门外,对疏通农村的物资交流,促进农业生产的发展,发挥了应有的作用③。

民国时期东山县有城关市场、西埔圩市场、东埔圩市场、杏陈圩场、后林圩场、西坑、石坛、前梧、岱寮圩场、康美圩场、陈城圩场等④。

民国时期华安有华丰、仙都、四寨、云山、粗坑、归德、新圩、沙建、上坪、良村等10个较具规模的圩市和天宫、店仔、送坑、汰内、溪口等6个小圩。大圩人数上千,小圩则近百。华安的圩期,以农历为准,有一、六圩;二、七圩;三、八圩;四、九圩;五、十圩等。交易物资大都为土特产、农副产品,如木材、柴炭、粮食、水果、蔬菜、家禽、水产、草席、竹器、农具、布匹及杂货等轻工业品⑤。

民国时期的诏安县,城关有中山路和三民南、北路、十字街等商业地段,有棉布、百

---

① 《水潮圩兴衰概略》,见《南靖文史资料》第13辑,1999年,第35~36页。
② 《船场圩史略》,见《南靖文史资料》第13辑,1999年,第37~38页。
③ 《侨建曲江市场》,见《南靖文史资料》第13辑,1999年,第40~42页。
④ 东山县地方志编纂委员会编:《东山县志》卷14《工商行政物价计量管理》,北京:中华书局,1994年。
⑤ 华安县地方志编纂委员会编:《华安县志》卷12《商业》,厦门:厦门大学出版社,1996年。

货、五金、文具、茶、烟、酒、凉果、中药、柴炭、陶瓷、粮食、首饰、竹器、木器、铁器及其他土产等30个行业。农村区域有一些较具规模的农贸市场,其中,岳前市、沈厝市、宪伯第市各以粮食、家禽、水产、柴草交易为主,溪瞭设有猪墟,大路尾还设有牛墟①。

清末民初以来,诏安县的金银首饰业比较兴旺,店铺多集中在松鹤巷,这里故有打银街的别称。以后逐步向邻近街巷迁移,至抗战初年,金银店遍布中山东路和三民北路各个角落,店铺堂号有丽源、和发、源和发、昭文、泰源、陶兴、金宝、金源、瑞珍、萃珍以及稍后的天章、文华、恬兴等家。此外,还有一些不开店面的家庭加工作坊。其中,丽源号业务最盛的时期是1920—1938年间,经营范围包括金银首饰来料加工和金银制品的出售,而以银饰物的加工打制为主要业务,兼营玉料和玉饰物的买卖和加工②。

民国末期的长泰县,经济衰落,商业萧条,群众生活十分困苦。作为全县政治、经济、文化中心的县城,情况也大致相同。当时,全城没有官办的商业经营机构,私营商店也不多,而且很不景气。据查,民国三十六年至三十八年(1947—1949年),整个县城只有坐商89家,经营资本9122银圆,加上26家服务业,商业、服务业总数也不过100家出头③。民国时期,长泰县中医、中药店遍布于各城镇和各村社。据20世纪40年代后期有关资料记载,当时长泰全县共有各类私营商店244家,其中中医中药店59家,占各类商店总数的24.2%④。

民国初年到民国十九年(1912—1930年),长泰县城有两个米市。顶米市位于东门外龙津溪畔北端,东临龙津溪,西逼护城河,南与下米市相近,北靠顶码头,水路交通便利,附近的石厝、世美、下宅、戴墘、西湖等村社的农民,用小船载运各种农副产品,到顶码头起卸,进入顶米市交易。上市物资有米、麦、番薯、芋头、黄瓜、花生、大豆、米豆、甘蔗等。下米市位于顶米市的南端,交通较上米市不方便,上市的物资和赶集的人远不如顶米市⑤。

自民国初年至新中国成立前(1912—1949年),长泰县城的酱油业,先后有协利、永兴、开兴、瑞兴、协和、民生及戴鸿图酱坊等七家⑥。

二、民国时期漳州的国内外商贸网络

民国时期漳州商业的繁荣不仅体现在本地区集市体系的发展完善,更体现在漳州与国内外其他区域商业贸易活动的频繁,这种内外商贸网络是民国时期漳州商业贸易发展的重要指标。

---

① 华安县地方志编纂委员会编:《诏安县志》卷15《商业》,北京:方志出版社,1999年。
② 《丽源号经营金银首饰业的片段回忆》,见《诏安文史资料》第13辑,1991年,第67页。
③ 《民末泰城商业一瞥》,见《长泰文史资料》第15辑,1992年,第4页。
④ 《民国时期长泰的中医中药店》,见《长泰文史资料》第15辑,1992年,第9页。
⑤ 《民国前半期长泰城关的米市》,见《长泰文史资料》第15辑,1992年,第16~17页。
⑥ 《谈解放前长泰县城的酱油业》,见《长泰文史资料》第11辑,1988年,第73页。

(一)国内商贸网络

漳州地处中国东南沿海,兼具海陆优势,历史以来,此地就是中国南北海疆乃至东亚的交通节点。明代漳州的月港就是当时中国东南沿海最大的对外贸易港口。漳州北上可达天津、山东半岛、长江三角洲、温州等地;东面与台湾隔海相望;南下可达潮州、汕头、广州、香港、澳门、海南等地;西面陆上可通江西赣州等地。民国时期漳州与这些地区都有商贸往来,当时漳州城区有许多外地商帮建立的会馆,如江西会馆、北京会馆等。石码是当时重要的港口,南靖、长泰、平和、漳平、龙岩各地米谷、蔗糖、竹木、纸张、红料、水果等土杂货,以平底民船运抵石码销售。然后由石码私商换深水船转驳厦门、泉州、温州、台州、汕头、兴化、福州、上海、天津和台湾、香港等地,而洋杂诸货及食盐亦由各地运至石码,中转闽西南各地,这样石码成为闽南内地的商品吐纳口,商业繁盛,行业齐全①。石码还是一个初具规模的粮食贸易中心,各粮商的大米销售,除小量应市外,大部分运销厦门、泉州、福州、温州、汕头、潮州等地②。

民国时期,漳州地区的粮食、水果、蔗糖、烟茶、鱼盐海产等农产品,都是传统大宗的贸易商品。因而碾米业、制糖业、制烟业、制盐业等农土特产品加工业遍布全市各县,漳浦碾米业,云霄卷烟业,东山制盐业,平和烟丝业,长泰、平和、华安制茶业等也是如此。这些农产品和加工工业产品,除供应本市属县外,还通过水陆运输运销北方的津沪,南方的潮汕、厦门、香港等地,换回化肥、布匹、药品、火柴、香烟、豆饼、面粉、煤油等生产生活资料③。

1918年粤军陈炯明部进驻漳属,建立"闽南护法区",在漳州开辟马路和公路以后,药材等货物的运输逐渐改用牛车、汽车,或辅以肩挑,药材行店也逐渐移迁而集中于东门街(现新华东路首段)元魁庙的打纸桥、回望桥一带。抗战期间,沿海公路破坏,交通不便,药材等进出口除内地可以汽车运载之外,沿海地区不得不以肩挑转运。如浙江宁波、温州等地的半夏、元参、白术、川朴,江西樟树,吉安的镜茯苓、白芷,广东兴宁、梅县的川芎、川连,四川药材,本省建瓯、建阳的莲子、泽舍等较大宗药材等,大都肩挑到福州,再由福州男女工挑到漳州④。

漳州东美乡华侨郭春秧在其侨居的印尼爪哇拥有不少糖厂,号称"糖大王",他在我国南方主要通商口岸分设经营机构,如台湾的锦茂行、香港的锦昌行、厦门的锦祥行,在漳州亦开设锦美行。漳州食糖经常配往大连、天津、上海、苏州、宁波、温州等通商港口,同时由各港口换购当地土特产,如天津的高粱、史国公、五加皮等名酒,大连的黄豆、豆

---

① 龙海县地方志编纂委员会:《龙海县志》卷15《对外经济贸易》,北京:东方出版社,1993年。
② 龙海县地方志编纂委员会:《龙海县志》卷15《对外经济贸易》,北京:东方出版社,1993年。
③ 《漳州解放前商贸掇碎》,见《漳州文史资料》第18辑,1993年,第39页。
④ 《略谈漳州药材业》,见《漳州文史资料》第8辑,1986年,第22~23页。

饼,上海的棉纱、布匹、面粉、化肥、洋白糖,苏州的丝绸,宁波的棉花、布匹,温州的猪油、虾皮、皮蛋、绍兴酒、茶油、雨伞等。这种互换的交易,既使商行获得更多的利润,对于沟通埠际的物资交流,也起了一定的推动作用。各糖商除经营本产食糖的销售外,都兼营进口白糖。当时进口的有印尼爪哇白糖,其价格约高于本产红糖的50%左右,漳州向厦门购买进口白糖可以先交定金(约为糖价的1/3)订购期货,到期货、款两清。后来台湾的机制白糖亦陆续运进漳州,其质量与价格和爪哇白糖不相上下,台湾还进口一种粉蜜糖,色微黄、味似冰糖而价钱较高①。

至20世纪20年代未通公路以前,石码航运作用十分显著。石码与东南沿海城市、九龙江水系各支流的墟集,无不畅通,航线密如蛛网。石码内河航运以货运为主,货、客兼收,货量较客量为多。因受河道深度的限制,船型有别。西溪用的是小五篷船,载重量30~40担,常年行驶的有100~150只,运去盐、面粉、肥料、煤油、肥皂、纱布和日用品杂货,运来米粟、糖、柴炭、笋干、烟叶等土特产。北溪水深,大小五篷船兼用。大五篷船载重可至300担,常年行驶的约100只,运去货物大致与西溪同,运来则增加纸类和水果。南溪用大五篷,有20~30艘,运去杂货,运来米、粟、鱼虾干、花生油、花生、烟叶等土特产。北港线用的是三篷船,常年行驶的20多艘。来往货物一般,无特殊。石码外海航线以货为主,分为南、北、东三线。南线航行汕头,有三桅八桨木帆船20多艘。运去以大米、红料、杉、竹为大宗,运回各种工业品,后来发展通航至香港。东线航行台湾各港。抗战前有吨位50~70吨的3桅木帆船110多艘。运去纸箔、红糖、杉木、红料、竹器、陶瓷器等为大宗。运回白糖、冰糖、樟脑、楠木、面粉、生油等货。北线航行沿海各埠,近航本省同安、晋江、泉州、南安、福州一带,有载重200多担的帆船20~30艘,运去大米为主。另有莆田专线,有载重300担的帆船20多艘,运去杉木器、竹器等原木和手工业品,运回生猪、米粉等。远航航线北上温州、台州、宁波、上海、南通、青岛、天津、大连等商埠,有轮船3艘,运去干果、红糖为大宗及其他土特产,运回面粉、豆饼、肥田粉、纱布、杂货等②。

平和县城九峰属内陆小镇,客来四面,商通八达,物转如梭。漳州、小溪的粮、油、豆、烟、糖、麻、茶经九峰运转至大埔、梅县,而大埔、梅县的布匹、百货、文具、火柴、煤油,经九峰还转到小溪、漳州,又如漳浦、云霄、诏安、东山的鱼盐海产经九峰运转到闽西、赣南,而闽西、赣南的铁、木、竹等农家具经九峰运转到平和、云霄、诏安、东山。九峰成为闽、粤、赣边人民生活所需的各种商品的贸易中心③。

民国时期铜山港也是对外贸易重要港口,航运业十分发达。民国十三年(1924年),航运界商户首先向台湾租用"晴荣丸号"、"中兴丸号"2艘电轮,运载客货,航行台湾新航线。旋即厦门"捷安号"客轮和云霄"建东号"货轮以及"胜发号"、"两福号"等4艘客货电轮投入海上运输。民国十六年(1927年),"东陵号"、"新胜发号"和云霄经营的"美成号"、"福海号",漳浦经营的"镇安号"等5艘电气轮行走南北航线。民国二十六年(1937

---

① 《解放前漳州糖业》,见《漳州文史资料》第10辑,1988年,第114~116页。
② 政协龙海市委员会文史资料委员会编:《石码史事》(辑要),1993年,第59~60页。
③ 《民国时期平和县城九峰镇的商业概况》,见《平和文史资料》第5辑,1998年,第40页。

年），"青州号"、"高州号"、"大安号"、"惠泉号"和厦门经营的"金兴号"、"万泉号"及汕头经营的"福兴号"、"鮀江号"等8艘货轮远航各地商埠①。还有富商联合渔民改渔船为商船40多艘，行走台湾、澎湖一线，运进白糖、布匹、粮食、豆类、肥料和苎麻等来铜山港，载出生猪、中药、烟丝、鱼干、咸鱼、葱、蒜、渔网和花生油等去台湾。云霄、诏安、漳浦和平和等县的出口特产品也从铜山港转运，加上木帆船几十艘行走云浦短线②。

诏安地处闽粤交界，民国时期很多土特产品都销售到外省外县，有的还远销重洋。如仁油、蔗糖、荔枝、青梅、芦柑、柿饼、桃李等大量运销潮汕；太平竹制品供给邻县东山和广东饶平；乌山特产中药材观音串，深为海外华侨所喜爱。还曾从东南亚的暹罗、曼谷、安南、西贡、缅甸、仰光等地进口"船米"。一些日常用品，包括生产资料和生活资料，如煤油、香烟、茶叶、棉花、棉纱、布匹、化肥、京果、日用百货、书籍、文具、纸张、豆饼等，则多数从厦门、汕头等地运来③。

诏安县抗战前后民间搬运组织及私营货栈，历史悠久，单位繁多，既有码头装卸，又有陆上运输，为促进商品流通做出了一定的贡献，主要有仙公庙码头班、商会码头班、挑运班、转运站、货栈（分水关带货挑运班、桥头水产挑运班、华顺转运站、明远货栈）等。此外，县城还有福盛、大昌等货栈都设有挑运班；梅洲有三益货栈、泰来货栈、梅北转运站；四都圩设有四都挑运班；太平圩设有太平挑运班等。这些挑运班在抗战期间公路运输、海上运输中断的岁月里，为促进商品流通、支援抗日战争、解决人民生产生活需要做出了一定的贡献④。

民国时期，长泰县山重村与厦门灌口镇贸易往来密切。灌口镇地处沿海，鱼、虾、蛏等水产品十分丰富，而山重村地处山区，盛产柴、米、豆、薯等农产品。清末民初圩日，翻越大小岭赶贸易的不少于300人，运到灌口的柴炭、大米都有上百担，输入山重的海鲜产品和日用工业品，也达数十担。山重出产的"鹅蛋糯"，饮誉晋江、莆田、金门一带；筐装木炭远销江、浙等地⑤。

(二)国际商贸网络

清代后期至民国时期，漳州市内地洋行代理商通过厦门洋行与英、美、日、德、意、荷等国，及英国殖民地的新加坡、马来亚、缅甸、印度，美国殖民地的菲律宾，荷兰殖民地爪

---

① 《铜山港的今昔》，见《东山文史资料》（合刊本）第6、7辑，1987年，第11页；《东山港兴衰记》，见《东山文史资料》第10辑，1992年，第49页。
② 《铜山港的今昔》，见《东山文史资料》（合刊本）第6、7辑，1987年，第12页。
③ 《抗战期间的民间转运业》，见《诏安文史资料》第13辑，1991年，第50～51页。
④ 《抗战前后民间搬运组织及货栈概况》，见《诏安文史资料》第13辑，1991年，第45～49页。
⑤ 《山重村与"海外"的贸易往来》，见《长泰文史资料》第15辑，1992年，第19页。

哇,法国殖民地的越南等地贸易。又有"水客"往返于东南亚各地与漳州之间,经营小额贸易。① 因此民国时期漳州向东与日本,向南与印尼、马来亚、越南、缅甸、印度等地都有贸易往来,海外贸易也称兴盛。

如清末民初,日本三井财团在长泰县岩溪设立分支机构,开办一家三井洋行,专门收购长泰的烟叶,运到日本加工卷烟;同时运进煤油、火柴、棉纱等所谓"洋货",在长泰销售。洋行商务曾经盛极一时,到民国十年(1921年)前后,由于种种原因,洋行撤销②。

第二节 民国漳州商人社会活动

一、民国漳州商会组织、商人代表人物

(一)民国漳州商会组织

商会未出现之前,漳州各行各业都有自发的组织(同业公会),其名称为"途"(行业),如酒途、肉途、杂货途等。1905年,漳州商人黄广琛遵照清政府颁布的《商务法》提出申请,经禀准商部立案,于同年8月9日正式成立龙溪县商务会。1907年,原龙溪县商务会改组为商务分会并隶属于厦门总会。

中华民国成立后,商务会沿袭下来。民国四年(1915年),原隶属厦门的漳州商务分会经过改组,重新成立龙溪县商会。民国四年(1915年)以后,商会经过改组,帮助调处商业活动中各种债务纠纷和其他争端,讼案澄清,积弊大减。不久,还根据实际需要成立专门机构"调解委员会"。这个机构不但消弭行业、同业间纠纷,劳资间纠纷也较妥善解决。县商会为会长制,设正、副会长。首任会长推选椿记纸栈老板孙宗蔡(字次典)担任,副会长庄锡模。孙宗蔡少年时期颇受维新改良运动的思想影响,他任职期间,除办理商会事务外,还调动商界和个人的经济力量,积极参与地方市政建设。漳州光复后,鉴于两溪河道日益淤积,妨碍水上交通,不利于工商业繁荣昌盛,他遂向当局倡议设立"浚河局",疏通九龙江河道。为了维护市面治安,即筹办"警察学堂"。他还以商会名义召集工商界人士做出三项决议:通电全国各地商会一致抵制日货;调查龙溪县所有经营日货的店铺,销毁日货;通电南北政府转告我国出席巴黎和会代表,拒绝在和约上签字。后来,因"同盟会"漳州成员发生党派之争,孙愤而辞去所兼会务各职。民国十五年(1926年),蔡竹禅任会长时,适值北伐军入闽驱逐张毅之后。在北伐军发动下,漳州各界掀起反帝反封建浪潮,蔡积极组织商人参加,并在工商界中筹饷支持军需。蔡平时重视地方经济

---

① 芗城区地方志编纂委员会编:《芗城区志》卷15《对外经济贸易》,北京:方志出版社,1999年。

② 《岩溪三井洋行》,见《长泰文史资料》第15辑,1992年,第6页。

发展,曾撰写《龙溪特产的兴衰》一文,介绍并阐述漳州土特产及其发展方向①。

石码镇是漳厦交通中心,是闽南一带物资集散地。清光绪三十一年(1905年),经请准石码单独成立商务会,设董事制。民国四年(1915年),改称石码商会,董事制改为会长制,会长蓝汝汉,其为清末民初石码富商、恶霸②。

民国十九年(1930年),南京政府公布《同业公会法》,石码各行业先后成立"同业公会",计有:粮食、绸布、木业、纸业、土烟、国药、糖业、百货、篦器、五金、估衣、糕饼、屠宰、酱油、麻织、茶叶、渔业、柴炭、干果、轮胎、金银首饰、油业、肥料、蔬菜、竹器、卷烟、铜铁锡、饮食、酒业、瓷器、鞋业、水果、民船等33个同业公会,会员1061人③。

民国四年(1915年),先前于光绪三十三年(1907年)设立的海澄县城区商务会改称海澄县商会,浮宫成记米厂程登山等曾任过会长。民国十九年(1930年),海澄商会辖13个同业公会,会员211名④。

民国四年(1915年),南靖私营商业者为了维护其经营利益,建立县商会筹备会,民国八年(1919年)南靖县商会正式成立。民国十三年(1924年),新会址在靖城建成。县商会成立之后,李开万、李坤声、黄王谋、刘金声、黄元曾先后任过会长。民国二十四年(1935年)改为委员制。民国二十七年(1938年),随县治迁至山城。民国三十二年(1943年),又改为理监事制。商会三年一届,但实际上商会长的更换往往是随着当地党政长官的更换而更换。民国三十八年(1949年),随政局变化而自行消亡。南靖县商会成立了以下行业公会:国药业公会、酱品业公会、香烛业公会、屠宰业公会、木材业公会、粮食业公会、烟业公会、糖业公会、茶业公会、糕饼业公会、旅栈业公会、丝绸呢绒业公会、薪炭业公会、竹业公会。和溪圩、船场圩也分别于民国三十年(1941年)、三十五年(1946年)设立分会事务所。靖城镇于民国三十六年(1947年)也成立了镇商会,同时筹组了糖、烟、京果、国药、菜馆等行业公会⑤。

(二)商人代表人物

林和坂(1841—1914),福建龙溪县浒茂洲(今龙海县紫泥乡)人。咸丰六年(1856年),林和坂带着2元钱前往新加坡,在黄敏船务公司下属的一家商店当杂工;不久升为总铺,负责管理伙食。他精明干练,又诚实可靠,得到黄敏器重,逐步升为点货、记账、管柜,并被招为女婿,出任海港船坞公司经理。黄敏船务公司在林和坂的精心管理下,成为新加坡最大的注册船务公司之一。

---

① 芗城区地方志编纂委员会编:《芗城区志》卷26《群众团体》,北京:方志出版社,1999年。
② 《龙海市工商联的组织和活动概况》,见《龙海文史资料》第16辑,2001年,第131~132页。
③ 政协龙海市委员会文史资料委员会编:《石码史事》(辑要),1993年,第32页。
④ 《龙海市工商联的组织和活动概况》,见《龙海文史资料》第16辑,2001年,第131~132页。
⑤ 《民国时期南靖商会概况》,见《南靖文史资料》第9辑,1988年,第73~75页。

林秉祥,生于1873年,林和坂之子。少年前往新加坡,入圣茹授斯学校攻读英文。毕业后,任丰源船务局秘书科科长,负责管理29艘轮船。由于调度有方,获利丰厚,得到公司主人的赏识,晋升为经理。光绪三十年(1904年),林秉祥和弟弟林秉懋合办和丰轮船公司,货运之外,该公司每年还运载成千上万的中国移民到东南亚各地从事开发。第一次世界大战期间,林秉祥抓住有利时机,进一步扩大营运,成了新加坡的"航运大王"。林秉祥除经营航运业外,还积极倡办银行,为华侨工商业资金周转服务。民国元年(1912年),他与林文庆、李俊源等人合办华商银行,并担任该行第一任总理。接着,又参与筹办和丰银行,民国九年(1920年)该行资本约600万元,他任董事主席。数年后,和丰银行的分行已遍及星马、印尼、香港、厦门、上海等地,成为东南亚第一家开展国际性业务的华资银行。清末民初是林秉祥在事业上的高峰期,在新加坡除轮船公司外,还投入巨资创办以"和丰"为商号的大企业,如水泥厂、肥皂厂、油厂、米厂、铁厂等10多家工厂及和丰信局。这些工厂都规模宏大、设备先进,称雄一时[①]。

杨在田(1848—1930),字穰云,龙溪县角美乡人。少年时到菲律宾跟随铁匠学打铁。出师后,游走乡间修打农具。不久,菲岛拓荒者增多,农具销额猛升,所制锄头行销四方,获利不小。后来,美国一家五金器材厂赏识杨在田的经营之道,愿意资助他成为该厂代理经销商。他欣然接受,在马尼拉创办瑞隆兴铁业公司。历经苦心经营,杨在田成为菲律宾巨富。

郭春秧(1859—1935),龙海市角美镇人。16岁就远渡重洋,到荷属东印度(今印度尼西亚)梭罗埠谋生。1875年,郭春秧到其伯父郭河东开设的制糖厂当学徒。光绪二十一年(1895年),郭春秧接任糖厂经理后,拓展糖蔗种植面积,扩建制糖厂,购进先进制糖设备。经过几年的拼搏,分厂遍及荷印所属各埠。郭春秧跃居四大糖商之一,"春秧公司"成为继黄仲涵经营的"建源公司"之后,另一个能与荷兰人竞争的糖业公司。

赖乾(1861—1935),祖籍平和县坂仔乡。赖乾从小习武,稍长以渔为业,因此练就一身好武艺和敢于搏击狂风恶浪的好水性。民国十二年(1923年),赖乾于龙溪县石码镇筹办中兴机器厂。工厂能生产14匹马力,14、18、20型号的砻谷机、碾米机,小汽轮的动力机械,以及电工工具和民用刀具。这是漳州地区第一家现代化机械工厂。民国十八年(1929年),赖乾又创办自来水厂,供应石码镇晏海路、锦江道、新行街、内市街、打石街数百户居民用水。两厂的创办不仅为闽南现代化民族工业奠基,而且培训出一批闽西南机械工业的技术骨干。

孙宗蔡(1868—1947),字次典,漳州城区人。3岁丧父,17岁丧母。孙宗蔡既经营父母留下的小纸店,又坚持读书,终于在21岁时中秀才。之后又转入丹霞书院学习。1905年,废除科举,倡办新学,孙宗蔡率先在城西文昌宫(今东铺头小学)修建校舍,筹办县立两等(初等和高等)小学堂,并担任学堂堂长。后又筹办四隅小学堂,四隅已办成的有东门城守营小学(今巷口小学)、南门乙商小学(今西桥小学)、北门乙农小学(今新华印刷厂

---

① 《爱国华侨林秉祥先生事略》,《漳州文史资料》第8辑,1986年,第2页。

厂址)。这些小学堂设国文、算学、修身、图画、手工、游戏等课程,男女兼收,成为漳州新学之先导。两年后教育界出现三派势力纷争,孙宗蔡不屑于争逐,自动请辞引退。宣统三年(1911年)9月,漳州宣布光复,孙宗蔡参与光复会参事委员会工作,后补为参事兼财政局副局长。他以400银圆帮助清知府陈嘉言返湘,又收养其幼女,送她读女子师范。在参事会工作期间,竭力筹建浚河局,以利兴修九龙江水利;筹办漳州警察学堂,培训治安人员。不料光复不久,同盟会成分复杂,派别纷争,各种机构形同虚设,宗蔡极为失望,便放弃政界活动,致力于经商和开拓实业。他首先扩展父亲初创的椿记纸行,使纸品销售远及东南亚,一跃成为漳州巨商。民国三年(1914年),他集资兴办龙溪电灯公司。民国六年(1917年),他筹资开公路,办漳浮汽车股份有限公司。民国十年(1921年),又认股投建漳(州)—程(溪)轻便铁路。民国七年(1918年),孙宗蔡当选为龙溪县商会会长。同年7月粤军司令陈炯明部驻漳,陈炯明指派工务局长周醒南配合宗蔡,向海内外集资10万元,创办漳浮始兴汽车股份有限公司,周任董事长,孙任总经理。民国九年(1920年)春节,漳码公路通车,年底延伸至浮宫,漳州至厦门构成水陆联运。此后城西通车至南靖县城(今靖城);城北通车至浦南,过河直抵长泰县城;城东直达江东桥,衔接北溪。漳州初步成为闽西南的交通枢纽。

林文庆(1869—1957),字梦琴。祖籍福建海澄,出生于新加坡。林文庆童年曾入新加坡福建会馆附设的书院学习华文,之后进入英国爱丁堡大学攻读医科,光绪十八年(1892年)获医学学士和外科硕士学位,接着又应邀到剑桥大学从事研究工作。翌年,林文庆从英国回到新加坡,挂牌行医。他除从事医务工作外,还进行实业开拓。光绪二十二年(1896年)他接受新加坡植物园英人园长李德立的建议,并得到侨商陈齐贤的支持,将橡胶作为经济作物,在杨厝港垦殖了东南亚第一家橡胶园,因而被誉为"橡胶种植之父"。民国六年(1917年),他应林秉祥之请,参加创办和丰银行;民国八年(1919年)与黄仲涵、黄奕住联合组织华侨银行;民国九年(1920年)又与一批朋友合资创办华侨保险有限公司,因此,他也是星马华人金融业的先驱者之一,后于1921年出任厦门大学校长。

林尔嘉(1875—1951),字菽庄,福建龙溪人,出生于台北。清光绪二十一年(1895年),清政府与日本签订丧权辱国的《马关条约》,将台湾岛及周边岛屿割让给日本。林尔嘉及其父愤慨于国土的沦丧,不愿做清朝弃民,毅然放弃在台湾的庞大产业,举家迁龙溪乡下。林尔嘉随父回乡后,常与知己谈论救国救民之道。光绪三十一年(1905年),林尔嘉任厦门保商局总办兼厦门商务总会总理。为使国家富强以抗外侮,他提出许多改革经济的积极建议。他认为朝廷应注重振兴商务,大力创建工业,发展出口商品,开矿铸银,修建铁路,整理税收,削减冗费,以保证国家的财政收入。他致力于兴办厦门电话、电灯公司等实业,还竭力维护地方治安,保障商民的正当权利。内阁学士兼礼部侍郎陈宝琛任福建铁路总理时,敦请他襄助,并聘为商部顾问。

杨纯美(1877—1968),漳浦县佛昙镇人。幼时家贫,仅读私塾两年。1890年杨纯美出洋至荷属东印度(今印度尼西亚)万隆谋生。1893年,得叔父资助,贩运布匹下乡叫卖,越年叔父赞助他开设布店。1895年,开设平安堂中药铺。此后,杨纯美又在新巴刹街开设新义成有限公司和薯粉厂。数年后,家资丰厚,成为当地巨富。民国三年(1914

年),他在万隆市中心购地兴建"杨纯美街",并创办纺织厂。杨纯美青年时代不满清朝腐败统治,景仰孙中山革命活动。1907年,他在印尼加入中国同盟会。民国三年(1914年)因袁世凯阴谋恢复帝制,孙中山流亡日本组织中华革命党,杨纯美当即汇银400两接济。民国六年(1917年)孙中山就任大元帅,他又汇银1000两支持北伐。至民国八年(1919年),杨纯美先后共济助3100两银子,荣获广东军政府颁给的金质华侨爱国一等奖章。不久被广东军政府侨务委员会聘为名誉顾问。

方圣徵(1885—1940),字纪周,云霄城关人,祖居溪边埭村。父方德容(原名歆),年青时当过木匠,后经理"北船"搬运装卸,兼做买卖,为云霄废厅建县后首任商会总理。方圣徵生长于清末,受变法维新思潮熏陶,思想开放,重视兴教育才,发展公益事业和经济开发。时废科举设新学,师资缺乏,1905年,方自费就读于全闽师范学堂。毕业后回梓,即与陈嘉臧、吴纯、吴丰、黄庭经等人创办公立开智两等小学堂。光绪三十三年(1907年)下半年,方圣徵又创办官立两等小学(宣统元年,即1909年,开智两等小学也并入官立两等小学堂)。民国十三年(1924年),他在汕头建造"建东"号木质汽船(货轮),提高海上运输能力。民国十四年(1925年),与弟祥徵创办豫通汇兑银庄,办理存款、贷款、汇兑等业务。

庄西言(1885—1965),又名西园,福建南靖县奎洋镇霞峰村人。庄西言20岁出洋,到荷属东印度巴达维亚(今印尼首都雅加达)。先在族亲店中当伙计,30岁开设全美有限公司,多年奋斗,富甲一方。民国二十六年(1937年)卢沟桥事变后,日本大举侵华,庄西言即在巴城发动各商家抵制日货,并积极发起捐资救国。他一再向南洋侨领陈嘉庚建议,组织南洋华侨赈济总机构。民国二十七年(1938年)10月10日,南洋华侨筹赈祖国难民代表大会在新加坡南洋华侨中学举行。南洋45埠筹赈代表168人出席会议,正式成立"南洋华侨筹赈祖国难民总会"(简称南侨总会),陈嘉庚当选为主席,庄西言、李清泉为副主席。南洋各地华侨在总会的倡导下,不断以财力、物力、人力支援祖国抗战。南侨总会于民国二十八年至民国三十年(1939—1941年)间,捐款和认购公债达法币(国币)6.48亿余元,约合当时美金4560万元。他还在新加坡等地组织南洋华侨战地服务团,动员数以千计具有一定技术的侨生回国服务。民国三十年(1941年)4月,南洋各地福建华侨代表300余人聚集新加坡开会,会议决定组织南洋闽侨总会,推举陈嘉庚为主席,庄西言为副主席。款和认购公债6.48亿元(合当时4560多万美元),如数汇到祖国,有力地支援祖国抗日战争。民国二十九年(1940年)4月初,日军在雅加达大肆搜捕华侨,庄西言不幸被捕。日本宪兵要庄西言交代陈嘉庚的去向,庄西言置之不理,遭到日本宪兵严刑拷打,最后被投入监狱关押3年又4个月。民国三十四年(1945年)8月15日,日本无条件投降,庄西言才重见天日。庄西言对家乡建设十分关心。民国十五年(1926年)捐献2000银圆兴建霞峰小学校舍。民国三十七年(1948年)回国省亲时,又捐献1800银圆扩建霞峰小学,捐献1000银圆兴建下奎洋中心小学校舍。1965年,庄西言病故于雅加达,享年80岁。

谢联棠(1888—1974),东山县南埔村人。谢联棠是遗腹子,16岁时其母也去世了。18岁,便远渡重洋到荷属东印度苏门答腊岛的民礼市二哥家,先当学徒,两年后,协助二哥开办小商店。23岁,二哥去世,他便独自经营。此后几年间,商务活动发展到新加坡、马来亚等地。

吴学濂(1895—1970),平和县大溪壶嗣村人。年青时出洋,侨居泰国暹罗湾北大年,经营采矿、出入口货物,逐渐致富。不久其兄穿杨逝世,学濂继承兄业,改商号为有限公司,兼营橡胶、土特产,一跃成为北大年巨商。分公司遍设暹南四府、曼谷、槟榔屿及新加坡等地。

郭美丞(1896—1959),字联勋,出生于海澄县浮宫城内社。郭美丞1916年毕业于集美学校师范部,先后担任凫溪小学、中学校长,海澄县教育会会长。民国十六年(1927年),郭美丞应聘任爪哇梭罗华侨公学校长。民国十八年(1929年),被推为华侨代表,回国参加孙中山先生奉安大典,并出席南洋华侨教育会议,被选为海外华侨三民主义实施委员会委员。回爪哇后,受当地政府疑忌,从此弃教从商。他先开设大华公司,经营进出口贸易,获利丰硕。后又开办南洋印书局有限公司,承印课本、簿籍。他以信誉为重,使两家公司成为同业中之名号。

张荣汀(1896—1973),南靖县书洋塔下人。张荣汀童年家境贫寒,只读了6年私塾。21岁到荷印泗水谋生,开设永川公司,经营白糖。尔后到新加坡,开设南庆有限公司、丰太茶庄,其茶庄规模誉冠东南亚,是最早在南洋经营茶叶的南靖人。张荣汀致富之后,为家乡亲人提出发展茶叶生产的长远设想。

蔡竹禅(1898—1966),漳州城区人。蔡竹禅自少随父蔡襟三读书。1916年,进笃诚赐记参行当学徒,深得店主陈智君的赏识,由杂工升为店员而至记账。民国八年(1919年),陈智君到福州任福建省政府财政厅长,便带竹禅到福州任税务征收员。他布设关卡,征收易于逃漏的闽江货船税款,税收额较前大有增加。民国十年(1921年)返漳。在漳期间,他和归侨集资创办华侨钱庄,生意颇为兴旺。民国十七年(1928年),蔡竹禅任漳州商会会长。

张庆重(1910—1992),字希川,南靖县塔下村人。他出身华侨家庭,生活富裕,经常阅读进步书刊,接受新思想。民国十八年(1929年)5月10日,张庆重出国谋生,定居荷属东印度(今印尼),开设新锦兴商店。经过10余年努力,发展为福利公司,内设有出口公司,饼干厂、糖果厂、玻璃厂、咖啡粉厂、制罐厂,并代理轮船航务。张庆重也成为印尼泗水著名侨商。

张笃生(1914—1986),云霄城关人,他读完小学便到永记布店当伙计。1935年,张出洋到新加坡打工,不久转往泰国耶拉府。创办成昌橡胶公司和汇川橡胶股份有限公司,任董事长。由于他勤劳刻苦经营有方,至20世纪60年代成为泰国闽侨巨子。

李莱生(1922—1994),漳州城区人。少时就读于漳州,后随父往马来亚,发展橡胶种植业。由于经营管理有方,经几十年奋斗,后来成为东南亚"橡胶大王"。他的家族对漳州芗城祖居地怀有深厚感情。民国二十二年(1933年),漳州崇正中学经费发生困难,校长林文彬赴南洋募捐,李莱生父子捐赠800叻币(折值1万银圆)。抗日战争期间,漳州连年发生水旱灾害,李家捐助4000银圆赈济受灾难民。当华侨领袖陈嘉庚发动"献机救国"运动时,他带头捐献10万美元的飞机1架。国民政府主席林森、福建省政府主席刘建绪给予嘉奖,并颁发"急公好义"、"爱国先驱"的题匾。

萧佛成(1862—1939),字铁桥,祖籍书洋,出生于泰国曼谷。萧佛成少年时接受中国传统文化教育,萌发民族革命思想,成为辛亥革命前暹罗革命的中坚分子。光绪十四年(1888年),萧佛成参加暹罗以反清为宗旨的三合会。不久又和一些革命分子成立光复会(同盟会前身)。又创办华文报《晨钟日报》、《华暹日报》,宣传民主革命,同时宣扬中华文化,促进中泰亲善,改善华侨境遇。光绪三十四年(1908年),孙中山、胡汉民等人访问暹罗时,曾利用《华暹日报》社址对外联络,指挥工作。为此,萧佛成与孙中山、胡汉民结下深厚友谊。在孙中山的支持下,暹罗成立同盟会分会,萧佛成被选为分会会长。后来,萧佛成为孙中山革命活动筹集大量的经费。1926年,萧佛成参加国民党第二次全国代表大会,当选中央执行委员。由于他热心华侨事务工作,曾一度出任南京国民政府侨务部长,为华侨事务和北伐战争做了一些有益的事。

张际升(1872—1932),字纯清,祖籍书洋塔下。清末、民国时期有名的知县、县长和名医。拥护孙中山,捐款支持辛亥革命。1912年2月,被选为福建临时议会议员。民国八年(1919年),张际升出洋,到新加坡开办万山药局。民国十一年(1922年),张际升回国定居平和琯溪,与当地有识之士积极提倡"实业救国"。他选择长芦,与周俊生的琅琊殖牧场、林友梧的天马殖牧场联合,创办长芦殖牧场。他还参与制订琯溪建设规划,资助修建公路等公益事业。民国十八年(1929年),琯溪创办第一所私立东溪中学,张际升应聘担任首任校长。

简羡强(1890—1944),长教人。幼时家贫,1912年前往缅甸毛礼谋生,开店铺振成宝号,经营五谷杂货批发。此后,陆续添置帆船10艘载运谷物,并办碾米加工厂。为解决华人子弟入学问题,民国十九年(1930年),简羡强独资创办启民小学,自任校长兼董事,学生200余人,均免费入学。简羡强热心家乡公益事业。20世纪30年代初,曾捐款铺筑长教石路1.5公里,建凉亭1座。此外还维修大宗祠,修葺南华岩等名胜古迹。民国二十五年(1936年),在长教璞山捐建小学校舍1座,建筑面积500多平方米。抗日战争前期,简羡强为缅甸华侨救济总会负责人之一。他带头义捐巨款,并积极发动侨胞捐献,支援祖国人民抗日斗争。民国三十一年(1942年)夏,日军入侵缅甸。民国三十七年(1948年),简羡强被日军收买的汉奸暗杀身亡。

王燕衔(1893—1964),靖城人,毕业于汀漳龙师范学堂。民国元年(1912年),在县城高等小学任教师、校长。民国七年(1918年),援闽粤军陈炯明驻漳时,任南靖县农会会长。民国十二年(1923年)3月,被推举代理南靖县长4个月。民国十五年(1926年)9月,又任南靖县长3个多月。民国十八年(1929年),王燕衔与陈鹤年、徐联梯等人集资17万元,购置汽车,在漳州创办漳龙汽车公司。承租漳州至马山38公里路段和牛崎头至平和琯溪路段,经营客货运输。随着公路的开通,其承租的路段又延伸到水潮、龙岩。民国十三年至民国二十七年(1924—1938年),与乡绅王溯源等人发动群众修堤,消除洪水灾害,受到人们的拥戴。民国二十九年(1940年),为响应政府生产自救号召,在宝林开办农场,垦殖荒地百余亩。民国三十五年(1946年),就任南靖县银行董事长①。

二、民国漳州商人与近代中国社会

民国时期漳州商人大多起于寒微,白手起家、惨淡经营,许多侨商更是孑然一身、漂洋过海,在举目无亲的异国他乡胼手胝足为生活打拼。由于旧中国社会制度的腐败,作为弱国游子,华侨在海外地位低下,在海外备受欺凌。这种境况,激起华侨支持祖国革新图强的热诚,侨胞有钱出钱、有力出力,为中国反帝反封建反官僚资本主义的革命斗争做出贡献。因此可以说民国漳州商人追求进步、爱国爱乡与近代中国社会进步、民族解放息息相关。

(一)漳州商人与辛亥革命

漳州商人投身辛亥革命,为革命捐赠经费和物资。1906年,孙中山到马来亚槟榔屿,得到龙溪华侨吴世荣的协助,组建同盟会槟榔屿分会,吴世荣被选为会长;创办《光华日报》,设立槟城书报社。吴世荣积极筹募款项,倾资数十万助饷,支持革命。1911年4月27日发动广州黄花岗起义。安南华侨陈兆龙(龙溪人),回国主持漳州城同盟会。1911年10月10日,辛亥革命武昌起义成功,全国响应,各省先后光复。11月11日,陈兆龙、林者仁、王兆培等与龙溪县商会副会长陈智君、哥老会首领张仪共商漳州光复事宜。当晚逼走漳州道尹何成浩,开监尽释囚犯,揭开光复漳州的帷幕②。

1906年,孙中山的日本朋友宫崎寅藏到新加坡时遭英殖民地当局拘留,孙中山闻讯赶到新加坡援救也遭拘留。海澄县籍的同盟会会员林文庆挺身而出,多方疏通,使孙中山和宫崎寅藏获释离境。林文庆还为孙中山筹集数万两饷银。1910年,孙中山和黄兴在槟榔屿召开"庇能会议",商议发动广州黄花岗起义事宜,吴世荣作为特邀代表参加会议。起义需要经费,吴世荣变卖店产,率先倾资助饷,从而带动槟城各界华侨踊跃捐献。

暹罗曼谷的华侨在清末成立"三合会"、"光复会"等反清团体,南靖县籍的萧佛成先后加入上述团体。他还创办《华暹日报》宣传反清革命。1907年,孙中山和胡汉民等人到暹罗,萧佛成与陈景华组织数百名华侨在中华会馆集会欢迎,并请孙中山发表演说。当时,暹罗当局禁止孙中山公开活动,萧佛成把《华暹日报》社供作孙中山秘密活动的据点。同盟会暹罗分会成立时,萧佛成被选为会长。光绪三十四年(1908年)和宣统元年(1909年)4月,孙中山在西南6次武装起义所用去的20多万元港币,其中暹罗分会捐赠6万元。宣统三年广州"三二九"起义用去的18万余银圆,其中1/6是来自暹罗分会。中华民国成立,孙中山就任临时大总统,萧佛成发动暹罗华侨捐款40万元,支持南京临时政府。萧佛成在中国民主革命中,立下了不朽的功勋。民国元年(1912年),萧佛成将曼

---

① 南靖县地方志编纂委员会编:《南靖县志》卷44《人物》,北京:方志出版社,1997年。
② 福建省地方志编纂委员会编:《福建省志·华侨志》第三章"参与祖国革命和反帝斗争",福州:福建人民出版社,1992年。

谷原有"福建会所"改组为"福建会馆",正式成为当地合法侨团,萧首任会馆主席(或理事长)①。

缅甸华侨也积极支持孙中山的革命活动。同盟会缅甸分会成立时,诏安县籍的旅缅华侨资助分会创办《光华日报》,协助筹集款项支持孙中山发动武装起义。漳浦县籍华侨丘廑兢参与组织同盟会在仰光的秘密组织觉民书报社,后任《缅甸公报》经理,不时撰文抨击清朝政府。

菲律宾同盟会成立之前,海澄县籍的旅菲华侨杨豪侣时常在报上发表文章抨击清政府,宣传革命。1911年,孙中山派人到菲律宾发展同盟会组织,杨豪侣即协助建立同盟会小吕宋分会。杨豪侣之父杨汇溪变卖家产,倾资赞助武昌起义。

荷印三宝垄的龙海县籍华侨黄仲涵以"轩辕后人"名义捐5万荷盾支持辛亥革命。福建光复后,诏安县籍的沙捞越华侨李振殿立即汇款2000元给都督孙道仁做饷需②。

辛亥革命胜利,漳州光复之时,与革命军有联系的地方绅士施荫南首举大旗绕街宣传安抚。商会负责人立即响应,合作、协助筹饷接济各路义军,因此市井不惊,商店照常贸易。

1908年,缅甸中国同盟会在仰光成立。会员表册中属南靖县籍的侨胞有:庄如洲、庄开源、庄西文、庄长溪、庄抬栽、庄水长、庄开崐、庄超儒、庄金元、张仰焰、张爱耕11人。他们为推翻清王朝,大力支持孙中山民主革命,组织大量的捐资和声援活动,为建立中华民国尽心尽力。

民国元年(1912年),担任星洲中华总商会会长的南靖县籍旅居新加坡的张善庆,积极筹集资金支援孙中山民主革命运动,荣获国民政府献金救国一等三级嘉禾奖章。世居荷属泗水的南靖侨胞简福辉,援助孙中山民主革命有功,国民政府授予一级嘉禾奖章③。

1905年,孙中山创建的中国同盟会在日本东京成立,分会遍布东南亚和美洲、非洲等地。许多华侨纷纷响应孙中山的革命主张,并踊跃投身革命,使南洋成为夺取辛亥革命的重要发源地。据当时《缅甸同盟会会员登记表》记载,在120名漳属会员中,龙溪、海澄籍会员就有98名,而在新马华侨社会,会员人数更多。许多人还是同盟会的领导人物和骨干,有林文庆、林推迁、邱国瓦、李振殿、李春荣、吴世荣、黄金庆等。林推迁担任华侨社团怡和轩俱乐部总理,大力支持孙中山的同盟会。李春荣(龙溪)在新加坡由孙中山亲自批准加入同盟会,积极鼓动革命,奋不顾身,被孙中山称为"铮铮铁骨",并赐其名为"义侠",民国政府成立时还奖赐"旌义状"。1906年孙中山在槟榔屿成立同盟会南洋总机关部,并召开历史上著名的"庇能"(槟榔屿别名)会议。龙溪籍华侨吴世荣作为"庇能"代表,与会参加策划组织"广州黄花岗起义"。吴世荣担任槟榔屿同盟会会长,创办《光华日报》鼓吹民主革命。海澄旅居东印度华侨苏眇公创办《公报》,海澄旅缅甸华侨邱廑兢等

---

① 《追随孙中山先生革命的侨领肖佛成》,见《南靖文史资料》第7辑,1987年,第3页。
② 漳州市地方志编纂委员会编:《漳州市志》卷48《旅外乡亲》,北京:中国社会科学出版社,1999年。
③ 南靖县地方志编纂委员会编:《南靖县志》卷39《华侨》,北京:方志出版社,1997年。

人组织书报社,李振殿在新加坡参加《周德书报社》,后创办《民国日报》。这些进步报刊书社积极鼓动革命,宣扬民族革命精神,壮大革命声威。在孙中山组织革命期间,海外华侨从经济上大力支持,其活动经费多是华侨筹集募捐的。1911年,黄花岗起义失败后,同盟会经济上发生困难,吴世荣、李振殿等人积极筹集资金。吴世荣变卖房产倾资赞助;邱菽园大力在经济上给予支持(曾赞助维新派起义捐款25万元);海澄华侨邱允敏捐款4亿元支持辛亥革命。

辛亥武昌起义成功后,各地纷纷响应,海外华侨社团汇款接济革命。福建省宣布独立后,李振殿立即汇款2000银圆交福建都督府为军需,并积极发动华侨捐款。海外热血华侨青年还踊跃归国参加光复活动。1911年11月,龙溪海澄旅外华侨陈兆龙(旅居越南)、许秀峰(旅居越南)、林维民(旅居越南)、苏眇公(旅居印尼)、甘黄涛(旅居新加坡)返闽领导光复漳州、海澄的革命工作,并取得胜利①。

清末,漳浦华侨杨纯美加入同盟会。辛亥革命,各省响应,推举孙中山为临时大总统,成立中华民国临时政府,派特使金一清到南洋宣慰侨胞,杨纯美在万隆热情接待,并献款支援。不久,袁世凯篡夺政权,孙中山流亡日本组织中华革命党,杨纯美主动汇银400两支持。民国七年(1918年)孙中山回广州就任大元帅,杨纯美寄银支持,一次1000两,一次700两,孙中山亲笔复函致谢。国民政府定都南京时,杨纯美将此墨宝交国史馆珍藏,国民政府稽勋委员会颁给金质爱国华侨奖章和奖状,并聘为侨委会顾问。陈照馨同时支持革命,在南洋和祖地到处搭台演说革命道理②。

清光绪三十一年(1905年),孙中山在日本东京创建中国同盟会,县人涂渺沧(在诏安)、李庆标(在缅甸)于是年加入。稍后,旅泰乡侨游子光,旅缅乡侨沈继昌、沈起元、沈屏夷、郑益时、徐德风、沈绿波、李武若也加入该组织。光绪三十三年(1907年),涂渺沧在广东饶平黄岗参加著名的"丁未起义",失败后逃亡南洋。翌年,同盟会缅甸分会在李庆标等人的资助下创办《光华日报》。同盟会建立后,在广东、广西、云南等省举行多次武装起义,其经费多来自南洋侨民,不少诏籍华侨为之捐资,游子光、李庆标每次不仅带头捐献,而且积极发动,在孙中山赴南洋筹措经费时,也一再为筹款奔波。孙中山在槟榔屿宣传革命时,涂渺沧遂引荐霹雳州侨领郑螺生、槟榔屿侨领叶祖意与孙中山会面,筹资支持孙中山的革命活动③。

(二)漳州商人与反袁斗争

1914年,孙中山在日本创建中华革命党,号召全国人民进行反对袁世凯妄图复辟帝制的斗争,漳属华侨积极响应。暹罗华侨萧佛成被委任为中华革命党暹罗支部长,他往

---

① 龙海县地方志编纂委员会编:《龙海县志》卷34《华侨》,北京:东方出版社,1993年。
② 漳浦县地方志编纂委员会编:《漳浦县志》卷33《华侨、浦台关系》,北京:方志出版社,1998年。
③ 诏安县地方志编纂委员会编:《诏安县志》卷34《侨胞与台港澳同胞》,北京:方志出版社,1999年。

返奔走于国内和南洋各地做联络工作,并筹寄1.29万元给孙中山做讨袁军饷。缅甸华侨发起劝募"国民捐"、"爱国捐",接着成立中华革命党缅甸筹饷局。诏安县籍的李庆标被选为筹饷委员,并率先认捐。在他带动下,先后募得28万多缅元和20万港元作为讨袁经费。民国五年(1916年)福建成立护国军,祖籍海澄霞阳的缅甸华侨杨章训出资1600元大洋购买枪弹。荷印各地华侨捐款赞助反袁护国斗争。漳浦县籍的万隆华侨杨纯美前后4次捐银3100两。孙中山每收到捐款都亲自复函嘉勉。杨纯美还获孙中山签发的金质"爱国华侨"奖章1枚。龙溪县籍华侨黄仲涵、郭春秧与印尼各地华侨筹募巨款,支持讨袁护国之战,黄仲涵一次就捐2.5万元荷盾。印尼中华总商会座办兼文教委员会主席、《爪哇公报》主编、诏安县籍的韩希琦联络各华侨团体,多次通电讨袁,痛斥袁贼"变更国体,紊乱国宪"。除捐资、声讨外,不少漳属华侨还回国参加讨袁斗争。

1915年,印尼侨胞韩希琦联络南洋各华侨团体声讨袁世凯,于是年9月15日,发电文痛斥袁贼"变更国体、紊乱国宪,实全国国民之大敌",之后又连续3次通电,指斥恢复帝制终使"大局瓦解、强邻乘之"。12月,袁世凯称帝后,蔡锷到云南策动成立"护国军",讨伐袁世凯。韩希琦向印尼华侨黄仲涵、郭春秧等筹募巨款,支持讨袁之役。与此相呼应,缅甸仰光华侨亦发起劝募"国民捐"、"爱国捐",李庆标率先认捐,共筹集28万多缅元。接着,中国革命党缅甸筹饷局成立,李庆标被推举为筹饷委员,在其努力下,又筹得20万元,汇回祖国作为孙中山讨袁斗争的经费。民国五年(1916年)6月,李庆标被任命为中华革命党缅甸勃生分部部长。民国八年(1919年),孙中山讨伐广东军阀陈炯明时,师次闽中,亟待军饷,特派黄馥生赴缅求助,李庆标又不辞劳累,筹集巨款应前线之需。民国二十一年(1932年),因李庆标在辛亥革命及反袁护国运动中,积极办报筹款支持革命,被国民政府侨务委员会聘为顾问①。

民国四年(1915年)冬,袁世凯阴谋称帝。当时许世英解职他去,李厚基领省政,受袁笼络收买,极力拥袁称帝。乃约尔嘉晋省,嘱其代表全闽农工商学各界劝进。尔嘉断然拒绝,星夜返回鼓浪屿。不料闽籍国民代表施景琛、林辂存、周寿恩等即来急电,略以"国体已定,天命攸归,袁氏合牧群生,宜极帝位,务恳推戴"等等。尔嘉阅后,满腔怒火,立即把电文撕毁,抛掷窗外。未几,"洪宪"帝制扑灭。昔日摇旗呐喊之辈,惨遭舆论严谴,而益崇尔嘉操节之高尚。段祺瑞执政,特任尔嘉为华侨总会总裁。尔嘉恶军阀争斗,即以道远不克赴任,而婉却之②。

(三)漳州商人与护法运动

民国七年(1918年)8月至民国九年(1920年)8月,援闽粤军总司令陈炯明受孙中山派遣进驻漳州,建立闽南护法区,开展护法运动。漳州为护法区首府,在陈炯明支持下,

---

① 诏安县地方志编纂委员会编:《诏安县志》卷34《侨胞与台港澳同胞》,北京:方志出版社,1999年。

② 《林本源家族对开发台湾建设祖国的贡献》,见《龙海文史资料》第13辑,1992年,第9页。

整顿市容,拆城墙,修马路、江堤、码头。提倡振兴实业,繁荣市场。集侨胞和漳州、石码绅商之资,修筑福建第一条公路,即漳州至石码全长20公里率先通车。继而,东至江东桥,西至南靖县靖城镇,南至九龙岭,北至浦南共通车84公里。择漳城南门外旧桥附近的南校场修建机场,成立漳州航空学校,培训飞行、地勤和指挥人员。辟地42亩投资39303银圆兴建第一公园(中山公园)①。

(四)漳州商人与北伐战争

在北伐战争中,漳属华侨从舆论上、资金上给以支持。马来亚槟榔屿的诏安县籍华侨林仲姚是《南洋时报》的总编辑,他经常撰写支持北伐战争的评论文章。海澄县籍的新加坡华侨李振殿是中国国民党英属总支部指导委员,他组办的《民国日报》也大力宣传北伐壮举。暹罗华侨在萧佛成发动下,捐资购买1架飞机支援北伐。缅甸的李庆标在得知北伐军抵达闽中急需军饷时,立即到处奔走,筹饷资助。后来他被推为"缅甸华侨救国会"的筹粮委员,筹集巨额军饷支援国民革命军②。

(五)漳州商人与中共领导的新民主主义革命

支援红军,为红军筹款。民国二十一年(1932年),红军第一次入漳。商店照常营业,市面秩序安定。红军筹款委员会急需漳州筹款100万元。商会多方筹借,包括土布折价供红军制军衣等,均如期完成任务。据估算,分摊到每一商户的数额只占其流动资金的百分之几而已,商人皆感满意。由于红军纪律严明,商会又及时出面做工作,军民融洽③。

(六)漳州商人与中华民族抗日战争

"九一八"和"一·二八"事变发生后,海外华侨纷纷捐款捐物支援东北抗日义勇军和坚持淞沪抗战的十九路军。新加坡中华总商会会董李振殿等人联合致电国民政府,请求团结息争,一致对外,还致函国际联盟制裁日本侵略者。槟榔屿的诏安县籍华侨林仲姚在《南洋时报》上撰文控诉日帝暴行,号召侨胞捐款救济祖国难民。暹罗的萧佛成领导华侨开展抵制日货的运动,东山县籍的谢联棠在新加坡的"侨兴国货公司"毅然抵制日货。海澄县籍的杨启泰在菲律宾华侨救国联合会任职时,发动漳属华侨响应"航空救国"的号召,捐买飞机赠送十九路军。民国二十一年(1932年)菲律宾华侨还组织救国义勇军,首批于当年经厦门到漳州集训。

1937年卢沟桥事件后,抗日战争全面爆发,旅居海外的炎黄子孙,以财力、物力、人

---

① 芗城区地方志编纂委员会编:《芗城区志》卷34《华侨》、卷39《人物》,北京:方志出版社,1999年。
② 漳州市地方志编纂委员会编:《漳州市志》卷48《旅外乡亲》,北京:中国社会科学出版社,1999年。
③ 芗城区地方志编纂委员会编:《芗城区志》卷26《群众团体》,北京:方志出版社,1999年。

力积极援助祖国人民打击日本侵略者。漳州籍华侨在抗日救国的旗帜下团结一致,有钱出钱,有力出力,支持和参加抗日战争。

南靖县籍的印尼华侨庄西言和菲律宾华侨李清泉,联名致函陈嘉庚,倡议组织一个统一领导东南亚华侨抗日救国运动的最高机构,陈嘉庚表示赞同,各地侨团也热烈响应。民国二十七年(1938年)10月10日"南洋华侨筹赈祖国难民总会"(简称南侨总会)在新加坡成立,陈嘉庚任主席,庄西言、李清泉为副主席。李振殿被推为常务委员兼财务主任。民国二十八至二十九年(1939—1940年),南侨总会共筹赈救国金和购买公债款合计国币6.48亿元(折合美金4560万元),有力地支援祖国人民打击日本侵略者,一直坚持到抗战胜利①。民国二十八年(1939年),南侨总会先后组织9批3200多名华侨司机和机工人员回国为抗日服务。南侨总会成立后,各地侨团纷纷筹赈救国和参与抗日战争。

在新加坡,漳州十属会馆发动全体乡侨投入抗日救亡运动,并组织京剧社演剧筹款。新加坡诏安会馆在主席许木泰领导下,召开会员大会,随后开展筹募活动,把筹得的款项和粮食运回家乡赈济难民。云霄县籍的陈建和是南侨总会委员,也是新加坡和源侨批局经理。他利用侨批局的渠道,把赈款寄回祖国。云霄县籍的码头工人陈忠态是南侨总会南区分会主任,他号召全体劳工实行常月捐款制度。祖籍海澄的陈育崧是新加坡政府督学,他鼓励华侨学生参加抗日救亡运动,为此受到殖民政府华民侨务司官员的指责,他愤然辞去督学之职,带领学生上街宣传抗日,筹募赈款。龙溪县籍的林秉祥在得知殖民政府因日本领事馆的抗议,准备把到新加坡筹募赈款的中国武汉合唱团驱逐出境时,挺身而出,据理力争,迫使殖民政府收回驱逐令。漳城籍新加坡企业家王梓琴、杨天恩等慷慨解囊,捐出巨资,支援祖国抗日。

在马来亚沙,华侨李莱生带头捐献价值10万美元的飞机一架,受到国民政府的嘉奖。

祖籍诏安的林从周是古晋华侨筹赈会委员,又是福建学校校长,他带领全校师生走上街头,宣传抗日,筹募款项支援祖国抗日。平和县籍的沈国良是吉林丹筹赈会委员,他带头购买救国公债,并发动侨胞认购。海澄县籍的张宗罗带头筹组诗巫华侨抗日筹赈会,被选为主席。在他发动下,从民国二十六年至民国二十八年(1937—1939年)共募得款项11万元、衣服43000多套。

在荷印,庄西言既是南侨总会副主席,又是巴城中华总商会会长,他发动侨商抵制日货,劝募献金支援祖国抗战。海澄县籍的郭美丞是南侨总会及南洋闽侨总会的执行委员,又是巴城华侨捐助祖国灾民慈善事业委员会的常务委员,他全身心致力于抗日救国工作。祖籍海澄的杨新容当时是巴城新华学校教务主任,他积极组织侨校师生开展各种募捐活动。民国二十八年(1939年)他先后募集3批捐款,寄给八路军驻广州办事处。万隆中华商会会长杨纯美带头长期捐献巨款资助祖国抗战。祖籍南靖的泗水华侨张庆

---

① 南靖县地方志编纂委员会编:《南靖县志》卷39《华侨》,北京:方志出版社,1997年。

重在抗战前期,就通过在香港的廖承志,多次捐资赞助延安抗日军民;南侨总会成立后,他任泗水海产公会主席,积极发动会员献金救国,征得全体会员同意,将海产公会的公积金捐献给祖国抗日。同时规定新加坡葛和源轮船运载泗水的鱼干,每担加收1元作为救国金,所筹款项和奎宁等药物全部援助祖国军民抗日。海澄县籍的李双辉是泗水中华商会会长,在一次泗水华侨抗日救国讨论会上,他愤怒控诉日寇侵华的罪行,并带头捐献巨款,其夫人王氏也当场取下金银首饰捐献,到会华侨也纷纷解囊,当场认捐数十万元荷盾。东山县籍的棉兰华侨谢联棠多次为祖国抗日捐资,累计10万多元,还和东山县籍华侨一道捐款购献"东山号"飞机抗日。华侨林开德在巨港担任中华总会筹款主任和康良材等人创立航友社,组织剧团到爪哇巡回义演,把义演的收入作为支援祖国的抗战经费。

在菲律宾,菲律宾马尼拉中华总商会召集各华侨团体成立菲律宾华侨援助抗敌筹委会。祖籍海澄的杨启泰被选为副主席。中国航空协会菲律宾分会倡导捐献飞机救国,杨启泰首捐20万比索(可购飞机2架)。海澄县籍的邱玉堆是菲律宾抗日复兴委员会的文书,他不但自己投入抗日募捐活动,而且鼓励儿子邱文敏、邱荣专参加菲律宾抗日队伍。

在缅甸,海澄同乡会理事长许文鼎被选为缅甸华侨救灾总会的常务委员,他带头捐资支持祖国抗战。海澄县籍的洪天庆是缅甸华侨劝募工作委员会委员兼理财政工作,他积极参与抗日募捐活动,先后在华侨中劝募200万元公债汇交国民政府财政部。漳浦籍老同盟会会员丘廑兢,抗战期间任缅甸仰光华文《中国新报》经理,组织社团,发动华侨献款支援抗战,被推为"缅甸华侨青年救国六联团"主席,领导华侨以宣传募捐支援抗战①。

在泰国,海澄县籍的蔡添木是泰国洛坤府南侨筹赈会、抗日后援会主任,他带领会员在洛坤童颂、什田、那汶等地宣传抗日,募款汇给在香港的廖承志转交八路军或琼崖纵队。北大年的平和县籍华侨曾福顺将女儿结婚的贺宴费5000元捐给国民政府财政部。另一平和县籍华侨吴拔萃民国二十八年(1939年)回国,看到家乡即将奔赴抗日前线的士兵无蚊帐无棉被时,立即出资做120套被褥、蚊帐并购买生活必需品送给战士。在陶公府,诏安县籍的许秀峰也积极进行抗日宣传和捐款筹赈活动。

抗日期间,石码商会发动商人参与义卖、义唱,进行抗日宣传活动,向商户募款购买医药器材,支援抗日前线,购置救火车三辆和应用救火工具,组建上、中、下码三支消防队,对当时遭受日机轰炸的石码民众及时进行抢救。1945年8月29日,中国军队接受侵厦日军"请降"仪式即在石码商会会馆举行②。

日本发动侵略中国战争,诏安籍华侨田贵宗义愤填膺,为了替祖国分忧,他四处奔走,号召侨胞爱国爱乡,节衣缩食赈济被日寇迫害的同胞,被各界侨贤推选为古晋筹赈委员会委员。1941年日寇铁蹄蹂躏南洋群岛,沙捞越即告沦陷,抗日侨领田贵宗旋即遭迫

---

① 漳浦县地方志编纂委员会编:《漳浦县志》卷33《华侨、浦台关系》,北京:方志出版社,1998年。

② 《龙海市工商联的组织和活动概况》,见《龙海文史资料》第16辑,2001年,第131~132页。

害和囚禁。可他坚强斗争不为淫威所屈,不为利诱所动,展现了崇高的气节①。

1940年,祖国一批进步的艺术界人士组成武汉合唱团前往新加坡义演,筹款救济祖国难民,爱国侨胞争相买票观看,可是当地日本领事馆却说该团是共产党组织,向英殖民政府提出抗议,要求驱逐出境,(陈嘉庚先生因回国观光不在新加坡)林秉祥闻讯,挺身而出向殖民政府交涉,在他的据理力争下,英殖民政府终于收回驱逐令。从这件事可看出林秉祥的强烈爱国心和正义感②。

三、民国漳州商人与地方公益事业

漳州商人爱国爱乡、乐善好施、回馈桑梓,华侨在海外不忘家乡公益事业,稍有积蓄,大多慷慨乐施,对漳州地方公共事业的发展起到不可忽视的促进作用。

(一)慈善事业

林和坂设立和茂公司,给穷苦死者施棺施赈,并年年给贫苦人家发放度岁金,每年受惠多达2000人左右。在北溪草围社,他设立一间医药铺,聘请名医3人为乡人治病。在漳州城内,也开设了一家"采蘩善社",为贫苦病人施医赠药。

杨在田在故乡及角美一带,设"恩推义局",在县城设"大愿堂"。恩推义局对孤贫无法生活的乡人,每人每月发给大米2斗,银圆2元。石角东(指石美、角美、东美,今皆属角美镇)的鳏寡孤老每人每月可得银圆3元、大米15斤。如遇大灾年,粮价暴涨,杨在田即购米平粜。义局和大愿堂还施医、施药、施棺。仅"大愿堂"助寡一项,一年达400银圆之多。

郭春秧捐出巨款,在家乡创办慈善事业,定名为"嵩江孔圣大道会",采取定期资助和临时资助两种形式。凡是贫困孤寡的乡亲,可定期得到粮食和银圆的资助;如遇到天灾人祸,可得到临时资助。大道会还开设大道医局,义务为乡亲治病。

民国二十一年(1932年)6月,东山商界及地方人士和海外华侨捐献集资,设东安善堂,主要从事赈贫民、恤孤寡、育遗婴、济医药、施棺木、筑义冢、收无主尸骸等善举。抗日战争期间,东安善堂曾组织救护队和掩埋队,为抗战服务。桥雅街的掩埋队员许秋盛(俗称"三尾龙")曾多次收埋战士腐烂尸体和海上浮尸。东安善堂曾受到民国东山县政府传令嘉奖。民国三十七年(1948年),社会动荡,东安善堂停办③。

林本源家族的奠基人林平侯在台北垦殖致富后,思念祖籍地乡亲贫困者,乃仿照北宋范仲淹义庄之法,于嘉庆二十四年(1819年),在祖籍龙溪县白石过井社建永泽堂林氏义庄慈善机构,越两年落成。林氏义庄赡赈事业,于道光元年(1821年)开始,至民国二

---

① 《田考三代人和"田振安公司"的业绩》,见《诏安文史资料》第22辑,2001年,第88页。
② 《爱国华侨林秉祥事略》,见《漳州文史资料》第8辑,1986年,第6页。
③ 东山县地方志编纂委员会编:《东山县志》卷26《华侨》,北京:中华书局,1994年。

十六年(1937年)抗日战争爆发,海运中断,乃告终止。前后历经四代人,共116年①。

林秉祥目睹鳏寡孤独的乡亲衣食困难,乃于民国初年投资巨金围垦一片海滩,当地称为"新围田",面积几千亩(其时当地群众形容说他的田地鸟儿飞不过去)将该田地所收租谷作为救济基金。按月逢农历初一、十五日,分发救济金,全浒茂乡困难户,不论姓氏,都可到采蘩医局领取钱和粮,每人每月银圆1元、白米3斗②。

(二)赈灾救荒

民国初年,黄河水灾,漳籍的印尼华侨张煜开义捐10万银圆,安南华侨曹允泽自捐巨款外还发动侨胞捐献,为此获得民国政府三等"嘉禾章"。

民国七年(1918年)诏安大地震,印尼归侨韩希琦发动海外华侨捐款救济家乡灾民。

民国十三年(1924年),闽、粤、湘三省水灾,安南南圻中华总商会在曹允泽领导下,募集赈款4.6万港元,根据灾情轻重分拨三省;缅甸华侨兴商总会和仰光三山公馆也发动会员捐资赈济福建灾民。

民国十九年(1930年)和民国二十一年(1932年),海澄县东园乡遭自然灾害,缅甸乡亲许文鼎两次汇款和运大米救助乡亲渡过灾年。

民国二十三年(1934年)夏,闽南一带发生特大水灾,菲律宾中华总商会闻讯即开会推定李清泉、薛芬士、杨启泰等28人负责募集赈款,共募得35万元救济沿海灾民。

民国三十五年(1946年),闽西北一带疟疾猖獗,印尼雅加达福建侨团筹赈会主席郭美丞购买大量奎宁,托厦门市政府转赠各医疗机构医治患者。

民国三十六年(1947年)闽粤两省水灾,越南华侨救乡会由"仲凯"轮运回大米575吨施赈给包括海澄、龙溪和诏安等在内的全省受灾地区的饥民。以郭美丞为主席的印尼雅加达福建侨团筹赈会汇寄10万美元托国民政府转给闽粤两省救济难民③。

民国八年(1919年),林秉祥、林秉懋兄弟在龙溪县浒茂溪洲社设采蘩医局,在漳州购置房产收取租金作为医局的经费,聘请名医为贫苦患者施医。又在家乡投巨资围海造田,收取租谷作为救济基金,救济全乡贫困农户。荷印华侨张煜开也捐资10万银圆给漳州孤儿院。民国二十五年(1936年),荷印华侨郭美丞捐资在海澄浮宫创办华侨救济所④。

辛亥革命胜利,漳州光复后,设育婴堂。民国六年(1917年),创立龙溪贫民教养所,后改名为龙溪救济院,收养贫民乞丐。经费由漳、码、浦南坐贾附加款支应。

---

① 《林本源家族对开发台湾建设祖国的贡献》,见《龙海文史资料》第13辑,1992年,第11页。
② 《爱国华侨林秉祥先生事略》,见《漳州文史资料》第8辑,1986年,第4页。
③ 漳州市地方志编纂委员会编:《漳州市志》卷48《旅外乡亲》,北京:中国社会科学出版社,1999年。
④ 漳州市地方志编纂委员会编:《漳州市志》卷48《旅外乡亲》,北京:中国社会科学出版社,1999年。

民国九年(1920年)8月11日,印尼泗水华侨张煜开、张炎开兄弟,从当地《新国民时报》获悉,漳州育婴堂停办两年。遂捐资1万元,重兴漳州育婴堂。该项资金委托汀漳暨南局局长张廷林,代购置漳东南市场旁大小店屋19座,指定作为漳州育婴堂基金,后由张县长指定施拱南督办此事(该育婴堂址在今大通北路和平里原乌衣巷)。

民国三十年(1941年),华侨王宝荣、谢联棠、孙忠来、佘加指、朱国良、沈孔、林春木、林水山、吴金英、黄金唅、许岳东、孙贵三、刘达溪、刘达南、田淇川、许修德、林成兴、黄水轩、吴安居、陈兴茂、张友忠、陈信道、方盘西、王贵阳、王裕发、林水金、林如活、林明金、林兴春、林进成、唐竹篮、陈长宣、林亚甲、林水西、唐水弄、唐兆磐、唐文章、吴水进、郑庆星、黄文松、沈荣甫、陈顺游和亚杰公司共捐款1万多元法币,在东山城关五里亭建抗日阵亡烈士公墓及抗日阵亡烈士纪念碑①。

民国元年(1912年)5月,菲律宾华侨杨在田捐资数万银圆,修建天宝至靖城10多公里长的防洪堤,受到官府的表彰,被授予凉伞一把和一个题写"盛德不忘"的匾额,并在堤上竖"功德碑"以示纪念②。

海澄县(今龙海县)浮宫镇霞郭村秋潮为患,潮水泛滥,淹没村庄,毁坏农田,长久无法治理,大批村民流散海外。以郭美丞为首的60名华侨,捐资200两黄金,从上海招商局购买一艘万吨旧轮,填石沉入海岸边,筑成一条60米长坝,阻止海潮之灾。

民国六年(1917年),孙宗蔡任龙溪县商会会长。任职期间,除办理商会事务外,还调动商界和个人的经济力量,积极参与地方市政建设。漳州光复后,鉴于两溪河道日益淤积,妨碍水上交通,不利于工商业繁荣昌盛,他遂向当局倡议设立"浚河局",疏通九龙江河道。为了维护市面治安,即筹办"警察学堂"。

民国十九年(1930年),旅缅华侨李庆标捐资在诏安县城中山公园内建1座6米高的"天下为公"石碑。民国三十年(1941年),东山县华侨谢联棠等43人捐款在东山城关五里亭建抗日阵亡烈士公墓及纪念碑③。

民国九年(1920年),华侨李双辉捐资在海澄县溪头街建木桥,后改建为钢筋水泥桥;又捐资铺设豆巷至港口1公里长的水泥路。20世纪30年代末,华侨林秉祥捐资在龙溪县浒茂修筑从城内宫仔前至金定村渡口全长8公里的道路。

民国七年(1918年),石码商会首任会长蓝汝汉以商会的名义,会同粤军驻码洪兆麟旅部,组成"市政建设办事处",用近8年时间,围砌锦江道堤岸,建中山公园及十一条可通行汽车的宽阔街道,进行了规模浩大的市镇整顿和建设④。

民国元年(1912年),塔下华侨张煜开捐资修筑船场亭仔角至上汤长达3华里石路,长教华侨简连拔在长教水井科建1座"佳有亭"。民国二年(1913年),塔下富侨张秋光

---

① 东山县地方志编纂委员会编:《东山县志》卷26《华侨》,北京:中华书局,1994年。
② 芗城区地方志编纂委员会编:《芗城区志》卷34《华侨》,北京:方志出版社,1999年。
③ 漳州市地方志编纂委员会编:《漳州市志》卷48《旅外乡亲》,北京:中国社会科学出版社,1999年。
④ 《石码商会》,见《龙海文史资料》第10辑,1988年,第1页。

捐资铺筑塔下坪峰山岭脚至曲江4华里石路,在中途建1座"清风亭"。民国五年(1916年),塔下华侨张桂万在书洋捐建1座"十驳桥"。同年,长教华侨简金超在家乡大山岭头建1座"乐此亭"。民国七年(1918年),塔下富侨张煜开在南欧枫树凹建1条石路和1座"共和亭"。民国十一年(1922年),又献资9000元银圆,在船场亭仔角建1座石拱桥和修筑上汤至亭仔角15华里石路。民国九年(1920年),长教华侨简高水在长教至船场途中建1座"快哉亭"。其妻苏清娥捐资修筑早田门和石壁岭2条石路4华里。民国十三年(1924年),长教华侨简必廉在船场岭长圳头建1座"苟安亭"。民国十九年(1930年),下版寮华侨刘云台在家乡十八岭、大石头岭铺筑2条石路共2华里。据统计,从清道光至民国三十八年(1949年),南靖华侨捐资在家乡修路总长约100华里,建路亭20多座,修木桥、石桥14座①。

民国二十年(1931年),长教旅缅侨胞简美强献金在长教石壁岭建一座"秋云亭"。还有华侨捐资在河坑到书洋的猪母肚建有"永清亭"、观音坑的"秋影亭"等。塔下村旅泰侨胞张吉昌祖孙四代人,从清朝光绪年间至1980年在塔下村下桥头包建包修一座较大木桥,前后历时80余载,建修20余座次,群众称它为"四代桥"②。

民国七年(1918年),诏安县发生大地震,韩希琦在南洋得悉,即筹款汇交县育婴堂及商会,赈济灾民,后该款用于修建通济、洋尾两座桥梁。民国二十年(1931年),建诏安中山公园时,李庆标捐款建造中山纪念堂。游子光多次慷慨解囊,在秀篆牛角墟建造路桥,在秀篆与平和的九峰、饶平的茂芝交界地分别修造凉亭。抗日战争期间,南洋各埠华侨纷纷捐款救济祖国伤兵难民③。

(三)捐资办学

早期出国的华侨大都是文盲和半文盲,深为不识字或识字不多所苦;后有受过良好教育的华侨,深感故乡的贫穷与落后主要原因在于教育事业不发达,他们在有资金之后便热心于故乡的教育事业。

民国初年,许鸿图、许秀峰在东园港边创办吾养小学。1915年,郭美丞在浮宫城内创办城内初级小学。1916年,黄厚皮、黄芋头在黎明莲花创办崇本小学。1918年,郑水晶在浮宫美山创办端养小学。1932年,吴宗明在石美北门创办溪北公益学校。1941年,杨纯美在白水楼仓创办纯美中学分校。1946年,林保源、林长寅等人在角美埔尾集资倡办埔尾小学④。

1936年,许文鼎从缅甸汇款,委托其胞弟许文海和厦门大同中学校长许鸿图,负责

---

① 南靖县地方志编纂委员会编:《南靖县志》卷39《华侨》,北京:方志出版社,1997年。
② 《南靖华侨铺桥筑路史略》,见《南靖文史资料》第7辑,1987年,第81页。
③ 诏安县地方志编纂委员会编:《诏安县志》卷34《侨胞与台港澳同胞》,北京:方志出版社,1999年。
④ 《龙海侨胞爱国爱乡热心家乡教育事业纪略》,见《龙海文史资料》第9辑,1987年,第52页。

建校事宜。1938年春季正式开学①。

民国二十四年（1935年），南埔村华侨谢联棠捐款1.5万元国币，在南埔村兴办南熏小学，建校舍431平方米，同时捐款0.3万元作为学校教育基金。

民国三十年（1941年），南洋华侨捐款，支持创办东山县初级中学。

在家乡浒茂洲，林和坂开办了8所小学。

郭春秧尤其关心家乡教育、福利事业，独资在辽东社捐建锦湖小学，免费招收学生上学，且供给学习用品。

辛亥革命后，龙溪、海澄两县华侨回乡办学的热情更高，华侨或独资或合资兴办的学校日益增多，如龙溪县的岗洲、连三、福河，海澄县的厚境、树人、文鼎、崇仁、南岐等小学均建立在这一时期。新加坡华侨林秉祥、林秉懋两兄弟在家乡龙溪县浒茂城内创办的祥懋学校，除总校外，还在溪洲、霞溪港等村建立8个分校。城内的总校是完小，各分校是初小。采蘩学校教职员的薪俸、办学经费及学生课本簿籍费全由林秉祥兄弟负担。

漳浦县第一所侨办小学，是民国六年（1917年）创办于马坪乡后康村的育才小学。它是华侨陈照馨捐资1500银圆，并发动乡侨捐资创办的。漳浦县在新中国成立前的侨办小学还有集友小学和养正学校。

诏安县第一所侨办小学是民国八年（1919年）华侨吴泗金创办的松斋小学。以后该校还增设师范讲习所和乙种商业班。诏安的侨办小学还有田庄小学等6所。

平和县大溪乡壶嗣小学是该县第一所侨办小学。它是吴学濂于民国八年（1919年）发动乡侨捐资创办的。民国二十六年（1937年），旅泰华侨吴拔萃和吴学濂等40多位侨亲又捐资在壶嗣村创办壶峰小学。

南靖县旅居荷印的华侨张煜开于民国二年（1913年）捐资在家乡书洋大坝村创办大坝培英小学，这是南靖县第一所侨办小学。民国八年（1919年），华侨张超宏捐资创办大坝聚英小学。

华安县第一所侨办小学是良村小学。它是民国二十三年（1934年）华安仙都良村旅外乡亲黄松椿、黄茂己、黄世砚捐资创办的。侨办小学还有云山小学、大地小学和石井小学。

南洋公学是民国十一年（1922年）由华侨在漳州城区创办的，校址在太古桥。还有安南华侨林民英同漳州社会贤达创办华侨初级中学，先后招收文科、农艺、木工3个职业班，每班二三十人。上述两校均于民国十三年（1924年）停办。

龙溪县林秉祥以龙溪县浒茂溪洲社"番仔楼"为校址，于民国十六年（1927年）创办浒茂商业中学。

漳浦县的纯美中学，是民国二十五年（1936年）印尼华侨杨纯美创办的。杨纯美在厦门农民银行存10万银圆作为学校基金，并将海埭和白竹湖农场划充校产。民国三十六年（1947年）杨纯美父子再度回乡扩建校舍，并增办高中部。

漳州华侨初级中学。民国九年（1920年），漳城旅居安南（今越南）华侨林民英捐款

---

① 《许文鼎和他创办的文鼎小学》，见《龙海文史资料》第5辑，1984年，第23页。

3000多银圆,会同漳城社会贤达创办漳州华侨初级中学,招收职业班。校舍承购英国伦敦公会建在漳州城南郊草寮尾的二层楼房,修建作为教室、办公厅、宿舍、厨房、膳厅,并开辟排球、网球体育场地和实验园地,聘请林瀛洲为校长。民国十年(1921年)开学,先后招收文科、农艺、木工三个班级。还增加学习应用化学、教制冰淇淋、蛋糕等食品,教导学以致用。每班学生20~30名,该校于民国十三年(1924年)停办。

民国十六年(1927年),由华侨李双辉、张汉丹创办的漳州华南小学,校址在新华南路38号①。

民国时期,华安华侨对家乡的贡献主要是捐资办学,这时期的办学形式主要有侨办民助或民办侨助。仙都蒋姓菁莪小学、刘姓菁藜小学、李姓上苑小学以及仙都、良村、湖林的一些小学每年均由海外华侨筹捐支付教师工资、学校公杂费和添置设备。华侨捐建小学主要有:民国二十年(1931年),云山华侨汤俊博募捐1万元建云山小学校舍1座,其中汤俊博捐资过半。民国二十二年(1933年),县募得侨资5000元建华安中学校舍,后因经费不足而中止。民国二十三年(1934年),良村华侨黄松椿会同侨亲黄茂己、黄世砚募集侨资8000元建良村小学校舍。民国二十八年(1939年),大地华侨蒋英贤、蒋位申倡议筹捐侨资5万元建大地小学校舍1座。民国三十三年(1944年),石井华侨陈专等发起筹集侨资1万元建石井小学校舍。这些学校的建成,为华安县早期小学教育的发展打下了良好的基础②。

马坪育才小学,是县境最早的侨办学校,由荷属东印度华侨陈照馨于民国六年(1917年)献款1500银圆并发动同乡华侨协助所创办。陈照馨病故后改为公办,改名马坪中心小学。诸多侨胞多次献款修建校舍和添置设备。

纯美中学,是县境最早的侨办中学。在佛昙镇,由荷属东印度华侨杨纯美独资创办,民国二十五年(1936年)夏开始招生上课。除建校费用外,杨纯美还献30万元于银行作为学校基金。该校原只办初中,民国三十八年(1949年)增办高中,杨纯美又将其早年创建的白竹湖农场和两处海埭拨充校产。

白石小学,在霞美镇白石村,民国二十七年(1938年)由新加坡华侨集资新建校舍230平方米③。

云霄公学。民国十五年(1926年),陈嘉庚在集美学校校董会设立的教育推广部创办云霄公学(即集友小学,于今云陵镇旁边),并由集美校董会补助开办费银圆200元。由云霄人集美高师毕业生吴绍箕、陈凤岐分别任首届校长、训导主任。集友小学改为私立后,云霄旅居印尼华侨吴焕三,在南洋发起组织"云霄在南洋华侨支援集友小学董事会",由吴焕三任董事长,戴金枝、吴华山、黄养志、郭银寿、张先齐、张仕芳任董事。先后2次筹赠光洋2000元,增补集友小学教学经费。

---

① 芗城区地方志编纂委员会编:《芗城区志》卷34《华侨》,北京:方志出版社,1999年。
② 华安县地方志编纂委员会编:《华安县志》卷29《华侨》,厦门:厦门大学出版社,1996年。
③ 漳浦县地方志编纂委员会编:《漳浦县志》卷33《华侨、浦台关系》,北京:方志出版社,1998年。

民国二十一年(1932年),由云霄下河曲溪旅泰华侨吴拨翠发动侨亲捐资,在故乡创办"曲溪侨南学堂"。该学堂免费供应入学者的学习课本和簿籍等。

元光中学,民国三十六年(1947年),由云霄籍厦门归国华侨联谊会会长张澜豁等,在云霄旅厦同乡会发起创办①。

民国三十六年(1947年)秋,华侨徐元福出资于城区东门内创办规模较大的华侨小学;还由华侨集资于梅洲创办梅英小学。这一年,还有海外侨胞筹款集资,重修在抗战中被炸毁的丹诏小学部分校舍并添置教学用具。翌年秋天,侨胞徐元璋捐资给丹诏小学,增建一座教学楼,命名"元璋楼"②。

民国十五年(1926年),庄西言捐资2000银圆兴建霞峰小学校舍,后因地方匪乱,未遂其志。民国三十七年(1948年),庄西言回国省亲,再次捐资1800银圆,始将霞峰小学建成。同时,庄还献金1000银圆建下奎洋中心小学校舍③。

民国十三年(1924年),蓝步青倡办石码第一所中学——石豁中学④。

民国九年(1920年)正月,南靖华侨张顺良创设聚英、群英两校。民国十三年(1924年),扩建校舍,更名为新民学校⑤。

民国时期,南靖旅缅华侨热烈赞助,尤其对于兴办海内外学校,发展教育事业,输财出力,包括长期资助长教崇文学校经常费和兴办缅甸毛礼启民学校⑥。

林杏雨对地方的教育事业热心,为培养社会人才,先后捐款并筹建漳州私立西河小学、龙溪县第三女子小学,并在厦门创办红麓幼儿园等⑦。

旅外乡亲还捐资建立教育基金会、奖学金基金会等。最早设立奖学基金的,是抗战后杨纯美及其哲嗣杨玉树设立的纯美中学奖学金基金会⑧。

四、民国漳州商人的价值取向与人文精神

(一)民国时期漳州商人的迁徙

漳州地处中国东南沿海地区,背山面海,兼具海陆优势。历史以来,海外贸易发达,

---

① 云霄县地方志编纂委员会编:《云霄县志》卷34《华侨》,北京:方志出版社,1999年。
② 诏安县地方志编纂委员会编:《诏安县志》卷34《侨胞与台港澳同胞》,北京:方志出版社,1999年。
③ 《南侨总会副主席庄西言先生抗日救亡事迹》,《南靖文史资料》第5辑,第99页,1986年。
④ 《石码商会》,见《龙海文史资料》第10辑,1988年,第1页。
⑤ 《归侨张顺良》,见《南靖文史资料》第4辑,1985年,第55~56页。
⑥ 《热爱祖国 输财办学》,见《南靖文史资料》第4辑,1985年,59~62页。
⑦ 《漳州商会元勋林杏雨》,见《漳州百年百杰》,2007年,第180页。
⑧ 漳州市地方志编纂委员会编:《漳州市志》卷48《旅外乡亲》,北京:中国社会科学出版社,1999年。

对外交流密切,海洋文化色彩浓厚,形成漳州人搏击风浪、勇闯敢拼、极具坚韧的民气和国际视野。宋元以来,就有许多民众到海外如东南亚地区谋生。从鸦片战争至19世纪末,漳州一带出国的人数约20万人,这是漳州人民移居海外的一次高潮。民国时期,漳州人因战乱、灾荒和贫困又掀起一股移居海外的高潮。这些海外侨民初到侨居国,白手起家,在极其艰苦环境下,依靠勤劳的双手,勇闯敢拼,取得了辉煌的商业成就,为侨居国建设做出自己的贡献,赢得了当地社会各界的广泛尊重,因此坚毅、勇敢是漳籍商人性格最出彩之处。

(二)民国时期漳州商人的价值取向与人文精神

漳州商人都遵奉"和气生财"的经营之道,讲信誉、讲礼貌、讲人情。这一点与中国传统的儒商精神十分契合。商人们除了在商品的适销对路、物美价廉等方面下功夫外,特别注意养成良好的店风,对顾客笑脸相迎、温语招呼,没有厌烦、抱怨之举。商店常在柜台上备有茶水和烟丝招待客人,伙计见顾客进门就端茶水敬客,或为主顾装一袋烟丝并点上火。客人离开时,无论是否买货都要以礼相送,并说"下次再来交关(交易)"。药店、棺材店送客时忌说"再见"之类的客套话,而要说"行好"、"宽宽"、"顺顺"之类。商人们崇尚诚信,经商守信,不掺杂作假,成交最忌短斤少两等。有的则用牌子标榜货真价实、童叟无欺,如肉店常挂"次猪不宰"等。商人们在日常经营中富有人情味。民国时期每年农历十二月十六日,店主都要请店员一桌酒席,名曰"做尾牙",决定店员去留,店员面前的箸头朝里放则不再雇用,朝外放则留用。有的以鸡头所向为准,若店员全留用,则鸡头对店主自己。漳州商人就是用这样一种富有人情味、含蓄的方式来表达自己①。

以往的商业史研究往往聚焦于大商人、大商业的研究,而忽视了对传统社会中小商小贩的重视。小商贩虽没有阔绰的门面和耀眼的广告,但小商人的惨淡经营同样也体现了商人的经营之道,也反映一种商业精神。民国时期漳州的小商贩就反映了这样一种现实。他们要招徕顾客需花更大的气力,有的要在市场上高声吆喝,有的要赴墟赶集,有的要串街游乡。俗谓"走贩",商俗中最具特色的便是贩仔的特殊用具和叫卖声。民国时期漳州卖日用品的货郎担摇小手鼓,俗称"摇鼓担";卖"咸酸甜"(蜜饯)的吹唢呐;卖馄饨、豆腐花等小吃的敲碗匙;卖麦芽糖的敲小锣;卖猪肉的吹海螺或竹管;卖冰棒、冷饮的摇小铃。而与敲击节奏相映成趣的叫卖声,往往是卖什么喊什么,拖腔拉调,似喊似唱,"人未到声先到",以广而告之。人们以往经常可以听到沿街卖食品的叫卖声。卖油条的喊:"卖油炸粿哎!烧甲脆,油炸粿,来买油炸粿啊!"卖酱瓜的喊:"卖咸酱瓜哎,酱瓜咸啊,酱瓜甜啊,酱瓜五味香啊,好做早点啊!好货甲省钱,赶紧来买!"货郎们小本买卖,老少无欺。有的一生一世以此为生,老来才搁担停业。小商贩们一生虽无可圈可点的宏伟事

---

① 芗城区地方志编纂委员会编:《芗城区志》卷38《风俗、宗教》,北京:方志出版社,1999年。

业,但他们执着、自食其力、服务平民的精神依然能赢得人们的尊敬①。

民国时期的漳州商人在事业成功之时不忘故里,爱国爱乡,他们秉承着实业救国的理想,回馈桑梓。急公好义、热心家乡的公益事业,为家乡的慈善、水利、交通、教育、医疗事业的发展做出巨大贡献。

近代中国积贫积弱,政局混乱,民不聊生。民国时期的漳州商人特别是漳籍侨商高举爱国主义的旗帜,追求进步与民主。不管是在孙中山先生领导的辛亥革命、护国运动,还是护法运动、北伐战争,都得到漳州商人道义上的支持与经费上的赞助。漳州商人始终以反专制,追求自由、民主的面貌出现在中国近代社会。在艰苦卓绝的中华民族抗日战争中,漳籍海外侨商以一种赤子情怀回报故国,慷慨解囊,捐出巨资,支援祖国抗日。更有漳籍侨商子弟舍弃安逸富足的生活,回国投身中华民族的解放事业,贡献鲜血与生命。因此爱国爱乡与政治上的进步性是漳籍商人人文精神的突出表现。

---

① 芗城区地方志编纂委员会编:《芗城区志》卷38《风俗、宗教》,北京:方志出版社,1999年。

第五章

社会主义建设初期的漳州工商业（1949—1977年）

1949年之后，人民政府恢复发展经济，大力扶持手工业生产，1956年以前，全地区个体手工业12944个，31534人，年产值376460百万元（当时币值，1955年币制改革后1万元等于1元，下同）。其中城镇4743个，12371人，总产值149280百万元，占39.65%；乡村8201个，19163人，总产值112448百万元，占29.87%；占30.48%为农民兼营手工业。1952年市区开始试办农具、纺织2个手工业合作社，1955年起，对手工业进行社会主义改造，组织手工业者走合作化道路。龙溪专署及各县（市）先后设手工业管理科。福建省手工业联合社在龙溪专区设联合办事处，与手工业管理科合署办公，负责领导手工业生产和社会主义改造。1956年基本实现手工业合作化，全区共组建596个社（组），有社（组）员17810人。国家对新办的手工业合作社组织实行免税一年、优先贷款的优惠政策，使手工业合作社生产发展很快，1956年全地区完成生产总值2112万元，比1955年的654.5万元增长2.22倍。1958年大办工业，有一部分手工业合作社转为地方国营，但过早将大部分手工业合作社转为全民所有制，手工联社停止活动，加上三年自然灾害严重困难，造成小商品、小农具等物资供应紧张①。

1961年上半年，龙溪地委对各地反映手工业生产的困境，派工作组下去调查研究，解决问题。1961年6月9日，龙溪地委发出《关于恢复与发展手工业生产的意见（草稿）》，从所有制、组织规模和手工业者归队、收益分配和工资福利、供产销和价格、领导机构和政治工作等方面对手工业调整做了具体的规定。龙溪地区手工业存在的问题也是各地普遍存在的问题。1961年6月19日，中共中央发出了《中共中央关于城乡手工业若干政策问题的规定（试行草案）》（又称《手工业三十五条》）指出了手工业调整的方向、方法及政策，这是中国共产党在20世纪60年代初期为了克服"大跃进"造成的困难，扭转手工业困境的一项重大举措。

在中央政策的指导下，龙溪专区的手工业的调整工作取得了显著的成效，特别是漳州城区（原县级漳州市，今芗城区）的手工业调整更具有典型意义。合作化高潮前有109个行业，178户，7330人。1956年合作化高潮后，建立手工业生产社90个，生产小组30

---

① 漳州市商业局编：《漳州二轻工业志》之"漳州商业发展概况"，内部资料，1990年，第8~9页。

个,社、组员6493人。大跃进后漳州市将113个合作社(组)、6177人转为41个地方国营工厂,转厂单位及人数超过合作社(组)数及人数的95%。1961年上半年,漳州市委将16个国营工厂、1个综合性手工业合作社,调整为五金、花镜、文教、麻棕、工艺、雨伞、藤器、牙刷、汽灯、绣织、布鞋等12个合作工厂。转为手工业合作社有18个社(组),共有社员2086人,占国营企业职工总数15%左右,加上1959年已恢复手工业生产合作社的25个社1143人,共计恢复为集体所有制的有12个合作工厂、42个合作社(组)、社组员3291人,占1958年社、组员数51%。经过调整,漳州市工业、手工业职工总人数15687人,其中国营工厂职工10333人,占66%;合作组织3291人,占21%;城市街道公社社办手工业980人,占6%;大队登记管理的个体手工业、家庭副业1083人,占7%①。

20世纪50年代初,私营商业仍是社会经济一个重要的组成部分,1950年,漳州地区(时称龙溪专区)有私营商业23106户,从业人员32506人。1952年年底全区私营商户超过25000户,私营商业零售比重达89.7%。1953年漳州地区私营商业属于批发商2245户,占91.1%,批发商中主要经营食品、石油燃料、日用百货、建筑材料、医药用品、文教用品等,零售商业主要经营饮食业、服务业、日用百货、粮食、医药用品、石油燃料、纺织品、文教用品、五金器械等②。

1949年后成立的福建省人民政府第六行政专员公署内设工商科专门管理工业和商业事务,1949年10月1日成立漳州第一家国营商业企业——漳州贸易公司。由于私营经济占市场优势,国营经济不够强大,重要的商品特别是粮食、棉布等相当紧张,私人投机资本乘机囤积居奇,哄抬物价,牟取暴利,扰乱市场。党和政府采取一系列措施保障供应,平抑物价。一些进步富商如芗城的蔡竹禅等,积极响应人民政府号召,支持新的经济政策。1951年,蔡竹禅将经营数十年的漳龙公司交给国家经营。随着"三反"、"五反"运动的开展,国营商业迅速发展。1953年起进入计划经济时期,开始实行第一个五年计划。对与国计民生关系重大的粮食、生猪、主要经济作物实行统购统销和派养派购等政策;对私营商业采取"利用、限制、改造"的政策,通过委托加工、订货、经销代销等形式,逐步改造为公私合营商业③。

1955年下半年,漳州的工商业开始社会主义改造,部分私营工商业大户自觉接受改造,有的直接改造为全民所有制,有的改造为公私合营企业。1956年1月22日漳州市区各行业私营工商业者和职工代表集体向政府申请全行业公私合营获得批准,拉开了漳州工商业全行业改造的序幕,同月,中共龙溪地委对资改造领导小组办公室成立,开展对私

---

① 中共漳州市委党史研究室撰:《20世纪60年代漳州国民经济调整》之"国民经济调整时期漳州地区的手工业",北京:光明日报出版社,1997年,第228~231页。
② 漳州市商业局编:《漳州市商业志》第二章"私营商业社会主义改造",内部资料,1990年,第83页。
③ 漳州市商业局编:《漳州市商业志》之"漳州商业发展概况",内部资料,1990年,第8页。

营工商业的改造①。

建立合作组织。1956年7月10日,市区召开小商小贩代表大会,动员小商小贩走合作化道路,会后一部分直接参加国营商业、供销合作社或并入公私合营企业。至1956年9月,各县、市经过改造的小商小贩10863户,加入国营商业、供销合作社或公社合营企业的3915户,参加合作商店的1608户,参加合作小组5340户②。

对私营商业的改造使批发业和零售业的公私比重发生了巨大的变化。1954年市区私营批发商总营业额177.65万元,为1953年总营业额的29.5%;百货行业私营批发额占市场总额1953年为20%,1954年下降为16.6%,到1955年,整个批发市场基本上由原来的自由市场转变为社会主义计划市场③。1957年,全区商业零售额公私比重,国营和供销合作社由1952年的10.3%上升到70%,公私合营、合作商店发展为28%,私营商业由1952年的89.7%下降为2%④。

第一节 过渡时期的工商业改造(1949—1956年)

一、手工业的社会主义改造

漳州地区手工业的社会主义改造以行业改造的模式,把分散的个体手工业者组织起来,组织生产、销售、统一分配,目的在于促进漳州地区工业水平的发展。1958年"大跃进"后各地纷纷将手工业合作社升级转厂。但由于相当一部分手工业升级转厂后工种合并过杂,集中过多,造成管理上的很多困难,服务质量下降,分配制度上平均主义、大锅饭,职工积极性下降,生产水平下降,供销矛盾严重。1961年后龙溪地委根据中央的指示精神对手工业进行再调整,并取得了实效⑤。

纺织手工业。1950年年初,漳州城区由余丰布厂发起,组成漳州土布联营处。龙溪县有五发、三联2家合营的纺织手工业。1952年调查,漳州城区有织户486户,织机541架,全年产布12万多匹。同年,龙溪专区开始试点组织纺织生产合作社,大部分还未参

---

① 漳州市商业局编:《漳州市商业志》之"漳州商业大事年表",内部资料,1990年,第22~23页。
② 漳州市商业局编:《漳州市商业志》第二章"私营商业社会主义改造",内部资料,1990年,第90~92页。
③ 漳州市商业局编:《漳州市商业志》第二章"私营商业社会主义改造",内部资料,1990年,第88页。
④ 漳州市商业局编:《漳州市商业志》之"漳州商业发展概况",内部资料,1990年,第8页。
⑤ 中共漳州市委党史研究室撰:《20世纪60年代漳州国民经济调整》之《国民经济调整时期漳州地区的手工业》,北京:光明日报出版社,1997年,第228~231页。

加合作社的私营户,仍以自产自销为主。1953年,国家实行棉花、棉纱、棉布统购统销政策。1955年下半年至1956年年初,龙溪专区进行全面改组,漳州城区将所有独立生产者组建为5个生产合作社。将余丰、德盛、织新、源昌、鼎兴5家有劳资关系的厂合并组建为漳州纺织厂,实行公私合营,同时,将生产毛巾针织品户与生产合作社组成漳州毛巾厂、漳州针织品厂。石码毛巾合作小组与弹棉、纱线户合并为龙溪棉纺织生产合作社①。

缝纫业。1953—1956年,龙溪专区各县(市)缝纫业进行社会主义改造。1953年南靖山城12家缝纫店从业人员25人中有15人自愿组成缝纫生产合作社。1955年10月发展为缝纫生产合作社。1954年10月11日漳州城区成立缝纫生产合作小组,组员36人。1955年石码2个体户成立缝纫生产合作小组。至1956年年底全专区共建立缝纫生产合作社18个,其中漳州城区9个,9县各一个②。

手工刺绣。1955年人民政府把流散民间的刺绣老艺人组织起来,成立1家合作社,恢复绣品的生产出口,1958年合作社转为地方国营漳州刺绣厂,1962年改为集体所有制工厂③。

布鞋生产。1955年8月由知足、行足、五行远等15家布鞋店组成漳州市布鞋供销生产合作社,社员62家。1956年1月,该社改为第一布鞋生产合作社,由陆行等14家布鞋生产合作社,社员60多人;其余步鞋店则组成市第三布鞋生产合作社,社员20多人,1956年秋把第三社并入第二社。1958年8月,漳州市2个布鞋生产合作社一起并入地方国营漳州皮革厂。1961年,100多名布鞋生产工人恢复合作体制,成立漳州市布鞋厂④。

弹棉被。1954年漳州城区弹棉业有20多家,石码有10家。1955年11月漳州市弹棉被生产合作社,社员44人。1956年,各县城关都成立弹棉被生产合作社(组),从业人员100多人。1958年,各弹棉企业有的并入国营被服厂,有的并入国营纺织厂,未并入国营企业的由人民公社管理⑤。

制革业。1950年漳州制革厂均为个体。1955年南苑村成立公私合营南坂制革厂,月产牛皮100张,该年漳州城区从事制革业有6户22人,其中有2户10人组织制革生产合作社,该年下半年起其他个体户相继加入生产合作社。1956年,南坂制革厂与石码皮鞋社合并,改称龙溪县皮革厂,1958年转为地方国营厂。1958年3月,漳州制革生产

---

① 《漳州市志》卷14《轻工业》,第三章"纺织服装工业",北京:中国社会科学出版社,1999年,第829页。

② 《漳州市志》卷14《轻工业》,第三章"纺织服装工业",北京:中国社会科学出版社,1999年,第832页。

③ 《漳州市志》卷14《轻工业》,第三章"纺织服装工业",北京:中国社会科学出版社,1999年,第834页。

④ 《漳州市志》卷14《轻工业》,第三章"纺织服装工业",北京:中国社会科学出版社,1999年,第835页。

⑤ 《漳州市志》卷14《轻工业》,第三章"纺织服装工业",北京:中国社会科学出版社,1999年,第836页。

合作社与皮革生产合作社合并组成地方国营漳州市皮革厂①。1956年成立皮箱生产合作社、皮枕生产合作社。1958年这两家合作社并入漳州市皮革厂。1962年恢复皮箱、皮枕合作社②。

木家具。漳州解放前后,漳州城区私营家具业分布在今新华东路、北京路、厦门路、延安南路一带,其中黄欺的黄益记家私店最为兴隆。

1954年,漳州城区木家具业个体户9户35人组织第一家家私生产合作小组,1955年3月,改为生产合作社。同年,分散在各个角落的家私个体户组建家俬生产合作社。黄益记家私店接受改造,建立漳州市公私合营黄益记家私厂。1956年2社合并,1957年改为合作工厂。1958年9月,漳州市人民政府正式批准公私合营黄益记家私厂与市家私生产合作工厂合并,成立国营漳州市木器厂③。

造纸。漳州手工纸,民国前一直是主要的商品,抗日战争时漳州成为手工纸集散中心,漳州生产的产品行销东南亚,新中国成立后,由于发展机制纸,手工纸生产呈下降趋势,1956年漳州、石码有私营纸厂(社),当年石码华侨合资创办侨江造纸厂,生产机制纸,1958年转为地方国营④。

印刷。漳州印刷业始于宋代木版年画,明清发展为木刻版印刷。明末清初出现铅字、石版印刷,抗日战争前,漳州手工印刷逐渐走向半机械印刷。漳州解放前夕,除华安、长泰外,各县均有官办或私营印刷社(厂、所、馆)。1949年9月17日,平和县解放,接管县商务印刷馆,成立平和印刷厂。至1952年漳州、诏安、南靖、龙溪先后成立国营印刷厂,1953年华安有私人办印刷社。1954年漳州印刷业进行社会主义改造。1955年石码枞记等4家印刷社实现公私合营,次年8月迁长泰县。至1956年全专区11个县(市)均有地方国营印刷厂⑤。

金银饰品。漳州解放前夕,东山县经营饰品制作有18户。经营金银购销和加工业务,以来料加工为主。1953年组织金银饰品加工社,归东山县人民银行管理。1961年10月划归县手工业联合社管理,改名东山县手工业银饰生产小组⑥。

镜艺。漳州解放前夕城区有10多家个体镜店,从业人员30多人,石码有三美、大美

---

① 《漳州市志》卷14《轻工业》,第四章"日用工业品",北京:中国社会科学出版社,1999年,第839页。
② 《漳州市志》卷14《轻工业》,第四章"日用工业品",北京:中国社会科学出版社,1999年,第839页。
③ 《漳州市志》卷14《轻工业》,第四章"日用工业品",北京:中国社会科学出版社,1999年,第842页。
④ 《漳州市志》卷14《轻工业》,第四章"日用工业品",北京:中国社会科学出版社,1999年,第853页。
⑤ 《漳州市志》卷14《轻工业》,第五章"文体艺术用品工业",北京:中国社会科学出版社,1999年,第855页。
⑥ 《漳州市志》卷14《轻工业》,第五章"文体艺术用品工业",北京:中国社会科学出版社,1999年,第856页。

等7家私营镜框、玻璃灯店。新中国成立后,通过对私营镜店的社会主义改造,漳州、石码分别组成镜艺社,后改为镜艺厂。1955年12月漳州城区10多家个体镜店组成花镜合作小组。1956年1月,改为漳州市花镜社。1958年上半年花镜社与嫁妆社合并,该年底又有乐器社并入,改为漳州市镜艺社。1951年,石码有8家私营镜店。1955年8家镜店18人组成镜框乐器社,1958年改为龙溪县镜厂,属全民所有制①。

八宝印泥。八宝印泥创于清康熙年间,被誉为"国货之光",是漳州一宝。民国时期,漳州城区有丽华斋、南升斋、乙尘斋等生产八宝印泥。配方与制作方法各不相同,产量很低。1956年漳州城区生产印泥、文具的11家个体户组成文具合作社。1958年转为文教合作工厂。同年,又与羽毛球厂、染纸社合并成立地方国营文教用品厂。1961年调整工业体制,恢复为文教合作工厂。合作工厂根据原来几家印泥作坊的配方,综合采用现代技术,使产品更具特色②。

泥偶(彩塑)制作。漳州彩塑工艺品泥偶,相传源于明代,后发展为生产戏剧用的泥偶头像。漳州解放后,彩塑老艺人对彩塑工艺继承创新,产品行销南洋、台湾。1955年,私营泥塑业参加工艺生产小组。1956年转为工艺美术社③。

木雕。木雕业以漳属诏安最著名。诏安木雕又称诏安龙眼木雕,取材于地产龙眼木。明清时期广东大埔和江苏、上海等地木雕艺人流入诏安谋生,为寺庙雕刻神像和装饰图案。本地艺术家也擅长雕刻,如清代画家谢琯樵。抗战时期雕刻艺人多逃离诏安,技艺几近失传。1950年以后,诏安木雕艺人逐渐增多,20世纪50年代末,本地人许振明、吴拱元继承古老的木雕技艺,并传授给新人。1963年上半年,诏安县手工业联合社以许振民、吴拱元为骨干组建诏安县工艺社,社员有10多人,属集体所有制企业④。

金木雕。源于广东大埔县,明代传入东山县。选用细腻坚硬的优质木材,用于建筑装饰、佛像、家具等,民国时期东山县从事金木雕有10户,1956年社会主义改造后,一些私营雕刻业者归入东山县木器生产合作社⑤。

此外,还有重工业社会主义改造,以机械制造业、砖瓦窑业为例。

机械制造业。前身为平和人赖乾于民国十二年(1923年)在石码创办的中兴机器厂,1952年与11家私营机械厂坊联营,改名为石码机器修造厂。1955年10月迁往漳

---

① 《漳州市志》卷14《轻工业》,第五章"文体艺术用品工业",北京:中国社会科学出版社,1999年,第857页。

② 《漳州市志》卷14《轻工业》,第六章"名匠与名产",北京:中国社会科学出版社,1999年,第865页。

③ 《漳州市志》卷14《轻工业》,第五章"文体艺术用品工业",北京:中国社会科学出版社,1999年,第859页。

④ 《漳州市志》卷14《轻工业》,第五章"文体艺术用品工业",北京:中国社会科学出版社,1999年,第859页。

⑤ 《漳州市志》卷14《轻工业》,第五章"文体艺术用品工业",北京:中国社会科学出版社,1999年,第860页。

州,与漳州市农具厂合并,成立公私合营漳州机器厂①。

砖瓦窑业。漳州古代就有人工砖瓦窑烧制砖瓦。新中国成立后,一部分砖瓦窑业改变体制成为砖瓦厂,一部分被机械或半机械生产的机砖厂取代。诏安县1956年全县砖瓦生产合作社(组)14家,同年建立10家砖厂和5家壳灰厂。龙溪县和海澄县,1950年后私营砖瓦窑分别组成砖瓦联销处,1955年改为砖瓦生产社。1956年县接办为地方国营企业,同年改为公私合营龙溪砖瓦厂②。

二、个体商业的社会主义改造

1950年,市区有小商贩2988户。小商小贩大部分是失业的工人、店员,生活贫困流入城镇的农民,破产的资本家和小业主,失学失业的知识分子,国民党遗留下来的党、政、军下级人员和一些城乡没落阶级分子。对小商小贩实行社会主义改造基本政策:一是领导和组织小商小贩参加城乡商贸流通活动。二是对小商小贩进行清理整顿、组织管理和教育,通过各种合作形式把他们组织起来,成为社会主义商业的一个组成部分。

1951年9月14日,漳州市区成立摊贩管理委员会,组织小商贩学习,进行爱国主义教育,实行定点定摊经营。1954年起帮助小商小贩在自愿原则下建立合作组织,分为联购联销、自负盈亏两种形式,有一部分组织合作商店或合作小组。1956年7月10日,市区召开小商小贩代表大会,动员小商小贩走合作化道路。会后,一部分小商小贩直接参加国营商业供销社合作或并入公私合营企业。资金少的摊贩组成分散经营、各负盈亏的合作小组。

1956年9月,龙溪专区所属各县、市经过改造的小商小贩10863户,加入国营商业、供销合作社或公私合营企业3915户,参加合作商店1608户,参加合作小组5340户③。

三、资本主义工商业的社会主义改造

1952年中共中央提出党在过渡时期的总路线,开始对私营工商业进行社会主义改造。在1954年公布的《中华人民共和国宪法(草案)》中,明确对资本主义工商业进行和平变革,采取利用、限制和改造的政策,逐步把资本主义所有制变为社会主义全民所有制,把资本家从剥削者逐步改造为自食其力的劳动者。从委托加工、计划订货、统购包销、委托经销代销等国家资本主义的初级形式,逐步向高级形式的公私合营过渡。

---

① 《漳州市志》卷15《重工业》,第二章"机械工业",北京:中国社会科学出版社,1999年,第888页。

② 《漳州市志》卷15《重工业》,第四章"建材工业",北京:中国社会科学出版社,1999年,第931页。

③ 漳州市商业局编:《漳州市商业志》第二章"私营商业社会主义改造",内部资料,1990年,第90~92页。

1955年以前漳州有少数私营企业改造为公私合营企业。1915年创办的龙溪电灯公司,林子达为董事长,1937年伪福建省政府建设厅接管,1945年8月抗日战争胜利后,建设厅交还地方恢复民营。1949年9月漳州解放,12月召开股东大会,选举董事会,登记股权,政府鼓励其向国家资本主义发展。1950年4月龙溪专署工商科科长陈君实与董事会协商,召开股东大会,同意公私合营,改称国营漳州电厂①。1917年创办的漳码马路始兴公司,为股份制,后改名漳浮汽车始兴公司。1921年注册为"汀漳龙长途汽车始兴股份有限公私",董事长周醒南,第一任董事兼经理孙次典,继任董事兼经理林杏雨,连任30多年,1952年10月公司归国营运输公司赎买,经股东大会通过推举3人为股东代表,办理公司结束,报经龙溪专区财政科批准后,登报按户发给股东赎买金,至1954年4月完成工作,林杏雨1952年10月起在政协和工商联任职②。洪汉忠1940年与人合伙创办的鹤沙玻璃厂,1946独资经营,1952年"五反"运动后,洪汉忠申请公私合营。1954年9月15日正式批准,该厂命名为"龙溪专区公私合营漳州玻璃厂",洪汉忠任命为副厂长③。

1955年下半年,在农业合作化高潮的推动下,漳州市36户有较高信誉的私营大户直接改造为全民所有制,3户改造为公私合营企业。

1956年漳州资金达2000元以上的商业资本家189户,其中2000～5000元有112户,5000～10000元55户,1万～3万18户,3万～5万元2户,5万～10万元2户。

1956年1月私营工商业全行业获准进行公私合营并进入实质性工作。根据国家政策,漳州市对私营商业进行公私合营,主要采取三点措施:一是采取定股定息的赎买办法。资本家通过清产核资,由行业合营工作委员会核准成为入股金,由国家发给股票,并按期向国家领取年息五厘的定息,从1956年定息七年不变,后又延长三年,至1966年停止支付,企业由公私合营转为社会主义全民所有制。二是按照"大部不动,小部调整"的方针,有计划、有步骤地调整商业网。市区原有商业网点2266个,改造后至1957年调整的商业网点2194个,其中国营108个,供销合作社6个,公私合营137个,合作商店1858个,私营85个。三是根据"把原来企业中的一切在职人员包下来"的方针和"量材使用,辅以必要照顾"的原则进行人事安排。全市商业系统给510名资方人员安排职务,其中县级局长1人,县级公司和公私合营企业的经理、副经理178人,股长、副股长32人。门市部正副主任299人,并在职工中择优114人,安排担任经理37人,股长15人,门市部

---

① 林杏雨:《回忆卅五年来的漳州民营电气商业》,见芗城区政协编:《芗城区文史资料合订本》第1卷,内部资料,2009年,第193～200页。
② 林杏雨:《漳浮长途汽车始兴公司史话》,见芗城区政协编:《芗城区文史资料合订本》第2卷,内部资料,2009年,第466～474页。
③ 洪汉忠:《从私营到公私合营的漳州玻璃厂》,见芗城区政协编:《芗城区文史资料合订本》第2卷,内部资料,2009年,第796～801页。

主任62人①。

四、漳州市工商业联合会

1950年5月8日,漳州工商业联合会筹备委员会成立,蔡大燮任主任委员,赫崇卿、林杏雨任主任委员,常务委员15人。筹备委员会主要工作是接管旧商会,改组同业公会,领导全市工商业,反映各行业的实际情况;协助人民政府推行有关法令;选举代表,成立民主的工商业联合会,在人民政府领导下,为工商界服务。

1953年2月,召开漳州工商业联合会第一届会员代表大会,正式成立漳州工商业联合会,蔡竹禅任主任委员,林杏雨、芦姚吾、栾云朴任副主任委员。工商联成立后,协助人民政府及有关机构对私营工商业者进行思想教育,对企业进行所有制的社会主义改造;协助人民政府传达贯彻有关政策、法令;处理商户之间的纠纷,举办有关福利事业等。"文化大革命"期间,漳州市工商业联合会受到冲击而解体。十一届三中全会后恢复活动,1985年8月漳州市升为地级市,漳州市工商业联合会名称不变,指导市属各县工商联活动②。

第二节　计划时期的工商业(1957—1977年)

一、工商业管理机构的成立

(一)商业管理机构

1949年福建省人民政府批准设立福建省第六行政督察专员公署,辖漳属各县。公署内设工商科,主管工业、商业工作。1950年,龙溪、海澄、平和、漳浦、诏安五县也相继成立工商科。其他各县由建设科分管工商行政管理工作。至1953年,漳属各县均成立工商科。1955年1月3日,专署工商科改称福建省人民政府龙溪专员公署商业科。1956年5月1日,龙溪专署商业科改为龙溪行政专员公署商业局,内设秘书、人事、商政、业务、财会、物价、计划统计7个股。管辖的商业企业有百货、纺织品、文化用品、食品、食品杂货、专卖、医药7个专业公司和糖果糕点、针棉织品、五金、石油、中药材、服务、贸易等7个办事处。至1957年年底又分管省商业厅设在龙溪地区的百货、针棉织品、纺织品、专

---

① 漳州市商业局编:《漳州市商业志》第二章"私营商业社会主义改造",内部资料,1990年,第89~90页。

② 漳州市商业局编:《漳州市商业志》第一章"商业组织机构",内部资料,1990年,第69~70页。

卖、文化用品、石油6个二级采购供应站。1956年各县(市)也于1956年相继成立商业局。

1957年分设商业局和服务局,商业局分管经营工业品的企业,服务局分管经营副食品的企业。1958年4月1日,龙溪专署商业局、服务局撤并为福建省商业厅龙溪办事处。同年5月1日,福建省商业厅龙溪办事处与供销合作社、水产局及福建省外贸局驻龙溪工作组4个单位合并成立龙溪专署商业办公室。同时撤销各专业公司、办事处,合并成立农副产品采购调拨站和百货、纺织品、民用器材、煤铁4个采购调拨站。同年8月1日,撤销龙溪专署商业办公室,恢复专署商业局。1961年7月27日,恢复供销合作社。1962年11月增设漳州特种物资供应公司。

1968年12月,龙溪专署商业局与财贸系统各局、社均撤销,成立福建省龙溪专区革命委员会生产指挥处财贸组。1971年1月10日,该机构改为龙溪专区革命委员会生产指挥处商业处。1972年12月1日,龙溪专区革命委员会生产指挥处商业处改为福建省龙溪地区革命委员会商业局。1976年1月20日,恢复供销合作社,福建省龙溪地区革命委员会商业局改称龙溪地区商业局。1985年月,龙溪地区商业局改称漳州市商业局,管辖的企业有百货、纺织品、五金交电化工、食品、糖酒副食品、饮食服务、华侨友谊7个专业公司、二级站和商业贸易中心、台胞购物中心、商业储运公司、冷冻厂、漳州百货大楼等①。

粮食管理机构,1949年漳州军管会成立财粮科。1950年2月,粮食事务从财粮科划出,成立专署粮食局,各县设粮食科。1957年6月底,全专区共设粮站53个、粮点56个、收购点145个、加工厂16个、门市部70个。1958年5月,撤销专署粮食局,成立专署粮贸办公室。1958年7月,专署粮食局恢复。"文化大革命"初期,粮食局机构瘫痪。1967年11月,专区军事管制委员会设立粮油征购分配办公室。1969年10月,成立龙溪专区粮油管理站,承担原专署粮食局的工作。1972年7月,撤销粮管站革委会,在地区革委会生产指挥处设粮食处。同年11月,粮食处撤销,成立地区革委会粮食局。1976年1月,改称龙溪地区粮食局②。

(二)工业管理机构

漳州解放初期,工商业管理功能合并在一起,1953年龙溪专区工业企业公司成立,主管工业交通生产建设,兼管商业系统的旅社业,从此工业管理机构独立设置。1953年3月至1955年龙溪专署及各县(市)先后设手工业管理科。福建省手工业联合社在龙溪

---

① 漳州市商业局编:《漳州市商业志》第一章"商业组织机构沿革",内部资料,1990年,第43～45页。
② 《漳州市志》卷20《粮油经营》,第五章"管理",北京:中国社会科学出版社,1999年,第1135～1136页。

专区设联合办事处,与手工业管理科合署办公,负责领导手工业生产和社会主义改造①。1954年12月,成立龙溪专署工业科,管理全区工业企业,各县也成立工业科。1957年10月,龙溪专署手工业管理科并入工业科。1958年3月,龙溪专署工业科撤销,成立公交办公室,统管工业、手工业、交通事务。该年8月成立龙溪专署工业局,内设三土(土化肥、土农药、土农具)办公室②。

二、国营工业企业的兴衰

(一)商办工业

新中国成立以后,国营商业部门在组织商品流通过程中,根据社会需要逐步办起加工生产行业,发展成为一个独立的工业体系——商办工业。初期商办工业表现为分散经营、分散管理,以农副产品原料为主及以食品、副食品为主。到第一个五年计划时期,国家对资本主义工商业的社会主义改造,国营商业部门逐步建立和发展了本行业所属的工业。1956年龙溪专署商业系统有生产、加工企业19个,从业人员742人,年总产值422.13万元。

1958年中共中央在《关于发展地方工业问题的意见》提出"全党办工业,各级办工业"的口号,要求各省、市、自治区争取在5～7年左右时间内,使地方工业总产值超过农业总产值。在大办工业高潮中,漳州商业部门也兴办了工业企业1010个,从业人员7201人。这些工业中很多是与商品流通无关的生产加工行业,如采矿、冶炼、农药、肥料、建筑材料等。办厂后有的工厂原料没有保证,有些工厂产品粗制滥造,没有销路,其结果是这些工厂上得快也下得快,各县市商办工厂有743个交给了人民公社。

1958年7月全国商业厅(局)长会议召开,会议强调商业部门的职能是搞好商品流通。在需要与可能的条件下,商业部门可以办工业品、农产品加工性的工业,但决不能以工业为主(《漳州商业志》第286页)。1959年7月,龙溪专署商业局对商办工业做出规定,凡是地方工业已经办的,商业部门可以不办;地方工业未办的又是市场消费极其需要的,商业部门可以办小型示范性企业。根据这个原则,对商办企业进行整顿调整,至1959年年底,龙溪地区商业系统所属的工业企业251个,从业人员5135人,年产值3008.68万元。

1962年,中共龙溪地委财贸部提出精简调整财贸系统工业、畜牧业企业的方案。国营商业和供销合作社的县以下基层单位一律不办独立核算的厂、场。县以上单位已办的厂、场,有的归工业部门管,有的归手工业部门管并转为集体所有制企业;与农业有关的

---

① 《漳州市志》卷14《轻工业》,第七章"管理",北京:中国社会科学出版社,1999年,第868页。

② 《漳州市志》卷15《重工业》,第七章"管理",北京:中国社会科学出版社,1999年,第947页。

企业有的交农村人民公社或撤销,有的实行关、停、并、转,有少数企业维持现状。经过精简调整,至1962年年底,各县(市)商办工厂由13个减为11个;畜牧场由11个减为2个,商办工业从业人员为415人。属地区直属商业部门办的工业企业有冷藏库、茶厂、草袋厂、食品加工厂、畜产品加工厂、闽南柑橘厂、石油加工厂、五金加工厂等,从业人员571人。1971年起,为了安排商业系统职工的待业子女就业,龙溪地区直属商业部门先后办了一批集体所有制的综合利用加工厂。1985年全市商办工厂45个,总产值2267万元①。

此时主要商办工业企业有:漳州酱油厂、漳州冷冻厂、龙海县肉制品厂。另有印尼归侨蔡梧材倡建的漳州市区罐头厂、大华蜜果厂等。

(二)重工业

1949年冬至1957年年底,是龙溪专区重工业的起步时期。它的工作重点是:组织恢复生产,建立国营企业,并对私营企业进行社会主义改造。同时,全面学习和推广苏联经验,新建一批为农业生产服务的工业企业。至1957年年底共建立地方国营企业3家(龙溪机器厂、龙溪颗粒肥料厂、漳州农药厂),公私合营工厂6家。1958—1965年,是第二个五年计划与三年国民经济调整时期。受"浮夸风"影响,全专区重工业进入异常发展时期,全民大办工业,建立大量的地方国营企业。1961年开展"工业学大庆"活动,使工业走上了较正常的发展轨道。1961年、1962年采取"关、停、并、转"的方式,进行大幅调整,至1965年,调整基本结束,全区有重工业24家。"文化大革命"期间,漳州重工业遭受相当程度的破坏。广大干部职工尽力保护工业调整的成果,并使其有所发展,1975年,全区重工业企业45家,属全民所有制44家(其中省属3家),集体所有制1家,职工数4443人②。

1. 机械工业

此时的机械工业企业主要有:龙溪机器厂、联合收割机厂、南靖收割机厂、龙溪收割机厂、漳州通用电器厂、漳州轴承厂、漳州铸造厂等。

2. 化学工业

主要企业有:漳州农药厂、漳州磷肥厂、福建省龙海磷肥厂、福建省南靖磷肥厂、福建省平和化工厂、福建省龙海合成氨厂、福建省长泰合成氨厂、平和合成氨厂、福建省南靖合成氨厂、漳州九一九厂、云霄县橡胶厂等。

3. 建材工业

以南靖水泥厂为代表。

4. 电子工业

主要企业有:漳州无线电三厂、漳州无线电五厂、闽芗电子总厂、漳州无线电一厂等。

---

① 漳州市商业局编:《漳州市商业志》第九章"商办工业",内部资料,1990年,第284~289页。

② 《漳州市志》卷15《重工业》,北京:中国社会科学出版社,1999年,第877~878页。

(三)轻工业

轻工业中,有粮食加工业、油脂加工业、副食品加工业、制盐业、制糖业、酿酒业以及制药业。此外,还有以漳州大华蜜果厂、龙海蜜饯厂为代表的蜜饯、糕饼、糖果制造业,以漳州香料总厂为代表的化学药品制造业,以及以漳州纺织厂、龙海纺织厂为代表的纺织业。值得一提的还有罐头食品业,该业以漳州罐头厂为龙头,是全国八大罐头制造厂之一。

三、国营商业企业的兴衰

(一)综合性商业企业

1949年10月1日,漳州第一家国营商业企业——漳州贸易公司成立,并在城区设门市部,主要经营粮食、花生油、棉纱、布匹、食盐、汽油等商品。同年11月漳州贸易公司石码营业处成立。1950年1—9月,漳州贸易公司增设小溪、漳浦、云霄3个营业处,并在城区增设粮食、土产、百货门市部。1951年1月,漳州实行棉纱统购。3月,漳州贸易公司南靖营业处成立。各营业处陆续在重点乡镇设营业组。7月至年底,石码、漳浦、云霄、小溪等营业处先后改为贸易支公司,仍隶属漳州贸易公司。1952年撤销漳州贸易公司[1]。

(二)百货商业企业

1952年8月,漳州贸易公司撤销,同时成立百货、粮食、土产三个国营专业公司。百货公司全称"中国百货公司福建省漳州分公司",后成立石码、云霄、漳浦、平和4个支公司。诏安、东山、南靖3个营业处,还有多处营业组。1956年各县均成立百货公司,下设批发部、门市部,并归口管理改造后的公私合营商店和合作商店。1957年成立漳州百货采购批发站形成以二级站为骨干,三级站为基础的国营百货商业网络体系。该年龙溪地区百货商业系统有公司11个、批发部11个、零售商店23个;从业人员605人[2]。

百货公司成立初期,经营范围较大,除了日用百货和文化用品外,还经营纺织品、针织品、五金交电、化工石油、医疗器械、糖烟酒茶、食品杂货以及饮食服务等。1952年10月纺织品划归花纱布公司(1952年10月21日成立,全称中国花纱布公司漳州支公司)。1954年9月棉花、棉纱实行计划供应,禁止自由买卖。私营棉布店全部纳入国营商业经销、代销。1956年3月中国针棉织品公司福建省公司龙溪分公司成立,针织品划归针棉

---

[1] 漳州市商业局编:《漳州市商业志》之"漳州商业大事年表",内部资料,1990年,第19~21页。

[2] 漳州市商业局编:《漳州市商业志》第五章"工业品商业",内部资料,1990年,第184~185页。

织品公司经营。1955年7月,文化用品划归文化用品公司。不久文化用品公司撤销,该类商品又划归百货公司销售。1961年10月纺织品经营业务从漳州百货采购供应站划出,归新成立的中国纺织品公司福建省漳州采购供应站经营,后又归百货经营[①]。

  漳州百货日用和文化两大类商品进货渠道,历来以省外调入为主,主要从上海调入,占省外调入的80%,其余由其他省市调入。进货方式主要通过每年2次参加全国性商品供应会议进行。在规定的商品分配计划指标内,就商品的具体品种、规格、数量、质量,与供货单位签订调拨合同,由供货单位代办托运。此外还参加全省性供应会议,签订本省产品调拨供应合同,实行产销直接调拨。1980年以来,实行多条渠道流通、多种购物形式、多方组织货源,增加省外调入商品的比重,各县百货公司的货源,省内产品由产地二级站调拨供应,省外产品由漳州百货采购供应站按上级下达的计划,通过供应会议安排调拨供应。县公司一般不允许自行到省外采购进货。部分商品短缺,经批准后可以到其他地区二级站进货。漳州地区生产的日用工业品,从1956年起由商业部门收购经销。1976年社会商品零售总额40055万元,国营百货商业零售总额2994万元,占社会商品零售总额的7.47%。1980年后允许工业部门自销产品,也允许商业部门向外自由购销。位于漳州市区和各县城关的国营百货商店,地处城市中心地段,规模和设施在当时是一流的,经营的商品品种繁多,营业额也是比较可观的[②]。

[①] 漳州市商业局编:《漳州市商业志》第五章"工业品商业",内部资料,1990年,第185页。
[②] 漳州市商业局编:《漳州市商业志》第五章"工业品商业",内部资料,1990年,第186~188页。

第六章

改革开放时期的漳州工商业（1978—2011年）

"文化大革命"结束后，十一届三中全会召开之后，改革开放的政策开始实施。漳州市紧跟全国改革的脚步，从1978年到2007年，立足漳州实际，勇于探索、科学决策，在不同历史时期探索出"大念山海经"、"工业立市"、"依港兴市"等漳州发展道路，各项事业迅猛发展，工商业取得了长足进步。

20世纪80年代初，漳州农村普遍实行联产承包责任制，调整农业生产布局，推动了农业生产的全面发展。这一时期，省委、省政府提出了"大念山海经"的决策部署，龙溪地委根据漳州得天独厚的自然条件和区位优势，瞄准沿海发达地区的"菜篮子"、"果盘子"，大抓"两水"（水果、水产）开发，形成"山上茶果竹，田里稻菜菇，海养鱼虾贝"的种养模式，在全省乃至全国产生了一定的影响。

1985年漳州地改市后，农业仍然处于主导地位。1986年，市委、市政府进一步明确了发展思路，制定了"多种经营、全面发展"的开发战略，促进漳州农业的"四个转变"，即从单一的种粮模式向农林牧副渔同步发展转变；从低效益农业向高效益农业转变；从自给自足农业向商品农业转变；从封闭式农业向开放式农业转变。全市逐步形成了以粮食为基础，以林果水产为支柱，以花卉、禽畜、食用菌为主导的产业结构。20世纪90年代中期，在农业发展的13项指标中，漳州市已有12项高于全国平均水平，成为全国农业最发达的地区之一。全市水果、蔬菜和水产养殖总产量分别达到180万吨、250万吨和130万吨。当年财政结余197.10万元，扭转自1984年后连续5年财政赤字的局面。

凭借着扎实的农业基础，在改革开放之初，漳州市一举成为"闽南金三角"地区最为耀眼的一角。改革开放后的漳州认真贯彻执行"调整、改革、整顿、提高"的方针，初步进行经济体制改革的尝试，促进工业发展。1988年，全市工业企业发展到1618家，工业总产值36.03亿元，比1949年增长143倍。全省第一台冰箱（皇后牌）、第一台洗衣机（水仙牌）都是漳州生产的。当时，漳州是福建省重要的轻工业城市。改革开放后的第一个五年，全市乡镇企业以年递增37%的速度发展，显示它特有的强大生命力。

随着漳州对外开放的扩大和深入，电和路的"瓶颈"制约问题尤为突出。至1993年，我市在大电源建设方面还没有实现零的突破，供电量仅占全省的4%～5%，人均占有电量不及全省水平的一半；公路等级、路面铺装率排全省最后一位。市委、市政府决定从增强投资吸引力入手，在区域内着重实施一批基础设施建设重点项目。1994年1月19日，国道324线云霄南段改造工程开工,实施"先行工程"的第一炮由此打响。此后,319国道南靖段改造工程、浮宫大桥、江东大桥、漳州西溪大桥、盘陀岭隧道、南一水库、市区东北环城路、漳厦高速公路、东山跨海大桥等一批重点骨干项目相继投建,一批水电站、变电站扩建兴建。仅1994年就完成全社会固定资产投资38亿元;1996年3月,亚洲最大的火电厂——后石火电厂落户龙海,招商局中银漳州开发区、东山经济技术开发区、角美工业开发区等10多个重点开发区建设逐步推进。

改革开放后,随着国有企业转换经营机制和乡镇企业及三资企业的发展,漳州工业进入一个新的发展时期。1983年工业总产值2.9816亿元,比1978年增长69.2%;1987年工业产值实现23.45亿元,首次超过农业产值20.18亿元,打破了长期以来农业大于工业的传统产业结构。至1995年,漳州工业增加值达到78.75亿元,首次超过农业增加值。

2000年8月,市委、市政府在东山召开中心组学习会,提出了"加快工业化进程"发展战略。"东山会议"揭开新时期加快漳州工业化进程的序幕。

2001年6月,市委第八次党代会召开,提出"突出工业在国民经济中的主导地位"的指导思想,要求加快工业化进程。

2002年7月29日,全市工业立市会议召开。会议提出要坚持"国有三资民营一起,大中小企业齐发展"的方针,突出利用外资、发展个私经济、国有企业改革三个重点,加速壮大总量,突显特色优势,提升全市工业总体素质。

2003年7月,市委、市政府正式出台《关于进一步加快民营经济发展的若干意见》,制定了40条优惠政策,极大激发了群众投入民营经济的热情。至2004年年底,全市民营企业总量比2002年翻了一番,民营工业项目数和投资额均超过外资企业,分别占全市工业项目和投资额的61%和54%。

工业的不断壮大,奠定了依港立市的坚实基础。2006年,在继续强力推进工业化进程的同时,市委、市政府根据本市港口资源丰富的实际,制定了"依港立市、工业强市、开放活市、科教兴市"发展战略。依港立市,就是要用好国家抓紧推进海峡西岸经济区建设的重要机遇,拓展发展空间。工业强市,就是要加快产业结构调整、优化、升级步伐,壮大市域经济综合实力。开放活市,就是要发挥对台优势,扩大对外开放,增强经济发展活力。科教兴市,就是要转变增长方式,推动经济社会持续高效发展。

漳州沿着正确的发展道路,漳州工业实现迅速发展、农业继续稳步发展,其他各项事业取得巨大进步。2007年,漳州实现生产总值863.73亿元,增幅创1995年以来新高,是1987年的28倍,是1997年的2.4倍。实现财政总收入83.84亿元,是1987年的32倍,是1997年的3.7倍。完成工业总产值1212.59亿元,规模工业产值突破千亿元大关。现代农业稳步增长,实现总产值343.07亿元。第三产业加快发展,实现增加值296.3亿元。

改革开放30年来,漳州经济发展取得了令人瞩目的成就。漳州改革开放的生动实践,是我国改革开放以来历史巨变的一个缩影。

第一节 改革开放初期的工商业(1978—1991年)

一、乡镇企业的产生与发展

20世纪70年代末,在改革、开放、搞活的新经济政策感召下,"文革"中饱受磨难的漳州工商业逐步恢复元气,国营企业在继续发展的同时,乡镇企业异军突起,迅速发展。实行乡办、村办、联办、个体办"四个轮子"一起开动的政策,使得乡镇企业如雨后春笋,蓬勃发展起来,并初步形成具有一定生产规模的建材、食品、机械等多种行业的乡镇工业企业群体,逐步成为振兴农村经济的重要生力军。1984年,全市有乡镇企业30654家,职工23.13万人,总产值51285万元,分别比1978年增长4.3倍、0.7倍、3.9倍。1985—1988年,总产值平均每年以35.87%的速度递增。至1990年,全市有乡镇企业61608家,户办42961家,职工总人数32.8万人,总产值241977万元。乡以上工业产值48.38亿元,比1980年的74358万元增长5.51倍,年平均递增18.56%。至1994年,全市乡镇企业数量已达11万家,从业人员达68.6万人,企业总产值为226.9亿元,比1983年分别增长5.4倍、2.5倍、67.8倍。乡镇企业的发展,有力促进农民生活水平的提高,据抽样调查资料,1994年全市农民人均纯收入1672元,比1983年增长4.5倍,平均每年递增18.6%。全市企业利润、税收、出口交量也逐步增加,1994年与1983年相比,企业利润增长了25倍,上缴国家税收增长38倍。此时,乡镇企业已撑起漳州经济的半壁江山①。

这一时期的乡镇企业结构是以轻工业为主。地委、专署(1985年地改事后为市委、市政府)在较长时期内实施"围绕农业办工业,办了工业促农业"的发展指导思想,努力发挥龙溪地区(1985年后改漳州市)传统轻工业的优势,各县大办小罐头厂、小农械厂、小食品厂、小酒厂、小糖厂等"五小"企业,逐步形成了农产品加工、电子、纺织、包装、塑料、仪表、制糖、罐头等八大工业行业。这些小企业就地取材,就地加工,就地销售,争原料、争市场,使得一大批企业在市场竞争中陷入困境。而且多数企业设备落后,产品质量不够稳定,物耗能耗较高,效益也受影响,到20世纪90年代末,在市场经济优胜劣汰的竞争法则中,大部分乡镇企业风光不再,经过市场洗礼保留下来的乡镇企业,如龙海紫山罐头厂、南靖万利达公司、天伦饼干、海新饲料、海魁水产等,逐渐发展成为大型企业集团公司,迈入集约经营、规模经营的现代企业行列。

---

① 《漳州市志》(二)卷16《乡镇企业》,北京:中国社会科学出版社,1999年,第953~954页。

二、国营商业管理与经营机制改革及成效

(一)20世纪80年代国营商业管理与经营机制改革

漳州市国营商业企业从建立以来,长期实行的是"利润向上缴,用钱向上要"的管理体制,企业吃国家的"大锅饭",职工吃企业的"大锅饭",严重束缚了企业和职工的积极性。同时,上级主管部门对商业企业统得过多,管得过死,政企职责不分,使企业经营积极性得不到充分发挥。从20世纪50—70年代,虽然推行了经济核算制、财产管理责任制、岗位责任制以及奖励和计件工资制等,对于调动职工积极性、办好企业起了一定的作用,但并没有从根本上解决企业和职工的经济责任、经济权限和经济利益相结合问题,企业和职工的经济利益与其所承担的责任和企业的经营成果无直接联系,仍然没有摆脱"大锅饭"的旧模式。

党的十一届三中全会以来,漳州市商业系统不断清除"左"倾思想在商业领域的影响,积极贯彻执行中共中央关于"对内搞活经济,对外实行开放"的一系列方针政策,对商业也进行了一系列改革,集中体现在:改革商业管理制度,实行所有权和经营权分离,行政机构和企业机构职责分开,给商业企业以应有的经营管理自主权。放开商品价格,由国家统一定价改为企业自主定价;逐步放开经营,改变计划经济时期的"工业生产,商业包销,划区经营,定向供应"的旧体制;逐步取消商业部门对购销对象、购销品种、购销方式、流通区域的限制;逐步放开进入市场的经济成分,改变国营商业独家经营的局面,实行国营、集体、个体一起上的方针,在发展国营商业的同时,大力扶持和发展集体、个体商业,逐步形成多种经济成分、多条流通渠道、多种经营方式、少环节、开放式的流通体制。改革商品购销政策,将长期以来工业品由国营商业统购包销、垄断经营形式,逐步改为统购统销(统配)、计划收购、订购、选购、代购代销、工商联营联销等多种形式。肉禽蛋、蔬菜等种农副产品从开放集市贸易、议购议销,逐步过渡到取消统购、派购,实行市场调节。通过一系列改革,搞活了市场,搞活了流通,形成了市场竞争机制,使得漳州市场商品日益丰富,商品供应从"短缺经济"变为"丰裕经济",由卖方市场变为买方市场,市场日益繁荣。

(二)国营商业企业改革的成效

商业管理体制与经营机制的改革,给商业发展带来了勃勃生机,多种经济成分的商业机构如雨后春笋蓬勃发展,除了原有的商业局、粮食局、供销合作社、水产等部门的商业机构外,涌现了大量的个体商业。另外,工业、农业部门以及机关、学校、部队、群众社团等单位也竞相开设全民所有制和集体所有制的商业、饮食服务业。1979年,全市有证个体工商户只有403户467人,到1990年增至29682户42696人。集体商业1990年有

6502户23616人①。

在各种类型商业共同发展、相互竞争的新形势下,国营商业部门依靠和发挥主渠道的优势,积极进取,深化改革,奋力开拓,扩大购销,在竞争中取得较好成绩。

第一,推行多种形式的经营责任制,逐步建立搞活企业的经营机制。在市场繁荣、商品日益充裕、竞争激烈的新形势下,国营零售商业从内部分配上的改革开始,发展到从1986年起普遍实行各种形式的经营承包责任制。1987年全市58家大中型国营商业企业实行企业对国家承包、企业内部层层承包的承包责任制,又在部分零售企业实行利润包干、租赁经营,使职工的切身利益和企业的经营成果挂钩,253家小型企业实行以租赁为主的经营责任制。实行承包和租赁后,初步克服了端"铁饭碗"、吃"大锅饭"的弊端,提高了企业和职工的积极性,促进了企业的经营管理,企业普遍早开门、晚关门,延长营业时间。除从本地批发企业加工厂进货外,还直接向外埠采购,组织适销对路的商品,扩大销售。服务态度也有所改善,提高了效益。对小型企业则放开经营,实行以租赁为主的经营责任制。到1988年,全市应放开的商业小型企业253家,实行租赁经营的212家,实行国家所有、集体经营、照章纳税、自负盈亏的41家。1988年,放开经营的各县区小型企业的营业额比1987年增长19.46%,利润增长50.90%,费用水平上升0.29%②。

1988年,全市国营商业销售总额达9亿元,比上年增长25%;实现利润2255万元,比上年增长34.4%。其中全市国营商业零售总额达3.24亿元,比1978年1.54亿元增长一倍。

第二,开拓经营领域,立足本地市场,发展商品流通的横向经济联合,增加适销货源,扩大购销。五金交电化工、纺织品、糖酒副食品等采购供应站分别加入上海交电和家用电器、绵阳纺织品、南方(福建)食糖等企业集团。各商业企业与全国数百个工商企业建立了联营、经销、联销、代销、投资等多种形式的经济联合,形成一个辐射全国的流通网络。1988年,直接从省外工厂进货近4亿元,占进货总额的47%。对外建立横向经济联合108项,扩大销售1.05亿元,实现税利443.97万元,分别比1987年增长1.5倍和1.3倍。

第三,发展外向型商业。20世纪80年代中期,两岸关系解冻,根据台湾、港澳同胞和海外华侨来大陆探亲旅游日益增多的情况,市商业系统在原有的漳州和东山华侨友谊供应公司、漳州购物中心等外向型商业的基础上,在几个主要商场增设外汇券商品供应专柜,新成立漳州台胞购物中心、诏安县华侨友谊供应公司,在余山、诏安、云霄等沿海县设台胞购物经营处,举办香港、澳门、台湾开单,漳州提货的业务。1988年创外汇人民币收入2006.58万元,比上年增长105%③。

第四,发展商办工业。1985年以来,国营商业投资500万元,开发新技术、新设备、新工艺、新产品,商办工业由1984年的37家发展到47家,生产各种食品和纺织品140

---

① 《漳州市志》(二)卷18《商业》,北京:中国社会科学出版社,1999年,第1020页。
② 漳州市商业局编:《漳州市商业志》,1990年,第40页。
③ 漳州市商业局编:《漳州市商业志》,1990年,第255页。

多种,有8种产品获名优产品奖,6种产品供应出口。1988年总产值3097万元,实现利润154万元,创外汇收入204万美元,分别比1984年增长27.7%、104.5和1411%[①]。

第五,国营商业自身建设有新的进展。1988年,全市商业局系统拥有百货、纺织品、五金交电化工、食品、糖酒副食品、蔬菜、饮食服务、储运、外向型商业和商办工业等机构1490个,其中全民所有制717个,集体所有制773个;职工14970人,其中全民所有制10768人;集体所有制4202人[②]。各主要商店和许多零售网点,普遍进行装修改造,扩大营业场地,商业设施陈旧落后的状况有很大改观。

随着人民群众物质文化生活水平的提高,消费者对商品的挑选越来越强,零售市场各种商品的销售趋势发生了很大变化。吃的方面,猪肉、食糖、鲜蛋的销售量持续增长。1988年,销售食糖38700吨,比1978年21068吨增长83.68%;穿的方面,由棉布转向化纤布,购买呢绒绸缎的衣料和高中档服装的数量显著增加;用的方面,耐用消费品的销售量稳步增长,而且由老"四大件"(手表、收音机、自行车、缝纫机)向新"六大件"(电视机、收录机、照相机、洗衣机、电风扇、电冰箱)转化,扩大了消费领域。

1979—1988年的9年间,随着工农业生产的蓬勃发展和经济体制改革的广泛开展,漳州的市场出现了空前繁荣兴旺的景象。商品日益丰富,供应状况显著改善,国营商业经营的商品除食糖外,都敞开供应,人民购买力大大提高,社会商品零售额迅速增长。1988年,全市社会商品零售额24.69亿元,比1978年的5.34亿元增长362.36%,平均每年递增16.55%。比1987年增长35.2%,剔除物价上涨因素,实际增长5.1%。1988年,全市各类消费品零售额20.18亿元,比1981年增长34.7%,其中吃的商品增长39%,穿的商品增长26.3%,用的商品增长42.8%[③]。

(三)侨汇商品供应

漳州是福建省主要侨乡之一,全市有70多万名华侨、华人分布在50多个国家和地区。侨汇是旅居海外的华侨、外籍华人和港澳同胞赡养家乡家属的汇款,很长时间里成为侨眷和港澳同胞亲属生活的重要来源,还是国家一项重要的外汇资源。中华人民共和国建立后,国家把保护华侨和侨眷的正当权益作为一项重要国策。侨汇商品供应,是商业部门为贯彻落实国家的侨务政策,对持有侨汇证券的侨眷、归侨和港澳同胞在家乡的亲属在商品供应上实行特殊照顾而建立的。

20世纪50年代,国家对粮食、食油实行统购统销,对棉布、猪肉、食糖实行定量供应以后,随之实行侨汇物资供应。1957年11月11日起,福建省人民政府规定凭侨汇供应的商品品种和数量标准是:每100元人民币的侨汇供应大米12市斤、食油3市斤、棉布10市尺、食糖5市斤、猪肉2市斤。凭票证到指定的商店购买。

1959年10月,国务院规定了全国统一的侨汇商品供应标准:每100元人民币的侨

---

① 漳州市商业局编:《漳州市商业志》,1990年,第289页。
② 漳州市商业局编:《漳州市商业志》,1990年,第353~357页。
③ 漳州市商业局编:《漳州市商业志》,1990年,第124~125页。

汇,供应粮食(包括大米、面粉和豆类)12市斤、食油2市斤、食糖2市斤、猪肉2市斤、棉布10市尺,但价格高出国家牌价20%～100%。从1962年起,侨汇商品供应除原有的粮、油、糖、肉、布以外,再规定每100元人民币的侨汇按平价供应25元的日用工业品、其他副食品和高档商品。7月1日起,每100元人民币的侨汇供应物资提高为65元,其中50元由中央有关部门负责安排供应物资,15元由地方自行安排:供应粮食30市斤、食油3市斤、白糖3市斤、猪肉2市斤、棉布10市尺、针棉织品折布1市尺,并由加价供应改为平价供应。9月1日,再次提高供应标准,每100元人民币的侨汇供应粮食80市斤、食油4市斤、白糖5市斤、猪肉3市斤、棉布15市尺、其他商品45元。1963年和1964年,基本维持原采的供应标准,只是棉布增加为20市尺。

为了做好侨汇物资供应,漳州从20世纪60年代起设立专门经营机构。1961年1月1日,漳州市百货公司百货大楼设华侨特种物资供应专柜。不久,在延安路的劳动保护用品商店里附设凭侨汇供应的工业品、副食品专柜。1962年4月成立漳州市华侨特种物资供应公司。11月改为福建省华侨特种物资供应公司漳州分公司,除负责市区侨汇商品供应外,兼管龙溪专区各县侨汇物资供应的货源安排。随后,龙海县成立了华侨特种物资供应公司,东山、诏安、云霄、南靖、漳浦、平和、长泰、华安等县也设置了侨汇物资供应商店,或在百货公司、食品杂货公司、供销合作社设专柜。

华侨特种物资供应公司成立后,以"便利侨汇、服务侨胞"为宗旨,做好侨汇物资供应。除由粮食部门、食品公司负责供应粮油和猪肉以外,由华侨特种物资供应公司组织各种紧俏的工业品和副食品,尽量满足侨眷、归侨的需要。1962年,供应侨汇的主要商品有:自行车、缝纫机、手表、名烟、名酒、棉布、猪肉、食糖、棉被、床单、炼乳、全脂奶粉、蜂蜜、荔枝、蜜饯、木炭、木柴等。

"文化大革命"期间,侨汇物资供应工作被诬为"修正主义"、"资产阶级"服务而全盘否定,华侨特种物资供应公司被撤,侨汇物资供应中断了9年。到1976年,中央对广东、福建两省重点侨区按侨汇收入的20%,由商业部专项安排调拨一些紧缺的高档日用工业品,由省专项拨给侨区安排供应。省拨给龙溪地区的有缝纫机、黑白电视机、电风扇、照相机、涤棉布,还有国产手表、自行车、毛线等。供应办法是:根据侨汇户侨汇额20%的比例分配商品。根据侨汇户的实际需要和到货的数量,不论由侨联组织侨汇户自报公议,凭票到有关商店购买。

1978年3月,国务院侨务办公室、商业部、人民银行总行联合召开侨汇物资供应工作座谈会,决定从下半年起恢复凭侨汇证供应的办法,每100元人民币侨汇供应30元,其中地方供应粮、油、副食品10元(必须保证供应粮食20市斤,食油1.5市斤),商业部专项调拨适销工业品20元。供应办法采取按侨汇额发给侨汇物资供应证,分粮票、油票、副食品券和工业品券4种。除粮、油按定额供应外,其他商品凭券自由选购。根据这次会议印发的《关于侨汇物资供应座谈会纪要》提出的要求,市区在延安北路原华侨特种物资供应公司门市部旧址重设漳州市侨汇物资供应商店,1978年7月8日开始营业。经营有:百货、五金交电、涤棉布、糖、烟、酒、罐头、肉蛋制品、干水产品等共258种,其中收取侨汇物资供应证的有134种。

1979年7月,重新成立漳州特需供应公司。1984年6月,漳州特需供应公司改名为福建省漳州华侨友谊供应公司,同年9月,东山县成立华侨友谊供应公司,龙海、云霄、平和、诏安、华安等县也恢复成立了侨汇物资供应商店或专柜。到1988年,漳州华侨友谊公司的经营业务已由原来以侨汇物资凭票供应为主,逐步改变为侨汇物资和其他商品综合兼营、批零兼营。

恢复侨汇物资供应后,属于名牌的市场紧缺的商品,仍由中央、省专项安排调拨。同时,华侨友谊公司积极向省内外采购,增加货源,改善供应。

为了改善侨汇物资供应,1982年,中央规定,对华侨商店供应的商品实行优待价,以低于市场价格20%以内的折扣销售。漳州特需供应公司从1982年7月1日起,对33种商品实行凭侨汇票优待价供应。这些商品有北京、上海产的啤酒,厦门产丹凤牌高粱酒,北京产二锅头酒,上海产中华、白玉牙膏,上海蜂花洗发精、护发素,上海洗衣粉,天津、青岛毛线,上海毛毯、尼龙袜,漳州茶叶等。

随着改革开放的深入发展,经济建设速度加快,商品品种和数量日益增加,市场供应状况逐年好转,大多数商品数量充足,花色品种增加,凭侨汇票供应的商品品种因之逐年减少,大部分商品由减收票发展到免收票,到1988年,华侨和侨眷凭侨汇票供应侨汇商品的时期已基本结束。

表6-1 1978年以来侨汇物资供应收票品种和收票标准

年　　度	收票品种	年　　度	收票品种
1978年	258	1985年	62
1979年	250	1986年	25
1983年	172	1987年	10
1984年	150	1988年	0

资料来源:漳州市商业局编:《漳州市商业志》,1990年,第251页。

(四)商业贸易中心、购物中心

漳州商业贸易中心、漳州购物中心是经济体制改革中新成立的开放式、经营服务型的国营商业企业。1984年7月15日,漳州商业贸易中心成立。同时,由福建省华侨友谊供应公司牵头,联合中国银行漳州咨询服务部、漳州龙江经济开发公司、漳州信托贸易公司和漳州商业贸易中心等单位,共同投资39.1万美元,创办漳州购物中心,经福建省人民政府批准,于1984年7月16日成立。漳州商业贸易中心和漳州购物中心合署办公,两块牌子,同一个领导机构。

商业贸易中心的经营范围是:日用百货、五金交电、家用电器、糖酒罐头、中西药品、进口商品等。购物中心的经营范围是:政策允许的进口商品、国产名优工业品、粮油食品、地方土特产品、金银首饰等,外汇券、人民币兼收。各种商品均由市场调节,择优购进。

商业贸易中心、购物中心以经营批发为主,兼营零售。在经营方式上,实行地不分南北、人不分公私、业不分工农商,自由购销,平等交易,提高服务;实行批量作价、协商作价,搞活商品流通。1984年12月,商业贸易中心与漳州卫生敷料厂合作,在新华东路(巷口路段)开设百货商场,于1985年1月7日开业。1987年7月终止合营,改为商业贸易中心信托经营部。

1985年8月,购物中心与漳州宾馆合作,在胜利路开设利宾商场,于8月13日开业。

1987年1月,购物中心在胜利东路开设盛利商场,于1月3日开业(1988年4月移交给新成立的漳州台胞购物中心经营)。

商业贸易中心、购物中心积极发展横向经济联系,多方组织资源,增加远销商品。1984—1988年,先后与省内外300多家工商企业建立了业务联系和协作关系。如与北京葡萄酒厂、丹东电视机总厂、厦门金银首饰厂等单位建立经销关系;还与港澳、台湾一些客商建立了贸易关系。1987年向苏州电器有限公司投资100万元;搞"补偿贸易",由该公司定期提供名优产品香雪海牌电冰箱,1987年、1988年销售香雪海牌电冰箱2000多台。

1987年、1988年,商业贸易中心、购物中心直接从省内外工厂进货总额1480.62万元,占总购进的34.77%,其中一半以上是从本地工厂进货,并通过多种形式为地方产品开拓市场,扩大销路。

利用各种时机开展贸易活动,扩大购销。1984年12月,商业贸易中心、购物中心邀请香港8家厂商与省内外厂商共86名代表,参加漳州市商业局举办的冬季商品展销会,成交350万元。1986年12月庆祝漳州建州1300周年和举行商品展销会,邀请省内外130多家厂商代表来参加庆祝活动和洽谈贸易,成交150万元。1987年9月,参加市政府举办的商品展销会,成交162万元。

1986年4月,商业贸易中心加入全国城市工业品贸易中心联合会,加强对外联系,广结贸易伙伴,每年都派出代表,参加各种全国性或地区性的商品交易会、展销会,扩大交流。

商业贸易中心、购物中心成立以来,营销业绩逐年上升,1984年销售额751万元,1988年达3790万元,1984年实现利润25.87万元,1988年增长到84.8万元。1984—1988年共实现利润316.55万元,上缴税利435.7万元[1]。

当时兴办的这些商业贸易中心,在特定历史条件下,对突破计划经济的市场流通体制,搞活流通,繁荣市场,发挥了积极作用。随着商品市场的逐步放开、市场经济体制的逐步形成,国营商业企业进入市场,其经营活动已摆脱传统的计划分配体制而汇入市场机制,各大中型商业企业附办的专业性贸易中心已无存在的必要,故而相继撤销。

---

[1] 漳州市商业局编:《漳州市商业志》,1990年,第259页。

(五)台胞购物中心

漳州是台湾同胞的重要祖籍地,是台湾同胞及其亲属居住最集中的地区之一。20世纪80年代以来,从台湾或海外回来探亲访友、旅游观光、寻根谒祖的台湾同胞日益增多。为适应这个新形势,漳州市于1988年4月5日创办了漳州台胞购物中心,为国营商业涉外企业。其宗旨是:促进海峡两岸工商界的经济贸易往来,为台胞、侨胞、港澳同胞及其在家乡的亲属与外籍人士提供购货和服务。经营范围是:五金交电、百货、文化用品、针纺织品、烟酒副食品、工艺品、土特产品、金银首饰、中西药品、汽油柴油煤油、建筑材料、化肥、家具,以及台胞、侨胞、港澳同胞生活所需的商品。经营方式是:运用外币开展贸易经营,批发、零售、代购代销,并承办在香港、澳门、台湾开单,漳州市提货业务。

台胞购物中心于市区胜利东路、胜利路、延安北路分设胜利商场、阿里山商场、日月潭商场。商场经营的商品以高中档为主,以"高级、新颖、名牌、优质"为特色,包括:珠宝翠钻、金银首饰、玉石陶瓷工艺品和古玩、各式名烟名酒、罐头食品、名贵药品药材、呢绒绸缎、各款时装、日用百货、床上用品、化妆品、茶具餐具、家用电器、音响设备等。其中有漳州的名优特产品,如荔枝牌片仔癀、三角梅牌拉舍尔毛毯、水仙花牌电冰箱、皇后牌片仔癀珍珠霜(膏)等。还有部分进口商品,收取外汇券和人民币。

1988年,台胞购物中心开业9个月,就接待返乡台胞2500多人次,营业额1679.12万元,其中收外汇券693.36万元,实现利润27.8万元,创外汇收入12.8万美元[①]。至20世纪90年代中期因市场放开,商品丰富,台胞购物中心已无继续存在的必要而撤销。

(六)商办工业在改革中发展

1949年后,国营商业部门在组织商品流通过程中,根据社会需要逐步办起加工生产行业,发展成为一个独立的工业体系——商办工业。初期的商办工业是分散经营、分散管理的,主要以农副产品原料为主,以食品、副食品为主。

1958年7月召开的全国商业厅(局)长会议强调商业部门的职能是搞好商品流通,在需要与可能的条件下,商业部门可以办工业品、农产品加工性的工业,但决不能以工业为主,也不能把办工业与组织商品流通并列起来。1959年7月,龙溪专署商业局对商办工业做出规定,凡是地方工业已经办的,商业部门可以不办,地方工业未办又是市场消费极其需要的,商业部门可以办,但以小型示范性为主。根据以上原则,经过整顿、调整,到1959年年底,龙溪地区商业系统所属的工业企业有251个,从业人员5135人,年产值3008.68万元[②]。1962年,中共龙溪地委财贸部提出精简调整财贸系统工业、畜牧业企业的方案。国营商业和供销合作社的县以下基层单位,一律不办独立核算的厂、场。县以上单位已办厂、场的精简调整方案是:(1)蜜果厂、糖果糕饼厂交给工业部门;(2)草织厂、麻袋厂、竹木器厂、麻绳厂、制笠厂、铸造厂、纤维厂、龙舌兰厂、五金厂、皮革厂等,原

---

① 漳州市商业局编:《漳州市商业志》,1990年,第260页。
② 漳州市商业局编:《漳州市商业志》,1990年,第286页。

则上转为集体所有制企业交给手工业部门;(3)烟丝加工厂仍归国营商业或供销合作社管辖,但转为集体所有制企业;(4)被服、缝纫厂转为集体所有制企业,交手工业部门;(5)百货、日用品厂和农产品、生产资料加工厂,原则上转为集体所有制企业,交手工业部门;(6)化肥厂、肥料厂,除工业、农业部门有需要的进行移交归口外,其余的交给农村人民公社或撤销;(7)畜牧场,保留少数办得较好,又有发展前途的,其余分别实行关、停、并、转;(8)酱油厂、肉类食品加工厂仍归商业或供销合作社部门;(9)冰棒厂,原属商业部门办和工业部门办的,均维持现状。根据以上方案经过精简调整,到1962年年底,各县商办工厂由13个减为11个;畜牧场由11个减为2个,商办工业从业人员为415人;属于地区直属商业部门办的工业企业有:冷藏库、茶厂、草袋厂、食品加工厂、畜产品加工厂、闽南柑橘厂、石油加工厂、五金加工厂等。

1971年起,龙溪地区直属商业部门先后办了一批集体所有制的综合利用加工厂,主要有复光灯泡厂、包装回收加工厂、生物制药厂、瓶酒加工厂、废油综合加工厂等。

1981年4月,龙溪地区食品分公司成立集体所有制的食品加工场。同年9月,漳州特需供应公司也成立集体所有制的特供商品综合加工厂[①]。

1985年,漳州商业系统将发展商办工业列为商业工作的一项重点,提出了"抓发展,上项目,两位数"的目标,要求各县上1~2个项目。在发展方向上,充分利用本市自然经济优势,以食品工业为主。根据商业特点,着眼拾遗补阙,选择投资少、见效快、与人民生活关系密切的项目,重点支持产品质量好,市场有销路,又能出口创汇的拳头产品。这一年,投入生产的有沙茶酱和肉制品的半机械化生产包装,以及彩色照相、丝织品、皮鞋、棉花画印刷、商标、雪糕、饲料等13个项目。全市商办工厂达到44个,总产值2267万元,其中工业品产值2167万元,比1984年增长18.8%。

漳州市商业经营体制改革实行"一业为主,综合经营,以工补商、工贸结合"的办法,努力扩大经营领域,提高经济效益,推动了商办工业的发展。1986年技改投资8项330万元,东山丝织厂、坂上罐头厂、云霄蜜饯厂、漳州肉联厂西式灌肠车间、龙海肉制品厂、漳州酱油厂等技改项目相继投产,东山商业罐头厂动工兴建。全市44个商办厂总产值2500万元,比上年增长14.8%,利润增长74.28%,缴纳税收120万元,增长3.44%,肉制品、沙茶酱、白米醋等产品出口创汇24万美元,增长21.21%。

1988年全市商办工业47家,总产值3026万元,比上年增长1.19%,实现利润155万元,增长12.37%,产品140多个品种,出口品种有油酥肉松、肉干、香肠、芦笋罐头、蘑菇罐头等,创汇203万美元,比上年78万美元增长1.6倍。

从1985年至1989年,五年间全市共投资600万元,完成技改项目17个。1990年全市商业系统有百货、纺织品、五金交电化工、食品、糖酒副食品、蔬菜、饮食服务、储运、外向型商业、商办工业等机构8373个,其中全民所有制1871个,集体所有制6502个;职工45308个,其中全民所有制21692人,集体所有制23616人。个体商业户29727户,从业

[①] 漳州市商业局编:《漳州市商业志》,1990年,第287~288页。

人员42696人①。

1992年全市商办厂25家，总产值7130.59万元，比上年增长34%，税利191.69万元，与上年持平，出口创汇232.62万美元。投资1280万元兴建的漳州嘉福蔬菜速冻厂，拥有日制冰30吨、年产速冻蔬菜2000吨、真空包装菜1500吨的三条生产线投产，市蔬菜公司与新加坡合办的科洋蔬菜花卉有限公司出口40个标准货柜速冻蔬菜。

三、商品市场的放开

商品市场的放开，是随着生产的发展、市场商品的丰富，逐步放开价格，放开经营，敞开供应的。

1983年5月，地区商业局在龙海县召开会议，对部分商品实行价格浮动。实施价格浮动的糖烟酒、五交化、百货三个专业系统的商品就达722种，平均下浮幅度0.5%～1%。这一灵活措施，促进了商品的推销，加速资金周转，减少经营费用支出，提高了经济效益。

1984年，商业部门进一步放开搞活价格，除粮食等计划内和对国计民生关系较大的商品执行国家牌价和上级规定的浮动幅度之外，其他商品和计划外组织进来的商品，价格一律放开搞活，视实际情况，实行批量作价、协商定价、季节差价。更突出的是随着生产发展，商品逐渐丰富，一些重要商品供应由紧缺趋向缓和，价格逐渐放开。这一年对蔬菜经营放开价格，改革长期以来"统一定价、统购包销"的做法，实行菜农与门市部产销直接见面，放开价格，以菜换粮，按质论价，随行就市。为了落实市郊5000亩菜地计划，由政府每年拨出375万公斤按"倒三七"作价的粮食，用于交售蔬菜挂钩奖售；利用菜粮差价款60万元，支持蔬菜生产、科技试验推广、节日和淡季、灾期和菜价调节以及菜农保护价补贴。蔬菜公司对门市部实行员工集体承包、租赁等经营形式，调动职工积极性。

1985年2月，贯彻中央关于农村工作"一号文件"精神，放开食品市场，猪、禽、蛋价格放开，随行就市，议价经营，取消凭票供应办法，改"暗补"为"明补"，给市区居民发放定额补贴款。国营食品公司实行开放式经营，从各县调运生猪供应漳州，并保持一定的冻肉储备，对食品门市部下放权限，自主经营。随后，政府逐年投放巨资扩建10个商办养猪场、建设2个蛋鸡场，以保障市区节日供应和淡季市场调节。同时，商办冷冻厂等商业设施向社会开放服务。

1986年9月5日，放开黑白电视机、电冰箱、洗衣机、收录机、自行车及部分棉纱、纺织品的价格；1988年放开名烟名酒价格；1988年6月20日彩色电视机实行浮动价格；1992年放开食糖价格。至此，我市国营商业部门经营的各类商品价格已全部放开，从而结束了长达30多年实行凭票供应商品的历史。据计算，改革开放前，商品票证达30多种，1961年最多时曾达56种。

---

① 《漳州市志》（二）卷18《商业》，北京：中国社会科学出版社，1999年，第1025～1026页。

四、个体商户的产生与发展

改革开放以来,漳州市贯彻以公有制为主体、多种经济成分共同发展的方针。个体商户在"文革"结束后的20世纪70年代末开始产生,而后在鼓励个私经济发展政策的实施中飞速发展。据市商业局统计资料,1979年全市个体私营企业仅有403户,到1985年已发展到2385户32776人;1990年又增至29682户42696人[①]。

个私企业零售额占社会商品零售总额的比重也快速攀升。商品购进:1980年占1%,1985年占17.71%,1987年占21.4%。1980年国营商业占零售比重33%,大型国营商业(包括商业、粮食、燃料、医药、烟草、石油、农机、水产、汽车、配件等)占77.4%,集体及其他占20.6%。到1990年,社会商品零售总额17.883亿元,其中个私商户3.31亿元,占18.51%;商品销售:全社会27.6亿元,个体商户8.45亿元,占30.6%[②]。

进入20世纪90年代以来,个私经济发展成为国民经济新的增长点,漳州市将发展个私经济作为经济工作的突破口,大力支持个私经济发展。

这一时期个私经济发展的表现如下:

(1)全市个私企业户数和从业人员不断增长。1992年比1991年增长3.13%和8.43%;1993年比1992年分别增长11.76和28.94%;1994年达到76407户,161267人,分别比1993年增长22.90%和40.85%。

(2)生产经营规模不断扩大。1992年注册资金32121万元,比1991年的22020万元增长45.91%;1993年69001万元,比1992年增长114.8%;1994年达到124929万元,比1993年增长81.1%。

(3)个私企业缴纳税收不断增多。1991年纳税7492万元,占全市工商税收的14.70%;1992年纳税9602万元,占全市工商税收15.98%;1993年纳税14299.6万元,占全市税收16.98%;1994年纳税18384.9万元,比上年增长28.6%,占全市的21.67%。

(4)1994年全市个私企业的商业、饮食业、服务业网点发展到55810个,占社会同类网点的75%,在城乡集贸市场内,85%以上的经营者是个体工商户;全市果蔬外运和粮食调入,大部分是个私企业完成的。

(5)个私企业经营的市场份额增长。1994年全市社会消费品零售总额53.45亿元,比上年增长29.55%,非国有商业所占比重由上年的73%上升为75.3%,其中个体商业比重高达51.69%,而国有商业则由上年的27%降为24.7%[③]。

---

① 《漳州市志》(二)卷18《商业》,北京:中国社会科学出版社,1999年,第1020页。
② 《漳州市志》(二)卷18《商业》,北京:中国社会科学出版社,1999年,第1022页。
③ 漳州市经贸委编印:《漳州市志·续》"工贸志稿",2011年。

第二节　市场经济发展中的工商业(1992—2011年)

一、企业转换经营机制的改革及成效

(一)企业转换经营体制及效果

改革开放后的漳州认真贯彻执行"改革、开放、搞活"的方针,初步进行经济体制改革,给遭受"文革"浩劫的企业带来生机。1978年,全省第一台冰箱(水仙花牌、金章牌)、第一台洗衣机(龙江牌)都在漳州产生。龙溪轴承厂研制的 Vc120 关节轴承应用于火箭发射架,火箭发射成功,中共中央、国务院、中央军委和国防科委于 1980 年 5 月 21 日发来贺电、贺信祝贺①。

改革的春风还促进了农村产业结构的第一次调整,带来了乡镇企业的蓬勃发展。改革开放后的第一个五年,全市乡镇企业以年递增 37% 的速度发展,乡镇企业占有全市国民经济总产值的半壁江山。1983 年工业总产值 2.9816 亿元,比 1978 年增长 69.2%;1987 年工业产值实现 23.45 亿元,首次超过农业产值 20.18 亿元,打破了长期以来农业大于工业的传统产业结构。

1992 年党的十四大召开,我国经济体制的改革目标确定为建立社会主义市场经济体制。因此,1992 年贯彻转换经营机制条例,把国有和集体企业推向市场作为企业改革的中心任务,并大力吸引外资,发展三资企业,实现经济成分多元化。

1995 年,漳州工业增加值达到 78.75 亿元,首次超过农业增加值。工业产品出口总值占全市出口总值的比重达 80%。1996 年,围绕"三改一加强"和"抓大放小",加大对国有企业转换改制工作。这一年全市完成工业总产值 256.78 亿元,比增 12.9%。其中"三资"企业完成工业总产值 87.86 亿元,增长 30.1%。国有企业实现税收 8.33 亿元,比增 47.2%②。

1997 年,围绕企业"改革、解困、管理、发展"开展工作,继续"抓大放小"和"结构调整"。这一年全市完成工业总产值 281.55 亿元,比增 11.5%。其中"三资"企业完成产值 132.34 亿元,比增 50.6%,实现税利总额 12.15 亿元。

1998—1999 年是国有企业改革与发展关键性年份。面对东南亚金融危机影响,继续围绕"改革、解困、管理、发展",深化改革转换机制。按照《漳州市国有工业企业三年改革和摆脱困境的实施意见》,坚持抓住大的,改造发展一批;挂靠强的,盘活壮大一批;放

---

① 漳州市工业局编:《漳州市工业志》,1993 年,第 69 页。
② 漳州市委宣传部编:《漳州改革开放 30 年》,福州:福建人民出版社,2008 年,第 20 页。

开小的,扶持搞活一批。1998年和1999年全市分别实现工业总产值291.34亿元和311.17亿元,比增分别为6.7%和7.0%,实现税利7.64亿元和7.66亿元,分别比增-37.1%和0.3%。

市政府对效益不佳或陷入困境,但产品有品牌优势,有市场份额,有较好的生产设备、工艺水平和技术基础的企业,通过招商引资,外引内联,盘活企业。1998年5月,漳州香料厂与大企业福建青山纸业股份有限公司合作,组建"青山香料漳州有限公司"(后改名为漳州水仙药业有限公司)。实行合资合作后,企业生产系列水仙牌药品,其主营产品水仙牌风油精销售量占全国市场60%,水仙牌无极膏在国内同类产品中占据龙头地位。产品销售额年均增长18.2%。2005年实现利润2555万元,比合资合作前的1998年的722万元,增长354%[①]。

2000—2001年,贯彻落实《漳州市实施"促进国有经济布局调整,促进国有企业战略重组方案"》,采取公司制改造、合资、合作、兼并重组、联合挂靠、股份合作、租赁承包、依法破产等形式,因厂制宜,实施改革。有力推进了工业资源的优化配置,加快了工业结构调整和非公有经济的快速发展。2001年,全市实现工业总产值578.12亿元,与1996年的346.8亿元相比,增长60%,平均年增长12%[②]。其中比较有代表性的是漳州啤酒厂,该厂于2001年7月与青岛啤酒集团合资联营,成立青岛啤酒(漳州)有限公司。公司成立后,先后投入8500万元进行更新改造。公司充分发挥质量、品牌、技术、设备和先进工艺优势,在原基础上不断扩大规模经营,生产"青岛啤酒"和"大白鲨"啤酒。实行合资合作后的五年中向漳州市财政上缴税金7000多万元,使困难企业焕发了生机活力,做出了新的贡献。

(二)确立工业立市方针之后工业的快速发展

漳州市自古以来就是一个农业地区,工业发展基础薄弱,新中国成立初只有为数很少的私营小手工作坊,商业在整个经济总量中所占份额也很小,至1978年漳州工业总产值仅有8.78亿元[③]。

改革开放以来,在工业化浪潮的推动下,在对周边地区经济快速发展的感悟下,漳州人逐渐明白了唯有加快工业化进程,才能实现经济、社会的跨越式发展,"没有工业化就没有现代化"。

2000年8月,市委市政府在东山召开县处级以上干部会议。市委、市政府领导指出:"加快工业化是漳州发展的大局所在、战略所为、后劲所需。"接着2002年7月29日,市委、市政府召开"工业立市"会议,确立"工业立市"为漳州经济发展战略。随后在2005年2月漳州市人大十三届六次会议上,从法律程序确立"工业立市"在漳州经济发展中的地位。并于2007年中共漳州市第九次党代会上确立"依港立市、工业强市、开放活市、科

---

① 漳州市经贸委编印:《漳州市志·续》"工贸志稿",2011年。
② 漳州市统计局编印:《十五大的辉煌(1997—2001)》,2002年,第40页。
③ 漳州市委宣传部编:《漳州改革开放30年》,福州:福建人民出版社,2008年,第20页。

教兴市"的经济发展战略,从而确立了工业在漳州三大产业中的主导地位,之后,漳州工业发展进入跨越式发展新时期[①]。

2002年以后,漳州相继出台了《关于进一步加快工业发展的若干意见》、《关于全面推进民营经济的若干意见》、《关于鼓励台商投资和扶持台资企业发展的若干意见》等政策性文件,从鼓励发展、服务发展、激励发展等方面提出了一系列具体的可操作政策措施。2002年国有企业公司制和股份制改造取得新进展,龙轴股份成功上市。同时,调整工业结构,进一步优化产业,培植和发展了支柱产业。在实施"工业立市"和"深化改革"两轮推进下,2002年全市实现工业总产值450.76亿元,比增17.3%;全市797家规模工业企业实现利税16.50亿元,比增68.4%。2003年工业发展势头强劲,全市实现工业总产值551.68亿元,比增20.6%。规模工业一年中新增112家,达到909家;规模工业企业实现产值375.78亿元,比增27.0%,实现税利37.28亿元,比增125.9%。2004年,市委领导在市八届十次全会上强调,漳州要积极参与、主动融入海峡西岸经济区建设,突显漳州在海峡西岸经济区建设中的地位作用,使漳州在海峡西岸经济区建设中进一步迅速崛起。这一年全市实现工业总产值675.74亿元,比增20.3%,实现税利44.27亿元,比增18.8%,全市工业税利对财政总收入增长贡献率达73.1%。全市规模工业企业总数首次突破1000家,规模工业产值达489.11亿元,比增28.0%。规模工业实现的产值、增加值、出口交货值的增速及产品销售率位居全省第一。2005年紧紧围绕"11567"工业发展目标("11567"指工业总产值突破1000亿元,新增规模工业企业100家,投资500万元以上的新建、续建工业项目500个以上,规模工业产值突破600亿元,工业税收对财政增长的贡献率达70%以上)。这一年全市实现工业总产值823.04亿元,比增21.3%,新增规模工业企业109家,新建、续建投资500万元以上的工业项目680个。规模工业企业实现产值620.39亿元,增长26.7%。工业税收增长对全市财政增长的贡献率达70%,全面实现了预定的工业发展目标。2006年全年全市实现工业总产值982.01亿元,比增22.7%,其中规模工业实现产值785.43亿元,比增27.6%;工业利税65.79亿元,比增36.2%。2007年工业发展实现历史性跨越,全市实现工业总产值1209.66亿元,比增22.3%,规模工业突破1000亿元大关,达到1001.8亿元,成为全省第四个超千亿元的地市,比增25.6%;工业税收31.86亿元,占全市财政税收性收入的51%。工业经济成为全市经济增长和财政收入的主要力量。

从2002年至2007年的6年间,全市规模工业产值一直保持20%以上的速度高位增长。其中2003年、2004年,连续24个月增幅居全省首位。6年间,全市规模工业企业数由797家增加到1582家,其中亿元企业数由2000年的22家猛增到2007年的186家,亿元企业产值达到669.26亿元,比2000年增加了约10倍。

2007年全市工业实现利税总额90.79亿元,比2002年利税总额16.50亿元增长4.50倍,工业实现税收对财政贡献率达51%。

---

① 漳州市经贸委编印:《漳州市志·续》"工贸志稿",2011年。

2011年,全年实现地区生产总值1762.20亿元。

从1978年至2011年,漳州产业集聚度进一步提高。培育形成了食品、机械、电子三大主导产业和钢铁、汽车、船舶、能源四大战略产业,以及罐头食品、石英钟表、钢木家具等10多个特色产业集群。"3+4"产业占规模工业比重达到79.0%,规模工业占全部工业比重为82.6%,实施"品牌牵动"战略,促进企业自主创新能力和核心竞争力不断增强。2002年以来,漳州工业企业产品的"中国名牌"实现零的突破,达到2件,"中国驰名商标"从2件增加到14件,拥有"国家免检产品"8项,"福建名牌产品"72项[①]。"农博会·花博会"规模大、特色浓,发挥了对外经贸合作平台的作用。

(三)民营经济快速发展

改革开放以来,在建立社会主义市场经济的过程中,民营经济发展迅速。20世纪80年代乡镇企业异军突起,占全市经济总量"半壁江山"。到20世纪90年代金融危机时期,大部分乡镇企业因自身的局限性而纷纷倒闭,只有少数素质好的保存了下来,在艰难的经济环境中不断发展壮大。1991年以后,民营企业迅速发展,至2002年,全市规模以上工业企业中,民营企业有169家,实现产值达45.44亿元。其中私人独资企业31家,私人合作企业27家,私人有限责任公司106家,私人股份有限公司5家。2003年,漳州市政府制定出台加快民营经济发展的40条政策措施,激活民智民力民资,激发民间创业活力,构筑民营经济发展平台,加速民营经济发展,民营经济走向生产发展大舞台的中心,成为推动经济加快发展的主角。至2007年年底,规模工业中的民营企业由1998年的42家增加到842家,增长19倍;规模以上民营工业产值达334.02亿元,比1998年增长44.3倍,占规模工业的比重达到33.3%,民营工业产值增幅高于全市规模以上工业产值增幅22.2个百分点。培育出万利达视听有限公司、紫山集团、港兴集团、闽星集团、盈丰食品、海魁水产、港昌罐头、国辉工贸、红梅、华艺、恒丽电子、宏源表业等一大批行业龙头企业。其中龙海市至2007年年底就有民营企业2000多家,当年民营工业总产值154亿元,占该市工业总产值的41.1%,规模民营企业184家,占该市规模工业企业276家的67%,已形成食品加工、电子钟表制造、船舶修造、饲料加工、家具制造、建材生产等六大产业集群。该市民营企业认真实施品牌发展战略,生产出许多在国际市场占有一席之地的产品。紫山集团年加工出口芦笋罐头产量居全国第一、世界第二;华艺集团的石英钟表机芯产量占全球的1/5;多棱钢砂销量占全国市场的4/5;绿宝食品马蹄罐头出口量占全国的1/4、美国市场的1/3;海新集团年水产饲料产量居全省第一;多棱钢把工厂办到了欧洲;华艺钟表到美国生产宠物饲料机械;九龙建设集团获得国家商务部批准对外工程承包和劳务合作经营权,等等。

作为改革开放浪潮中成长起来的民营企业,万利达最有代表性。它的前身是南靖山区一家校办小工厂,1984年发展成集团有限公司。经过20多年的发展,如今已成为一

---

① 漳州市经贸委编印:《漳州市志·续》"工贸志稿",2011年。

个集研发、制造及销售电子信息产品为一体的民营高新技术企业。公司现有员工近2万人,其中专业技术人才2000多名。至2007年年底,公司分别在厦门、深圳、漳州和南靖设有4个总面积达70多万平方米的万利达工业园,形成数码影音、移动通信、环保小家电、新能源、汽车电子和医疗电子六大产业。2007年,该集团仅缴税就达1.56亿元。现在的万利达,在漳州、在全省,甚至在全国都颇有名气。

改革开放以来南靖民营经济发展迅速,成效最为显著。除了万利达之外,上规模的民营企业还有闽星集团、港兴集团、双赢集团、中达集团、荆都集团、武夷通集团等。该县以万利达集团为龙头,全力打造全国重要的数码影音产品生产基地和全省最大的电子信息产业基地;以港兴集团为龙头,建设饼干生产大县、罐头食品大县以及全省纸品生产大县;以中达集团为龙头,形成425R、525R普通硅酸盐水泥,建筑装饰板材,多孔粉煤空心砖和卫生洁具为主要产品的产业集群;以闽星电业为龙头,联合南一、南二等200多家水电企业,形成总装机容量达13万千瓦时的水力发电产业集群,等等。

民营投资的迅速扩张,为漳州经济发展注入新的活力。2007年,全市民间投资完成173.04亿元,比1978年增长2686倍,占全社会固定资产投资比重达52.9%[①]。

(四)商业经营体制的改革及其显著成效

党的十一届三中全会之后,国营和集体商业一统天下的局面成为历史,政府实行国营、集体、个体一起上的方针,大力扶持和发展个体商业,逐步形成多种经济成分、多条流通渠道、多种经营方式、少环节、开放式的商业流通体制。改革商业管理制度,实行所有权和经营权分离,行政机构和企业机构职责分开,给商业企业以应有的经营管理自主权。改革商品购销政策,将长期以来工业品由国营商业机构统购包销为主的形式,逐步改为统购统销、计划收购、订购、选购、代购代销、工商联营联销等多种形式。肉禽蛋、蔬菜等农副产品从开放集市贸易、议购议销,逐步过渡到取消统购、派购,实行市场调节。

表6-2 漳州市商业企业体制改革情况一览表

单位:个

项目	企业总数	大中型企业	小型企业	基数包干超额分成	上缴税利递增包干	亏损包干	国家所有集体经营	租赁给集体或个人
合计	310	57	253	27	19	11	41	212
芗城	52	4	48	2	2		10	38
龙海	23	8	15	5	3			15
云霄	41	5	36		2	3	4	32
漳浦	30	5	25	4		1	2	23

---

① 据漳州市统计局2007年统计资料。

续表

项目	企业总数	大中型企业	小型企业	基数包干超额分成	上缴税利递增包干	亏损包干	国家所有集体经营	租赁给集体或个人
诏安	33	4	29		2	2	4	25
长泰	19	5	14	2	2	1	7	7
东山	24	5	19		4	1	4	15
南靖	33	4	29	1	2	1		29
平和	30	4	26	1	2	1	4	22
华安	17	5	12	5			6	6
市直	8	8		7		1		

资料来源：漳州市商业局编：《漳州市商业志》，1990年，第182页。

改革的春风给商业带来了生机，多种形式的商业机构如雨后春笋蓬勃发展，除了原有的商业局、粮食局、供销社、水产等部门的商业机构外，涌现出了大量的个体商业、商户，商业销售总额、利税也都明显增长。1979年，全市各种经济成分的社会商业、餐饮服务业零售网点达7117个，1988年增加到53072个。从1978年到1988年的10年间，漳州市场空前繁荣，商品日益丰富，除食糖外全都敞开供应，社会商品零售额迅速增长。1988年全市社会商品零售额增加到24.69亿元，比1978年的5.34亿增长362.36%。平均每年递增16.55%。但国营商业的销售比重呈逐年下降趋势，以百货商品为例，见表6-3①：

表6-3　1976—1988年国营百货商品占社会商品零售总额比重

年度	社会商品零售总额（万元）	国营百货商品零售总额（万元）	占社会商品零售总额百分比（%）
1976	40055	2994	7.47
1980	71738	4525	6.37
1983	93369	3500	3.75
1985	125046	4472	3.58
1988	246940	5081	2.05

1979年以后，我国逐步放宽棉布统购统销政策和改革流通体制，本地生产的纺织品，国营商业不再包销，改为选购、定购、代批发、代销等方式，允许企业自销。各企业纷

---

① 漳州市商业局编：《漳州市商业志》，1990年，第190页。

纷设立门市部,批零兼营。到1984年,企业自销约占其产量的70%,1987年,地产布类725.2万米,企业自销538万米,占74.1%。腈纶运动衫裤大部分由企业自销,腈纶膨体纱、毛巾等企业全部自销。经营纺织品的商业,增加了一大批集体和个体商店。市区新华西路商业街200多个店铺中,经营纺织品及各种服装的占了1/3。市政府1983年开辟的南昌路小商品市场,实际上是服装市场,在这里设摊的近200户个体商户,90%经营服装。1985年市区4000多户个体商户中,经营纺织品和服装的在千户以上。在各县城关,也同时形成各种经济成分的纺织品和服装市场,其中个体商户发展最快。云霄城关经营纺织品和服装的集体商业,1983年有21户,1985年有40户。个体商户1983年有21户,1985年有72户。1985年该县城关国营商业和供销社经营纺织品的零售额为308万元,而集体和个体商业的同期零售额则达508万元。龙海石码镇(城关)1985年年底经营纺织品的国营商业10户,供销社4户,其他部门办商业的有4户,集体商业7户,个体商业165户(其中迎营布类的41户,经营服装的124户)。

1983年12月取消布票棉布敞开供应之后,从1979年到1988年10年间,纺织品供应数量从缓和到满足,花色品种从增多到丰富,一些传统的外衣料如线呢、线卡其、华达呢、府绸等逐年淘汰,退出纺织品市场,只有浅花布、花贡、被单布、蚊帐布、装饰布等少量能销,人们的衣着用料大部分为化纤所替代,销量逐年上升。

商业经营体制的改革也促使外向型商业的迅速发展。根据当时台港澳同胞和海外侨胞来大陆旅游探亲日益增多的情况,在原有的漳州和东山华侨友谊供应公司、漳州购物中心等外向型商业机构的基础上,增设外汇券商品供应专柜,新成立漳州台胞购物中心、诏安县华侨友谊供应公司,在东山、诏安、云霄等沿海县设台胞购物经营处,举办在香港、澳门、台湾开单,在漳州提货的业务。1988年创外汇人民币收入2124万元,比上年增长105%。

商业经营体制改革促使商办工业的进一步发展。1985年以来,国营商业投资500万元,开发新技术、新设备、新工艺、新产品,商办工业由1984年的37家发展到47家,生产各种食品和纺织品140多种,有8种产品获名优产品奖,6种产品供应出口。1988年总产值3097万元,实现利税154万元,创外汇收入204万美元,分别比1984年增长27.7%、104.5%、1411%[①]。

改革开放30年来,三次产业比例由47.6∶27.0∶25.4优化为22.6∶43.4∶34.0,第一产业比重下降25.8个百分点,第二产业提高16.1个百分点,第三产业提高9.7个百分点。金融机构本外币各项贷款增长130.3倍;社会消费品零售总额增长71.3倍;2007年新增贷款首次突破100亿元大关,为2006年全年增量的2倍多。

30年来,漳州市商品流通总量不断扩大,消费市场日益繁荣,社会消费品零售总额较大幅度稳步增长,1978年完成5.34亿元,2007年完成302.28亿元,2011年社会消费品零售529.40亿元,其中城镇零售额476.31亿元,乡村零售额53.09亿元。海关统计

---

① 漳州市商业局编:《漳州市商业志》,1990年,第289页。

进出口总值96.99亿美元,其中出口64.91亿美元,进口32.08亿美元[①]。2011年全市各种经济类型零售网点6.34万个,从业人员15.34万人[②],民营流通企业繁荣了城乡市场,方便了人民群众的生活,其中民营贸易餐饮企业数达到68%以上,市场份额占到76%以上。而世界跨国餐饮连锁企业麦当劳、肯德基、必胜客入驻市区及一些县的城关,成为年轻人消费的新热点。

二、企业集团化和产业集群化

1993年起,漳州市通过优势大企业对国有小企业或集体企业实施合并、兼并,组成一批有一定经济规模和一定经济实力的企业集团。1995年中央和福建省提出"三改一加强"的战略决策后,漳州市委、市政府召集国有大企业厂长(董事长、总经理)和党委书记会议,传达学习中央、省、市部署要求,并通过试点和经验交流,促进企业走集团化和产业集群化道路。至2002年,全市组建起14家企业集团。

产业集群的进一步发展是在2004年。当年食品、机械、材料、能源四大主导产业实现产值342.01亿元,占规模工业的73.6%,增长49.2%;家具、电子、医药三大重点产业实现产值56.24亿元,占规模工业的12.1%,增长81.5%。2005年,全市发展产业集群的步伐更为加快,全市培育壮大了一批工业重点产业、骨干企业和名牌产品,已经初步形成了"4+3"产业格局,即食品、机械、材料、能源4个主导产业和电子、医药、家具3个重点产业,初步形成13个产业集群雏形或产业聚集潜力较大的产业。2005年全市"4+3"产业共有规模企业901家,共实现产值524亿元,实现利税37.01亿元。其中食品、机械、材料、能源四大主导产业规模工业总产值"十五"期间的年均增长速度达到29%,成为全市工业经济快速增长的主动力。

在着力培育发展企业集团的同时,市委市政府于2006年提出:围绕"三大主导产业"(食品、机械、电子)和四大战略重点产业(钢铁、汽车、船舶、能源),着力培育发展产业集群,有效发挥产业集群聚集效应。至2007年,全市重点培养的罐头食品产业集群、水产品加工产业集群、石英钟产业集群、家具产业集群、汽车汽配产业集群、家用电器产业集群、金属制品产业集群、船舶修造产业集群、电子工业产业集群等13个产业集群实现产值469.96亿元。其中,电力能源集群和家用电器集群,产值分别达99.49亿元和64.32亿元。累计产值超60亿元的集群有2个,产值40亿~50亿元的集群有3个,产值在30亿~40亿元的集群有2个,产值在20亿~30亿元的集群有3个。新兴产业和特色产业集群发展势头强劲。钢铁工业、汽车和船舶等新兴行业正在成为漳州工业经济快速发展的新亮点,2007年其增速大大高出全市平均水平,分别达到46.5%、73.3%和335.1%。建材、金属制品、家具、水产品加工等产业集群的产值增长速度,2005年以来均增长30%

[①] 漳州市2011年国民经济和社会发展统计公报,漳州市统计局提供。
[②] 漳州市商业局编:《漳州市商业志》,1990年,第289页;漳州市经贸委编印:《漳州市志·续》"工贸志稿",2011年。

以上。

此后,全市三大主导产业和四大战略产业发展迅速。其中,钢铁工业、汽车工业和船舶工业发展迅速[①],船舶产业初具规模,建成了龙海、漳浦两大造船基地,形成了游艇制造特色产业集群;汽车产业共有汽配企业73家,形成了金龙客车、福环专用汽车、正兴钢圈、力佳股份等骨干龙头企业。

三、大型股份企业的产生与发展

1993年在《中华人民共和国公司法》颁布实施后,漳州市大力推进国有企业公司制改造。至1995年年底,全市设立规范化股份公司15家,在这15家股份制企业中,属股份有限公司7家,有限责任公司8家。

在普遍组建股份公司的同时,着重对大企业实施股份有限公司改造,努力使大企业建立起产权清晰、权责明确、政企分开、管理科学的现代企业制度。通过改造和资产重组,先后有7家股份公司基本达到现代企业制度的要求,如双菱股份、龙溪轴承股份、漳州片仔癀股份、漳州力佳股份、漳州红旗股份、福建糖业股份、龙潭股份。这7家股份公司为了增强企业实力,适应市场竞争需要,普遍采取增资扩股措施进行资本扩张。如漳州片仔癀药业股份有限公司于1999年与香港漳龙实业有限公司、福建药材公司和漳州市医药有限公司吸收参股形式进行合作,总资产增至5.921亿元。

从1997年起,现代企业制度的建设成果开始显现:漳州双菱股份于1997年6月26日在深圳证券交易所成功上市,发行普通股3500万股,募集资金5亿元。后来,加大对自来水、污水处理等社会公用事业投资力度,培育新的经济增长点,改名为"漳州发展"。龙溪轴承股份于2002年在上海证券交易所成功上市,发行普通股5000万股,募集资金3亿元,资产由5600万元增加到3.56亿元。现在的龙溪轴承股份有限公司,拥有福建永安轴承有限责任公司、福建三明齿轮箱有限责任公司、福建金柁汽车转向器有限责任公司、福建联合轴承有限责任公司和漳州金驰汽车配件有限责任公司等5家子公司,成为实力雄厚的企业集团,成为中国机械工业核心竞争力百强企业。产品不仅广泛应用于国民经济各行业的各种机械设备,并为国防、科研等重要科研工程及国家重点工程项目配套,而且产品大量出口欧、美、亚等30多个工业发达国家。漳州片仔癀药业股份有限公司于2003年6月在上海证券交易所成功上市。发行普通股4000万股,募集资金3.42亿元,企业资产总额由9600万元,增加到4.38亿元。现在漳州片仔癀药业股份有限公司除有3家参股公司外,还拥有片仔癀皇后化妆品有限公司、片仔癀(漳州)医药有限公司、片仔癀大药房连锁有限公司、片仔癀日化有限公司等4家子公司,成为产品畅销国内外、效益优异、实力强大的企业集团。

1991年以后,股份制企业和私营企业迅速发展,2002年,全市规模以上工业企业中,

---

① 漳州市经贸委编印:《漳州市志·续》"工贸志稿",2011年。

有股份制企业76家,产值52.03亿元;私营企业有169家,实现产值达45.44亿元。其中私人独资企业31家,私人合作企业27家,私人有限责任公司106家,私人股份有限公司5家。2007年,私营企业增加至667家,年产值达254.47亿元[①]。

四、主要行业及商品情况介绍

(一)机械行业

至1990年漳州市在机械工业方面已建立了内燃机、收割机、运输机械、水利机械、农副产品加工机械、仪器仪表、电工电器、通用基础件、通用机械、铸造等行业体系。拥有柴油机、收割机、水轮机、农用挂机、碾米机、脱谷机、压力表、电表、水轮发电机、电动机、镇流器、电焊机、电热水器、电风扇、制冷机械、电冰箱、工业轴承、粉末冶金制品、半自动捆扎机、耐酸泵等工业产品。

机械行业1991年创产值8.48亿元,之后,不但老企业通过改革、改造,引进先进设备,采用先进工艺,推行科学管理,挖掘内部潜力,产品、产量得到提升,而且新建数家较大规模企业。2007年完成产值241.10亿元,增长27.4倍[②]。

(二)钢铁行业

钢铁行业2002年产值2.02亿元,2007年产值58.38亿元。2007年实现产值比2002年实现产值增长27.9倍。1991—2003年起伏变化较大,2004年以后进入跨越式发展,年均增长31.8%。

主要产品有线材、螺纹钢、镀锡板(马口铁)、方钢、棒材、不锈钢、合金钢丸、合金钢砂、石材锯条、集装箱角件、集中箱专用槽钢等。

(三)罐头食品行业

有罐头和饮料、饼干、糖果、方便面、米线及茶叶等类,罐头以本地农产品为原料加工,如柑橘、荔枝、龙眼、杨梅、枇杷、芦笋、清水笋、蘑菇、马蹄、酱菜、肉、鱼、农副产品等罐头产品。1991年全市罐头产量达84786吨,1995年产量达233430吨,2005年产量达422330吨,2007年产量达481169吨。2007年产量比1991年增长了4.67倍。

其中,茶叶生产尤引人注目。在计划经济时期以国有漳州茶厂生产的"芝山牌"铁观音、"一枝春"、"水仙"、"黄旦"、"龙珠"等为主导产品,这些产品曾获奖无数,在福建、广东等市场,销售一直供不应求。改革开放以来,涌现出数家民营茶生产和加工的大企业、大公司。如华安县的福建哈龙峰茶业有限公司生产的"哈龙牌"铁观音茶先后获得中国(福

---

① 漳州市经贸委编印:《漳州市志·续》"工贸志稿",2011年。
② 漳州市经贸委编印:《漳州市志·续》"工贸志稿",2011年。

建)国际茶博会银奖、福建省名茶、茶王等称号,还被评为"福建省名牌产品","哈龙峰"商标也被评为福建省著名商标。福建(平和)天用茶业有限公司的"天崇牌"白芽奇兰茶1997年获"省优产品",1999年获中国"99昆明世博会福建特色产品展销会金奖";2001年被中国国际农业博览会评为"名牌产品";2002年被中国绿色食品发展中心认定为绿色食品。2003年6月,"天崇牌"白芽奇兰茶获福建省著名商标。更值得一提的是天福集团的"813茶王"、"高山茶王"、"阿里山乌龙茶"等产品分别作为1997年温哥华APEC、2001年上海APEC、2005年釜山APEC的大会用茶,并作为礼品赠送与会的各国元首与政要,使中国乌龙茶登上国际舞台。

食品行业1991年产值13.42亿元,2007年产值增加到184.20亿元。

(四)制糖行业

1991年以前,漳州先后建起日榨甘蔗2000吨的大型糖厂有漳州糖厂、鹿溪糖厂、花墩糖厂。日榨甘蔗200～1500吨的中小型糖厂有:云霄糖厂,平和第一、第二糖厂,南靖第一、第二、第三糖厂,长泰第一、第二糖厂,华安龙径糖厂和龙海糖厂等。漳州糖厂又于20世纪80年代扩建一列日榨甘蔗2000吨的新机,加上先后五次投资共1000多万元的更新改造,日榨甘蔗能力达到6500多吨,日加工原糖能力达到1500吨,成为全国最大的糖厂、最大的炼糖基地之一。1988年开辟新的生产项目——加工进口原糖(炼糖)。这一年承接了国家糖油总公司的炼糖任务,完成炼糖24.6万吨。单是炼糖就创产值4600万元,创利税1121.45万元,从此,漳州糖厂改变了传统的仅一季榨糖的单一生产模式,炼糖成为漳州糖厂又一项重要生产项目。1988年漳州糖厂完实现总产值达1.05亿元,成为漳州市首家产值上亿元的企业。主产品"白玉兰"牌白砂糖荣获国家银质奖、全国首届食品博览会金奖,二、三级酒精获省优质产品称号,木糖获全国科技进步奖,企业被评为国家二级企业。1992年,企业总产值达到3.2亿元,利税达6854万元,年上缴税利占全市工业利税总额的14%。随后几年中,"白玉兰"牌优级和一级白砂糖在全国同类产品的评比中多次名列第一。优级白砂糖被国家列为免检产品,"白玉兰"牌被福建省认定为著名商标。

(五)医药行业

医药行业主要产品有片仔癀、风油精、无极膏等,以及片仔癀药业新开发出来的片仔癀皇后牌系列化妆品、复方片仔癀软膏、复方片仔癀含片、复方片仔癀痔疮软膏、金糖宁胶囊、茵胆平肝胶囊、心舒宝片等。其主导产品片仔癀以独特的消炎、解毒、镇痛等显著疗效及保护健康的功能而深受国内外患者的赞誉,被称为"中国特效抗菌素"、"国宝神药",享誉海内外。

制药行业产值1991年0.79亿元,2002年3.37亿元,2007年5.80亿元。漳州片仔癀药业公司引进先进设备,采用先进工艺,着力开发新产品。产品精良,畅销东南亚、日本、韩国、加拿大等国家和地区,年出口创汇千万美元,是全国药业出口创汇最多的企业。

(六)石英钟表行业

这是漳州重要的特色产业之一,在福建省内乃至国内都具有相当的知名度和影响力。漳州生产的石英钟机芯产量,占全世界50%以上,石英钟产量占世界石英挂钟的25%以上,可以说全世界每四只石英钟就有一只是漳州生产的。1990年在漳州工商部门注册的生产企业就有164家,月产量达150万台,因此漳州被誉为中国的"石英钟"城。

主要产品有石英钟表机芯、石英挂钟、闹钟、手表、手表机芯、万年历、电波表、LCO、智能计时器等,产品98%以上出口外销。华艺公司生产的石英钟机芯是国内唯一一家被美国著名时钟品牌Westclox,Ingraham指定为专用免检产品,而手表机芯则获"福建名牌产品"称号。宏源表业有限公司生产的带有前秒轮和秒盘的钟表机芯专利分别在香港、德国获得批准,实现了漳州钟表业域外实用新型专利注册零的突破。

21世纪初,漳州石英钟表行业积极开拓海外市场,产品以外销为主,产值以每年递增30%~40%的速度增长。至2007年年底,漳州石英钟表行业共有生产企业及配套企业100多家,其中规模以上企业28家,大多数企业拥有自营进出口权,完成工业产值9.8亿元,销售产值9.4亿元,出口交货值6.3亿元。该行业已获福建省名牌4个、省著名商标4个、省出口名牌2个、省高新技术企业5家。全行业新增钟表外观设计专利400多件,实用新型专利100多件。产品90%以上出口,主要销往国外126个国家和地区。2004年被省经贸委授予"福建省闽港中小企业合作机制示范基地"称号。至2007年漳州已成为中国最大的石英挂钟、石英钟机芯生产出口基地。

(七)地方传统商品

1. 八宝印泥

漳州八宝印泥创制于清康熙十二年(1673年),至2007年已有300余年的历史,在清代是朝廷贡品。漳州"八宝印泥"有明、爽、润、洁、易干、不落、不泞、不黏、不冻的特点,具有鲜艳饱和、气味芬芳、浸水不化、色泽长新、燥天不干、雨天不霉、夏不渗油、冬不凝冻等八大优点,即使用火焚烧,纸上印章字形依然可辨。

由于漳州八宝印泥制作工艺的绝密性,漳州八宝印泥厂是漳州八宝印泥的唯一生产企业。1992年获得福建省旅游局旅游"天马奖",1993年12月漳州八宝印泥被中华人民共和国国内贸易部认证为中华老字号。1994年8月漳州八宝印泥被国家旅游局、国内贸易部、轻工总会、纺织总会确定为全国旅游商品定点生产产品。1998年,国家商标总局确认"丹霞牌"为漳州八宝印泥注册商标。为保护漳州八宝印泥制作工艺,1999年漳州市政府拨款10万元,用于开发新产品。2000漳州八宝印泥厂对产品的制作技艺进行改进,解决环境趋暖影响产品制作的问题。经工艺改良的八宝印泥在水中浸泡48小时后,产品的色泽和品质不会出现任何改变,并且在100℃的高温下烘烤2小时,产品色泽和品质也能够保持稳定状态。经工艺改良,漳州八宝印泥厂开始着手开发新产品,2005—2007年期间,漳州八宝印泥厂改变漳州八宝印泥在色相上只有红色的局限性,开发出白色、黄色、蓝色、黑色的八宝印泥。同时为适应市场的发展,漳州八宝印泥进一步改进产品包装。经工艺改良和改进包装的漳州八宝印泥,得到市场的认可,2005年后产品销量和附加值大幅度提升。2003年和2006年"漳州丹霞牌八宝印泥"两度被中国文房四宝协会授予"国之宝"称号。2007年"漳州八宝印泥"入选福建省非物质文化遗产,同年申报中国非物质文化遗产。

2. 棉花画

棉花画是20世纪60年代漳州市诞生的工艺美术新品种,具有构图新颖、技艺精湛、造型生动、立体感强的特点,放于厅房、大型会议室,装饰效果极强。其拥有石英钟、珠镜、奖状、电子声光、油画框、座式双面立体等140多个品种。1980年年初,棉花画的从业人员不断增加,研发生产,兴旺昌隆。1985年,漳州地区有十几家工厂生产棉花画,产值达132.01万元,比1984年的56.87万元增长132%。1991年产值128万元,其中出口64万元占50%。但是随着需求的变化,产品积压,销路不畅,1991年后企业转产,棉花画生产停止。

2004年,棉花画艺人郭美瑜重整旗鼓,担负起传承漳州棉花画的职责,棉花画起死回生。2005年她的作品《春色满乾坤》获福建省第四届工艺美术"争艳杯"铜奖;2006年《百鸟朝凤》、《春色满园》参加全国第二届"感动人生"大赛荣获一等奖,被授予"漳州市民间文化优秀传承人"称号;2007年绒线画《玉羽献瑞》在中国美术师作品暨工艺美术精品博览会"百花杯"获优秀奖;2008年《地上长出蘑菇》荣获第三届海峡工艺品博览会优秀作品银奖,《玉羽献瑞》、《百鸟朝凤》两幅作品获得福建省第七届民间文艺作品大赛最佳作品奖和最高荣誉奖,棉花画终于重放异彩。更可喜的是,随着科学技术的进步,棉的品种日益增多,郭美瑜不断尝试在创作中加入其他化工棉(如绒线),一改棉花画较为黯淡的缺憾,作品更为鲜艳。

3. 华安玉雕

华安玉又名九龙璧玉石,古代又称茶烘石、梅花石,分布在福建漳州市的九龙江流域,主产地为华安县,是漳州独有的矿产、国石十大候选石之一。2000年5月华安县被国家文化部命名为"中国玉雕艺术之乡",华安玉雕得到了国家有关部门的进一步肯定,饮誉海内外。2001年华安玉被中国宝玉石协会定为"中国四大名玉"之一。2001年7月26日,漳州市政府确定华安玉为漳州市"市石"。2006年华安县投资2.6亿建成华安玉加工展示区,集中入驻的大型华安玉加工企业10多家。至2007年华安县已有华安玉开采、加工、经营企业200多家,年产值超4亿元。

4. 木偶头雕刻

漳州木偶雕刻有千年的历史,1992年,民间故事木偶剧《狗腿的传说》中的木偶雕刻造型,在北京举行的全国木偶皮影戏会演中获造型奖。1994年,童话木偶剧《口技猎人》中的木偶造型获全国儿童剧"金猴奖"中的雕刻奖。1999年10月,儿童木偶剧《少年岳飞》,获文化部第九届文华奖"文华舞美(雕刻)奖"。2003年7月,木偶传统剧《铁牛李逵》在金狮奖第二届木偶皮影比赛中荣获银奖。2004年6月《大名府》、《两个猎人》木偶剧参加捷克布拉格国际木偶节大赛,获得最高奖"水晶杯"。2006年漳州布袋木偶戏和漳州木偶头雕刻被列入首批国家非物质文化遗产保护名录。

5. 剪纸

漳州民间剪纸有两种风格：一种以华安剪纸为代表，表现较为粗壮有力、淳厚朴实，以刻画山禽家畜的作品较多，风格粗犷；另一种为漳浦剪纸，其风格细致、造型生动，常以水产动物入画，构图细腻。漳浦剪纸是漳州当代剪纸主要风格，也是中国南派剪纸风格的代表之一。其起源于唐代，原初只是作为刺绣的底样。随着民间民俗活动的盛行和受北方贴"窗花"等中原文化的影响，漳浦剪纸开始应用于各种结婚、祭拜活动，剪各种猪脚花、饼花、花贴于礼品、祭品上，寄托美好的心愿。明清以后，剪纸已逐渐脱离刺绣成为一种独特的民间艺术。2004年9月，全国剪纸邀请赛，漳浦剪纸艺人高少苹荣获特等奖及"全国十把金剪刀"荣誉称号。现在，漳浦剪纸已经列入国家非物质文化遗产名录，以其特有的魅力走向文化市场。

6. 羽毛球

主要生产厂家是漳州市羽毛球厂。产品有内销和外销系列，内销产品主要有"红鸡"、"蓝鸡"、"星光"等，外销产品系列主要是"东海牌"羽毛球，1999年"东海牌"羽毛球商标被外地厂家抢注，漳州市羽毛球厂被迫停止"东海"系列的生产。2002年由于羽毛球行业竞争加剧，外销价格下降一半，利润极低，造成漳州市羽毛球厂停止对外出口，专做内销市场。从1991年至2004年漳州羽毛球厂的产量一直维持在每月2万打左右，销售额也一直维持在300万元左右。2005年后，漳州市羽毛球厂的产量逐年下降，至2007年羽毛球的年产量下降至20万打。主销产品以"红鸡"系列中、低档的B型号与P型号和"蓝鸡"系列为主，高端"红鸡"系列基本停止生产[①]。

此外，还有"红旗马"牌电脑衣领机、电脑针织横机等尖端产品，以及填补省内空白、居国内先进水平、被评为省名牌产品的"国安牌"玻璃钢高速游艇，等等。

1995—2007年，漳州工业产品被认定为国家级和福建省的名牌产品有"白玉兰"牌白砂糖、"浪升"关节轴承、"力佳"柴油机、"片仔癀"牌片仔癀中成药、"万利达"牌VCD视盘机、"正兴"牌汽车钢圈等72项。其中食品产品33项、机械产品6项、电子产品4项、医药产品4项、建材产品9项、化工产品和家具产品各2项、钢铁产品1项、其他产品11项[②]。

漳州已成为全省重要的机械与轻工业商品制造基地。

[①] 《漳州市二轻工业志》，厦门：鹭江出版社，1991年，第18、20、29、39、185页。
[②] 漳州市经贸委编印：《漳州市志·续》"工贸志稿"，2011年。

第三节 对台贸易

一、对台小额贸易的产生与发展

漳州是台胞的主要祖籍地,台湾现有 2300 万人口中,有 1000 多万祖籍在漳州,目前台湾政要也大都祖籍在漳州,漳台两地血脉相承、语言相通、习俗相同、文化相连、经贸相往。1978 年以后,祖国大陆实行改革开放,两岸关系逐渐热络,有着港口优势的漳州率先与台湾发展贸易往来,而最先则是通过海上渠道开始贸易接触,以物易物,互通有无。

(一)对台小额贸易的产生

对台小额贸易是一种特殊的民间贸易方式,是在两岸尚不能正常开展贸易的状况下,台湾地区居民在祖国大陆沿海指定口岸依照有关规定进行的货物交易,货物主要以鲜活产品为主,它对促进两岸民间交流和漳州沿海经济发展起了积极作用。1981 年起,中央率先在沿海省份实行对外开放搞活的政策,批准福建沿海各县开展对台小额贸易,闽东北的平潭岛、晋江石狮和闽南漳州最早开始对台小额贸易。龙海、东山、漳浦、云霄、诏安五个沿海县的冬古、铜陵、礁美、旧镇、浮宫、宫口先后设立 6 个台轮停泊点和对台小额贸易监管点,创办对台小额贸易公司。于是漳州成为全国最早与台湾开展经济贸易的地区之一。至 1988 年,全市累计对台小额贸易出口 2.28 亿美元,约占全省的 25%。

(二)对台小额贸易居全省前列

1979 年以来,海峡两岸关系逐步缓和,台胞通过海上民间小额贸易渠道,购买到祖国大陆土特产品,感受到祖国大陆的巨大变化,也激发思乡寻根之情,于是,海上民间小额贸易呈不可抑止之势。从 1981 年起,漳台民间小额贸易有较大发展,为引导和促进小额贸易健康发展,市里成立了龙祥、东发、龙发、浦发、诏发、云发 6 个专营漳台民间贸易的公司。具体情况如下:

东发(东山东发贸易公司):1983 年经省政府批准成立,主管部门为东山县外经委,拥有对台保税仓库和龙通电子股份有限公司、宏盛贸易商场、冷冻厂、宾馆等商贸企业。

浦发(漳浦浦发贸易公司):1985 年 6 月经省政府批准成立,主管部门为漳浦县外经委,拥有门市部、加工厂、仓库、宿舍等固定资产,创办 2 家台资企业,1 家来料加工企业。

龙发(龙海龙发贸易公司):1988 年 5 月经省政府批准成立,主管部门为漳浦县外经委。

诏发(诏安诏发贸易公司):1987 年 7 月经省政府批准成立,主管部门为诏安县外经委。

云发(云霄云发贸易公司):1989 年 8 月经省政府批准成立,主管部门为云霄县外经委。

表6-4　1981—1996年各对台小额贸易公司对台小额贸易额情况一览表

单位:万美元

公司	年度										
	1987	1988	1989	1990	1991	1992	1993	1994	1995	1996	1997
浦发	126.68	112.32	50.18	44.32	44.32	36.24	48.00	64.18	105.76	115.60	748.60
东发	88.65	100.66	77.45	140.26	220.88	450.12	167.82	389.02	1277.5	1102.2	4014.5
龙发		8.67	31.39	51.33	6.4	4.51		48.37	25.27	30.06	205.90
诏发		22.05	25.80	26.88	38.76	28.00	10.70	2.42	30.6	53.4	238.61
云发				112.92	255.07	295.76	74.07	171.33	324.71	182.58	1416.44

资料来源:陈易洲主编:《漳州与台湾关系史稿》,1997年,第87页。

2006年,漳州市对台小额贸易额达1755万美元,增长26%,居全省前列。对台小额贸易实现四大突破,即:输台水产品首次突破4万吨,达到4.12万吨;贸易额首次突破1800万美元,分别比2005年同期增长54.6%和56.7%;首次突破双方活鱼的进出口贸易往来,其中进境的台湾活青石斑鱼突破500吨,输台活鱼23批共57.3吨;东山港区对台小额贸易约占全省的50%以上。出口商品从单一的土特产、水产品等发展到多品种高档轻纺工业品、原辅材料加工制成品以及机械、机电、音像设备、五金等门类齐全的产品,且贸易额不断上升。

1996—2007年漳州对台湾贸易商品和贸易量见表格6-5。

表6-5　1996—2007年漳州对台贸易情况表

单位:万美元

年度	进出口			进口			出口		
	全市	对台	占比%	全市	对台	占比%	全市	对台	占比%
1996	66328	8625	13.00	30283	6080	20.08	36045	2545	7.06
1997	67358	15193	22.56	26618	11593	43.55	40740	3599	8.83
1998	111100	23441	21.10	65381	19448	29.75	45719	3992	8.73
1999	101678	25671	25.25	53660	21582	40.22	48018	4089	8.52
2000	98946	23937	24.19	41419	19643	47.43	57527	4295	7.74
2001	100767	20138	19.98	38505	17068	44.33	62263	3070	4.93
2002	122509	23401	19.10	44676	19729	44.16	77833	3672	4.72
2003	207678	34125	16.43	85345	29811	34.93	122333	4315	3.53
2004	324396	42942	13.21	108769	34216	31.46	215627	8626	4.00

续表

年度	进出口			进口			出口		
	全市	对台	占比%	全市	对台	占比%	全市	对台	占比%
2005	370720	53180	14.35	110953	43746	39.43	259767	9434	3.63
2006	426387	52527	12.32	128215	42000	32.76	298172	10528	3.53
2007	464861	55025	11.84	123136	42367	34.41	341724	12658	3.70

资料来源：2008年12月漳州市对外经济贸易局统计表。

2002年国家外汇管理局特许东山关区对台小额贸易以人民币计价结算并办理出口核销手续，使漳州对台小额贸易业务更加活跃。当年省外经贸厅批准，漳州市有两家企业获准与金马澎直接贸易，三艘货轮（文龙号、同昌号、同益号）经国家交通部批准直航承运漳州与金门之间的贸易货物。2004年10月，漳州商展团乘鼓浪屿号客轮从漳州港招银港区首次直航金门，实现了漳州港直航金门零的突破。

2005年，对台小额贸易进一步发展，台轮有近30艘冷冻船和30艘活海鲜船往返于漳州港与台湾地区。当年对台小额贸易达1930万美元，商品以鲜活水产品为主，包括部分加工品、小家电（灿坤公司）、果蔬制品、盐水蘑菇等。漳浦、东山两县与台湾多次进行水产品交流。其中，东山县对台小额贸易发展最快，2005年东山关区出境对台小额贸易水产品32782吨，贸易额1463.5万美元，已形成捕捞、养殖、加工、仓储和贸易一条龙，带动10多家冷冻厂、上百家小型海鲜加工企业的发展，逐步成为全省乃至周边省份输台水产品最重要集散地，有力地促进了该县经济社会的全面发展。

2005年漳州市对台湾进出口总额53180万美元，比增24.13%。其中出口9434万美元，比增9.36%，占全市出口比重3.63%；进口43746万美元，比增27.85%，占全市进口总额的39.43%。台湾是漳州市最大的进口来源地区，贸易逆差34312万美元。

2006年，漳州市出口台湾1.05亿美元，增长11.6%，对台小额贸易额达1755万美元，增长26%，居全省前列。

2007年，漳州市对台湾进出口总额55025万美元，比2006年增长4.75%。其中出口12658万美元，比2006年增长20.23%，占全市出口比重3.70%；进口42367万美元，比2006年增长0.87%，占全市出口比重34.40%。台湾仍是漳州市最大的进口来源地区，贸易逆差29709万美元。

2007年5月22日，澎湖全富轮运载1700吨砂石从漳州港直航澎湖马公港，实现漳州对台澎首次海上货运直航，并向常态化发展。首航至当年12月底，累计航行67船次，运载货物11.3万吨，贸易额49.41万美元。漳金两地的货运特别是砂、石料的直航业务不断扩大。接待台轮1037船次，3938人次，对台小额贸易1424.69万美元。当年停靠漳州沿海各对台口岸的台轮达1034艘次，进出口各类海产品2.32万吨，对台小额贸易超过1660万美元,对台小额贸易额提高到全省的1/3以上[①],成为福建省对台小额贸易最多的地区。

二、台资企业的引进与发展

改革开放以来,漳州充分发挥漳台历史渊源紧密的独特优势,大力开展对台经济合作,是全国最早引入台资企业的设区市。1981年,台商张光诏在诏安创办"诏正水产养殖有限公司",成为全省(也是全国)第一家注册登记的台资企业,由此翻开漳州对台经贸合作第一页。

至20世纪90年代中期为兴起阶段,到1996年年底,台商投资企业已经遍及漳州各县、市、区。全市累计批准台资企业项目778个,合同利用台资285500万美元。1996年创产值35亿人民币,占全市三资企业产值的一半。台商来漳投资、生产性项目占80%以上,投资领域从来料加工、种养植业扩展到电子、精密机械、果蔬冷冻、高级建材、鞋帽服装、新型包装品以及基础产业等20多个行业,投资规模也不断扩大。

因各县地理、经济等方面条件的不同,台商在各县(市、区)的投资也各不相同。在龙海主要投资制罐、马口铁、鞋业、冷冻食品;在漳浦主要是服装、雨伞、机械、食品加工;在云霄主要是电子、纺织、食品机械;在长泰主要是塑胶制品、五金配件、畜牧业;在漳州城区主要是房地产、高级建材、食品加工;在东山、诏安主要是水产养殖与加工;在南靖、平和、华安主要是农业综合开发。

从20世纪90年代后期至今为快速发展阶段。此时漳州利用台资有三大特点:一是利用台资占全部利用外资的比重大,到2000年2月止,全市累计批准三资企业2718家,其中台资企业1353家,合同台资额427401万美元,分别占漳州市外商投资总额的46.0%和49.3%。已投产开业三资企业1331家,其中台资企业608家,占45.67%,合同利用外资总额785171万美元,其中台资354658万美元,占45.16%,实际利用外资总额374582万美元,其中台资253841万美元,占67.76%。二是台资开业率、实际到资率高。台资开业率为54.52%,高于全部三资企业开业率48.96%的5.56个百分点。台资到资率为71.57%,高于全部三资企业到资率47.70%的23.87个百分点。三是台资大项目多,经营较好。到1999年,全市已投产开业的投资千万美元以上的台资企业有23家,其中包括华阳、统一、联天、凯冠、百荣、龙海鞋业、奇美、泰山东海、亚细亚、嘉生、美味、新阳、信华、大福、元吉、南太武高尔夫球场等。全市出口百万美元以上三资企业有83家,其中台资企业有53家[②]。

---

① 漳州市委宣传部编:《漳州改革开放30年》,福州:福建人民出版社,2008年,第65页。
② 漳州市经贸委编印:《漳州市志·续》"外经贸志稿",漳州市外经贸局2008年12月统计表。

表 6-6　1981—1996 年漳州市台资企业及投资数一览表

县别	项目			
	批准企业（家）	合同投资额（万美元）	已开业（家）	实际到资额（万美元）
市　直	84	12008	57	8595
芗城区	84	10229	42	5144
龙海市	135	198279	82	29200
漳浦县	138	23818	116	14210
云霄县	64	11595	26	6008
东山县	77	8209	32	3870
诏安县	44	5184	18	1222
南靖县	55	5606	46	2795
长泰县	55	8931	35	5765
平和县	32	1310	30	1236
华安县	10	732	2	427.9
合　计	778	785803	486	78500

资料来源：陈易洲主编：《漳州与台湾关系史稿》,1997 年,第 88～89 页。

20 世纪 90 年代以来,台商投资一批资金投入大、科技含量高的企业,为提高全市工农业科技水平起到积极作用。如统一粮川马口铁项目,大大缓解了漳州乃至全省的马口铁供应。又如日盛建筑陶瓷公司,先后从意大利引进 20 世纪 80 年代末的生产线,投资后有力地增强漳州市建材行业的竞争力。而由台商投资的亚细亚、东海、纳喜等一批农副产品加工企业,引进优良品种,传播先进栽配技术,果蔬加工从过去的制罐、冷冻、烘干等提升到流态单体速冻、膨化、低温真空脱水等的新水平,使漳州农副产品加工进入世界先进行列。

至 2000 年,全市累计引进台资企业 1353 家,合同台资额 42.74 亿美元,分别占漳州市外商投资总额的 46.0%和 49.3%。

进入 21 世纪,在市委、市政府鼓励台资企业投资优惠政策的推动下,台商投资兴起了新一轮高潮,新增台资企业数都在四五十家以上,且都朝大项目方向发展。2006 年,新引进台资企业 136 家(累计总数达 2242 家),当年注册合同金额达 81.55 亿美元,实际到资 48.16 亿美元;2007 年,新引进台资企业 140 家,注册合同金额 85.96 亿美元,实际到资 50.13 亿美元。

至 2007 年,漳州市累计已批准设立台资企业 2382 家,约占福建全省总额的 40%,居全省第一,在全国地市级排名第三,成为仅次于东莞和昆山的第三位台商投资密集区。

台湾百家大企业和上市公司中已有台塑、灿坤、长春、统一、泰山、天仁、台玻等落户漳州。目前,福欣特钢、古雷石化等一批重大项目正在加快开工建设,台湾企业落户漳州呈现聚集趋势。产生一批重点产业龙头企业,如全国最大的台资火电项目台塑集团投资的华阳电厂,世界知名的小家电生产商灿坤集团,全省最大镀锡马口铁生产企业福建统一马口铁,大陆设立900多家茶叶连锁店的天福集团,正在加紧投建的台湾玻璃、福欣不锈钢、古雷特大石化等重大台资项目等。这些台湾百强企业纷纷落户漳州,使漳州成为海峡西岸经济区重要制造业基地。

至2007年漳州全市规模工业产值中,外资企业占64%,而台资企业约占外资企业的60%,其中100多个工业项目引进投资达上千万美元,有4个更达到上亿美元;有6家企业年产值达到人民币5亿元,2家达到10亿元。华阳电厂、统一马口铁、泰山企业、灿坤家电等一批台湾百强大企业在漳州投资办厂,有效地推动了漳州主导产业、重点产业的发展壮大,增强了漳州工业基础,成为漳州电力、材料、食品、家电等支柱产业的重要支撑。如华阳电厂已有7台机组建成投产,2006年产值达57.71亿元,产能超过400万千瓦,使漳州成为福建重要的电力基地。灿坤的家电制造业2006年产值达到57.49亿元,出口产值占全市出口总额的20%以上,成为漳州家电行业的领军企业。

2008年,新增台资企业102家,总数达2484家,注册合同金额89.44亿美元,实际到资52.56亿美元。

2009年,新增台资企业53家,总数达2537家,注册合同金额92.41亿美元,实际到资额55.79亿美元。

至2011年,漳州累计批准设立台资企业2630家(含第三地),合同台资额110亿美元,实际到资额67亿美元[①]。台资企业已成为推进漳州经济建设的重要生力军,产值、出口、税收均占漳州三资企业的一半以上,台湾百家大企业和上市公司中,已有台塑、灿坤、长春、统一、泰山、天仁、台湾玻璃等在漳州投资办厂,漳州是全国最重要的台商投资密集区之一。2011年7月国务院批准在角美设立国家级漳州台商投资区。

三、台湾农业创业园成功创办

20世纪80年代初,两岸关系"解冻"以来,两岸经贸交流从福建"破冰"起步,而闽台经贸最早开展的地区在漳州,漳台经贸合作破题于农业。1981年,全省第一家台资农业企业"诏正水产养殖有限公司"在漳州创办,之后,对台农业合作在漳州快速发展。漳州在芗城到漳浦国道沿线规划建设百里花卉走廊和海峡两岸花博园,打响了两岸农业合作交流的一大品牌,年年在这里举办"海峡两岸福建(漳州)花卉博览会",以此为平台推动了对台农业合作快速发展。进入20世纪90年代,漳台农业合作以引进资金、良种、管理、技术为重点,由种植业、种养业向农产品加工业全面发展。

漳州是传统农业地区,漳台农业有着很强的互补性和兼容性。1997年7月,漳州被

---

① 本页漳州历年引进台资数字系漳州市台办经济科提供。

国务院台办、农业部和原国家外经贸部联合批准为全国首个"海峡两岸农业合作实验区"、国家级"外向型农业示范区",为漳州拓展对台农业合作注入了新的活力。漳州市委、市政府不断完善投资软硬环境,对台农业合作高潮迭起,至今漳州已成为台商投资农业的密集区和首选地。2010 年最新统计资料显示,海峡两岸农业合作实验区设立 10 多年来,全市累计批办累计批办台资农业项目 995 个,合同利用台资 14.6 亿美元,实际利用台资 8.61 亿美元;分别占全省的 46.4% 和 56.3%,全国的 1/10。漳州已成为台商投资农业的密集区,台湾农业科技信息示范、辐射"窗口",是全国农业利用台资最多的设区市[①]。台资农业企业进驻漳州后,共引进台湾农业良种 1600 多种,引进台湾农业加工设备 4000 多台(套),吸收先进的农业种养、加工制造、包装技术 500 多项,有效地提高了农业科技生产能力,提升了漳州农业产业化水平。目前,全市企业＋基地、企业＋农户、订单农业等新型经济组织有 1474 个,固定资产总值 63.1 亿元,带动农户 52.3 万户,种养、收购、加工、制造、包装、运输、出口一条龙产业链由此得到纵深推进。

近年来,台商创办大量的农产品加工保鲜企业,采用流态单体速冻、膨化和低温真空脱水、果蔬饮料等先进加工技术,更引发了漳州食品加工业的一场革命。目前全市已建成速冻果蔬生产线 80 多条,年产量 20 多万吨,每年速冻蔬菜出口货值近亿美元,占全国出口量的 1/13,速冻毛豆还成为日本市场开盘报价的标准。台资农业成为漳州农村经济先进生产力的辐射源,为漳州现代农业的发展起到重要的示范和推动作用。

2006 年 4 月,经农业部、国台办批准,漳浦台湾农民创业园宣告成立,成为全国最早创办的台湾农民创业园。当年年底,就新引进台资农业企业 16 家,投资 2100 万美元,效益明显。

现在,创业园园区规划面积已从目前的 3 万亩扩至 30 万亩,形成"二个中心、六个产业区",即科技服务中心,创业孵化中心;花卉产业区、果蔬产业区、茶叶产业区、渔业产业区、物流产业区、农产品加工区。其中核心区(长桥农场)1.5 万亩;如今 6 个产业区有 69 家台资花卉企业进驻,总投资达 1.1 亿美元,年产值可达 15 亿元人民币。已拥有天福集团、杰腾、钜宝生物科技、星云、绿乐园艺、利农有机蔬菜、海安水产科技、三丰水产等一批资金、技术力量雄厚、在海内外有影响的龙头农业企业,引进了台湾农作物优良品种 1000 多个,带动了蝴蝶兰等名贵花卉,阳桃、芭乐、金苹枣、火龙果等名优水果,枝豆、大葱等特色蔬菜以及金萱茶叶的种植。

---

① 该资料由漳州市农办于 2010 年提供。

后　记

2011年根据中共福建省委统战部的部署，我们着手编撰《闽商发展史·漳州卷》。其间多有波折，断断续续。俟至2014年年初书稿杀青，觉得疏漏颇多，难言称意。经专家审读，提出了不少有价值的宝贵意见。根据专家审读意见，2015年课题组进行了认真修改，但囿于史料和学识，仍有不少遗憾。但本课题组成员的敬业精神、专业功力、创业艰辛却深深地烙刻在闽南的山海之间。

第一章为刘云博士执笔；第二章第一、二节为翁频博士执笔，第三、四、五节为黄友泉博士执笔；第三章为覃寿伟博士、朱均灵讲师执笔；第四章由郑榕博士、苏惠苹博士执笔；第五章由郑美华副编审执笔，第六章由何池教授执笔。全书由郑镛教授策划、统稿。邓文金教授、王建红教授、郑来发先生、沈莉婉讲师、黄晶晶、马华明同学对本卷亦有贡献。

本卷资料采用较为广泛，除正史之外，还有地方志书、私家谱牒、海外笔记小说、私人著述、奏折、碑铭、出土文物文献以及现当代专家学者的专著和报刊发表的论文、县市政协编印的《文史资料》。由于条件限制，明清两代的宫廷档案和海外葡萄牙文、西班牙文、荷兰文、英文等外文资料没能更多、更好地应用，引为遗憾。

海上路漫漫，温情常相伴。研究地方经济，商人、商品以及商业网络，助力经济社会发展，使命光荣、任务艰巨、责任重大。幸有中共漳州市委统战部、闽南师范大学历史与社会学院、闽南文化研究院诸领导、专家和学界朋友们的关心支持，有社会各界的协助，我们的工作才有了一个良好的开端。前面的路还很长，我们有信心风雨兼程，所向无前。

郑　镛
2016年3月